神仏習合の歴史と儀礼空間

嵯峨井建 著

思文閣出版

目次

神仏習合の歴史と儀礼空間

序章

一　習合研究と本書の視座

六世紀における日本への仏教伝来がもたらした文化的・宗教的影響には、はかりしれないものがあり、あらためて言うを俟たない。とりわけ日本の在来の信仰に与えた影響は強く、カミ信仰の形態、およびカミ観念に刺激と変容をうながすものであった。カミと仏の違い、異質のなかにも共通するもの、そうした比較、点検作業のなかから日本人はみずからのカミの自覚と再認識を深めた。そしてついには仏を「他国の神」と認識するにいたったことを『日本書紀』はしるしている。ここにカミと仏に相違はあっても、相争うものでなく対立と相克を超えた調和の関係におかれ、時間的経過のなかで接近することにそれほど多くの時間を要しなかった。具体的には、カミはそれまで樹木・岩・泉・山・川などに宿り、ヒモロギ・イワサカ祭祀など自然のなかで祭祀を行ってきた。しかし仏すなわち仏像の出現によって、カミを彫像化し神体を成立せしめ、また仏像が仏堂にまつられ荘厳されるように、神殿に神体をおさめ、そしてまつった。カミもまた雨露をしのぎ、神殿に常住する、いわゆる「自然神道」から「社殿神道」へのあらたな祭祀形態を創出したのである。これは従来のカミ信仰にとって画期的なことであった。いまわれわれが「神道」「神社」の一般的姿としてみているものは、六世紀以降、仏教によって刺激をうけ創出したあらたな形態というべきだろう。

こうした仏教の受容はさらなる展開をみせる。それはカミと仏の一体化、さらに同体とみなし、仏が本体でカミは仮の姿とする「本地垂迹」説を生む。ここからまことに多彩な神仏習合という現象が日本を席巻してゆく。後述するが神仏習合の言説である本地垂迹が成立するのは平安時代初期とみるが、全国的普及をみたのは平安時代中期とみたい。以後、中・近世を通じて展開し、近代の幕開けとなる明治元年の神仏分離まで約一〇〇〇年近くの間、神仏の習合関係をふかめ継続したのである。

さて、この近代の幕開けにさいして決行された神仏分離事件を契機として、皮肉にも神仏習合を歴史的にとらえる研究が進展した。ここで神仏習合をめぐる研究状況を概観しよう。本問題は古代・中世における日本宗教史、ないし日本思想史上の重要な課題であって、すでに辻善之助は明治四十年（一九〇七）の『史学雑誌』において先駆的論文「本地垂迹説の起源について」を発表してその先鞭をつけた。これは基本的研究として、今読み返しても色褪せておらず、すぐれた古典的研究の位置を与えられている。さらに辻は習合史をめぐる、もう一つの優れた作業の一翼を担った。日本宗教史上かつて例のない、熾烈を極めた全国的な神仏分離の被害状況とその結末をはっきりさせるため、辻をはじめ村上専精・鷲尾順敬を中心に『明治維新神仏分離史料』を編纂した。これには全国各地から関係者の協力を得て、幅広く聞き書きや手記、隠滅した史料の発掘と収集を行った。この作業は、廃止された神仏習合状況の確認であり、残された史料による復元でもあった。辻の世代にとって、神仏習合はついこの間まで普遍的にあった、一〇〇〇年にわたる日本宗教の常態であって、いわば暴力によって破壊されたその実態を後世に伝えたい、という義憤のごときものが作業の動機であったろう。一体、分離によって何が失なわれ、何が変わったのか。こうした残存史料を収集し被害状況の記録といった一方の作業を経て、はじめて成しうることであった。辻はこのあと大著『日本仏教之研究』（一九一九）・『日本仏教史』全十巻（一九四四〜六〇）を通史としてまとめる。以後、習合に関するものは、清原貞雄の『神道沿革史論』（一九一九）・『神道史』（一九三二)、宮地直一の『神祇史要綱』(一九一九)・『熊野三山の史的研究』(一九五四)・『八幡信仰の研究』(一九五六)・『諏訪神社の研究』(一九八五)などが戦前の主なものであろう。戦中をはさみ宗教民俗学の立場から堀一郎『我が国民信仰史の研究』(一九五三)、桜井徳太郎『神仏交渉史研究』(一九六八)、村山修一の『神仏習合と日本文化』(一九四二)・『神仏習合思潮』(一九六七)・『本地垂迹』(一九七四)、原田敏明『日本宗教交渉史論』(一九四六)、宗教文化史とりわけ美術史学の立場から景山春樹の『神道美術の研究』(一九六二)・『神道美術――その諸相と展開』(一九七三)、彫刻史から岡直己『神像彫刻の研究』(一九六六)、久保田収の『中世神道の研究』(一九五九)・『神道史の研究』(一九七三)、中野幡能『八幡信仰史の研究』(一九七五)、萩原龍夫『中世祭祀組織の研究』(一九七五)、高取正男『神道の成立』(一九七九)、建築史から土田充義『八幡宮の建築』(一九九二)、西田長男『日本神道史研究』全十巻(一九七八～九)をはじめとする著作群が著わされた。さらに一九九〇年代に入ると、天台の思想教理史から菅原信海『山王神道の研究』(一九九二)、佐藤真人の日吉山王社を中心とした一連の論考、新しい習合建築の概念からアプローチした黒田龍二『中世寺社信仰の場』(一九九九)、逵日出典『神仏習合』(一九六一)がある。これらを代表とするさまざまな角度からの神仏習合をめぐる百花繚乱ともいうべき著作・論考が蓄積されている。筆者もこうした先学の業績に学び導かれながら、まずは日吉社を中心に研究をすすめ『日吉大社と山王権現』(人文書院、一九九二年)を上梓した。研究はさらに笹生衛の『神仏と村景観の考古学』(二〇〇五)と考古学の立場から丹念な習合研究のあたらしい成果も公刊されている。

これまでの研究は、辻善之助によって切開かれた日本宗教史の重要な側面としての神仏習合の総体的な把握であった。そして先に掲げた仏教史、神道史、思想史、宗教民俗学、美術史、彫刻史、建築史、考古学といった各分野から習合現象の研究が深められてきた。そしてこうした関連諸学による学際研究から、ほぼ習合史の全体像が明らかとなり、ふたたび個別事例の検討に立ち返り検討する段階にあるといってよいだろう。

本書は、こうした先学の成果を踏まえながら、神道史の立場から多彩な神仏関係を事例に求め、研究をすすめる。そのさい、歴史的な実態調査につとめ、あらゆる宗教は儀礼と施設もって表現されるとの基本理解に立ち、とりわけ可視的な宗教空間において神・仏はいかなる態様をとったか、すなわち儀礼空間における神仏習合を明らかにしようとした。

二　本書の概要

先の研究動向をうけ、以上の方法のもとに取り組む、本書の構成と概要は次の通りである。

第一章　神仏習合と儀礼空間

王権と神仏との関係の有り様、神宮寺内にまつる神祇、寺院内の仏事法会にまつる神祇など具体的事例によって可視的に宗教空間を把握する。

第一節　神仏習合の基本形態

神仏習合はいかなる過程をへて、どのよう形態を生んだのか。神仏習合の具体的モニュメントである神宮寺、鎮守社、そして宮寺の基本的位置づけを行い本論の前提とした。

第二節　社寺行幸と天皇の儀礼空間

本節では、王権の神仏に対する対処の違いを、神社行幸と寺院行幸にしぼり考察する。天皇の参入する儀礼空間は神仏によって根本的な違いがある。天皇は神祇の場合、門内には近づきながら神域内には頑なに参入せず、代理者をして参拝、奉幣をつとめる不文の習わしがあった。他方、寺院空間には神祇空間と当初はおなじであったが聖武・後醍醐の両天皇は、寺域はおろか内陣にまで参入している。注目されるのは、在位中には門前の仮屋にとどまった天皇が退位し上皇になった途端、神域に参入していることである。賢所《かしこどころ》の天照大神の祭祀を専権、任務とする天皇は他の諸神祇は畏敬しても拝脆しない不文律があったとみたい。こうした王権側の神仏に対する天皇と上皇の空間的相違を述べる。

第三節　神宮寺の神祇奉斎

神宮寺は神域内、もしくは周縁部に立地する寺院で、神仏習合の中心センターとしての機能と役割を果たした。ところがその内部空間に、さらに神祇を奉斎する事例がいくつか認められた。いわば二重祭祀であるが、その発生原因ともたらす意味を明らかにした。仏教側の文字通り神祇の取込み策、みずからの手で獲得した神宮寺という自己空間で神祇をみずからの手法で祭祀を実現した。神域内、もしくは周縁部で獲得した神宮寺という存在、さらにその内部で神仏は一体であり融和することを示した影響はきわめて大きい。

第四節　仏教空間における神祇

東大寺の造立にみられる鎮守八幡宮の創建は、その後の寺院にみられる鎮守社の成立をうながす先駆的意義を持つものであった。さらに二月堂周辺に関連の鎮守社を配し、内部空間である修二会《しゅにえ》の法会の場に神名帳を奉唱し神祇勧請を行った。さらに神護寺金堂の内陣に八幡大菩薩神影図を常時掲げたが、これは空海の思想信仰に基づくものであった。長谷寺本尊の両脇持には春日・伊勢の本地像を配置した。葛川明王院の本堂内陣に祀る七所大明神、西教寺の法会・戒灌頂における山王曼荼羅の奉掛などいずれも寺院内における多彩な神祇勧請の事例である。本来、仏教の内部空間に神祇は不要である。にもかかわらず、あえて仏教は神祇勧請にふみきった。こうしたさまざまな仏教空間における神仏習合の多様な実態を明らかにする。

第二章　神前読経と経典

神前読経は歴史的にもっともポピュラーな習合儀礼であるが、延暦十三年（七九四）の宇佐・宗形社に僧を派遣せしめたというのが初見である（『類従国史』）。神祇の場へのもっとも積極的な儀礼での進出といえよう。神前に唱える読経の声は神仏が調和する様《さま》を体現するものであり、習合化に果たした役割はきわめて大きく、諸経のなかで圧倒的に大般若経が多く用いられた。

第一節　大般若経の伝播と神仏習合

大般若経が神前読経に用いられた初見は八世紀中葉にさかのぼるが（『東大寺要録』、道行願経）、正史にあらわれるのは九世紀初頭である（『日本後紀』）。神祇の前に仏教経典を読むことは、神仏分離を経た今日からみて一見理解しがたいが、最も多用されたのは大般若経である。同経は六〇〇巻からなる大部の経典にもかかわらず、神前読経、とりわけ初期神宮寺には必備のものであった。シャーマン僧満願が鹿島・多度両神宮寺の創建にかかわり、そのさいもまず同経の書写をし、そして常備したことが確かめられた。大般若経はその後も中・近世を通じて神前読経に供された。文献史料とおびただしい同経の書写奥書の集成につとめ、中世までに限定した神祇関係の「大般若経年表」を作成し巻末におさめたので参照されたい（三七五頁以下）。

第二節　中世における神前読経の場

こうした大般若経を中心に神前読経が実修されたのであるが、いったい具体的にどこで読誦されたのか。社殿の大床、浜床、拝殿、社頭の庭上なのか、あるいは神域内の神宮寺なのか、神前という以外に明確ではないのである。僧侶は神祇の場のどこまで参入して読経したのか、じつは神仏の習合と隔離意識を推し量る上でもその場の意味するところは大きい。ここではなかなかとらえがたい神前読経の場を絵図史料と文献史料によって空間的にとらえた。たとえば賀茂両社のうち上社では橋殿、下社では舞殿と祭文座（宣命の座）と読経の座が同一であった。習合色の色濃い春日社では御廊・中門で読経されていたが、瑞垣《みずがき》内に参入しない慣わしであった。習合を許容しつつも厳しい隔離意識が貫徹し内院は区別されていた。

第三節　一宮・惣社における仏事と大般若経

国々に鎮座する一宮・惣社で国衙《こくが》祭祀とともに仏事も執り行われた。国司の就任儀礼として神事につづいて仁王会を行うなど、いわば神仏双修であった。また遺品として大般若経奥書によって一宮・惣社関連の経典であることをしめし、またこれらを収蔵する経蔵の存在もわずかだが確かめられた。そしてこれらの事実から国司等を通じて地方に中央における神仏習合が伝播したことを推定した。

第三章　神職系図の研究

系図史料はまま偽作・改竄が行われやすいため危険な史料とみなされ、低くみられるのが一般的である。その意味で注意を要するが、もし一定の事実性が確かめられ、さらに他に得がたい史料価値があるとするなら捨てがたい。本書でとりあげる有力神社の神職家に伝えられた五神社の系図は、神職の出家という予想外の出来事をしるしている。むしろ他に求めがたい史料であり、これらをつぶさに検討するとき、生きた神仏習合史を描きうる。

第一節　伊勢神宮の神主系図

伊勢の神宮には内外両宮にそれぞれ荒木田・度会系図があるが、仏教を忌避し『延暦儀式帳』『延喜式』に忌言葉の規定があるにもかかわらず、両系図には平安時代中期にはあいついで両宮とも出家者を輩出したことをしるす。これを補う史料として朝熊山経塚の神宮神主の名をしるした経筒、荒木田の名と保安二年（一一二一）銘の伊勢中村町の大般若経などがある。一般的に仏教を忌避するとされる神宮ですら、神域に仏教は入らないものの、神主自身が氏寺を持ち、写経し、経典埋納など仏教に帰依する実態を知りえた。中世における神宮神主の仏教にたいする建前と現実の実態が知りえた。

第二節　津守氏古系図の研究

津守氏は住吉社の社家で古代より海の神を祀り、遣唐神主を出すなど開明的な古代氏族であった。また多くの歌人群を輩出したことでも知られるが、いっぽう住吉社の社家としてだけでなく、住吉神宮寺の堂塔伽藍にも僧尼として配置したことはあまり知られていない。住吉社は四本宮を中心に諸社殿を構成されるが、ほぼ同規模の仏教伽藍があり、さらに周辺にも寺院・寺庵があった。同家に伝わる『津守氏古系図』を詳細に点検すると、同社だけでなくこれらの寺々にも津守氏の次男以下および子女たちが僧尼として仕えていた。同氏は神・仏双方に人員を配した実態が知りえた。

第三節　上賀茂社系図の研究

王城鎮護の社として知られる上賀茂神社の社家は十六流があって、それぞれが自家の系図を所有していた。これに六年の年月を費やし相互検討を加え浄書・完成したのが、全十六巻からなる重要文化財『賀茂社家系図』（賀茂同族会所有）である。本巻は諸処に他に求めがたい事実をしるし、いたずらな排仏意識にとらわれず、仏教的記事をふくむ。本系図とこれを補う『社務補任記』に十二世紀初頭、それぞれ二人の「大入道神主」をしるし、中世を通じ五十余名が「入道神主」「出家神主」「神宮寺神主」として明記される。いずれも神主でありながら一定の仏教思想を受容していたとみるべきだろう。これと対応するのが『上賀茂神社絵図』（同神社蔵）に描く、神域内の神宮寺（観音堂）、経蔵、鐘楼、読経所などの習合施設である。さらに賀茂社の周辺部に聖神寺、神光院、正伝寺、妙観寺などの氏寺が建立されている。いっぽう九世紀中頃から神前読経がなされ十一世紀末には法華三十講、仏名会などが始修される。このようにさまざまな観点から賀茂社に名実ともに神仏習合化がおよんだことがわかる。とりわけ出家、および入道神主の存在は中世における仏教の内部受容が神職団に相当にすすんでいたことをうかがわせる。

第四節　若狭彦神社社務系図の研究

若狭国一宮の若狭彦神社・若狭姫神社の社家系図『若狭国鎮守一二宮社務代々系図』（重要文化財）は十四世紀後半に成立し、女性名を明記するのが特徴で、牟久《むく》一族から出家神主をはじめとする僧尼の輩出した事実をしるす豊かな内容である。神宮寺があり、社家の祖節文が若狭のヒコ神・ヒメ神が鎮座のおり随従し、遠敷に初現の地を神宮寺としたという伝承をもつ。同系図によれば、やや伝承的だが十一世紀中葉に最高職の禰宜が出家し、確かな出家神主の初見は十二世紀中葉である。以後、同系図の記載者二七四名のうち、僧五十三・尼一名、のちの出家者のうち男性九名・女性二名をかぞえる。その人的配置先は神宮寺をはじめ国分寺、多田薬師堂、国衙の常満供僧などである。大づかみだが、中世を通じ牟久一族のうち二十四％が広義の出家者であった。さらに興味深いのは出家作法をしるすことで、一社の祭祀を統括した禰宜が出家という仏教への自己投企にさいして、みずから最後の報告祭で「暇《いとま》申し、出家しおわんぬ」と礼をつくしたあと廻郎で剃髪を行った。神仏習合期における神主の出家という理解しがたい事実、そして神仏の狭間に立ち神域で「いとま申し」てケジメをつけ帰依する微妙な有り様に、中世の習合の実態が読みとれる。

第五節　宇佐八幡宮の神主系図

宇佐八幡宮は全国の八幡宮の総本宮として、また宮寺の代表的神社としても知られる。広大な境内には社殿群とともに、神仏分離以前までは神宮寺の弥勒寺が伽藍を配し、これに堂塔もくわえて濃密な神仏習合の宗教的景観を展開した。

宇佐八幡宮の神職には宇佐・大神《おおが》・辛嶋の各氏が神職団を形成しそれぞれの系図をつたえる。これをみると宇佐氏の弥勒寺を開創した法蓮、平安時代中期に天台座主に就任した義海、求菩提山の頼厳上人などの僧、出家者を輩出したことを知りうる。さらに宇佐八幡宮の神職が造寺造塔とともに内外の仏像の造像施入にも参画し、さらには神事は当然のことながら多くの仏事・法会も生み出している。

こうした系図という内部史料を通じて宮寺における神仏習合の実態を明らかにしたい。

第四章　洛中洛外の神仏習合

中近世を通じ都でありつづけた京都における神仏習合はいかにあったか。宗教は中央から地方へ波及したという図式はあてはまらないが、政治・経済とともに文化の発信源であったことは間違いない。鴨社、祇園社、天龍寺の鎮守社の三か所を選んでその神仏関係をとりあげた。

第一節　鴨社の神仏習合

本節では鴨社（賀茂御祖神社）の神仏習合を通史的にみた。時代ごとの限定した時代史的アプローチは、研究方法の基本である。いっぽう通史的研究も歴史事象の変遷を把握する上でこれまた必要である。上賀茂神社とともに王城鎮護の社として知られた下鴨神社は賀茂祭をともに行うなど、両社は一体的関係にあった。そこで鴨社の習合を通史的にながめてみた。

『知識優婆塞貢進文』は、八世紀に両社を支えるカモ氏出身の青年たちが平城京で経典書写や習得につとめていたことを示す。九世紀には賀茂の地に道場（岡本堂）がもうけられ（『続日本後紀』）、鴨社への神前読経がなされ仏教の浸透をうかがわせる。鴨社における神宮寺の初見は十一世紀初頭（寛弘二・一〇〇五）だが（『小右記』）、十世紀末までさかのぼる。以降、中世の状況を描く『賀茂御祖神社絵図』を点検すると、境内中央に神宮寺（観音堂）、鐘楼、食堂、経所、東塔、西塔、経蔵など習合の実態が確認される。このように習合化のいちじるしい鴨社だが、本地の成立は他社よりおくれ鎌倉時代で、釈迦とされた（『宇治拾遺物語』『二十二社并本地』）。

ただし重要なのは本地仏が実際に本殿へ奉祀されたのではなく、本地が釈迦という教理的な言説にとどまり、ついに仏体が御垣内に入らなかった。供僧が常置され、この状況はほぼ近世に継承された。興味深いのは近世の経所内に「明神影向所」と称する、神体を置かない神祇勧請の座だけがしつらえられていたことである。当時の供僧は山門、寺門、当地の六口に仲座三人が加わった。しかし神仏分離令によって、八講会などの仏事・法会の廃止、供僧たちの本山への帰還、堂舎と仏具の撤却が断行された。僧たちには金品が渡され、日吉山王社のごとく破壊や粗暴のふるまいはなかった。鴨社の特徴は限定的な神仏習合であって、本地仏が本殿内に入らず神仏の隔離意識が貫徹していた。

第二節　祇園社の成立と観慶寺

祇園社は陰陽系祭神である牛頭《ごず》天王などをまつる宮寺で、創始は僧円如の神託による。平安京のあたらしき神として、陰陽・仏・神の複合体で独自の道を歩み、平安時代中期は神仏習合の熟成期にあたり、その背景のなかで宮寺として鎮座した。本論では観慶寺に着目し、祇園社の研究にさいし、同寺は本社と相添うごとく並立した重要な存在ながら看過されてきた。同寺を神宮寺とみるか否か問題である。一般論として神宮寺の本尊は本社祭神の本地仏とは限らなかった。むしろ神宮寺本尊とは関係なく十一面観音などが多い。しかし観慶寺本尊は薬師如来であり、本社祭神の本地は薬師であったから本地関係にあり、その性格は本地堂といえよう。祇園社は十世紀前半に（牛頭）天王と婆梨女《ばりめ》などを祀る「神殿」と薬師をまつる「堂」が並立していた。当初は南都系であったが天台化し八講、安居会《あんごえ》を創始、『元徳古図』によれば、さらに常行堂、鐘楼、仁王像の南大門、如法経塔を配し、観慶寺はこれら堂塔の中核として神仏分離まで継続した。

第三節　天竜寺の鎮守社霊庇廟について

洛中で鎮守社のない寺院は本願寺などを除いて皆無にひとしい。既述の通り、仏教側はほんらい必要のない神祇を自己空間に祀った。ところが神祇を補完的に扱うことによって信仰的に寺院の安定を確保した。平成十六年、旧天龍寺境内の一角が発掘され、鎮守社霊庇廟の遺構の一部があらわれ、これを機にあらためて鎮守社の事例として検討を加えた。夢窓疎石が天龍寺創建にさいして八幡大菩薩が夢にあらわれ、天龍寺を守るとの託宣を得て康永三年（一三四四）に霊庇廟を造立する。八幡神は、不遇の崩御をとげた後醍醐天皇にとって祖神であり、また同天皇を攻めた足利尊氏も氏神である八幡神の前で挙兵したように、じつは共通の神であった。天龍寺は同天皇の慰霊のための寺院であるが、鎮守社を相添えることによって、より完璧な鎮魂の装置として機能した。寺院内鎮守社の典型的な事例として例示した。

以上が、本書の概要と構成である。

第一章

神仏習合と儀礼空間

第一節　神仏習合の基本形態

神と仏は日本において、はじめにどのような接触をし、そして具体的にどのような形態をとり、歴史的展開をみせたのであろうか。すでに考古学が明らかにしているように、日本において仏教以前に卜占が大陸から伝わり、陰陽道的な雑信仰の流入が認められるなど、決して単純な神仏二元論ではとらえきれない。日本は絶海の孤島ではなく、むしろ逆に広大な大陸にむかって小さな島嶼の手を広げて、受容し、流入したというべきだろう。仏教伝来もそうであって、『日本書紀』がしるす欽明天皇七年の公伝以前に、私伝としてさまざまなレベルで仏教は伝来していた。その上に仏教は公伝し、やがてカミを中心とした在来の信仰と接触し、さまざまな影響を与えた。

神仏習合とは、このようにカミと仏が調和的に融合することで、それぞれが自立性を保ちつつ、やがて折衷、混淆し、あらたな宗教形態を創出することである。

神仏習合を分析するには、礼拝対象、施設、儀礼、行事、宗教組織、経典、聖職者、信仰者等の要件に留意しつつすすめなければならない。伝来の当初から習合はさまざまな形態をとり歴史的展開のなかで複雑な様相を呈した。これらの要点を列挙すると次のようにまとめられる。

(1)民族的なカミ信仰のなかに仏教が伝来した。神と仏の並立状態。このとき神仏は無交渉であった。（六～七世紀）

(2)カミとともに仏を畏敬、信仰する人々があらわれ、神仏交渉が始まる。集落や山での寺院が成立した。やがてカミが仏と同じように建物に祀られるようになる。神像が誕生し「社殿神道」が成立する。社殿、神体の成立。

神仏習合の形成期（七世紀〜）

(3)神社の聖域の内外に神宮寺（道場）が成立する。いっぽう寺院の内外に鎮守社が成立する。神祇の内部空間、もしくは周縁部につくられた仏教施設が神宮寺であり、仏教の内部空間、もしくは周縁部に祀られた神社が鎮守社である。これら二つの習合のモニュメントを創出した。

神仏習合の熟成期（八世紀〜）

(4)おもに僧侶により、神社と寺院の複合形態である宮寺が成立する。これに対応する言説として本地垂迹説が成立する。この二つは神仏習合化が頂点に達したことを意味する。

神仏習合の完成期（九世紀中頃）

こうした神仏習合の形成のなかで、その基本形態を、図1のようにあらわされる。仏教空間における神が鎮守社で、神祇空間における仏が神宮寺である。このように神仏は、本来異なる相手方の宗教空間にみずからの礼拝対象をまつった。

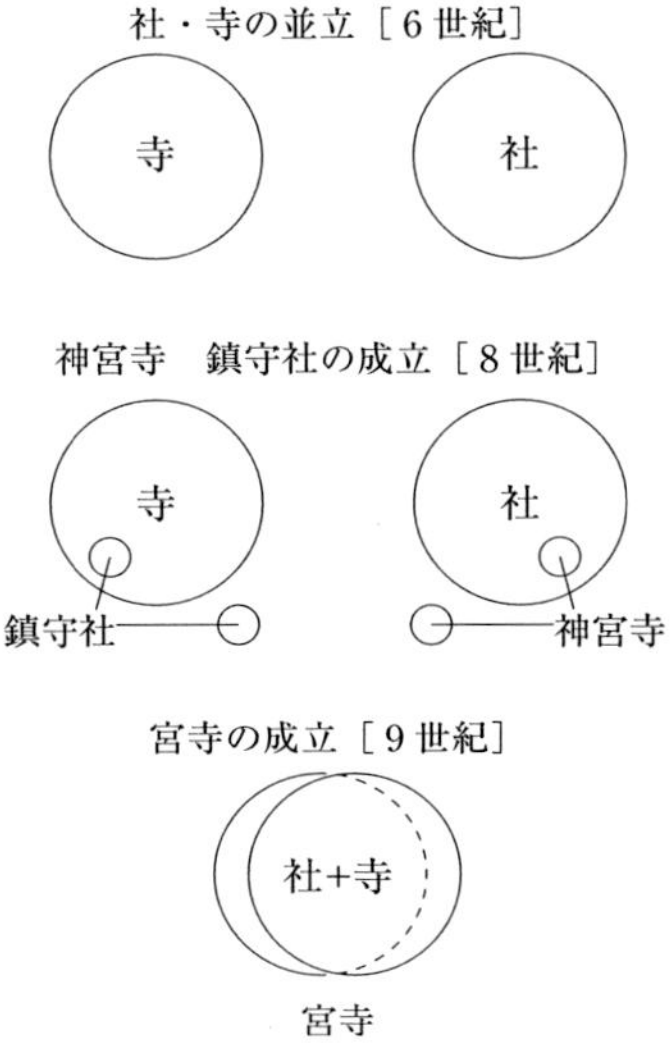

図1　神仏習合の基本形態

神宮寺は果敢に神祇空間の周縁部、さらには内部にきり込んだ神仏習合のモニュメントであった。神宮寺は自身の姿をもって、神仏は共存、調和しうることを事実で示した。そのもたらした影響と効果ははかり知れないものがあり、過少評価すべきではない。

但しここで留意すべきは、こうした神仏習合にみられる異次元参入は、あくまで仏教側からの一方的な働きかけであった点である。少なくとも、神祇側からの仏教空間への働きかけの形跡は史料上みとめられない。神宮寺は神仏習合の最前線であり、その中心センターであった。鎮守社は仏教側が自己空間のなかで神祇をまつったにすぎない。神祇側は仏教が有するキラキラしい仏像、荘重な声明、経典、何よりも仏の住まいする堂塔、これに仕える僧、こうした寺院を中心とする一大宗教文化システムに圧倒的な影響を受けたが、みずから仏教空間に進出・参入したことはなかった。神祇は仏教側から招かれたというより、一方的に神を鎮守社として祀ったというべきだろう。

なお神宮寺本尊は、一般的に祭神の本地仏と考えられやすい。ところが神宮寺本尊はかならずしも本地仏とは限らない。全国の主要神社の本地仏と付属する神宮寺本尊を対比すると、それは一目瞭然であり、ここに表示しよう（表1）。

祭神の本地仏と神宮寺本尊の相違について、この表から対比する。祭神の本地仏の選定は、おそらく神祇に接近した僧侶の祭神観による選定であって、したがって、それぞれの土地・風土に根ざした神々の神格、神徳は個性的であり、多様な本地仏が当て嵌《は》められたものとおもわれる。本地仏の選定はまだ解明されていない。いっぽう神宮寺は、図1で示した通り本地仏の成立より約一世紀前後早く、神祇全般に真向かう仏として相応しかったのが変化観音のうち十一面観音、あるいは病いなどからの救済仏としての薬師仏が選ばれている。いわば神祇空間に、果敢に「他国の神」（『日本書紀』）である仏が進出するには、神を奉斎する氏族、祭祀者が納得、了解することが必要であった。こうした壁を超える、きわめて有効な手法が編み出される。それは、神自身が苦悩している、神自身の意思であるといった神託・夢託事件である。神宮寺創立の動機の多くは、シャーマン僧による神託であったことがそれを物語っている。多度神宮寺の開創者、満願はその典型的な僧である。この満願のごとき、強烈な個性をもって神祇空間に仏教は進出し神宮寺を創建し浸透していったのである。

平安時代中・後期を通じて全国の神々に本地仏が配当されるのであるが、それは神祇が文字通り八百万神と呼ばれる多神であったこと、仏もまた多仏であったためであり、もし仏教が一神（仏）教的であったら、不可能で

表1　本地仏と神宮寺本尊

神社名		本地(仏)	神宮寺本尊	付記
日吉	大比叡	釈迦如来	十一面観音	『三塔諸寺縁起』鎌倉初期
	小比叡	薬師如来		
石清水	東御前	観音(文殊)	薬師如来(護国寺本尊)	*淡路島・護国寺蔵
	中御前	阿弥陀如来		
	西御前	勢至(普賢)		
宇佐	(一の御殿)	観音	薬師如来(弥勒寺金堂本尊)	*大善寺蔵・鎌倉期
	(二の御殿)	阿弥陀(釈迦)		
	(三の御殿)	勢至	弥勒菩薩(〃　講堂本尊)	*極楽寺蔵・室町期
二荒山		千手観音	千手観音(中禅寺)	*平安後期
大神	本社	大日如来(聖観音)	十一面観音(平等寺)	*聖林寺蔵
	若宮	弥勒菩薩	十一面観音(大御輪寺)	
松尾		釈迦如来(毘沙門)	大日如来	
賀茂	上社	聖観音	聖観音	『古事談』
	下社	釈迦如来	十一面観音	『二十二社並本地』
春日	一宮	不空羂索観音	十一面観音	『大和志料』
	二宮	薬師如来		
	三宮	地蔵菩薩		
	四宮	十一面観音		
住吉	一宮	薬師如来	薬師如来	『住吉松葉大記』
	二宮	阿弥陀如来		

三宮 四宮	大日如来 聖観音		
八坂（祇園）	薬師如来	薬師如来（観慶寺本尊）	＊大蓮寺
諏訪　上社 下社	普賢菩薩 千手観音	普賢菩薩 千手観音	＊諏訪市・仏法寺 ＊岡谷市・照光寺

あったろう。いみじくも、『日本書紀』が仏を「他国の神」と呼んだのは、比喩ではなく、まことに仏という名の神と認識されたのであろう。たとえ理解しがたくとも、可視的な肉体をもった異国の神であったから、あとは慣れれば存在を認めえたといえよう。

神仏習合の進展は九世紀中頃にいたって、さらに宮寺という既成概念にとらわれない新たな宗教形態を創出した。礼拝対象は陰陽系の牛頭天王、本地仏を薬師如来とする、僧が管理する平安京の新しき「神社」であり宮寺であった。祇園社、石清水八幡宮、北野天満宮、これら宮寺の出現をもって神仏習合は頂点に達したといえよう。神仏習合は仏教による神祇との融合、懐柔策であり、九世紀に出現した宮寺は、神祇祭祀を換骨奪胎するものであった。ここで示した、このような平安時代を通じ展開した神仏習合のモデルは中世、近世をつらぬく基本形態でもあった。

以上の基本的理解のもとで、複雑な神仏習合の姿を明らかにしたい。

第二節　社寺行幸と天皇の儀礼空間

はじめに

歴史的存在である天皇の神仏関係をうかがうことはきわめて重要である。天皇は「祭祀する王」であるから、就任時の即位礼に始まり、年中行事における神事・仏事、そして儒教的儀礼の実修、宮廷内の仏間である御黒戸、退位後に出家される上皇の存在など、検討されるべき問題は多く、さまざまな角度から、神祇および仏教とのかかわりを多面的に考察せねばならない。ここでは、天皇の公的儀礼の一つである行幸に着目し、神社行幸と寺院行幸の実態を考察し、さらに退位した上皇の神社御幸・寺院御幸の事例についても比較したい。これら儀礼の場において最も可視的に確かめうるからである。

天皇の行う行幸にはさまざまな種類があるが、(1)そのうち神社行幸において意外な二つの事実が確かめられる。その一つは平安中期まで神社行幸そのものが行われていなかったことである。(2)岡田荘司は神社行幸の成立は天慶年間（九三八〜四六）、(3)すなわち平安中期であったことを明らかにした。平安京に入ってはじめて行幸制度が確立したのであり、例外を除き平安中期以前にはなかった。天皇の特性としてよく祭祀王といわれ、天皇みずから祭祀を行い、神祇に対して神階昇叙、遣使による奉幣、あるいは班幣などを行ってきた。しかし平安中期の行幸成立までは、あくまで代理による遣使派遣のみであった。飛鳥諸宮や藤原宮・平城宮・長岡宮・平安京と、それぞれの都の近辺には守護神に位置づけられる神社が存在し、歴代天皇の行幸は容易なのになぜ実施しなかったのか。たとえば平城京の七十余年間、八代の天皇は一度も春日社行幸をしなかった。はじめて春日社行幸の行われたのは、平安京への遷都から一九五年も過ぎた永祚元年（九八九）、一条天皇のときであった。春日社は平城京内裏からわずか五キロに満たない距離である。それぞれ都の周縁に鎮座し至近の距離にありながら、なぜか神社行幸をしていない。祭祀王としての天皇の特性からしても不思議なことである。

その二は、神社行幸が成立してのちも、その儀式における天皇の動勢をつぶさにみると、神域の入り口で天皇のみが踏みとどまり、神前に臨まないことである。内裏における宮中祭祀を除き、一般諸社の神祇空間の深くまで参入していないことである。いわば、神前に立たざる天皇の姿を、そこに確かめることができる。祭祀王ともいうべき天皇が、一体なぜこうした不可解な姿をとるのであろうか。そのまま短絡的にいえば一見して、天皇の諸神不拝との結論をみちびきかねない、それは意外な姿である。神社行幸は平安中期に成立し鎌倉末期にいたるほぼ四〇〇年間に推定約二五〇回行われたとみられる。行幸の残された資料をみても神前に臨まざる天皇の姿を確かめることができ、しかも例外はない。

このように神社行幸の儀礼空間において、天皇は神域深く参入せず一見して不可解な行動がみられる。これらはいかなる意味をもつのか。それは、おそらく王権と神祇との関係に由来し、両者の間を象徴する、その儀礼的表現によるのであろう。

神社行幸に関する先駆的論考に、大正七年（一九一八）に書かれた八代国治の「天皇と神社の祭神」[4]がある。このなかで八代は、①なぜ天皇は神社にまつられないのか、②神社行幸にさいして天皇はなぜ直接に参拝しないのか、という最も初歩的な、それゆえ根源的な問いかけを行っている。①について香椎宮・石清水八幡宮などの例外はあるとした上で、二つの設問に対して次のような結論をみちびく。

まず基本的に「天皇の位は天祖天照大神の御位であり、天皇は現世における天照大神である」とする。その証明として代々の宣命「現御神止大八島国所知須天皇我大命詔良摩止宣」と示す通りである。あるいは『万葉集』にも散見する「おおきみは神にしませば――」とある通りだとする。そこから結論として、天皇は現御神だから神社にまつられない。これを敷衍すれば（明言していないが）天照大神がすでにまつられているから改めてまつる必要はない、と示唆。「天皇なる大御神は生きて坐しつつ、現御神として諸々の神々をさえ従属し給うとのみ信じ来れる」と言い切る。だから直接に神社へ参拝しない、天皇は諸社の祭神に位階を授ける理由もそこにある、とした。

八代以後、この問題に言及したものはなく、その後七十余年をへて神道史学の立場から岡田荘司が次のように反論した[5]。「平安期以降、直接天皇が自ら遣使奉幣を定例とし、行幸においても同様の措置がとられた。天皇は皇祖天照大神の祭り主であり、諸神社の神々を直接出かけて親祭する立場にはなかった。飽くまでも勅使差遣の祭祀が天皇による天神地祇祭祀の原則であり、天照大神以外の個々の神社への天皇親祭はありえないという根本観念が存在して貫かれていた」と。まず岡田は、天皇を現御神とし天照大神とみる「八代説をそのまま素直に受け入れることはできない」とし、別の理由をもとめた。ともあれ天皇は、天照大神の親祭のみを直接任務とし、その他の諸神へは勅使差遣による間接祭祀[6]が原則であったことを指摘、神前に立たざる天皇の意味を説明した。

そこで本稿は、先学のこうした所論を踏まえ、王権と神祇のかかわりを多角的により鮮明にうかびあがらせるために、まず典型的な例として賀茂行幸をとりあげ、ついで天皇と上皇との相違を日吉御幸で、寺院行幸の例として古代畿内の諸寺の例、また山門行幸を通じて社寺間（神・仏間）の違いに言及し、いずれも儀礼空間の場において、行幸の実態を通じ明らかにしたい。

一　賀茂行幸──神前に立たざる天皇──

寛仁元年（一〇一七）十一月二十五日、『小右記』に記された賀茂行幸をみよう。これを選んだのは記主である実資が行幸の重要な役である上卿をみずから奉仕、しかも記述が詳しく、神社行幸の初例である天慶五年（九四二）から七十五年を経て、儀式として恒例化した時点の記録だからである。行幸の実態をわかりやすくするため『賀茂御祖神社絵図』（以下『鴨社古図』(7)）をもとに作図した図2で、次第をたどろう。

後一条天皇は御年九歳の幼帝、母彰子とともに葱花輦に同輿。その道長も唐車にて供奉。皇位安泰を祈願して母、祖父相伴っての代始の賀茂行幸であった(8)。「巳二點、南殿出御」。下社到着は午刻（正午）。入御された「御所」（木工寮が作った仮舎）ですぐ祓いが行われ、饗饌（昼食）をおえた。蔵人頭の合図で、天皇の前に御幣・神宝、舞人・馬などが並び、御禊。ついで上卿、御簾の中で御幣二本を天皇にすすめると、これを御拝。このあと「奉仰参御社」、ついで「到社頭」とある。すると「御所」の位置は「御社」と「社頭」にいたらない外の場所ということになる。しかもこの後、進行する次第から天皇の記述が消える。天皇のみ（母后も同座か）「御所」に取り残されている。しからば「御所」の位置はどこか。下社の「神域」は、鴨川以東の高野川との間で形成される三角州状の平地、今日「糺《ただす》の森」と呼ばれる区域である。鴨川には今日のように恒久的な橋がなく、防鴨河使を置いても氾濫ごとにひんぱんに流失した。その橋を渡り河原を過ぎて木立に入ったところが「着給下御社」であろう。まず、行幸・御幸に供せられた施設を、『鴨社古図』に描かれた「神館御所」とする見方がある(9)。しかし上下社とも「御所」は木工寮が造作した臨時のものであり、常設の「神館御所」には該当しない。したがって図2では、「御所」を建物群で構成される内域の外、糺の森の西側の一角①と仮定しておこう。

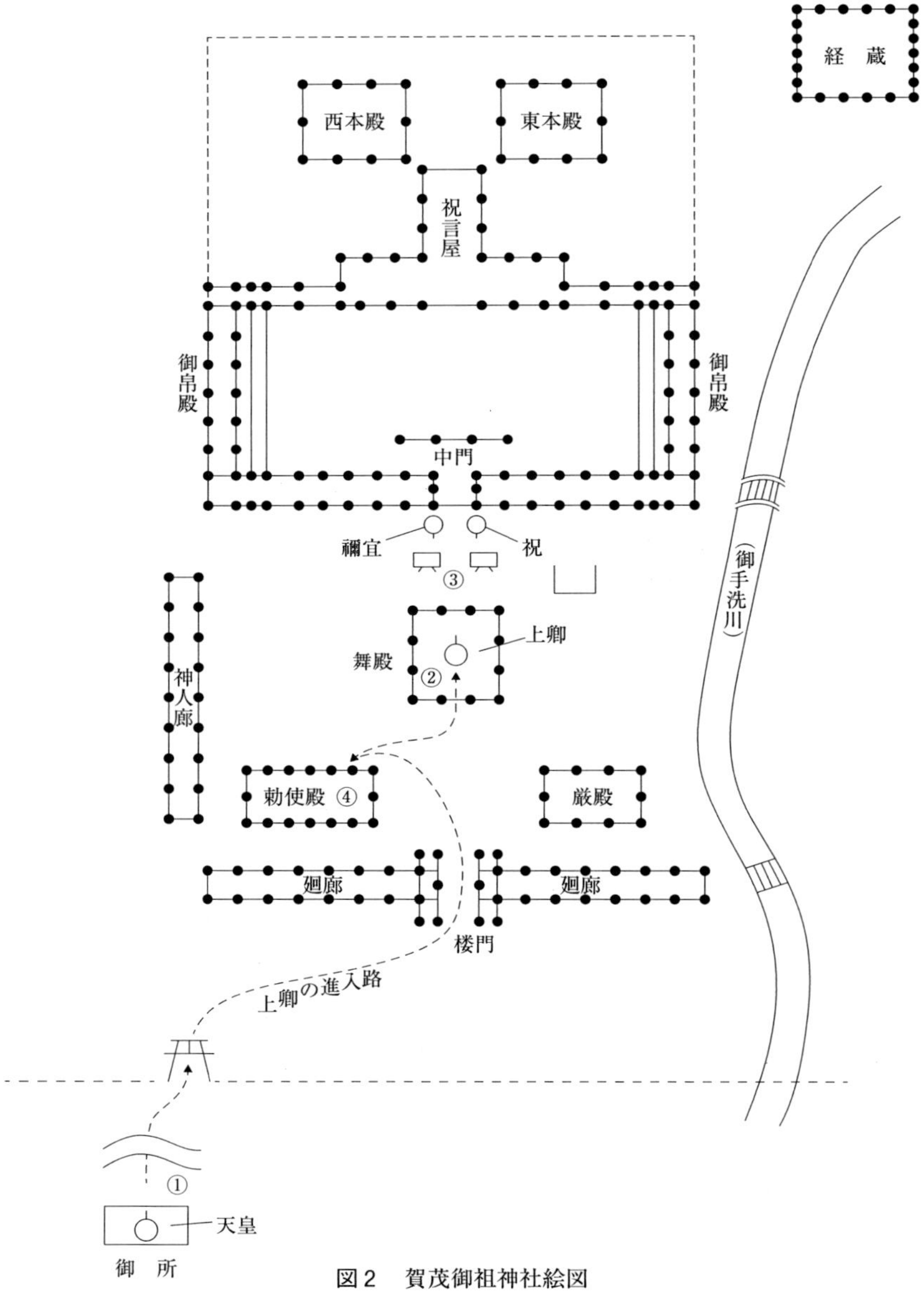

経蔵
西本殿
東本殿
祝言屋
御帛殿
御帛殿
中門
禰宜
祝
③
（御手洗川）
上卿
舞殿
②
神人廊
勅使殿 ④
厳殿
廻廊
廻廊
楼門
上卿の進入路
①
天皇
御所

図２　賀茂御祖神社絵図

仰せを奉じ、天皇を御所に残し、上卿はまず天皇の拝んだ御幣、神宝、舞人・陪従を率いて社頭に到着、[10]楼門を入って剣を解き、手水をし、②舞舎（舞殿）の座に着く。すでに中門前③には御幣、神宝が奉安され、内記が宣命を進める。上卿は両段再拝し、宣命奏上、再び両段再拝。禰宜を召し宣命を渡し（本殿に納める）、この間、馬が引き立てられる。祝は上卿に神宣（神の言葉・返祝詞）[11]を伝える。上卿、拍手すると、人々もこれに応じる。御幣・神宝が社司（禰宜・祝）に渡されると（本殿に納めたものであろう）、ついで馬が三周し、上卿は舞舎を下り西南の舎（勅使殿であろう）④に入る。ここで社司たちに加階が行われる。牽馬がおわると、舞舎上でまず東遊、神楽、ついで馳馬（走馬）、舞楽の大唐・高麗・龍王・納蘇利を奉納。おわりて禰宜・祝に勧賞（禄）をたまわる。事終り黄昏（夕方五時頃）が迫っていた。陪従・舞人を従え、「御所」に参り天皇に対し、蔵人頭は「御願平安奉果之由」を奏上、また祝の申す趣（鴨大神の言葉）を伝えた。そして下社の儀の一切はおわり、上社へ向かう。

ここで注目すべき諸点を整理しておこう。

(1)天皇は楼門内に一歩も参入せず、終始、門外の仮設の「御所」で長時間控えている。祭祀は代理の上卿以下がつとめる。

(2)天皇の拝礼作法は、御麻と贖物による御禊の後、「御所」の御簾の内で二本（二祭神のため）重ねた御幣を「御拝」し、これを上卿から社司に伝え、神前にたてまつる。

(3)儀式は約四時間を要すが、この間、天皇は「御所」内にとどまり長い沈黙のときを過ごす。

(4)行幸の主要な作法は、天皇の代理として上卿が、神の代理として祝が勤める、間接祭祀である。

(5)行幸の主旨は「御願平安」すなわち玉体安泰を、まさに王城鎮護の神（社）に祈るものである。

こうした儀礼の分析を通して、さらに次のことが帰納されよう。すなわち、天皇は王権の主体者として神祇に対し畏敬の念を持ち、安泰を祈り頼むところはあるが、常に一定の距離を保っている。限りなく近づきながら決して神前に立つことはない。少なくとも拝礼はあっても拝跪はない。岡田荘司のいう、天皇は天照大神のみを「親祭」し、諸神への「親祭」はなかった、と指摘する通りである。しかし、それにしても諸神＝一般神祇をなぜ直接拝んではならないのか、十分理解しがたい。

賀茂社は本来、山背国に鎮座するカモ氏の祖神であり在地の社であるが、遷都により王城鎮護の神（社）として社格が上昇、規模が拡大していった。一体、天皇にとって賀茂社とは何なのか、そもそも何のために行幸をするのか。そこでさらに行幸の本義を深くうかがう、儀礼の場における言葉の世界を明らかにしよう。

これまでの祭祀研究には〈カタチ〉を通じた儀礼へのアプローチはあっても、ややもすれば端的に祭祀の目的を表明する〈コトバ〉の世界、祝詞（あるいは神楽の詞章も含めよう）もふくめたトータルな研究は少なかったようにおもう。細分化された専門性も重要だが、総合性による確かさはより本質に近づけよう。

寛仁元年の御一条天皇賀茂行幸にさいし奏上された宣命が残されている。②の舞舎で上卿実資が奏上した宣命で、次のような内容である。

天皇の意志を体して賀茂皇太神の広前に畏《かし》こんで申すのは、年来願っていた事は霊験あって叶い、御礼申し上げようと金銀御幣、錦蓋、餝太刀などさまざまの神宝、走馬、東遊、さらには愛宕郡を神郡として奉納します。そして、

皇大神此状を平久安久聞食天、弥垂感応礼天、天皇朝庭を、宝位無動久、常磐堅磐仁、夜守日守仁、護幸倍奉給比、四海清平仁、万民安楽尓之天、水旱飢疫乃難を、未兆仁拂退介、農圃・蚕養之業を、毎年尓豊登之め天、唐堯仁同徳之、漢文仁比名天、叡慮乃尅念尓無違久、必然尓護恵ミ奉給倍と恐見恐見毛申賜波久と申、

というもの。これには辞別も付属し、同道した皇太后を「母儀の風いよいよ芳しく万歳千秋までに」守り賜へと

添えている。

後一条帝このとき九歳、治世というにはいまだ幼く、この世がひたすら平安に、飢饉にならず農業養蚕を豊かにと願意を述べる。そして願いの第一点、賀茂大神が神威を垂れ「天皇朝庭(廷)を宝位動くこと無く」の章句、すなわち賀茂大神による天皇＝王権守護の願意が表明される。

いっぽう、これだけにおわらず賀茂社の古儀として、今度は神から天皇へのコトバが祝を通じて発せられる。この問題についてすでに言及した[12]ので要点だけ述べる。賀茂社では古来、行幸あるいは賀茂祭にさいし、天皇の代理使（上卿・勅使）が宣命を奏上した後、幣帛が本殿内に納められると、折り返し祝を通じて神の言葉が天皇の代理に伝えられる。その作法は舞殿中央に坐った代理に対し、庭上の案の上に神禄の葵を置き、案前に蹲踞《そんきょ》した祝が微音で奏上するもので、読み終わると祝と代理の間で合せ拍手を交わす。祝家（鴨脚《いちょう》家）の専職とされた返祝詞の原文をここに掲げる[13]。

　行幸の時、申す返祝詞

皇太神の広前に奉りおはします、金銀の御幣色々の神宝・神馬・走馬・東遊・御神楽・左右舞楽、御らくやうけいば、照しをさめおはします。天皇のみあてにおのつから参りよるべからむ悪事をば、他方に払へしりぞけ奉りおはします。御宣命にまふさしめおはしますまゝ、一事もあやまたず、みてかなへおはします。宮中には夜のおどろき、昼のさはぎなく、安穏平安に守りはぐくみ奉りおはします。天下おだやかに守りたすけおはしまさむ。今日の御供奉の関白殿下・大臣・公卿、殊には勅使・舞人・陪従・したべの諸官等に至るまで、事ゆゑなく守りたすけむと、皇太神の仰せを給ふ命をうけたまはりて、榊葉《さかきは》の御かざしにいはひこめて伝へ申す。

これは神意のコトバ化というよりは、まさに神の言葉である。天皇に対して賀茂大神が伝え述べたコトバ＝返

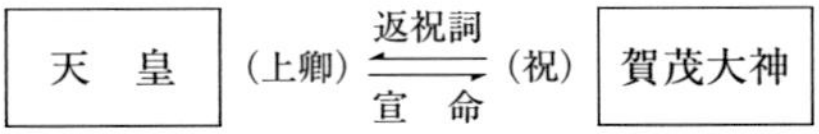

図3　天皇と賀茂大神の関係

祝詞である。ただしこの返祝詞が、寛仁元年度のものか確証はない。金銀の御幣をはじめ供献物が全て一致し、競馬（馳馬となっているが）もあり、かざしが榊葉であることも、このときは十一月であったから矛盾はない。しかも返祝詞はほぼ定式化されたものであったから、寛仁度の後一条帝に申された返祝詞とみてほぼ間違いないのである。さて内容であるが、天皇手ずから執り、そして拝んだ金銀の御幣以下すべて、「照しをさめおはします」とはやや不明だが、明らかに照覧し嘉納したとの意であろう。そして「天皇のみあてにおのつから参りよるべからむ悪事おば、他方に払へしりぞけ奉りおはします」生身のましてや幼帝であってみれば、天皇といえども降りかかる禍事を「厳神」と呼ばれた賀茂の威霊によって祓い除けねばならない。「宮中には夜のおどろき、昼のさはぎなく、安穏平安に守りはぐくみ奉りおはします。天下おだやかに守りたすけおはしまさむ」、漢語でいえば玉体安穏、天下大平ということで、やすらぎ、たいらぎを祈請するすぐれた表現である。王権守護の保証と願いが、やわらかな大和言葉で表明されている。

この賀茂大神の言葉（神意）は蔵人頭によって天皇に「御願平安奉果之由」と伝えられる。この「奉果」は通常「奉加」であるが、誤りではなく、願いは果たし奉る、との意でこのままでよかろう。このコトバの交感はすべて微音でなされる。

こうした神社行幸の宣命、返祝詞など儀礼の場において交わされるコトバ、天皇と賀茂大神、すなわち王権と神祇のコトバの照応関係に驚くほかはない。これは図3のようにあらわされる。賀茂大神の神意を伝宣する役は祝であり、勅旨の役は上卿である。そのコトバが返祝詞であり、宣命である。そして、さらにいえば天皇＝王権を守護する神祇の役割と関係が鮮明にうかびあがってくるのである。

二　行幸と御幸の相違点

八代国治は、天皇を現御神と言い現世における天照大神とし、それゆえ天皇は諸神を直接拝まない、とした。しからば退位した天皇、すなわち上皇の神祇への対応はどうなのか。次に掲げるのは『中右記』の寛治五年（一〇九一）二月と三月に日吉社でわずか一か月をおいて御幸と行幸が行われた例である。同一神社であること、短期間に相次いで行われたことなど比較できる好例である。さらにまた注目されるのは、周知のごとく日吉社は、中近世を通じ畿内でいえば石清水・祇園・北野などとともに宮寺として事実上僧侶が実権を握り、座主を頂点とする宮寺体制のなかに組み込まれていた。習合化の著しい宮寺型神社であれば、先にみた賀茂行幸と何らかの相違があるのではないか。ひょっとしたら、寺院行幸に類した門内への参入があるのではないか。こうした諸点に留意しながらを比較検討しよう。

Ⓐ白河上皇の日吉御幸（『中右記』寛治五年二月十一日条）

太上皇有御幸日吉社、……巳四點出御……御車、……申剋着御社頭御所、〈行幸之時御所屋也〉、先有御禊、〈舞人引御馬、陰陽師御祓、院別当四位持幣立、陪膳隆宗朝臣、殿上五位盆供〉、次上皇入御々社、……昇立神宝、御拝、次着御々休所、中門東廊、行幸之時上卿座云々、廻御馬、三度、次東遊、次音楽、……次御神楽、……次御経供養、座主良真為御導師、金泥法華経一部、布施・被物等院司殿上人等取之、又被修御修法、料布等積案立御在所東、子剋許事了、微行還御本御所、舞人馳御馬、了人々各退下、

（〈　〉内は原文二行割書）

Ⓑ堀河天皇の日吉行幸（『中右記』同年三月八日条）

有行幸日吉社、卯剋御出南殿、……乗輿……巳時着御社頭御所、有御禊、先昇立神宝、次舞人引御馬……御

禊了有御拝間、上卿持御幣立、次上卿給挿頭花……次給舞人・陪従等挿頭花……此間雨止、上卿率神宝・舞人等参入社中、先奉納於神宝御宝前、次上卿進舞殿、読宣命再拝、了着東中門廊、為上卿座、次舞人引廻御馬三度、経廻御在所並舞殿、次東遊、次発乱声、先左振鉾、次右振鉾、次左右共合振、次曲楽、左万歳楽六人、賀殿・陵王、右延喜楽・地久・納蘇利、此間上卿以行事史召座主(良真)、仰勧賞由、……又社司等或加級、或給爵……事了上卿帰参御所、奏事由、次座主並僧正法印進御所、奏慶賀由退出、公卿着庭中座、舞人上御馬一々馳之、了給禄、于時日景已及申時、寄御輿還御、

さて、両幸を比較検討する前に、わかりやすくするため「日吉社大宮(西本宮)境内図」(図4)を掲げる。中世の情況を記録したとされる『行丸絵図』[14]をもとに平面図にトレースしたものである。また『中右記』の両幸記事について煩雑になるので、行幸と御幸の相違点を整理し、表2で比較対照した。

表2　日吉社行幸と御幸の比較

要点	行幸	御幸
乗り物	御輿	御車
本座	御社頭御所(彼岸所)	東中門廊
拝礼座	〃（〃）	御社(舞殿)
次第	基本的には同じ	基本的には同じ
供献物	神宝	神宝・盆供
舞楽等	東遊・乱声・振桙・万歳楽・賀殿・陵王・延喜楽・地久・納蘇利	東遊・六曲(曲目不明)・御神楽
挿頭花	上卿に挿頭花	なし
独自の儀	なし	御経供養・御修
復命詞	上卿が御所で奏上	なし
所要時間	巳~申(六時間)	申~子(八時間)

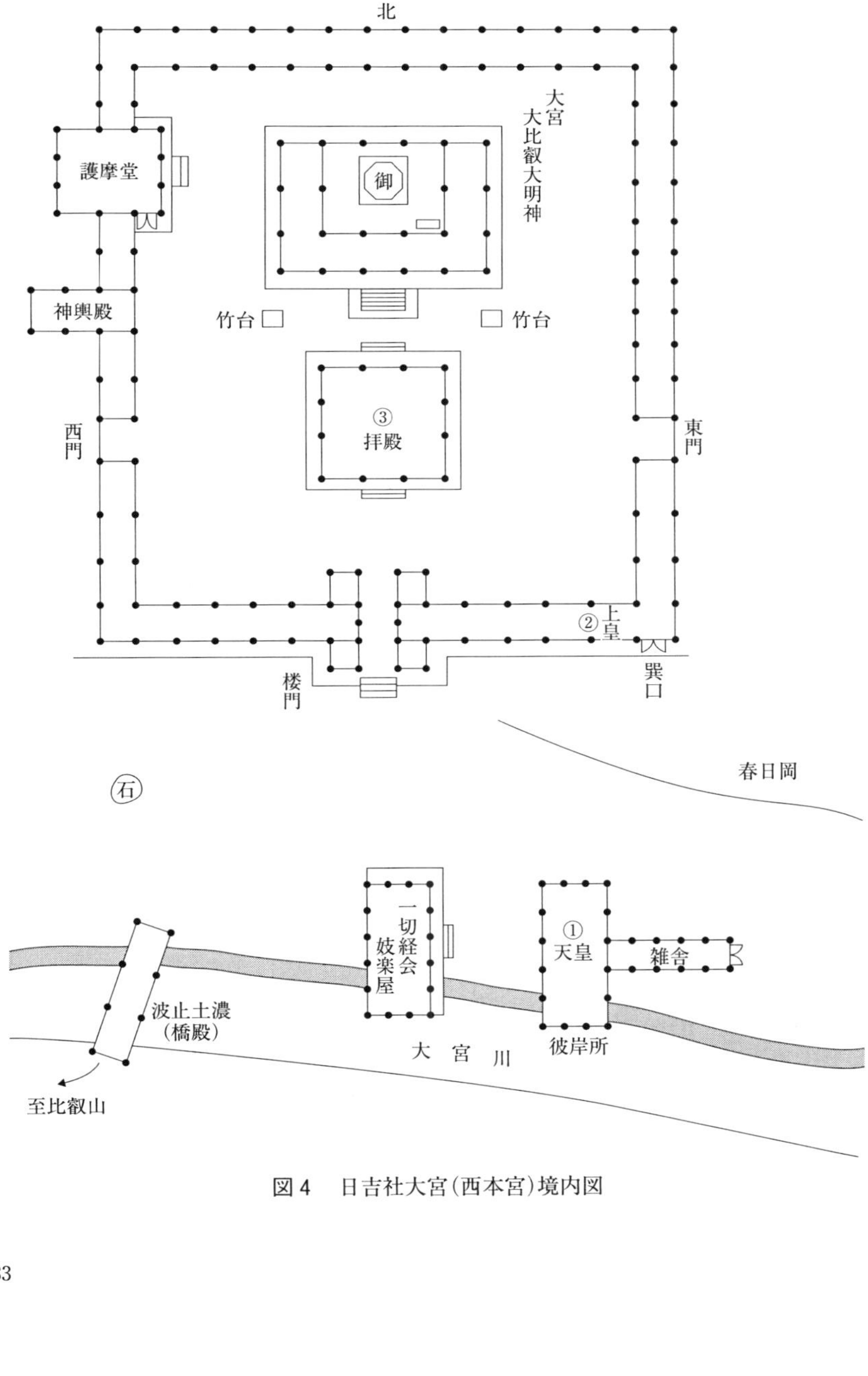

図4　日吉社大宮(西本宮)境内図

まず天皇として明らかな区別があるのは、乗り物が御輿であること、入御される場所が社頭の門外であること、である。白河上皇の御幸では、一旦社頭御所に入ったものの、御禊・祓の後「次上皇入御々社」とあって、具体的に「中門東廊」へ着御と特定され、門内の神域へ参入し、行幸とは根本的に違う。つまり天皇が退位して上皇となるや神祇の内部空間への参入が可能となる。また牽馬・東遊・神楽など行幸と共通するが、御幸で特徴的なことは、上皇の前で良真座主を導師とした御経供養、さらには御修法を行っていることだ。行幸にはなく、御幸では神前における仏事が可能だったのである。当時すでに宮寺として延暦寺と神仏習合体制にあった日吉社であれば、行幸時に仏事を双修することはたやすいことであった。本地垂迹説が祭祀体系におよんだ宮寺型の日吉社であれば、次節で述べるように寺院の門内へ参入してもよいようにも思われる。しかし天皇に限り不文の、厳しく規制する一種のタブーが存在したのである。神前に天皇であればこそなされない、あるいは参入してはならない神仏の隔離意識があったとみるべきであろう。こうした天皇の神祇と仏教への対応の相違点は、さらに寺院行幸の問題として次章でとりあげる。

しかし天皇が神祇の内部空間への直接参入が許されず、上皇なら許され、さらには神祇の前で仏事さえ許されるのは何故だろうか。その理由は、天皇のみが持つ宗教的権能に求めざるをえない。言いかえれば、天皇にあって上皇にない点に由来しよう。天皇のみが有する宗教的権能、専権事項、それは天照大神を親祭することである。天皇の父であっても、退位するや否や、親祭は許されない。岡田荘司は次のように指摘した。

平安期以降、直接天皇がみずから祭りごとを執り行う天皇親祭は、六月・十二月の神今食と十一月の新嘗祭の三度に限られていた。この時のみ皇祖天照大神の祭り主であり、諸神社の神々を直接出かけて親祭する立場にはなかった。（略）天照大神以外の個々への天皇親祭はありえないという根本観念が存在して貫かれていた。(15)

岡田論文に上皇への言及はないが、上皇への視点は岡田説を補強することになろう。在位中に天照大神を親祭した上皇といえども、退位するやその祭祀権を失なう。失なったことにより、上皇は諸神（ここでは日吉社・大比叡大明神）の前に立つことができ、さらには仏事さえもが執行できたのである。上皇は天皇と異なり神域内に参入することができることが確認された。

三　古代の寺院行幸――寺域不入の天皇から拝跪する天皇へ――

それでは、天皇は仏教にどう対処したのか。皇祖天照大神、そして一般神祇への対応と異なるところがあろうか。神祇と仏への対応の差異は寺院行幸をみることによって明らかとなり、神祇と王権の関係も一層明瞭になろう。ここで視点を変え、寺院行幸の問題をみよう。

天皇と仏教の初めての接触は、欽明天皇十四年（五五二）に百済の聖明王が仏像・仏具・経論の献上、即ち、いわゆる仏教公伝のときであろう。『日本書紀』は欽明天皇がはじめて「釈迦仏の金銅像一軀」の拝見を伝え、「聞しめしおわりて、歓び踊躍り」「献れる仏の相貌端厳みかほきらきらし」と、率直な仏への感動と並々ならぬ心情をしるす。そして注目されるのは、仏を「他国の神」「異国の神」と認識したことで、日本の神々の出自と場（国）を異にするものの、異国あるいは異形の神として、理解と認識がほぼ同一線上にあったことである。とはいえ祭祀王として受容へのためらいがあり、同天皇は群臣に対し「いやま（礼）う可きやいなや」と問うが、排仏・崇仏の争いの末、結局難波の堀江に捨てるにいたる。こうした仏教初伝の時期を経て、一二〇年後、天皇がたんなる帰依を超えて寺院へはじめて公的に行幸した。

『日本書紀』天武六年（六七七）八月十五日条に「大設斎於飛鳥寺、以読一切経、便天皇御寺南門、而礼三宝、是時、詔親王諸王及群卿、毎人賜出家一人」とある。

この天武天皇の飛鳥寺行幸は寺院行幸の初見である。簡略ながら飛鳥寺の南門と天皇の拝礼位置を具体的に明示していることが注目される。飛鳥寺は、いうまでもなく本来蘇我氏の私寺で飛鳥時代（推古四・五九六）の創建になる日本最初の伽藍であった。いわゆる飛鳥式は、ほぼ正方形の回廊で囲まれ、中央に仏舎利をおさめる塔が位置し、これを囲むように北・東・西に三棟の金堂が配置される。つまり一塔三金堂を中心に回廊をめぐらした配置であった。回廊の南に中門、その手前に南大門が立つ。また回廊の外、後ろの正中線上に講堂が配される。この伽藍に「天皇は寺の南門に御す」とあるから、天武天皇は中門を境に塔と三つの金堂を配した回廊内に一歩も参入しなかったことになる。しかも中門前ではなく、さらに手前の南大門にて三宝（仏）を礼拝したことになる。ただ作法までは記述からはうかがえないが、表記でいえば「拝」ではなく、「礼」であった。拝も礼も同じようであるが、拝ではなく礼であったことは、仏に対する天皇の有り様（作法）が少なくとも拝跪ではなく、「異国の神」として距離をおいた対等のものであったことがうかがえる。天武天皇の飛鳥寺行幸が、南門において仏を礼敬するかたちであったことが確かめられる。

既述の通り、平安中期に成立した神社行幸が鎌倉後期の中断まで一貫して、天皇は祭祀の場である楼門内に一歩も参入しない原則が確認されたが、これは飛鳥時代の当初の寺院行幸と同一作法で、南門に入らない作法を踏襲したとみられる。こうした共通性は何を意味するのかにわかに判じがたいが、神であれ仏であれ、（賢所内の皇祖神の祭祀を除き）畏敬の発露として礼を尽くしても、天皇は神・仏の占有空間には直接に参入しないという不文の原則があったとみられる。先に言及した、神社行幸における「神前に立たざる天皇」の作法の源流は、むしろ七世紀後半の飛鳥時代の寺院行幸に求められる。仏教伝来初期は仏前（内部）に立たざる天皇だったわけである。こうした二六〇余年の隔たり、そして何よりも神仏の違いを超えて、同様の事実を短絡的に結びつけることは危険だが、あながち強牽付会ともいえまい。なぜなら、すでに『日本書紀』は王権が仏を異国の神ととらえ、日本の神と相貌が異なるものの、ほぼ同一線上に見据えられていたからである。天皇が祭祀王として異国の神＝仏と、はるか後代の神祇への対処（作法）が同一であったことは、きわめて注目される。

天武天皇はこのあと同十四年五月五日再び飛鳥寺、(16)同十四年八月十二日に浄土寺、(17)翌十三日には川原寺(18)と相次いで三ヶ寺に行幸しているが詳細は不明である。天武天皇は在世中に四度寺院行幸を行い、寺院行幸の先鞭をつけた天皇であった。

ついで寺院行幸で注目されるのは聖武天皇である。

まず『日本紀略』天平十二年（七四〇）十二月十三日条に「幸志賀山寺、礼仏」とある。志賀山寺は、七世紀後半に建立された崇福寺のことで、「礼仏」とあるのみで詳細不明。また同十六年（七四四）十一月十三日条に「甲賀寺始建盧舎那仏像体骨柱、天皇親臨、手引其縄、于時種々楽共作、四大寺衆僧僉集」とある。甲賀寺建設の途中、盧舎那仏造立の工程に聖武天皇みずから綱を引き参画したもので、完成前の異例な寺院行幸といえよう。こうした造寺の途中に行幸した天皇は珍しい。以下、『続日本紀』によってみよう。同十八年（七四六）十月六日条。

天皇、太上天皇、皇后行幸金鍾寺、燃燈供養盧舎那仏、仏前後燈一万五千七百余坏、夜至一更、使数千僧、令擎脂燭、讃嘆供養繞仏三匝、至三更而還宮

金鍾寺は東大寺の前身で聖武天皇は元正上皇・光明皇后とともに行幸した。二代の天皇と皇后が相そろって盧舎那仏（鋳造前の模型とされる）の前に列したのである。仏の周囲を囲堯するおびただしい灯明、そして数千としるされる僧侶。やがて供養の法会が開始され、脂燭をささげ盧舎那仏を讃嘆しながら三匝する。厳《おごそ》かに読経の響きわたる仏教空間に天皇自身が列して随喜したのである。なお法会はつづき三更（午後十一時〜午前一時）にいたり天皇たちは還宮したという。ここに天皇自身の所作はしるされていない。しかし四時間におよぶ長い時間

は、単なる儀礼を超えた深い仏教信仰の領域に入っていたといわざるを得ない。そこには二年前、甲賀寺で手ずから盧舎那仏造立に参加したことにつづく、いちだんと深められた仏教信仰を物語る法会への参加の様子がみてとれる。聖武天皇の深い仏教信仰に根ざした寺院行幸である。天平勝宝元年（七四九）四月一日条。

天皇幸東大寺、御盧舎那仏像前殿、北面対像、皇后・太子並侍焉、群臣百寮及士庶分頭、行列殿後、勅遣左大臣橘宿祢諸兄、白仏、三宝乃奴止仕奉流天皇羅我命盧舎那仏像能大前仁奏賜部止奏久（以下の宣命は省略）

ふたたび聖武天皇は皇后、太子の阿倍内親王をともなって東大寺に行幸。なお注意を要するのは、この時点の東大寺は現在みるような大仏殿や回廊、中門、南大門は全くなく、造立途中の大仏が光背もなく塗金もされない状態であったことだ。そして入御したのは盧舎那仏の「前殿」であるが、これは礼拝のための「礼堂的な仮建物」[19]であった。その十三日後の四月十四日にも東大寺前殿に行幸している。そして前殿に入った天皇が像に対して北面して立ったことは興味深い。じつはこれまで社寺行幸の事例をあげて考察を加えてきたが、行幸にさいして位置までは何とか押さえられた。しかし所定の神・仏の前に立ちながら、一体天皇はどちらを向いて、立たれたのか、それとも坐られたのか、記述はなく不明であった。とりわけ入御した天皇の座の方位は、天子南面の思想からみて、天皇と神祇、あるいは天皇と仏の有り様、関係を端的に象徴的に示すものとして注目される。たとえば、南面する神・仏の前にあっても、天皇が西面、あるいは東面する、いわゆる横座の場合と、北面する場合とでは全く意味が異なる。その意味で聖武天皇が仏前の真近かに北面して位置についたことは重要である。さらに天皇の座は、敷物を敷いた坐礼ではなく御椅子であったと推定するが、天皇の左右に皇后、皇太子が並び、前殿の後ろに群臣百寮や庶民たちが分かれて並んだ。そして勅使として左大臣橘諸兄に仏前で宣命を奏上させたのが「三宝の奴と仕えまつる天皇」と冒頭に述べる有名な宣命である。いうまでもなく宣命とは天皇の意志をコトバで代弁させたものである。「三宝の奴」は「仏の臣」[20]すなわち、「仏の臣として仕えまつる天皇」として聖武天皇はみずからを位置づけ、「百官の人たちを率いて礼拝（おろが）み仕え奉る事を、掛けまくも畏き三宝の大前に、恐み恐みも奏し賜はくと奏す」と、その眼前で代読させたのである。聖武天皇は皇后・皇太子、そして諸官を率いて仏に真向かい、仰ぎ、みずからを仏の臣と仕えるものとして、地位と立場を表明し、礼拝したのである。

既述の通り未完成の東大寺であったから、十全な意味での行幸といえるかどうか検討を要するが、聖武天皇がはじめて寺院行幸の場において仏に仕える存在と宣言し、みずからを位置づけたことは重要である。

聖武天皇はこのあと天平勝宝元年（七四九）七月、皇女に譲位、即位した孝謙天皇は同年（七四九）十月九日はじめての寺院行幸[21]を行う。すなわち「行幸河内国知識寺、以外従五位下茨田宿禰弓束女之宅、為行宮」とあって父聖武天皇に習ったものだ。そして折しも東大寺造仏を助けるため宇佐八幡の神が託宣を発し、都へ入った。このときの様子を、同年十二月二十七日条は次のようにしるす。

八幡大神禰宜尼大神朝臣杜女、其輿紫色、一同乗輿、拝東大寺、天皇、太上天皇、皇太后、同亦行幸、是日、百官及諸氏人等咸会於寺、請僧五千礼仏読経、作大唐渤海呉楽、五節田舞、久米舞、因奉大神一品、比咩神二品、左大臣橘宿禰諸兄奉詔曰神曰天皇我御命尓坐申賜止申久、去辰年河内国大県郡乃知識寺尓坐盧舎那仏遠礼奉天、即朕毛欲奉造止思登毛得不為之間尓、豊前国宇佐郡尓坐廣幡乃八幡大神尓申賜閉勅久（宣命以下略）

すなわち孝謙天皇は父聖武上皇、母光明皇太后とともに東大寺に行幸し、百官および諸氏を率いて集まった。僧五〇〇〇を招いて礼仏読経をし、大唐・渤海・呉など異国の歌舞や、五節の田舞・久米舞なども奉納した。このときの宣命は、天平十二年（七四〇）に河内国知識寺で仏を礼拝したことが聖武天皇の造立の動機となった故事をしるしている。孝謙天皇もまた父の意志を継ぎ、まだ未完成の盧舎那仏の前に立ち、天皇として読経の流れる仏教空間に身を置き、法音に浴したのである。ここにおいて七世紀中頃まで守られた天皇が仏域には参入しない原則を破り、父子二代の天皇によって、一種の結界ともいうべき寺院の門を超え、ためらいもなく仏前に参入したのである。天皇みずから深い仏教信仰に根差した寺院行幸を展開したことは画期をなすといえよう。さらに宣命では、八幡の神が天神地祇を率いて造仏を成就に導いたことが述べられ、神祇が仏を助け、神仏相和した、のちの神仏習合の濫觴《らんしょう》がみとめられる。辻善之助が指摘した「神明は仏法を悦ぶ……神明は仏法を擁護する」という神仏習合の初期段階であり、「神は仏の化現したものである」という本地垂迹のはるか前の段階である。(22)

このあと『続日本紀』に「廃帝」としるされた、淳仁天皇の在位六年間に寺院行幸はない。ついで重祚した称徳天皇は寺院行幸を再開する。天平神護元年（七六五）十月三十日条に「幸弓削寺礼仏、奏唐高麗楽於庭、刑部卿従三位百済王敬福等亦奏本国舞」とある。本条は、天皇が太政大臣禅師に就任した道鏡に対し、文武百官を礼拝させるという異常事のあと、弓削寺に行幸したものである。礼仏とあり高麗楽など奏し、やはり弓削寺の堂内に参入した拝礼とみたい。翌年の神護景雲元年（七六七）三月、たてつづけに西大寺法院・大安寺・薬師寺と行幸(23)している。さらに注目されるのは、重祚による二度目の大嘗祭で豊明節会《とよあけせちえ》にさいし群臣に述べた宣命である。

> 朕は仏の御弟子として菩薩の戒を受賜て在、此に依て上つ方は三宝に供奉、次には天社国社の神等をもゐやびまつり、……神たちをば三宝より離けて、触れぬ物ぞとなも人の念ひてある、然るに経を見まつれば、仏の御法を護りまつり尊みまつるは、諸の神たちにいましけり、故是を以て、家を出でし人も白衣も相雑りて供へ奉るに、豈障る事はあらじと念ほしてなも、本忌まずして、此の大嘗は聞しめすと宣ふ御命を諸聞き食へと宣ふ

父聖武天皇のとき、みずからも皇太子として参列した東大寺行幸ですでに「三宝の奴」と称しているが、さらに即位儀礼のなかで群臣に対し「仏弟子」として「菩薩の戒を受賜て」と宣言したのである。大嘗とは、いうま

でもなく皇祖天照大神に対して悠紀《ゆき》・主基《すき》の二殿において天皇の手で献饌しみずから共食することを中心とする即位儀礼である。厳重な潔斎を経た天皇が丁重なもてなしで天照大神と共食することで神性を獲得する儀、とすれば、これを修し終えた豊明節会で群臣を前に宣言した言葉であるだけに、意味は重い。大嘗祭によって天皇が皇祖と一体化し祭祀王として完結しながら、なお「仏弟子」として「菩薩戒」を受けたのである。そしてこれによって「上は三宝（仏）に仕え、次には天社国社の神たちをうやまう」と、明らかに仏の下に神祇を置いた。仏教の伝来以来、神仏のはざまにあった天皇は、天武において対等であったが、聖武・孝謙（称徳）両天皇においては仏を頂点に、天皇はみずからを下位に、神祇を対等もしくは下位に置くこととなった。こうした八世紀における寺院行幸という儀礼空間で天皇と仏の関係を示し、これに神祇との関係を加え図示すると次のようになろう（図５）。

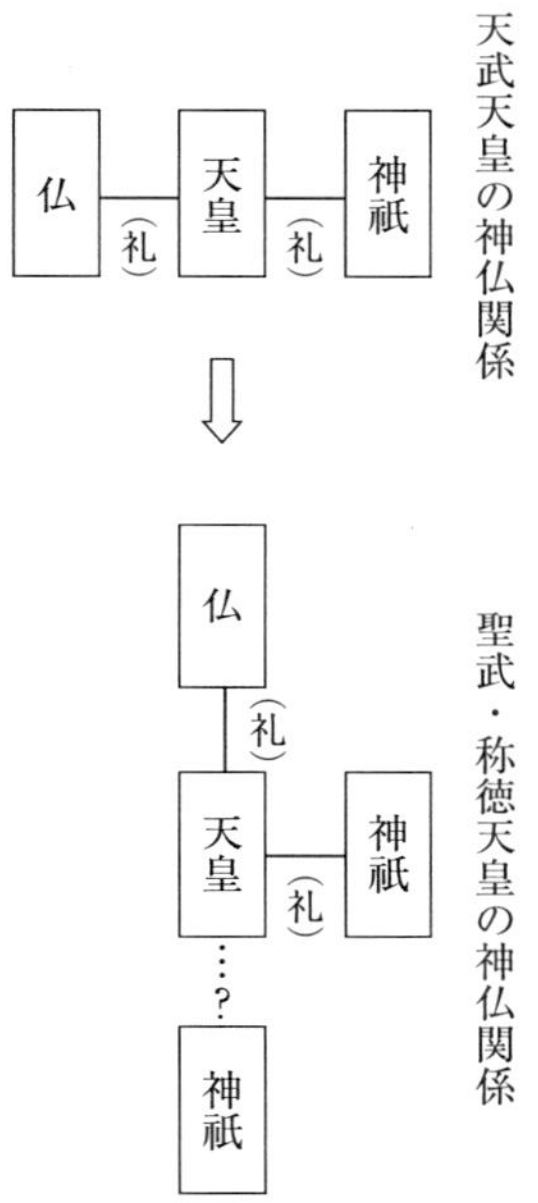

図５　天皇の神仏関係

なぜ天皇は、それまでのいわば禁を破って寺院の内部空間に参入したのか。それは他国の神としての仏を、畏敬の念による儀礼的地点から、天皇自身が三宝の奴、仏弟子と自称して憚らない全身的帰依によって一段高い仏教信仰の地点へ踏み込んだためである。聖武・称徳天皇が信仰の徒となった意識変化のなせる技であり、聖俗の結界である門を越え、ついに仏前に拝跪したのである。古代王権が寺院行幸の場において、儀礼的畏敬から信仰的拝跪へ転化した、これが天皇の仏教空間へ参入した理由の全てである。

四　中世最後の神社行幸――後醍醐天皇の例――

前節において、古代末期に成立した神社行幸でみせる神前に立たざる姿、基本的姿勢のはじまりを、時代をさかのぼり天武朝成立の寺院行幸に求めることができた。そして神社行幸において平安中期から途絶する鎌倉末期まで、天皇は一貫して神前に臨まない。じつは、鎌倉末期に最後の神社行幸をしたのは後醍醐天皇である。同天皇はいわゆる「異形の王権」として仏教とりわけ密教世界に深くかかわり、みずから法服をまとい護摩を焚き政敵調伏を行った特異な天皇であった。[24]このみずから密教の修法を実修した後醍醐天皇が、最後の社寺行幸を行った。平安中期に神仏習合のピークをむかえ全国の神社には必ずといってよいほど神宮寺ないし本地堂を配し、あまつさえ本殿内に本地仏が置かれる状況にあった。とりわけ日吉社は、皇子の尊雲法親王が天台座主として検校する典型的な宮寺で、仏教化が著しい。みずから密教修法を行い、倒幕の祈禱を密かに命じていた後醍醐天皇であってみれば、儀礼上何らかの例えば新儀の展開も予想される。その意味でも最後の、中世前期の神社行幸の実態を確かめておこう。

『元徳二年三月日吉社並叡山行幸記』（以下『元徳行幸記』）は、さまざまな意味をもつ行幸記である。まず中世最後の行幸記であり、[25]延暦寺への寺院行幸もあわせて行い、とくに背後にきわめて深い政治的意図を含むものであったことは、留意されねばならない。

後醍醐天皇は文保二年（一三一八）三月、三十一歳で即位したが、当時の朝廷は持明院統と大覚寺統に分裂し、その間鎌倉幕府が皇位継承に介入した。後宇多上皇の三年あまりの院政のあと親政となった。延喜・天暦の時代を理想とし朝廷による政治の一元化につとめたが、正中元年（一三二四）九月に正中の変が起こり、第一次の倒幕計画が露見し失敗する。このあと皇子たちを有力権門寺院に入れ、まず尊珍法親王を園城寺長吏に、護良親王（大塔宮・尊雲法親王）を天台座主に、宗良親王は後任の天台座主にと、それぞれ就任している。いずれも畿内の有力寺院を取り込む倒幕運動の一環であった。第二次倒幕の計画もやはり発覚し、元弘元年（一三三一）日野俊基らが断罪、また文観・円観らも捕縛され、後醍醐天皇も笠置山に逃れるも六波羅探題に捕らえられる。ここでとりあげる『元徳行幸記』はこの元弘の変のほぼ一年前の元徳二年（一三三〇）三月、東大寺・興福寺・延暦寺・日吉社の南都北嶺を相次いで巡幸したときの行幸記である。

後醍醐天皇が雪降るなかを日吉社に到着したのは星明かりの夜、大宮（西本宮）前の彼岸所に着御。庭上に薦《こも》を敷き案三脚に神宝を奉安。贖物にて天皇は御禊を修し、御幣にて御拝。ただちに神宝、舞人、上卿（勅使）以下、楼門内に入る。天皇は彼岸所前の仮屋を「御所」としてとどまっていることは、寛治の行幸と同じである。上卿は拝殿中央の宣命座に着き奏上、東門廊へ。座主は北廊、禰宜神主は西廊。この配置で宣命の後、賽、牽馬三匝、東遊、神楽、舞楽六曲と約三時間ほどの所要時間であろう。このあと勧賞に移り、本来なら座主尊雲法親王が受くべきところ譲って権大僧都実守がうけているのは、この行幸に対する同天皇親子の深意が読みとれよう。禰宜匡長以下、二十四名もの日吉社の神職団が叙位加階の栄に浴しているのも同様である。日吉社も含め僧兵集団を擁した山門勢力の取り込みであることはいうまでもない。さて長時間におよぶ社頭の儀をおえた上卿たちは門外の「御所」に向かい「御願平安の由」を天皇に奏上。すでに夜は白みはじめ馳馬が行われ一切が終わった。(26)要は先にとりあげた堀河天皇の寛治行幸と比較して二四〇年の時空を超えなんら変わりはない。衰えた朝儀の再興を願い、みずから『建武年中行事』『建武日中行事』をまとめた後醍醐天皇であってみれば当然ともいえよう。「異形の王権」と呼ばれた天皇ではあるが、いささかも神祇に対して逸脱はない。わが親王が座主として控える社頭であるが、それでも神域不入とする神社行幸の原則を固守したのである。

このあと比叡山に登る。

中堂の北礼堂三間を皇居にかまへたてまつり、上礼堂のとをり二間、かりひさしをさしつぎて、殿上等にしつらはれ、先これへならせ給てのち、講堂へいらせ給へは、左右の楽屋乱声して、腰輿の御まへにて一曲を奏す。御輿は正面の間へよせたてまつる。内陣の礼盤にいらせ給て、御拝のとかに奉らせ給しかは、なにとなく涙のすゝみ侍しは、御願鄭重のいたり、感応しからしめけるにや。東礼堂三間、おまし所にしつらひてすてにいらせ給へは……

まず根本中堂の北礼堂三間を「皇居」すなわち比叡山滞在中の御在所としたもので、秘仏薬師如来をまつる内陣の次の間の礼堂空間に天皇の起居を定めたことになる。神祇に対して神域不入の作法が厳守されたが、ためらいもなく仏教空間に参入、さらには起居し、堂内参籠ともおもえる有り様である。ついで大講堂では法会が行われ、御輿が直接正面に寄せられ、内陣の導師の法儀の座である礼盤に天皇が着き、御拝。これを拝した記主は感激のあまり涙をもってしるす。このあと東礼堂三間をおまし所として入御、二〇〇〇口の衆僧が列し、高座をもうけ、伽陵頻・胡蝶・乱声・童舞などが荘厳に披露された。三日間の滞在中、根本中堂・講堂・惣持院・無動寺・前唐院・四季講堂と、山内全てに心配りをみせている。いずれも堂内に入っての拝礼とみられる。

次に後醍醐天皇の行幸を語る上で欠かせないのが書写山円教寺である。元弘の変によって天皇は笠置へ逃れるが六波羅の手に落ち、隠岐へ配流となる。元弘三年（一三三三）閏二月、隠岐を脱出し船上山にあったが各地で挙兵が相次ぎ、六波羅が滅亡する。天皇は船上山を出発、京都還幸の途中に立ち寄ったのが書写山円教寺であった。『書写山行幸記』は、このとき山内で行幸を取り仕切った修乗坊長吏行春が、感激の覚《さ》めやらぬうちにしるしたもので史料価値は高い。これによると、元弘三年五月二十六日、書写山衆徒が騎馬に兵具を帯びて迎えた。注目すべき点を列挙しよう。

(1)書写山行幸で「皇居」としたのは山上の円教寺講堂内であった。元徳の比叡山行幸時に延暦寺中堂を「皇居」にしたのと同じである。

(2)如意堂外陣に御輿で参入、下輿し正面御座に着き「御體投地」を三返繰り返し礼拝。そのあと堂内で如意房の「霊像」をつぶさに拝観、性空上人自愛の菩提心論一巻、聖武天皇真筆の金光明経など手にとって拝見。

(3)性空の本尊「赤栴檀五大尊像」を御拝のあと、天皇は求めてこの尊像をしばし奉戴したき旨申し出あり、すると天皇は尊像を「御懐中」したという。懐深く抱きしめ験力を得たいとの願いによるものであろう。

(4)後白河法皇ゆかりの香水の故事を述べると、関心を示し内陣に入り脂燭の揺らめきのなか連子を開き、御井から竹杓でみずから香水を汲み、左手で服飲。さらに香水には白髪も甦り病いも癒えるとの効能を聞き、手ずから髪をぬらす。

(5)仏壇際の御座の間で一山僧に下問があり、秘伝の印明のこと、祈禱に五大尊合行護摩、如意輪温座之供法を修すること、など密教問答が交わされ並々ならぬ知識と素養を開陳している。後醍醐天皇の側近僧に円観・文観などがいたが、これらの僧による会得であろう。

この書写山行幸は、後醍醐天皇の寺院行幸の特異性を示して余りあるといえよう。先の神祇に対する日吉行幸の例では、従来の神社行幸の慣例・次第・作法を厳格に守ったもので、いささかの逸脱もなかった。しかるに書写山行幸では、全く天皇の個人的信仰に基づく自由な展開となっている。もちろん、これには配流先からの凱旋途中という情況下であること、先年の倒幕のため南都北嶺の権門寺社を積極的に行幸した取り込み策の延長であることも勘案せねばならない。それにしても、ほの暗い内陣で秘仏を懐中し、みずから香水を飲み、かつ振り掛ける姿は、かつての中宮の懐妊祈禱と称して数か年にわたり倒幕祈禱を命じ、かつ、みずから行った事実を彷彿とさせるものがある。神仏とりわけ密教系の仏たちの霊威、験力にたのむことの多かった後醍醐天皇ならではの寺院行幸であり、また神社行幸ではとうていなし得ない行幸の儀礼内容でもあった。

まとめ――王権と神祇の関係――

王権と神祇の関係を最も可視的にみせるのが神社行幸である。神社行幸の儀礼空間を詳細にみることによって、儀礼で表現される両者の関係、そして儀礼にこめられた象徴的意味を知ることができる。すでに先学が言及したように、宮中祭祀はさておき、天皇は諸神祇の祭祀空間には一歩たりとも参入しないという不可解な姿があった。これに対し岡田荘司は、天皇は諸神を祭祀する立場になく、天照大神親祭のみを任務とするからだ、と指摘された。それであるなら行幸をしなければよい、ともおもえるが、それにもかかわらず行幸をし、限りなく神域に近づきながら内部空間には参入しない理由はなんだろう。

それには古代における王権の神祇との関係をみなければならない。古代において神は氏族の持ち斎《いつ》く神であった。天皇が皇祖神の天照大神をもつように、氏族はそれぞれ氏族の神をもっていた。たとえば、ミワ氏の三輪社、津守氏の住吉社、カモ氏の賀茂社、秦氏の稲荷社、中臣（藤原）氏の春日社といった具合いである。他神は他氏族の神で、基本的には関与する必要がない。王権とは氏族の連合体が天皇（大王）を中核として構成されるが、中心に立つ天皇は天照大神を祭祀こそすれ、一氏族の神だけを拝むことは許されない。また氏族の神は私的な神であり、したがって王権の中心に立つ天皇に直接参詣するという発想は生まれなかった。むしろ特定の神を拝んではならなかったのである。特定の神に荷担することは王権の〈おおやけ性〉をそこなうことになる。これが天皇をして諸神を直接拝まない理由であった。そこに天武朝の頃、神々の序列化が進み『古事記』の編纂が行われた。

皇統譜が整えられ、神々がそのところと位置を定め体系化されてゆく。天照大神を祭祀し同一化した天皇は

「顕御神」として天照大神の体現者と認識されてゆく。古代・中世を通じ天皇は神階昇叙を行い、これが示すように諸神に対し上位に立った。とはいえ君臨ではなく、諸神も一つの存在として認知され畏敬される関係にあった。中世前期になってようやく、その儀礼化として神社行幸が実現した。

　賀茂行幸でみたように、天皇自身が神の近くにまで臨み、畏敬の態度をしめす。しかし神の坐す神域に参入せず域外に仮御所をもうけ踏みとどまった。そこで天皇が願いをこめ拝んだ幣を納め、神宝・幣串を捧げ、天皇の使が祭庭で宣命を代読、今度は長時間にわたる神楽・歌舞を供覧するという丁重な儀礼を展開する。神は天皇の願いを嘉納し、神意を使に伝達する。これが返祝詞・合せ拍手の作法で、神の使＝祝と天皇の使＝上卿が確認しあう。天皇とはいえ肉体をもった現身の存在であるゆえに災いは避けられない。王権を守護するのが神祇であり、神祇を畏敬する王権という相互関係が成立する、その儀礼化が神社行幸といえよう。また天照大神の体現者として天皇の位を降りたとき、諸神に対しての〈おおやけ性〉によるタブーは取り払われ、日吉御幸では、上皇が神域内に参入可能であり仏事法楽さえ可能である実例をみた。いっぽう、天武天皇の飛鳥寺行幸が示すように寺院行幸でも門内に参入しないことが確認された。古代において王権の宗教的行幸にもとより神社行幸はなされず、むしろ寺院行幸から開始されたのである。王権側の仏教の認知、そして信仰の浸透によって他国の神として仏へ、すなわちまず寺院行幸から開始された。しかし天皇の〈おおやけ性〉によって、門内への参入は一種タブー視され、参入しなかったのであろう。しかるに聖武・孝謙両天皇の著しい仏教信仰によって、礼拝から拝跪へ踏み込んだ地点で、仏を天皇の上に置き、神祇を対等もしくは下位に置いた。そして両天皇によって、寺院行幸には仏の内部空間に参入するという新儀が創出されたのである。ここにおいて王権は仏に拝跪し、その霊力を享受し、仏は王権を加護する、いわゆる王法相依の関係が誕生するのである。しかし神社行幸については、その創始である朱雀天皇から後醍醐天皇にいたるまで、一貫して神域不参の古儀は守られた。神祇は王権を守護し、王権は神祇を畏敬する、その儀礼的表現として神社行幸がなされたのである。

（1）例えば『古事類苑』帝王部は朝覲行幸をはじめ京中、京外、神泉苑、遊覧、遊猟、野、観風、離宮、王臣第、温泉、方違、観馬、事変の十四種類をあげる。本稿でとりあげる社寺行幸、あるいは神社行幸は、京中・京外行幸に含まれよう。

（2）『続日本紀』神亀元年（七二四）十月十六日条に聖武天皇が紀伊国に遊覧行幸した折り、玉津嶋の神の地に臨み、神社行幸とみることもできる。「為明光浦。宜置守戸勿令荒穢。春秋二時。差遣官人。奠祭玉津嶋之神明光浦之霊」と記す。風光明媚な玉津嶋頓宮で十数日滞在したもので、参詣した可能性は高い。散策するうちに玉津嶋の神、明光浦の霊の祭祀の場に行き合った、といった私的な立ち寄りであろう。したがって公的なものでなく、このたたずまいが保持されるよう願ったもので、広義の神社行幸であっても、厳密にいえば当てはまらないだろう。

（3）岡田荘司「神社行幸の成立」（『大倉山論集』第三〇輯、一九九一年、のち『平安時代の国家と祭祀』所収、続群書類従完成会、一九九四年）。

（4）『國学院雑誌』二四巻一号、一九一八年、のち『国史叢説』所収、吉川弘文館、一九二五年。

（5）前掲注(3)に同じ。その後、岡田論文を踏まえた大村拓生「中世前期の行幸――神社行幸を中心に――」（『年報中世史研究』一九号、一九九四年）が発表された。政治史の立場から考察したもので、得るところは多いが、本稿が問題とする天皇の儀礼空間の問題は言及していない。

（6）「間接祭祀」は筆者の表現である。岡田は「天皇の神社行幸は神社の社頭近くまで行き、御在所に入られても、神前にて祭儀の作法を行うことはなかった。……中世までの間に歴代在位中の天皇が直接神前で自ら御拝（両段再拝）する例は見当らない」と述べている。

（7）同絵図は、京都国立博物館（旧鴨脚家本）・下鴨神社本・宮内庁本などが知られる。最古本は京博本で室町期の書写になり、斎院御所などを描くことからみて鎌倉初期まで少なくともさかのぼることができよう。

（8）この行幸に先立ち母后彰子は、幼帝の皇位安泰を願って愛宕郡を神郡として賀茂社へ寄進を希望した。しかし賀茂社が北野・吉田社・延暦寺と接していたため調整がつかず、道長と実資は苦慮し、結局間に合わなかった。
(9) 新木直人「鴨社神館の所在」(『古代文化』三九〇号、一九九一年)。たしかに鴨川を渡り、鳥居をくぐったところにある「神館御所」は西面し位置と言い適当な場所にある。
(10) 現行の賀茂祭勅使の位置に当てはめれば鳥居内、楼門の外ということになるが、「御社において解剣、洗手」し、すぐ広前の座に着座とあるから、楼門を入り勅使殿で剣を外し(これは祭神が女神という故実による)、手水をしたと推定した。
(11) 祝詞は人から神への言葉とすれば、返祝詞は神から人への言葉である。仲介者である祝を通じて人に伝達される(拙稿「鴨社の祝と返祝詞」、『神主と神人の社会史』、思文閣出版、一九九八年)。
(12) 前掲注(11)に同じ。
(13) 近藤喜博「賀茂御祖神社鴨光高祝詞」(『神道史研究』六巻第二号、一九五八年)。
(14) 『山王二十一社等絵図』の通称で、祝部行丸の命で制作され叡山文庫本・村上忠禧氏本・日吉大社本(巻子本)の三本が知られる。中世末期の情況をうかがう得難い絵図史料とされる。最も古い書写本とされる叡山文庫本では十二枚で境内全域を描き、大宮と彼岸所の二枚をもとに筆者がトレースした。ただし、本絵図の史料性については黒田龍二「中世日吉社絵画史料の検討」(岡田精司編『祭祀と国家の歴史学』、塙書房、二〇〇一年)を参照されたい。
(15) 前掲注(3)に同じ。
(16) 「天皇幸于飛鳥寺、以珍宝奉於仏而礼敬」。
(17) 山田寺の別名、皇極二年(六四三)創建。同日条に「天皇幸于浄土寺」。
(18) 法号は弘福寺、斉明元年(六五五)創建。同日条に「幸于川原寺、施稲於衆僧」。
(19) 太田博太郎「東大寺の歴史」(『奈良六大寺大観』第九巻、岩波書店、一九七〇年)。
(20) 金子武雄『続日本紀宣命講』(白帝社、一九四一年)。
(21) 他の事例に次のものがある。『続日本紀』天平勝宝八年(七五六)二月二十五日条「天皇幸知識、山下、大里、三宅、家原、鳥坂等六寺礼仏」
(22) 辻善之助『日本仏教史の研究』(金港堂書籍、一九一九年)。また田村円澄は、神仏共存の第一段階は欽明天皇によるものとし、神仏同格の第二段階は天武天皇、仏主神従の第三段階は聖武天皇とした（「神仏習合とその源流」、『神道宗教』一一九号　一九八五年）。

(23) 神護景雲元年（七六七）三月三日条　幸西大寺法院、令文士賦曲水賜五位已上及文士禄

同九日条　幸大安寺、授造寺大工正六位上軽間連鳥麻呂外従五位下／十四日条　幸薬師寺捨調綿一万屯、商布一千段長上工以下奴婢已上廿六人

(24) 網野善彦『異形の王権』（平凡社、一九八六年）。

(25) 厳密な意味での中世最後の神社行幸ではないが、内容、次第のわかる記録としては最後のものである。たとえばこの年十一月に平野・北野社へ、建武元年（一三三四）九月に賀茂・石清水行幸を行っているが史料は少ない。

(26) 賽の祝詞と称し、賀茂社の例では返祝詞にあたろう。日吉社では現在も山王祭の古儀で実修されている。

第三節　神宮寺の神祇奉斎――神仏習合の源流を求めて――

はじめに

神宮寺は神仏習合の具体的モニュメントとして、その存在自体が、神仏の調和と共存の姿を具現化している。しかしながら、神宮寺は神域もしくはその周辺にあるだけの単なる寺にすぎないのか。普通の寺と異なるところはないのか。たとえば多度・松尾・熱田・日吉・石清水をはじめとする各神宮寺を点検すると、一見理解しがたい事実が確かめられる。それは、神宮寺本尊とともにまつられる神、すなわち神仏併祀の姿である。これは明らかに祭祀の重複であり、意図的な状況である。仏教側はなぜ仏教空間に、ほんらい不要な、手のこんだ形態を創出したのであろうか。結論を先にいえば、それは神宮寺が神社に付属するかたちをとりながら、その内部において、より積極的に神と仏が融和しうることを示し、さらには神を菩薩形であらわすなど、みずからの仏教空間で神を自家薬籠中のものとするためであった。本論は、神宮寺の神祇奉斎が後代に展開する神仏習合の源流に位置するとの見通しのもとでとりまとめた、事例報告とその考察である。

神宮寺は六世紀中頃の仏教公伝以来、仏教の土着化・日本的展開のなかで、おおよそ八世紀中頃に生まれた寺院形態の一つである。初期神宮寺の例としては気比・大神・鹿島・伊勢・宇佐・若狭などの各神宮寺があげられ、このあと中央・地方を問わず神社の傍には必ずといってよいほどおびただしい数の神宮寺が創建されてゆく。これまで確認しえた神宮寺の数は全国で約三五〇か寺[1]にのぼるが、これは管見におよんだほんの一部にすぎず、さらに綿密な調査をすすめればなおとどまるところを知らない状況にある、といっても過言ではない。こうした分布状況は、神仏習合の具体的事実そのものであり、各時代を通じて量的な広がりと据野のひろさを示している。さらにいえば、この神宮寺こそは、八世紀頃より神仏習合を中央・地方を問わず推し進めた、その中核的存在だったと考えられる。

それでは、こうした神宮寺が神仏習合の進展をうながした原動力、あるいは内的契機は一体何だったろうか。神宮寺の統計的把握や外部調査もさることながら、神宮寺そのものの内部考察が必要とされるゆえんである。本稿はこうした神宮寺調査の過程で明らかになった、神宮寺のなかにくり返し神をまつるという一見不可解な事実を、各地の事例報告を通じて、そのもたらす意味について考察したい。

一　多度神宮寺の「神御像」

まずとりあげる多度神宮寺は、延暦二十年（八〇一）の『神宮寺伽藍縁起并資財帳』[2]によって、その存在がよく知られる。同帳はとくに多度神宮寺の当初形態についてしるすため、貴重な史料となっている。同資財帳は次のように述べる。

さんぬる天平宝字七年、歳次癸卯十二月庚戌朔廿日丙辰を以って、神社の東、井於に道場有り、満願禅師居住、敬って阿弥陀丈六を造る。時に人在り、神、託して云、我多度神なり。吾久劫を経て重き罪業を作《な》し、神道の報を受く、今　冀《ねがわ》くば永く神身を離れんがため、三宝に帰依せんと欲す。かくの如く託して説くといえども忍びて数遍、猶弥々《いよいよ》託して云々、ここにおいて満願禅師、神坐山南辺を伐り掃い小堂及神御像を造立、号《なづ》けて多度大菩薩と称す。

すなわち天平宝字七年（七六三）多度神社の東に満願なる僧が道場に居住、丈六の阿弥陀仏を造立した。あるとき多度大神が、神身をはなれ三宝に帰依したいとの神託を発し、これをうけて満願は神坐山の麓を切りひらき小堂と神御像を造立、これを多度大菩薩と称した、としるす。満願の経歴をみると天平勝宝元年（七四九）、すでに弱冠二十九歳で鹿島神宮寺を創建し、そののち箱根にて住山三年におよび、天平宝字七年すなわち奈良後期に『資財帳』に述べる多度神宮寺を創建し、このときすでに四十三歳とされる。彼にとって多度神宮寺の創建のことは二十九歳で鹿島神宮寺を創建し経歴と実績からして、そうむずかしいことではなかったとおもわれる。しかし、この道場なるものは厳密にいえば神宮寺そのものではなく、神宮寺の先行形態と考えるべきであろう。同じ例は半世紀ほどおくれるが平安前期、天長の頃に賀茂社の神戸百姓たちによって造られた道場が、神宮寺そのものではなく、その先行形態であったのと同じであろう（『続日本後紀』）。天平宝字七年に満願のつくった道場は、この段階では多度社に近接した場所というだけの、いまだ私的な仏教施設にすぎない。もちろん満願は神宮寺の建立をねらっていたことは当然だが、この時点では多度社とは直接に関係はなかったろう。ここに多度社とのかかわりを動機づける事件の起こる必然性がある。

ここで、いわゆる神託事件が起こる。この事件は満願自身、もしくは彼の周辺から作為的に起こされた、とみることができる。そうしたきっかけや動機づけなくして厚い神祇信仰の壁は容易に打ち破れなかったであろう。いずれにしろ神託、すなわち多度大神の神意というかたちで、仏教への帰依が表明されたのである。そしてこれを受けたかたちで、すばやく行動を起こした満願は、小堂とともに神御像を造立して神宮寺の建立を実現する。『資財帳』によれば、約三十年ほどのきわめて短期間に堂塔・法具・経典などを整えた伽藍を完成する。何よりも注目されるのは神祇を奉斎することを第一点として神宮寺が成立したことであろう。「小堂」と呼ばれるささやかな規模ではあるが、ここに「多度大菩薩」と称する「神御像《かみのみかたち》」をまつり神宮寺の当初形態としたのである。

こうした行き方は満願の経歴の上では、かつての鹿島神宮寺や箱根神社ではみられないところである。またまつられた神像は本文では「神御像」と表記されているが、「御」は美称・尊称であるから、端的にいえば神像ということになる。しかしこの時期の神像とは一体いかなるものであろうか。

表記でみるかぎり「神御像」であるから神道的な彫像だったということになる。しかし彫刻史において八世紀中頃にはいまだ純神像は成立していないというのが定説である。神像の具体的な造像例としては、東寺の鏡守八幡宮の三神像や薬師寺の八幡神像が最古のものとされ、九世紀の作である。しかしこれらも神像とはいうものの、実際は女神を除いた男神はすべて僧形神である。多度神宮寺の神像は「号《なづ》けて多度大菩薩と称す」とあるから、いまひとつ具体的な像容はつかみがたいが、菩薩形とみられる。(3) すなわち初期神宮寺の一つである多度神宮寺は、八世紀中葉、菩薩形の神像をまつることによって成立したことが知りうるのである。また多度大神の姿を菩薩形で造像したことは、神を仏の姿であらわしたことになり、いまだ神の本体は仏であるとの明確な主張はないものの、それは明らかに本地仏の萌芽を意味しよう。しかし神の託宣とはいえ、菩薩像を安置するには著しい飛躍がある。にもかかわらず満願が行いえたのはなぜであろうか。それは従来、わが国において神の姿を表現する習慣を全くもたなかったからである。

神は宗教的に感得するものであって、ヒモロギ・イワクラあるいはさまざまな物実《ものざね》に憑《よ》りくるものであった。したがって神を宗教美術的に描いたり造像したりする方法を知らなかった。むしろ神を露わに表現することにはばかりがあったというべきであろう。美術史上からも「神道美術」の成り立つのは中世にさしかかる頃であって、神祇の本源的な、本性にねざした純粋な神の姿を露わに表現した神像や神像図がわが国で発達しなかったのはそのためである。(4) いっぽう仏教はむしろ積極的に技巧とその態様をこらして仏を造形し説法した。いわば前例のない未踏の地に、満願は仏教の伝統的手法をもって、みずからの理解する神の姿を造像し安置したのである。

そして、それには神託事件を背景として、はじめてなしえたのである。多度社側は当然反発したであろうが、いまだかつて経験のないところになす術を知らず、神の託宣とあっては黙認せざるをえなかったのであろう。かくして満願独自の神観をもって多度大菩薩は安置され、神仏習合史上、画期的な第一歩を記したのである。

なおここで問題とされるのは『資財帳』にいう「小堂」と「阿弥陀」、「道場」と「神御像」これら両者の位置づけとその関係である。たとえば多度神宮寺の中心は、いわば本堂にあたるのは「道場」か「小堂」か、あるいはそのいずれでもないのか。これによって本尊が確定され、神宮寺の初期形態の宗教的構成と性格が明らかとなる。しかし織田信長の焼打によって一切は失なわれており、その位置すら不明であり、今後の考古学的な所見に期待される。ともあれ、多度神宮寺におけるこうした神祇奉斎を基本に据えた一例は、神像の成立、本地仏の萌芽といった問題をはらみ、まさに神仏習合の源流に位置するのである。

二　松尾神宮寺の旧神像

松尾社の神宮寺は『本朝月令』によれば、元慶・仁和の頃、だいたい九世紀の創建とされている。いまひとつ確かな史料として長和二年（一〇一三）の「源厳子地林相傳券文」に、大西宅領地の四至を定めたもので「限北松尾神宮寺地並泰親宿禰地」とあり、十一世紀前半にその存在をしるす。その位置は室町期の『松尾神社絵図』（同神社蔵）では本社の南側にあたり、三棟を並べて簡略にスケッチし「神宮寺」と墨書しているので、その位置が確認される。近世の史料だが『都名所図会』巻四（安永九・一七八〇）には、同じく本社南隣りに「大日堂」としるした三間×二間の入母屋造瓦葺の御堂を描き（図6）、また延享元年（一七四四）の『松尾社勅使参向式』をみると、同じ大日堂は「神宮寺」としるされ、したがって神宮寺は大日堂とも呼ばれ、本尊は大日如来であったことが知られる。

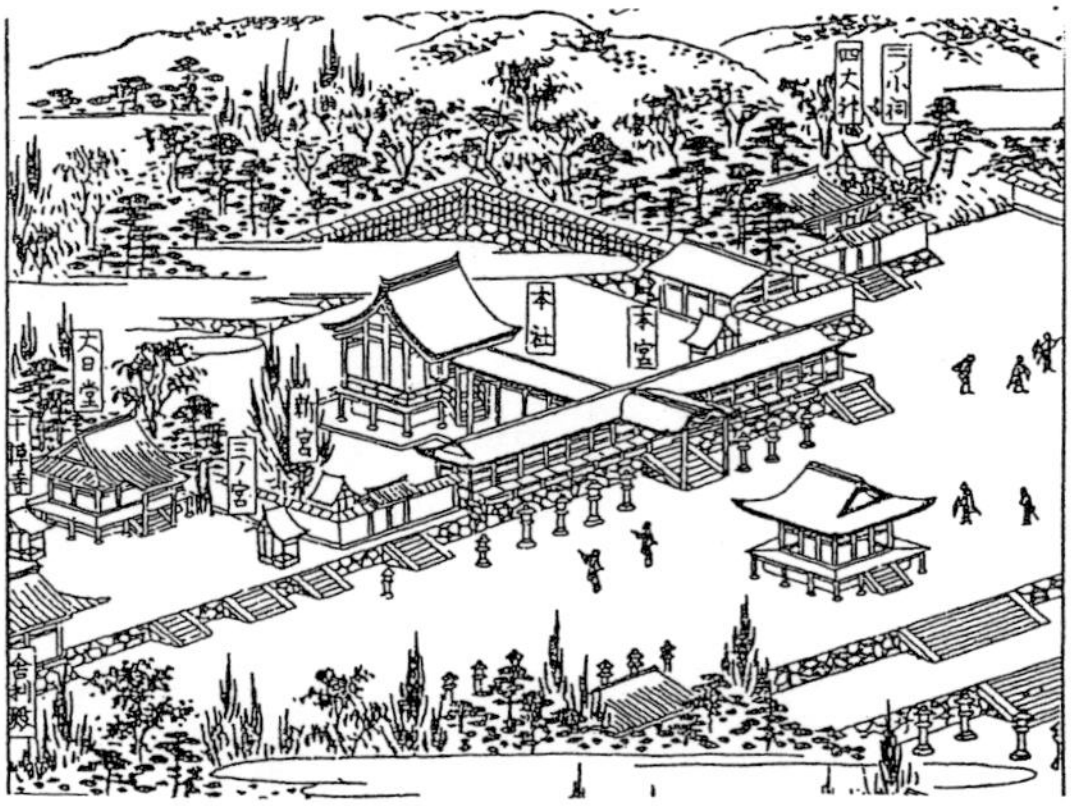

図6　近世の松尾社

図7　壮年男神像

松尾大社には現在、本殿内の御霊代のほかに三体の等身像を所蔵しているが、これは神宮寺伝来とされている。ほかにも近年、十余体の神像群が発見されている。三体の等身像は、これまで本神像の神宮寺伝来という伝承について検討がなされず、神像彫刻の代表例とするに終始し、旧来の奉斎形態に言及したものは岡直巳の論考を除いてみあたらない。神宮寺伝来とされるのは①壮年男神像（図7）、②青年男神像、③女神像の三体[5]である。

神宮寺伝来という伝承は果たして事実であろうか。まずこの三神像は明治四十二年に京博の前身である京都帝室博物館に寄託されたことは、すでに礼拝対象でなかったことを意味しよう。仄聞するところ、寄託されるまで置かれていた場所は社殿ではなく、旧神宮寺跡近くのある建物だったという。明治初年の神仏分離によって神宮寺が廃寺となり、本尊は処分[6]されたものの三神像だけは拝見するに仏教色がなく、また威厳にみちた像容から処分しがたく残されたと考えれば、この間の事情はすべて了解できる。

そうした事情なくして、当時の国家管理時代において、一社の三体もの神像が帝室博物館とはいえ持ち出されることは、とうてい考えられない。神宮寺内の神像が礼拝の場を失なったことによる処置であった。こうした一連の経過は何よりも松尾神宮寺の遺品であることを物語るものであろう。したがって我々はいま、単なる神像というにとどまらない、伝来の確かな神宮寺の稀有なる神像を目のあたりに拝見していることになる。そしてさらに、この神像が文献の上でも確認される。源師時の日記『長秋記』長承元年（一一三二）六月三日条に、

一、松尾御社二動、有光明、是又公家御煩也、寮無為由卜申云々、
和（智）證大師造立御躰御笏落事
知（智）證大師所造立之神宮寺御座、御正躰御笏又落、於是無御卜、只可奉直之由宣下云々、

とある。この記事は「松尾御社二動」とあるように地震記事で、神宮寺御座の御正体の御笏《おんしゃく》が落ちたというのである。たびたびのことで、この時は御卜もなくただ直したてまつればよいとの宣下であった。この「神宮寺御座の御正体」こそがこの神像とおもわれる。現在この男神像を拝見すると正笏しているが、もちろんこれは後補で復原されたものながら、旧に復したのであり『長秋記』の記事と一致する。拱手した指の間の穴を実見すると、旧笏は失なわれたものの、あきらかに笏を立てた穴であり、持物は笏とみて間違いない。これまで三神像に対する評価は、仏教色を受けない純粋な神像の最古例であって、僧形神でない点がとりわけ注目されてきた。

しかし単純に仏教色なしとみるのは偏見であろう。すでに述べたようにこれら神像は神宮寺という仏教空間にまつられていたものであること、そして細部を点検すると仏教的な手法がみられることである。たとえば、首まわりに三道とよばれる三本の筋を彫っていること、耳を少し大きめに表現していること、衣紋の仕上げに翻波式が一部にみとめられること、何よりも結跏趺坐《けっかふざ》すること、これらはいずれも仏像彫刻の正統的な手法を踏襲するものであって、熟練した専門仏師の手になることは明らかである。換言すれば、熟達の仏師が新しい神像製作の意をうけて、前例や依拠すべき何ものもない生みの苦しみのなかで創出した、はじめての神像といえよう。さらにいえば神宮寺という仏教的空間の内でまつるべく造形した、新しい松尾の神の御姿ともいえよう。この神像に

関する代表的研究は岡直巳の『神像彫刻の研究』(7)であるが、三神像に共通する諸点について次のように述べている。

(1)すべて拱手した（男神は正笏）坐像である。
(2)一木造で檜材をもちいた彩色像である。
(3)大きさは等身大で、極めて写実的に表貌している。
(4)『長秋記』記載の智証大師ゆかりの貞観初頭（九世紀中頃）、神像発生期の作である。
(5)技法的には天台系の手法がみられる。

彫刻史の立場からの指摘として傾聴すべき内容をふくんでいる。なお岡は青年男神像のみ月読社のものと推定しているが、これにしたがえば神宮寺旧蔵の神像は男女二体ということになる。本尊大日如来との配置関係など堂内の様子は一切不明だが、長治二年（一一〇五）八月十九日の『松尾社遷宮用途目録』（東家文書）に「神宮寺御遷宮料」として「御座三帖但半帖」とあるのは三神像の座であろう。本尊大日如来と男女二神像のためのしつらえであろうか。岡の神宮寺神像の二体説をとれば、後者の方にあてはまろう。

次に、これら神像の造立背景を考えてみたい。本神像について先の『長秋記』は「智證大師所造立之神宮寺御座、御正躰……」とあり、天台寺門宗の開祖である智証大師円珍の造立した像であることを述べている。『天台延暦寺座主円珍伝』によれば、承和十三年（八四六）十月、松尾社において円珍は天皇をたすけ国土を鎮めんがため比叡社での大乗経講演を発願している。実際に講演するのは比叡社であるが、発願したのは松尾社頭であったことは同一祭神のためであろう。『長秋記』にしるすのは、単なる伝承にとどまらず、円珍の松尾社における何らかの足跡の関与を物語るものであろう。松尾神宮寺の創建は文献上から元慶・仁和の頃、九世紀後半までさかのぼりうるが、九世紀中頃とすることも可能である。

以上、当神像の背景として松尾神宮寺のものであり、智証大師造立との伝承は時期的にもほぼ事実に近いことが知られる。したがって松尾神宮寺の創建時もしくはほど近い頃、おそらく智証大師によって神祇奉斎された神像を、いま目のあたりに拝見していることになる。

この壮年男神像にみる居住《いずま》いを正した厳しい像容は、松尾の猛霊というより、むしろ厳神と呼ぶにふさわしいものであり、また、ふくよかで婉然とした女神像の面立《おもだ》ちからは、多度のような神が苦悩し、仏に救済を求めるといったものは感じられない(8)。いちじるしい霊威とともに存在感にみちたその姿からは、仏教から離れた自立的なものがうかがえ、独自の神観がみとめられる。何よりも菩薩号をもつ多度神と異なり、また僧形神でもなく、松尾が明神と称されたことからも、その違いは明らかである。

三　熱田神宮寺の神像図と神祇

熱田神宮寺の初見は承和十四年（八四七）三月七日の太政官符（熱田神宮文書）である。

太政官符尾張国司

（略）

応置神宮寺別当薩孫正八位御船宿禰木津山(事)

右同前解稱、縁神願書写経論一万五千九百巻・図仏菩薩四王像一千廿八軀・神体五軀□造建神宮寺一区　如法院一処　塔三基　別院三処等事、

（略）

承和十四年三月七日

これによって九世紀中頃、熱田神宮寺の存在が確かめられ、当時すでに伽藍の体裁をととのえるほどの規模で

あったことが知られる。したがって創建の時期もさらに九世紀初頭までさかのぼることも可能である。しかも引用部分から明らかなように、神宮寺の初見というにとどまらず、神祇奉斎の事実をも示していることが注目される。すなわち、熱田神宮寺は建立にあたって、膨大な経論書写や仏画の筆写とともに「神体五軀」を図写しているのである。もちろん彫像の造立ではなく、「図仏菩薩……神体五軀」とあるから、いわゆる神影図の図写である。

この神影図の像容および奉斎形態は不明であるが、つづけて「神宮寺一区　如法院一処　塔三基　別院三処」などを造り建てたとあるから、神宮寺造営にさいして経論仏画とともに基本的な宗教的文物として納められたものとおもわれる。何よりも本史料は太政官から尾張国司へ下された公式文書で、一個人が信仰心の発露として行う私的な施入物とは違い、不可欠の宗教的文物として図写せしめられたものであろう。しからば神体五軀として、具体的に何が描かれていたのであろうか。神体と称するからには神の姿を描いていたといえようが、五軀とする数からみて、熱田本宮ご祭神・五柱のお姿、神影図とみるのが自然であろう。とはいうものの具体的な像容は一切不明であるが、先述の松尾神宮寺の神像（俗形）が九世紀中頃の実例としてあり、必らずしも仏画と考えなくとも神影図とみてよいようにおもわれる。もしそうだとすれば神影図の文献上の初出ということができ、像容は不明ながら神道美術史上の意義を有する。

つづいてとりあげる史料は熱田神宮が現在所蔵し、『享禄古図』と通称される『熱田神宮古絵図』である（図8）。祝詞師であった旧社家の田島家に伝えられたもので、室町時代の熱田社の社頭情況を描き、残念ながら本宮域部分は失なわれているが、海上門より南側の神宮寺を中心とした五重塔・多宝塔など三基の層塔を描き、とくに神仏習合の情況を知りうる好史料である。さらに注目されるのは神宮寺が外観にとどまらず、扉を取りはらって内部を描く手法をとっており、かくして神祇奉斎の事実が目のあたりに確認される。図8は残欠十一紙の

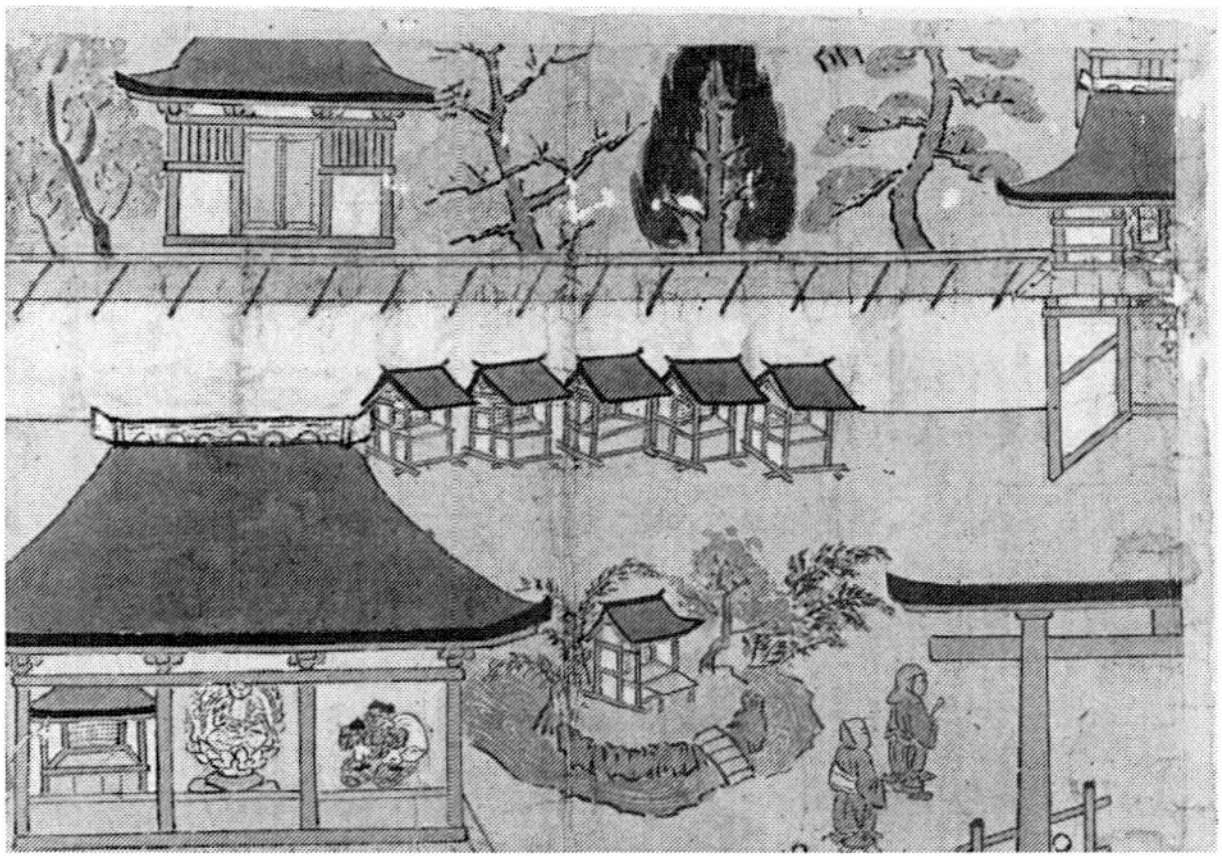

図８　室町時代の熱田社の社頭風景

うち神宮寺の部分一紙である。上部に層塔、東西に走る白土塀、右端は海上門、神域を歩く僧侶などを描く。神宮寺本堂は正面観で描き、四本の柱を立て三間の堂内のうち中央間は尊容が見極めがたいが本尊である薬師如来坐像、東側は米俵の上に乗った大黒像、西側は小さないわゆる見世棚造の社を配置している。

　まず大黒天は紺系の狩衣を身にまとい、白いズボンのごときものをはき、頭は烏帽子、両足に黒い靴をはいて米俵の上に立つ。右手に黒の打出の小槌、左手には背に負った大袋の口を握りしめた、典型的な福徳をあらわした大黒像である。本来、大黒天はインドにおいては戦闘神できわめて恐ろしい形相をしていたが、厨房の神ともされ、やがて仏教とともに中国を経由して日本へ入る。たとえば天台では最澄の比叡山開創とともに一山衆徒の糧食を守る神として普及をみるが、天台に限らず真言・南都各宗など宗派をこえて広くみられるところである。したがって熱田神宮寺は天台系の影響を受けてはいるが、直ちに天台宗による大黒天の奉祀とするのはあたらないだろう。とくに大黒天は発音の類似から大国主神と同一視され、ふくよかで大らかな福徳円満の相をした福神とされた。

　また大黒天は神仏いずれの範疇に入るべきか定かではないが、尊容からみて神道色は色濃いがとくに神名の表示がない限り、神仏わかちがたいまさに中世的な習合神とみるべきだろう。図８に描かれた、打出の小槌に負袋形をした米俵の上に乗る大黒天像は室町頃からみられるようだが、同図は享禄当時の情況を描いたものであり、時期も一致するので、大黒天を奉祀してまもない頃を描いているのであろう。また近世の史料だが『神宮寺一山年内行事』(9)の十二月の項に「大黒天御影大厚紙弐ツ切三百枚程、壱枚之儘之百枚斗拵、開眼致し置事」とあって、年末に計四〇〇枚の大黒天御影を刷っている。これもただちに神宮寺本堂の大黒天関連のものか確認できないが、中世末から近世にかけての熱田神宮寺の大黒天信仰を示すものである。

次に本尊の西隣りの間に描く小社についてふれたい。まずその間取りであるが徳川美術館蔵『熱田社古図屛風』では正面五間となっており、開扉して描くのは西より二間目のこの小社だけで、他の間はすべて閉ざしている。したがって徳川美術館本によって本尊薬師如来および大黒天の考察は不可能であるが、建築的な間取り構成については、おそらくこちらの方が事実に近く、熱田本の方は省略して堂内の三尊を描くことに力点を置いたために三間構成になったと思われる。さてこの小社の名称については『厚覧草』(10)に「神宮寺ノ堂ノ東ノ口ヨリ入テ見ルニ、薬師如来ノ大像カヽヤケリ……西ニ仏像ト同シ南面ニ一宇ノ宮殿有、荘厳叮嚀也、是ヲ大福殿ト云云」とあるによって、大福田社すなわち現在の大幸田神社にあたることが知られる。祭神は宇賀之御魂神であるが、『張州雑志』に引くだけで本宮奇魂・龍神・倉稲魂命・稲霊稚産霊命とあり、要は穀霊神である。末社ながら同社で行われる特殊神事には、正月の封水世様神事・踏歌神事・歩射神事など重要なものが多く、いずれも五穀豊穣を祈る神事である。現行祭儀をみる限り仏教色はみじんもないが、中世末から近世にかけて神宮寺との深い関連のもとで行われた点を見逃してはならない。

なお大福田社の変遷をたどると、応永以前は独立した一社で、神宮寺の堂内にまつられたのは『享禄古図』当時からとみられ、慶長二年（一五九七）の神宮寺炎上とともに失なわれるも、寛文二年（一六六二）に再建され、元禄十六年（一七〇三）の神宮寺再興にさいして分離され、さらに転じて現在地に移されたのである。

したがって、本尊薬師如来の両側に奉斎されていた二つのうち大黒天は室町後期（享禄頃）以降であり、いっぽうの大福田社は創始が古いものの、神宮寺内に入ったのは享禄より元禄にいたる一七〇余年の間にすぎない。熱田神宮寺の命脈は九世紀の創建以来約一〇〇〇年の歳月を有しているが、その長さからみればほんの一コマにすぎぬともいえよう。

しかし、あえて神宮寺内に神祇奉斎された理由は不明だが、厨房の神・福神としての大黒天と、五穀豊穣の神・大福田社を本尊の両側に据えたことは、農耕信仰を重視したあらわれとみることができ、中・近世の熱田神宮寺の独自の信仰的活動をうかがうことができる。

四　日吉神宮寺の「影向山王」

日吉神宮寺は少なくとも弘仁十四年（八二三）以前、伝教大師最澄とのかかわりで成立したもので『叡山大師伝』によれば、はじめ最澄の父・三津首百枝が草庵をつくり、やがて「神宮禅院」として発展したことを述べている。その創建はおおよそ九世紀はじめとみてよく、当初より本尊が十一面観音であったとおもわれる。

平成十八年春、大津市文化財保護課によって神宮寺伝承地が発掘された。場所は日吉大社境内の八王子山背後の狭隘なテラス状の棚地で二〇メートル×十六メートルの敷地に、ほぼ三期にわたる遺構が確認された（図９）。まず東西三間×南北四間（九×十二メートル）の室町時代の第一期の神宮寺遺構を検出した。さらにその下層二〇センチ

図９　発掘された日吉神宮寺跡

から石敷きの一部が確認される平安中期の第二期遺構、この面からさらに一メートルの堆積層を掘り下げると平安前期の第三期層が確認された。一部トレンチを掘り下げただけで遺構まで確認できなかったが、山腹を削った人工的な整地作業によるもので、その下層から最澄当時、もしくはそれに近い「草庵」「神宮禅院」の存在が推定されるにとどまった。

考古学調査からあらためて確認された日吉神宮寺は、残念ながらその当初形態は『叡山大師伝』のしるす小規模な草庵という以外知るべくもないが、鎌倉後期の『渓嵐拾葉集』は略図とともに次のようにしるしている。

一神宮寺内陣山王影向山王高祖大師御時

（神宮寺御堂図――省略）

件山王者、無二御体一名二影向山王一、高祖大師始入二神宮寺院一練行之時、山王始御影向、其形如二天女天婆夜叉神一云云……

「神宮寺御堂図」によれば、平面がほぼ正方形の堂内には、中央部に小さな方形が区切られているが、これは須弥壇とみてよく本尊十一面観音が安置されていた。内陣の東北角にも仕切られた一角があり「山王向正面」と記されている。つづく本文は「件の山王は御体なし、影向山王と名づく、高祖大師（最澄のこと）はじめて神宮寺院に入り練行の時、山王はじめて御影向、その形、天女・天婆・夜叉神のごとし」と述べている。これによって神宮寺内陣の東北隅、すなわち鬼門位に山王の神をまつり、しかも御霊代のない神座だけをしつらえたものであったことがわかる。ときによって神霊の顕現する臨時的な勧請形式によるもので「影向山王」と呼ばれた。そして伝教大師最澄が神宮寺に入り練行されたときにはじめて影向し、その姿は天女・天婆・夜叉神のようだったという。すでにふれたところであるが、山王の神をかかる姿でみることは例がなく、後戸にひそむ異形の神・魔多羅神との伝承の錯簡による誤伝とみたい。またかかる勧請座（影向座）の類例としては寛政二年（一七九〇）

の『山王七社早尾大行事絵図』(11)が、近世日吉社の殿内に「来神畳」としるす座が東南にもうけられていることが知りうる。明治以降の指図にはみとめられないが、神が来客するときの座と解釈すれば、神宮寺と本殿の違いはあるが、ときに応じて来臨するための神座として共通点があり興味深い。

ところで『渓嵐拾葉集』に述べる「影向山王」とはいかなる神であろうか。至徳四年（一三八七）の『諸国一見聖物語』(12)には「本尊八十一面観音ニテ御座ス。同内陣ニ二宮権現、妙見大菩薩……」とあり、山王の神とは根本神たる二宮（東本宮）の神であったことがわかる。ただし、このときの二宮権現とは今日いうところの大山咋神《おおやまくいのかみ》ではなく国常立命《くにのとこたちのみこと》であった。中世・近世を通じて二宮祭神は一貫して国常立命であり、明治のはじめ『古事記』と『日吉社禰宜口伝抄』を典拠として大山咋神に改められた。またこの少し前部分にも「大黒天神ノ像ヲ自ラ造リ奉テ此堂二居へ給ヒタリケレバ」とあり、妙見大菩薩とともに日吉神宮寺内陣がさまざまな信仰を内包した複雑な配置のものであったことをうかがわせる。とくに大黒天神は既述の『享禄古図』に描く熱田神宮寺内に明瞭に描かれている。大黒天は天台系寺院にかならずみられるところであるが、こうした信仰の淵源は伝教大師が渡唐の間、この像に毎日飯菜を欠かさなかったという伝承に基づくものであるらしい。いずれにしても日吉神宮寺はその同一内陣に根本神たる二宮の神をまつり、しかもその奉斎形態は御霊代を置かない影向座だけをもうけたものであった。しかしその初出は『渓嵐拾葉集』であり、鎌倉後期までしか神祇勧請の事実はさかのぼれない。いちおう中世における神祇勧請の一形態と位置づけておきたい。

五　石清水・護国寺の「大菩薩御体」

石清水八幡宮の創始は貞観元年（八五九）とされ、大安寺の僧行教律師が宇佐八幡宮の宝前において一夏九旬にわたる昼夜わかたぬ祈請を行い、よって八幡大神の嘉納するところとなり、宇佐よりはるばる都にほど近い洛南の男山に鎮座された。これまで石清水八幡宮が仏教色の色濃い点について、創建にいたる経過が示すように、行教なる一僧侶を中心とした仏教主導であったという事情によって説明がなされてきた。それらもさることながら、さらにその素地として、男山自体がすでに護国寺の建つ仏教の山であったことは、八幡宮前史として再考すべき一面であろう。八幡宮以前に存在したものとして護国寺をはじめ宝塔院、そして地主神たる栂尾社がある。とりわけここに述べる護国寺の存在は八幡宮の方向を決定づけた大きな要因とみられ、こうした八幡宮創建をめぐる内外の情況からみて、仏教色が濃厚になるのは至極当然のことといえよう。『延喜式』の編纂当時、すでに石清水八幡宮が勅使をむかえる有力社としてありながら、神名帳に記載されなかったのは『宮寺縁事抄』に魚味を供えざる社と指摘されるが、要は仏教系神社として一般神社と区別するところがあったためである。

石清水はその創建当初より宮寺型神社として出発した。ところがこうした仏教色の濃い石清水八幡宮にも神宮寺が存在した。これは一見理解しがたいが、一般論として神宮寺は神社内に仏教進出の足がかりとして建立される。神地およびその周辺という場所的意味をみとめて建立し仏教の浸透をはかるのが常であった。この点、今述べたように石清水ははじめから仏教色が濃く、あらためて神宮寺の必要性はないようにおもえる。にもかかわらず神宮寺は存在し、先住の一寺院たる護国寺に神宮寺の意味を付与せしめて貞観元年に再出発したのである。そして八幡宮の創建にさいして寺地の移動や破壊もなく、むしろ神威を得て一段とその宗教的威光を増した。明治の神仏分離にさいして、護国寺をふくむ石清水八幡宮がこうむった苛烈な変革や破壊に比べれば格段の相違である。このとき護国寺は男山一山のなかでゆるぎない地位を占め、御宝殿とともに宮寺体制のなかで中枢的な役割を果たすのである。こうした一般神社では例をみない経過と態様をとった護国寺であるが、さらに意外なのは堂内に神祇奉斎の事実が確認されることである。

まずとりあげるのは、石清水八幡宮文書におさめる嘉暦元年（一三二六）九月二十三日の「護国寺炎上注進状」である。それによると、同年九月十七日未明、麓の在家より出火し飛び火が明け方になり、山上の護国寺におよんだ。三昧院の時衆がこれを見つけ声高に叫び早鐘を鳴らしたため朝清別当以下・僧侶たちがはせ参じた。しかし火の勢いは盛んで仕丁たちが檜皮の屋根にのぼり水をかけたが手のほどこしようがなかった。さいわい「仏像並大菩薩御体已下」は御殿司聖舜、法印重延たちによる必死の救出によりことなきをえた。「本仏並神体」は宝殿へ、金銅像ならびに十二神将・四天王・聖廟は大塔へと移座したという。これによって嘉暦の回禄（鎌倉末期）当時、本尊薬師如来や諸仏とともに神体のあったことが明らかとなる。なお「仏像並大菩薩御体」とした数行あとに「本仏並神体」となっていて、本尊を「本仏」「大菩薩御体」を「神体」とも呼んでいる。よって護国寺炎上という非常時にさいしてしるしとどめられた神体（大菩薩）の存在である。もちろん大菩薩とは八幡大菩薩、すなわち八幡大神の仏教的尊称である。ここにおいて宮寺系神宮寺における十四世紀前半の神祇奉斎の事実が確かめられるのである。

江戸時代末期の『男山考古録』[13]は「田中家古図」の描くところとして、

御堂南面、惣体赤塗、檜皮葺也、東西柱間八所、南北八所也、北より三間、西より三間を経て壇を構ふ、其間東西三間也、内一間に御帳を掛けて西に大菩薩、東に薬師坐せる旨記せり、三方御帳にて四隅に四天王を安置して、前に十二神将を居て、壇の東西に又座を設たるハ、誦経所なるべし、惣体ハ土間也……

と護国寺内陣の様子を簡潔に述べている。また『石清水八幡宮御指図』のうち「護国寺御座事」によっても、八間四方の方形の堂内に壇を構えて西に大菩薩、東に薬師をまつり、まさに神仏併祀の情況を示している。両者の宗教的関係は不明だが、奉安状況をみるかぎり、礼拝対象としては対等であったとみられる。本尊薬師如来は白檀とも言い、等身薬師仏としるされ、火災等にあわねば、おそらく九世紀中頃にさかのぼる檀像とみられる。また嘉暦の注進状にいう「大菩薩御体」「神体」について『宮寺縁事抄』は「護国寺奉安之御体者僧形也、行教作之」としるしている。この記述に関連して若干書誌的事項について述べておかなければならない。同抄十四の巻は、表題に「八幡二種御体記破文頼金入寺作縁事抄第十四也」とあるように、ほんらい独立した一本を縁事抄第十四として編輯し、文明二年（一四七〇）の修理銘がある。したがって奥書の上からはこれ以上さかのぼれず、成立時期も明らかにしえない。各部分に損傷がみられ補筆が加えられている由だが、当該引用部分もじつは補筆部分にあたる。しかも補筆を加えた時期も明らかでなく、判読可能なときになぞったか、推定による書き入れか定かではない。いずれにしろ護国寺に御体が存在し確認しうることであり、また根拠なくしてしるし得ないことであるから僧形とみてさしつかえないと思われる。よって護国寺本尊薬師如来とともに併祀された神祇の像容は僧形神であり、菩薩と称されたことが知りうるのである。

神仏習合の源流をたどるにあたって従来から八幡信仰がその主流をなし、しかも宇佐・弥勒寺は八世紀中葉にさかのぼり先駆的な意義をもつことは従来から指摘されているところである。この宇佐からの勧請神である石清水八幡宮はとりわけ都近くにあって、その宗教的潮流を一段とおし進めた。全国の約三万余にのぼる八幡社の一大中心地である石清水八幡宮こそは、護国寺以下の諸堂を擁してみずから神仏習合の具体的有り様を示したのである。とくに護国寺は、本地仏と神宮寺本尊の関係と相違を考える上で示唆に富んでいる。まず神宮寺たる護国寺本尊は薬師であり八幡宮の本地は阿弥陀一仏をもって代表せられる。主祭神の応神天皇は阿弥陀、神功皇后は観音、玉依姫は勢至となっているが、いずれも護国寺本尊とは一致しない。今日各地における神仏習合に関する遺品の事例の報告がさかんだが、神宮寺本尊をもってただちに本地仏とみなしたり、あるいはその逆とする場合もままみられる。要は神宮寺本尊と本地仏はほんらい別なのである。

石清水のごとく一社一寺の創建事情のはっきりしている場合、相違する理由を明らかにしえるが、一般にはこうした神仏関係の発生など不明なことが多く、したがって安易に混同されるのである。さらにつけ加うれば、神宮寺本尊と本地仏の一致するのは中世の神仏習合の熟成期以降のことである。石清水の場合、歴史的経過からみて護国寺が先行し、のちに八幡神が勧請されたのであるから両者の違いは明らかで、それを検証しえる数少ない事例といえよう。

護国寺内陣に神祇奉斎されたのは、鎮座年代の貞観元年以降、嘉暦の注進状から十四世紀以前という以外明らかにしえない。例えば行教作とするのも、彼の在世当時、すなわち石清水八幡宮の創建当初の造立という伝承にすぎないが、案外事実に近いとおもわれる。このように神祇併祀の時期は確定できないが、宮寺の神宮寺における実例として興味深く論ずべき点もなお多いが、以上にとどめたい。

おわりに

以上、各地の神宮寺における神祇奉斎の実例のいくつかをとりあげ、若干の考察をこころみた。これらの諸例は古代末期から中世・近世へと波及、分布していったおびただしい神宮寺の数からみればわずかであり、これをもってただちにひとつの結論をみちびくことは危険ともいえる。しかし多度・松尾・熱田・日吉等いずれも有力大社の神宮寺であり、創建年代が九〜十世紀にさかのぼる事例であり、神仏習合の発生期のものとして、その意味するところは大きい。

はじめにたちかえっていえば、ほんらい神宮寺に神祇を奉斎することは無意味である。神域内、もしくはその近辺に位置する神宮寺にとって、すでに神は真近かにあり、さらにまつる必要はない。にもかかわらず現実には神祇を勧請し奉斎している。祝や神主たちであったら、こうしたいわば祭祀の重複は神への非礼として許されなかったであろう。仏教側は教線の拡大・布教のために、在来の神祇信仰の体制を打ち破るべく、まず神宮寺を建立した。神祇信仰はわが国土で自然発生的に生まれてきたものであるが、仏教・陰陽道・道教などをふくめた対外的影響のなかで形成されてきたものであるから、きわめて先取性に富み包容的であった。仏教側はまさにこの点を衝き、神宮寺という一形態を創出するなかで、この自由なる仏教空間において、神と仏は矛盾せず相和し、共存しうるものであることを示したのである。神宮寺は神域内もしくは近辺に建てることのはかりしれない影響力とともに、その内部において、さらに神仏習合を深化せしめる形態を生み出したのである。その具体的かたちが神祇奉斎であり、これは神仏の共存関係を示すにとどまらず、いっぽうでは神を菩薩形であらわし、仏によって神も衆生のごとくに苦悩から救済され、あるいは神の本体は仏であるとする、のちの本地垂迹説を生み出す素地がみとめられる。したがって、神宮寺の神祇奉斎の事実は小さいようであるが、仏教の公伝以来、とりわけ八世紀中頃より神仏習合化につとめ、さまざまな手段と方法を駆使して普及拡大していったなかで、きわめて有効な効果をもたらしたとおもわれ、その意味するところは大きい。

（1）　この数は管見におよんだ全国各地の自治体史・神社誌・地名辞典に記載の神宮寺をカード化し集計したものである。なお『日本寺院名鑑』（名著普及会、一九八二年）によれば、現在も宗教法人名を「神宮寺」と公称するもの一〇五か寺あることを知った。神仏分離令よりすでに一二〇年を経た今日、脈々と地域に根を下ろし法灯をかかげ生きつづける神宮寺の存在を知ったことは大きな驚きである。この概数はこれら一〇五か寺を含めているが、神宮寺は過去のものではなく、また神宮寺の問題はすぐれて現在の問題であることをあらためて知った。

（2）　多度神社蔵。なお『平安遺文』所収のものは村山龍平氏蔵の一巻を竹内理三氏が採録したもので、村山コレクションを収蔵する香雪美術館に確認できず現在その所在が知れない。縁起部分に一か所異動があり、ここでは『平安遺文』に拠った。

（3）　村山修一著『本地垂迹』（吉川弘文館、一九七四年）。

（4）　神像は仏教彫刻の影響、その手法に依拠して、はじめて実現されたことは松尾神宮寺の神像の例からも明らかである。今なおわが国に垂迹美術はあっても、神道美術なるものはない、とする見解もある。関口正之は『垂迹画』（日本の美術3、至文堂、一九八九年）のなかで、美術史の立場から本地垂迹説に基づく神像は、仏像表現に触発されたもので独立した神道美術は成り立たないとした。そして景山春樹氏の主張された神道美術は垂迹美術に包摂されるとした。

（5）像高の法量は①九十八センチ、②九十四センチ、③八十七センチで、すべて重要文化財の指定をうけている。

（6）この間の事情は不明で、『松尾大社史料集』や『神仏分離史料』でも確かめられない。本尊大日如来も、いかなる処分がなされたかわからない。一例として松尾社一切経（重要文化財）の大半は京都市上京区の妙蓮寺に寄進され、三五四五巻が確認された（京都妙蓮寺蔵『松尾社一切経』調査報告書、一九九七年、同寺刊）。ほか東山区の法然院に四十五巻を所蔵する。いずれも神仏分離以前に社外へでたものだ。

（7）角川書店、一九六六年。

（8）なお十三世紀初頭の鴨長明編『発心集』に、松尾明神が「妄想顛倒の嵐はげしく、悪業煩悩の霜厚く」法華経の読み染めた空也上人の汚れた衣を着て温か味を覚えて救済されたという説話がある。はるか後代のものであり関連はなく、このさい何ら問題とはならない。

（9）『熱田神宮史料・年中行事編』下巻（熱田神宮庁、一九七五年）。

（10）堀貞高著（名古屋史談会、一九一一年）。

（11）叡山文庫止観院蔵。

（12）中倉千代子編『諸国一見聖物語』（臨川書店、一九八七年）。

（13）『石清水八幡宮史料叢書』第一巻所収、本書は同宮の宮大工棟梁の家柄であった藤原尚次の編纂にかかる。嘉永元年（一八四八）の序文がある。山上の護国寺が代表格であり、ついで頓宮下の極楽寺、また放生川畔近くの神宮寺（正徳四年『石清水八幡宮大絵図』、同叢書第一巻所収）などあるが問題が多岐にわたるので省略する。寺地の移動はないが護国寺は東面であったものを南面にあらためている。

第四節　仏教空間における神祇

はじめに

神仏習合は神祇の場においてさまざまな展開をみせ、その具体的施設として典型的なものは神社附属の神宮寺であり、寺院附属が鎮守社である。そして儀礼としては神前読経、神前の仏事・法会である。これらは神祇空間における仏教であって、これまで神仏習合史の主要なテーマとして辻善之助以来の研究がすすめられてきた。他方、やや看過されてきたのがこれとは逆に、仏教空間における神祇の姿とその実態である。言及はされるものの、その実態の究明は明確な問題意識のもとでは見過ごされてきた嫌《きら》いがある。

そこで本稿では仏教空間における神のあらわれ方、まつられ方、いかなる儀礼が存在したか、など仏教空間における神祇の姿を明らかにしたい。対象となる施設としては寺院内の鎮守社であり、儀礼では神前読経とその儀礼化である仏事法会である。たとえば八〜十世紀に成立した鎮守社の代表的なものを表3に掲げた。

表3　鎮守社の一覧

寺院名	鎮守社名	鎮座年代	出典
東大寺	手向山八幡宮	天平二十年(七四四)	東大寺要録
大安寺	鎮守八幡宮	大同二年(八〇七)	朝野群載

東　寺	鎮守八幡宮	弘仁年間(八一〇～二四)	東宝記
金剛峰寺	四社明神	弘仁十年(八一九)	高野春秋
薬師寺	休ケ丘八幡宮	寛平年中(八八九～九七)	朝野群載
神護寺	平岡八幡宮	承平元年(九三一)	承平実録帳
中尊寺	白山社・日吉社	文治五年(一一八九)以前	
広隆寺	六社明神	正応三年(一二九〇)	
西大寺	十五所大明神	正和五年(一三一六)以前	西大寺与秋篠寺堺相論絵図
天竜寺	霊庇廟	康永三年(一三四四)	夢窓国師塔銘

この表からも奈良時代に鎮守社が誕生したこと、習合化を一貫してリードしたのは八幡神であったこと、などがまず指摘できよう。こうしたことを念頭におきながら仏教空間における神祇の問題をとりあげたい。

一　東大寺における神祇関係

(1)東大寺鎮守八幡宮の成立

天平十五年（七四三）十月十五日、聖武天皇は大仏造立の詔《みことのり》を発した。これには資金の調達や平城遷都による寺地の移転、金の調達など多くの困難がともなった。こうしたなか託宣神である宇佐の八幡神は天平十九年（七四三）に大仏造立を助成するため神託を発する。また天平勝宝元年（七四九）にもふたたび八幡神が託宣し、宇佐から平城京へ向かった。これは宇佐の禰宜杜女《もりめ》が紫の輿に乗ったもので、杜女はシャーマンであり『続日本紀』が「禰宜尼大神朝臣杜女」とするように尼でもあった。つまり杜女に神が憑依《ひょうい》しているので紫の輿に乗り上京したのである。完成した大仏に八幡神は礼拝し、聖武天皇は宣命で完成について感謝の意を八幡大神に申しあげた。こうした動向のなかで鎮守八幡宮が勧請された。『東大寺要録』[1]は「爰天平廿年。聖武天皇奉鋳東大寺大仏之間。以右兵衛督藤原朝臣為使。奉勧請為寺鎮守」としるし、宇佐神の上京より先に鎮守社としてまつられたことになる。

なお同宮の当初の位置は、八幡岡と称される鏡池（八幡池）の丘上にあったが、四度目の造営にあたる嘉禎三年（一二三七）に現在地へ遷座した。山本栄吾の研究によれば、(2)承暦三年（一〇七九）までの鎮守宮の本殿は正面五間に側面一間を内陣空間とし、中央間と両端二間が神座でそのあいだは空間であった。延久・承保年間（一〇七一～七四）に内陣と前面を外陣とする母屋を本殿とし、正面五間に側面二間とする礼殿を付加した双堂形式、いわゆる八幡造となった。

ただし現状をみると、正面十一間に側面二間の長大な本殿となっている。これは天正度の造営が山本によれば、背後の山崩れで本殿を損壊し礼殿を本殿に改造、元禄四年（一六九一）にも新たに礼殿を仮造営し今日にいたっているという。また御神体は現在、東大寺の八幡殿に祀られている僧形八幡神坐像（国宝）で、快慶とその一門仏師による彫像であった。治承の南都炎上にさいし社殿とともに焼失したもので、建仁元年（一二〇一）に造立された二次像である。本像は後述する八幡神の基準図像である神護寺の八幡神図像の彫像化であって、明らかに図像学上の踏襲がなされている。(3)八幡神は僧形坐像で頭上に太陽を頂き遠山袈裟を着し、右手に錫杖、左手に水晶の念珠をもつ。このように像容が僧形のゆえをもって、明治初年の神仏分離のさいに鎮守八幡宮を離れ、八幡殿に移され現在にいたったものだ。東大寺における鎮守八幡宮の誕生は日本宗教史、とりわけ神仏習合史上に先駆的な意義を有することは論を俟たないであろう。

さて聖武天皇の詔にはじまる国家的事業のなかで、八幡神が上京し大仏造立に貢献したことは、仏教と神祇（たとえ仏教的色彩の濃い神であれ）が交渉し、助力し、宗教的に共存し、相互交渉しうることを実践した意味は大きい。のみならず鎮守八幡宮は巨大な大仏殿の近くに文字通り鎮守として鎮座し、これは鎮守社の初見であろう。それは社殿が神威の結果として鎮座したが、それだけにとどまらず神仏習合のモニュメントとしてその存在自身が後代まで影響を与えつづけたことである。鎮守八幡宮を拠点に実践された神事と仏事の双修、僧侶と神職の共存など、まさに神仏習合の可能性を提示したことである。奈良時代の神仏習合初期における東大寺鎮守八幡宮の成立の意味はきわめて大きい。

なお東大寺鎮守八幡宮の嘉禎三年（一二三七）の造営のとき重源の命による僧形八幡神像が造立されながら、大勧進行勇は「八幡大菩薩御影」すなわち八幡神図像を調進し供養している。神祇祭祀における神体の成立は仏像伝来を契機としているが、後述するが神護寺金堂の初期形態にやはり八幡神画像を掲げ神祇奉斎している。その経過を詳らかにはしないが、神像に加えて神影図を併祀したことになり、約三〇〇年を経た伝流といえよう。鎮守社に彫像と図像の双方が求められた例としても興味深い。

それでは先駆的意義をもつ鎮守社でいったい何が行われたのか。一度の社地の移動はあったものの、東大寺大仏殿の側近くに鎮座し、いかなる宗教的機能を果たしたのか。鎮座当初のことは記録がなく詳細に知りえないが、平安後期成立の『東大寺要録』に年中行事を掲げているので、略述する。

二月二十～二十三日	八幡宮御八講	四日間、礼殿に諸宗学徒七十人、所司たちが参集して行う
彼岸	法華経不断経	
四月吉日	春季神祭	
五月	小五月会	舞楽を行う
八月二十～二十三日	御八講	
彼岸	（二月に同じ）	
九月三日	手掻会	諸会章は「三日八幡宮祭」とするす

十一月　　　　　　　　　冬季神祭
十二月晦日　　　　　　　（歳末祭）

以上が平安時代後期における鎮守八幡宮の年中行事の概略である。このうち春秋二季の祭は「吉日」とされ日時不定であるが、おそらくこの期間は長期にわたる法会が行われており、定日にできなかったとみられる。二月二十日と八月二十日からそれぞれ四日間にわたって始まる八幡宮御八講は、礼殿にて諸宗の学徒七十名と所司たちが集まって法華経を読誦した。両月とも彼岸にも同じく法華経を不断経として誦んでいる。鎮守八幡宮の読経には護国三部経である法華経がさかんに用いられた点が注目される。年間九度の行事のうち四度は法華経が神前読経に用いられている。『東大寺要録』別当章に、承暦三年（一〇七九）「八幡宮礼殿始造」とある。

次にこれら神事をうかがう手掛りとして『東大寺要録』に収める「年中節会支度」をみよう。これらは法会の実施にさいして入用品を列挙したものだが、これらは『寛平年中日記』からの引用とみられる。つまり九世紀末の書きあげということになり、鎮守八幡宮が鎮座してから半世紀ほど経った年中行事の一端を知りうる。

四月吉日の神祭は「神祭料十八石七斗六舛五合　用紙十一帖……」。これだけでは内容などは不明であるが、十五石余りの神祭料は山内で規模の大なることを知りうる。

九月三日の手掻会は「三日八幡宮祭　二石七斗御供（略）／一石八斗二舛三合左右相撲饗（略）／三丈五尺御幣并禰宜浄衣料（後略）」。手掻会は鎮守八幡宮の祭礼で、八幡宮が宇佐から遷座した様子を再現するもので、現行祭儀でも転害門をお旅所として神輿が出座する。相撲が行われ、御幣や禰宜の浄衣など装束料をしるすなど、すでに寛平当時、法会ながらあわせて八幡宮祭典も行う神仏双修の仏神事であったことを知りうる。また鎮守社神職として禰宜が存在した。

十一月の神祭では「神祭／十九石一斗二舛五合七勺（略）／信布　二段上下司神供浄衣御読経僧布施。僧綱三

段……」とあり、読経僧の布施がしるされ神前読経が行われている。

十二月晦日の歳末祭。

八幡宮。八大菩薩。廿五所。并諸神。歳末祭物料　米七斗三升一合（略）油二升八合之中　三合八幡宮。一升五合八大菩薩所々料　一升政所厨料

これらの記述は、きわめて重要であり、鎮守八幡宮のみならず二十五か所の神祇が、おそらく社として祀られていたことを記す初見記事であるが、この点は後述する。以上の通りわずかな断片記事ながら、鎮守八幡宮は鎮座半世紀にして少なくとも年間九度の仏神事を創出し、神前読経を恒例化した。また禰宜がおそらく常置されていたとみられる。これらは神仏習合の具体的内容であり先駆的意義をもつものである。東大寺山内、大仏殿近くに鎮座する鎮守八幡宮の存在は、全国から正式の僧となるため参集する僧たちに与えた影響は計り知れないものがある。仏は神と同居しうること、神は仏教を受け入れること、これらを鎮守八幡宮の存在を通して可視的に実感したのである。

(2)東大寺二月堂における神祇関係

二月堂は、東大寺の山内にありながら東大寺とは別格の歴史と宗教的機能を有する寺院である。先述の通り東大寺には創建にかかわる鎮守八幡宮があり、二月堂にはまた興成社・飯道社・遠敷社の三つの鎮守社があり、それぞれ独自の神仏関係をむすんでいる。しかも寺院の内部空間で多彩な神仏習合の相を呈し、きわめて興味深い。列挙すれば東大寺修二会《しゆにえ》、通称お水取りでしられる二月堂は修二会の開始と終了時にあたって社参の儀があり、さらに法儀のなかで神名帳が奉読される。また二月堂周囲には三つの鎮守社が配され、これを巡拝するのがこの社参の儀である。さらにまた法儀の要所々々で連日、中臣祓《なかとみのはらえ》が奉読されるなど、南都の著名な行事において神

祇とその儀礼がふんだんに織り込まれている。そこで二月堂およびその周辺を一つの宗教空間としてとらえ、鎮守社と修二会の歴史的実態について述べる。

①二月堂の鎮守社

二月堂を宗教的空間としてみるとき、格好の絵画史料としてとりあげられるのが『二月堂曼荼羅』（東大寺蔵／図10）である。絹本着色、もとは二月堂の堂童子である稲垣家に伝来したもので室町中期の作である。中央いっぱいに正面観で懸崖造の二月堂を描き、その上には影向する雲上の十一面観音が後光を放ち立っている。本図に描く二月堂は柱間を七間とするが現在は十間であり、これは寛文七年（一六六七）の炎上以前の構造をしめす絵図史料ともなっている。三笠山を背景に二月堂は西面するので、二月堂を中心に東南（向かって右上）の高台に飯道社、これと対称する北東（向かって左上）に遠敷社、二月堂真下に興成社と、ちょうど二月堂を中心に

図10　二月堂曼荼羅

逆三角形に配置されている。興成社の右下には若狭井の伝承でしられる閼伽井屋《あかいや》が位置し、黒白二羽の鵜《う》が出現している。これら鎮守三社の創立年代は明確でない。しかしながら、既述の通り『東大寺要録』所収の「寛平年中日記」に歳末祭物料の入用に「八幡宮。八大菩薩、廿五所。并諸神」とあげられていて、寛平年間（八八九～八九八）にこれら二月堂鎮守三社は所在したとみて大過あるまい。社名は明記していないものの、修二会がすでに天平勝宝四年（七五二）に始修されており、実忠の存在とその関連からみて二十五社に当然ふくまれているとみるべきだろう。さらにまた興成社は興成大菩薩をまつり、ここでいう八大菩薩にふくまれているから、ここでもまた寛平までさかのぼりうる。

　しかしながらその後の所在は記すこと少なく、江戸初期の『奈良名所八重桜』（延宝六・一六七八）に「さてこの堂のうしろの山に、鵜の明神の祠・飯道明神の社・遠布明神の祠等有り」とある。興成社が欠けているが、鵜の明神と遠布明神は重複とみられ『二月堂曼荼羅』などに描かれていて興成社の所在は疑いない。さてこれら二月堂の鎮守三社はどのような社であろうか。

　飯道社は一間社流造り、瓦葺きであるがもとは檜皮葺《ひわだぶき》であったかもしれない。別名を「飲食大明神」（『東大寺諸伽藍略録』）とも称すが、もしそうだとすれば二月堂をはさんで対極にある食堂、仏餉屋か、あるいは西側の参籠所に近接すべきであるが、実際には茶所はあるものの、むしろ修二会の仏供や練行衆たちの毎日の飲食から最も遠い位置にある。『東大寺諸伽藍略録』が「飲食大明神」とするのは、現行の三月十四日午前三時半頃、飯道神社の北側庭上で行われる咒師による神供作法（総神所）で、香水や粥をはじめ大豆・大小の麦・モミ・散米などを供えることからくる通称であろう。むしろ修二会の創始者である実忠が開基したという滋賀県甲賀郡の飯道神社を勧請したとするのが適当とおもわれる。なお、この神供作法であるが、日本の神祇に対するものではなく大日如来蓮華部のうち十二天を御幣に立て、修二会の終了に対して報恩供養する儀である。神供は宗派を問わず行われ、真言宗の後七日《ごしちにち》の御修法《みしほ》では道場外の軒下に木桶に砂を敷き、やはり御幣をたて神供をそなえており、天台宗の法儀でもみられる。修二会が「天上の儀」といわれ、小観音を二月堂に勧請し悔過行を行う、この法会の場を結界し守護する鎮守社といえよう。

遠敷社は一間社、見世棚造、檜皮葺で三社のなかで最も小社である。『東大寺諸伽藍略録』に「遠敷大明神。若狭国小入明神也」とあり、また『二月堂縁起絵巻』に実忠が行法の間に影向する全国の諸神のうち、この遠敷明神が川魚を取っていたため遅参、その詫びのため道場のかたわらに香水を出すことを約する。すると黒白二羽の鵜が出現、甘泉が湧いたとつたえる。遠敷社は若狭井の香水伝承から生まれた若狭国遠敷社より勧請された鎮守社であろう。

興成社は二月堂真下の良弁杉まじかに鎮座する、一間社、見世棚造の小社である。当社のみ古く、すなわち嘉承元年（一一〇六）の『東大寺要録』に確かめることができ、八大菩薩の一つにあげられ「第二興成大菩薩　在二月堂西方　日如上　願云。能取不死薬　与人令食　保長生齢矣」とある。また祭文にいうところとして「大梵天王之分身。牟尼尊之垂迹也。為護八方。為表八百万神之上首」とある。すなわち垂迹神として日本の神々より上であると神格の上位を示している。『東大寺要録』に明示されているところからみて十二世紀はじめの存在が確かめられる。

これら三社は、二月堂の観音信仰を中心に形成される宗教世界に、配置された神祇および菩薩をまつる鎮守社といえよう。二月堂はまさに修二会を行うために存在するといっても過言ではない。二月堂内を内部空間とすれば、これら鎮守三社は外縁に位置し、そしてさらに、この修二会という法会にさいしても三社への社参という儀礼で組み込まれているのである。現行の儀から神祇関係の部分を列挙しよう。

二十日　（別火入り）

二十一日　社参、参籠入りにさいし、大仏殿など諸堂とともに鎮守三社を巡拝
二十五日　社参、鎮守三社などを巡拝
三月一日　（本行入り）、惣神所、本行にあたり大導師以下で修二会開白と加護を鎮守三社に祈願
十　二　日　呪師興成社へ社参、水取りの途中に社参し閼伽井屋へ向かう
十　四　日　総神所、大導師以下全員で松明のなか鎮守三社を巡拝
　　（満行下堂）

三社はいずれも二月堂という宗教空間、および修二会という儀礼空間を結界し、擁護するものとして位置づけられる。修二会の開始にあたり神祇・菩薩に祈念し、終了にあたり感謝の念を捧げるのである。ひたすら畏敬の念をもって、神祇・菩薩の加護を得んがため拝跪する練行衆の姿をみることができる。しかしこれら社参行事はいったい何時から行われたのだろうか。実忠の在世当時からあったことを裏付ける証拠はない。たとえば元永年間（一一一八〜二〇）の成立とされる『東大寺要録』にしるされ、室町時代後期の作とされる『二月堂曼荼羅』『東大寺縁起』（東大寺蔵）などの絵図史料に描かれてくる。年代の明確なものをあげれば天文五年（一五三六）の『東大寺縁起』が絵画史料としては三社を描く最古である。興成社だけ『東大寺要録』にしるされ十二世紀までさかのぼる。そして二月堂をめぐる若狭井伝承から遠敷社が、実忠への追想の念などから飯道社が、長命を守る興成社が勧請され社殿化をみたといえよう。二月堂の鎮守三社が二月堂および修二会の宗教空間に位置づけられ、二月堂という観音信仰の仏堂に、これを擁護し周辺を鎮め守る鎮守社が配置され、信仰空間を結界したのである。そしてこうした神々を一幅の景観表現として、宗教的世界を描いたのがほかならぬ『二月堂曼荼羅』といえよう。

②二月堂の神祇勧請

二月堂は、修二会を行うための仏堂といってよいほど、この行事のもつ意味合いは強い。もちろん実忠以前から仏堂が存在し、少なくとも宝亀四年（七七三）に悔過行の場として二月堂が選ばれたのであり、当初から修二会を実修するため創建されたのではない。しかし実忠によって悔過行奉修の仏堂として選ばれ、造替ごとにふさわしいプランに改修、発展し今日にいたっている。

修二会において本行の十四日間、連日神名帳が二月堂内陣で読誦されている。長期にわたる法会の場で、しかも本尊まじかの内陣空間で神名が朗々と奉修されていることは驚くべきことである。神と仏の生々しい習合の実例として注目される。

まず修二会は十一面悔過行であって、十一面観音の前で過ちを悔いる行である。『東大寺要録』は大仏開眼の年である天平勝宝四年（七五二）二月に十一面悔過行が実忠によって始修され、これをもって修二会の創始としている。ところが天平勝宝八年（七五六）の『東大寺山界四至図』に二月堂が描かれておらず実在せずという見解[4]が提示されている。いっぽう同図の羂索《けんざく》堂北にしるす「井」は若狭井で方形の□は二月堂の前身の堂とみることができほぼ存在したとみてよいようにおもわれる。[5]そして次に天平勝宝四年に始修された修二会に当初から神名帳読誦があったとみるのは根拠がない。佐藤道子によれば、『二月堂修二会修中日記』にみえる大治三年（一一二八）の参籠衆交名の「禅海神名帳」「定祐神名帳」がもっとも古く初見とされ、神名帳読誦は平安時代末期までさかのぼる。[6]それでは法儀のなかで、何時、どこで、誰が、どのような所作で実修されているのだろうか、現行法儀をみよう。[7]

修二会は約一か月におよぶ長期の行事で、二月二十日から二十八日を別火（前行）とし、この間、別火坊で参籠生活に入る。三月一日から十五日までを本行とし、前半の七日までを上七日、後半の八日から十四日までを下七日とする。神名帳読誦はこの本行の十四日間、毎日奉修される。その時刻は初夜の法要の後で行われ、上七日は夜九時過ぎ、下七日は夜八時過ぎとなる。さて注目されるのは神名帳読誦がされる場所であって、図10に描かれた二月堂内陣の本尊十一面観音の前である。練行衆による五体投地などの悔過作法のあと勧請作法に移り、振鈴して「驚響天神地祇法螺金剛鈴呪」と高唱し法螺貝が吹き鳴らされる。これらは神々を驚覚し、神下しする勧請の作法という。須弥壇上に置かれた神名帳の箱が運ばれ読役《よみやく》が拝受。このとき右手に灯明、左手に神名帳の箱をいただき、運び役の司も諸神影向の心で腰を落とし厳《おごそ》かに進む。

やがて須弥壇の四面に置かれた五十余りの神灯《じんど》のすべてが点火され、カラン・カランと振鈴が内陣に響きわたる。大導師が柄香炉《えごうろ》を捧げ三礼文を奏上、如来貝とつづき神分、すなわち神々のための祈りを捧げる。やがて内陣北西の座あたりで神名帳読役が壇に向き正坐し巻子本の神名帳を繰り延べながら「例に依って大菩薩大明神等勧請し奉らん。金峰大菩薩、八幡三所大菩薩……」と緩やかに神名を読みあげ、徐々にテンポを早めていく。その間、他の練行衆は拍手、護身法の印、呪、数珠をすり、心経を黙誦する。かくて読みあげられた一三、七〇〇余所の（実際は五〇〇余所の）神々。朗々と神名を読みあげることによって法会の場に神々を勧請する作法である。ふたたび大導師が神分を奏上。

そこばく読み上げられ勧請せられ給へるところの大菩薩大明神等大梵天王帝釈天衆四大天王を始め奉りて三界九居四禅八定の天王天衆法楽荘厳せしめ奉らん　殊に別いては伽藍の勧請八大八幡気比気多二十五所五百余所院々勧請諸大明神当院勧請飯道遠敷法楽荘厳せしめ奉らん　春日四所の大明神を始め奉りて王城鎮守五畿七道六十余州五百三十二郡一万三千三十二郷に御座せしむる四百九十所の大明神一万四千余所の諸神威光増益せしめ奉らん　殊に別いては練行の諸衆当年属星本命曜宿当年行疫流行神等部類眷属乃至泰山府君司命司録等に至るまで離業証果せしめ奉らんがために　総神分料に般若心経　大般若経名

この神分の文言に神名帳読誦の趣旨が表明されているといえよう。そして神名帳は巻き直され再び箱に納めて灯明とともに須弥壇に安置される。以上が二月堂内陣を場とする神名帳読誦―神祇勧請の実態である。

もちろんこの現行の法会をもって過去もそうであったとするには証拠はない。ここに、勧請した大菩薩大明神以下を法楽荘厳せしめ、諸神を威光増益せしめ、属星・行疫流行神・泰山府君司命司録の離業証果せしめ云々とある。これを実忠当初の趣意そのままとするのは根拠がない。神分の文言・趣意が不変か否か書誌的に証する史料はない。いくら不退の行法であっても、あらゆる仏事・神事に全き不変はありえない。むしろ本義をふまえた若干の改変、整備があってこそ命脈はいき続けるのが儀礼史の教えるところである。

ここで知りうるのは、八世紀中頃に始修された十一面観音に対する悔過行の法会の場に日本の神祇を勧請したことである。奈良仏教が独自の法会――濃密な仏教空間を創出しながら、日本の神々をあえてこの場に勧請した。基本的に、十一面悔過行に神祇は不要のはずであろう。しかし長期にわたる悔過行のなかで神祇を勧請し、招来した。在来の神祇、先住の神々、この国土の多くの神々を勧請せしめた上で、仏事法会を実修した。ここに奈良仏教の神祇に対する基本的態度――まず神仏は相克せず、その上で神祇にも仏教空間において法味を与えたことである。神仏を本地垂迹関係でとらえる前段階にあると位置付けられよう。

二　神護寺における神祇奉斎

(1)金堂内の八幡大菩薩像

神護寺は都の北西、高雄山に開かれた山岳寺院である。その前身は河内にあった神願寺であるとされ、寺地に穢れがあり和気清麻呂、空海によって高雄山に移され真言国祚寺神護寺と呼ばれた。神護寺伽藍の初期プランは、まず承平元年（九三一）にしるされた『承平実録帳』によって知ることができる。これによれば根本堂と礼堂、真言堂、五仏堂、五大堂、宝塔院、法華三昧堂ほか僧房などがあった。その中心堂宇である根本堂（金堂）に神祇関連の礼拝対象がみとめられる。

堂院

三間檜皮葺根本堂一宇四面庇、戸六具、

五間檜皮葺礼堂一宇

堂内物

金色十一面観音像長五尺三寸、

檀像薬師仏像一軀長二尺六寸、

檀像阿弥陀仏一軀長二尺七寸

八幡大菩薩像一鋪

御座床二前　前机二前　白木礼盤二基

すなわち三間四方の根本堂と、その前に五間×三間の礼堂がもうけられた。根本堂には十一面観音像、薬師如来像と脇士二軀、阿弥陀如来像が安置されていた。しかしこれら五軀の配置はおろか、本尊すら不明である。そしてこれら諸尊とともに八幡大菩薩像一鋪が奉安されているが、いったい如何なる宗教的意味があるのだろうか。これにつづく「御座床二前」以下の室礼は八幡大菩薩の礼拝用ではなく、十一面・薬師などの宝前にあったとみるべきだろう。しかしいずれにしろ、これら仏・神の配置は不明というほかない。

具体的な奉安情況を知りうるのは『神護寺略記』である（図11）。同記は『承平実録帳』より三八四年後の史料であるが、記述はさらに具体的である。

まず金堂（根本堂）の本尊は薬師如来立像であって、両菩薩を脇士として左右に配し、これを三尊一具として後白河天皇御願になる錦を帳として荘厳されていた。そして問題の八幡大菩薩像は『承平実録帳』にしるす八幡

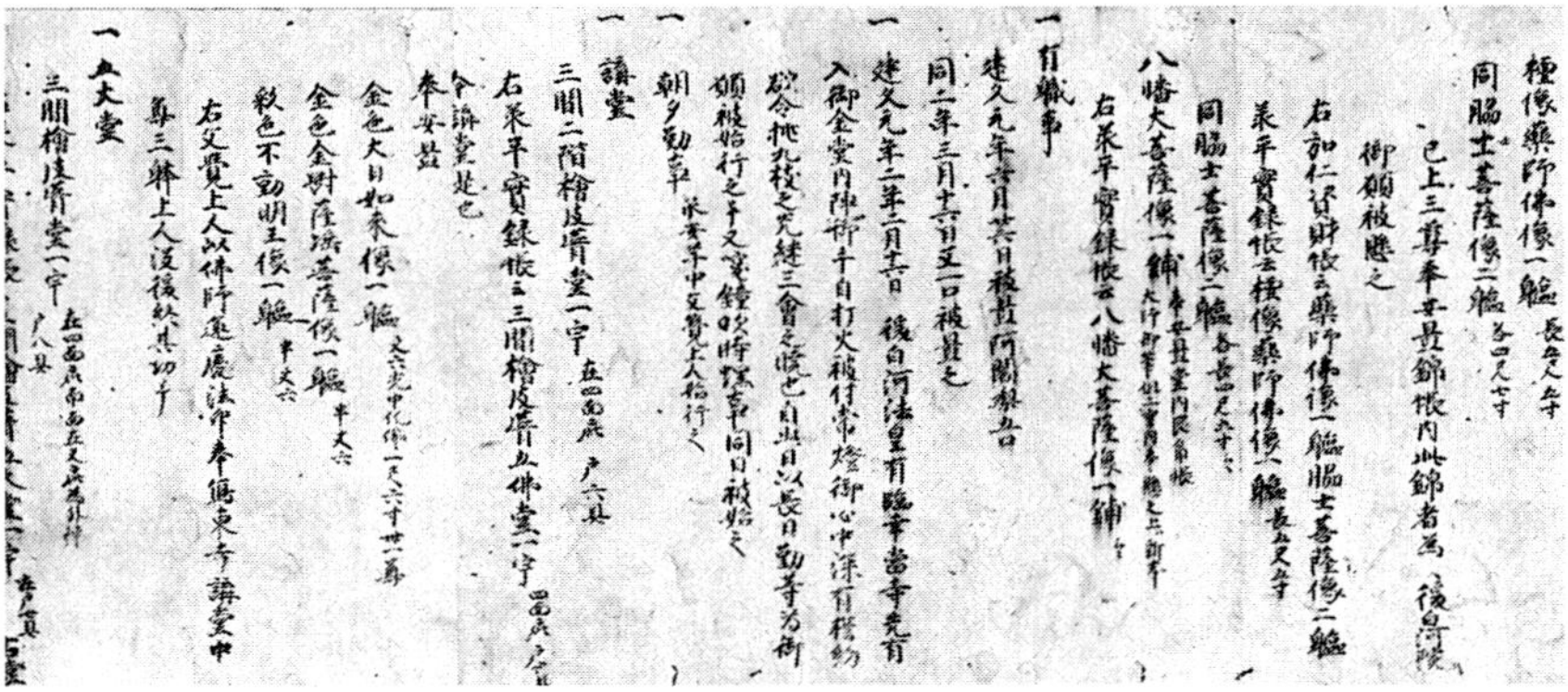

図11　神護寺略記（部分）

大菩薩像であることを確認した上で、次の通り詳しくしるす。

八幡大菩薩像一鋪奉安置堂内艮角帳、大師御筆、但二重内奉懸之、上ハ新本

すなわち堂内の艮《うしとら》、東北の角に帳《とばり》で結界され奉懸されていた。なお状態が艮の角とあることから、東北の隅柱を背に西南を向いた状態、つまり斜めに奉懸されていたとみられなくもない。しかし帳で仕切られた空間では不自然であり、やはり正しく南面していたとみるのが自然だろう。さらにその状態で注目されるのは、二本がかさねて下げられていたことであろう。一本は空海と八幡神がお互いに姿を描きあったという「互の御影」すなわち「大師御筆」の八幡神図像で、他の一本は新本、すなわち写本であった。おそらく当初本が劣化し退色したため、あらたに写本を描き、その上に重ねて奉懸したのであろう。

　神護寺の中心堂宇である金堂内陣に悔過行の本尊として薬師如来立像が安置され、同時代の比叡山延暦寺、あるいは大坂・獅子窟寺、京都・高田寺の薬師如来のように救済仏として穏やかな温容ではなく、その像容はまさに人をして威圧、屈服せしめる怒りの姿である。その同じ堂内の向かって右隣りに、ちょうど薬師如来に視線を向けるかたちで、蓮台上に結跏趺坐《けっかふざ》し、日輪を負い、右手に錫杖《しゃくじょう》、左手に印を結んで穏やかな僧形姿の八幡神が奉斎されていた。こうし

た金堂内における神祇奉斎の形態は鎌倉後期（一三三〇年頃）の『神護寺略記』においてはじめて具体的に確かめられるが、『承平実録帳』に薬師三尊とともに「根本堂」に安置されていたことは確実で、したがってこの姿は神護寺金堂の当初形態としてよかろう。薬師如来を据えた金堂内陣の一角に八幡神を奉斎し（常置されていたから勧請ではない）みごとな神仏の共存空間を創出し、いわゆる神仏習合を実現したのである。これらは空海の基本プランでもあり、一〇世紀前半に神祇奉斎の事実が確認され神祇が曼荼羅図で表現されるなど、いわゆる神道曼荼羅の源流に位置する意義をもつといえよう。神祇勧請にこうした新義の形態を創出し、さらに神護寺根本堂（金堂）の内部空間に神祇奉斎した先駆的意義はきわめて大きいといえよう。

　こうした仏教空間における神像画の奉掛事例はほかにも認められる。既述の東大寺の鎮守八幡宮の例のほか、神護寺より一・五キロ奥の高山寺石水院にも確かめられた(8)。『康富記』文安元年（一四四四）十月二日条に、南都大乗院が神護寺に来山したおり「栂尾春日大明神御影御帳被開之、……檜皮葺堂一宇南面也春日御影ハ東ノ方ニ西向ニ奉懸之絵像住吉御影彼両鋪也……」としるされている。檜皮葺堂は石水院のことで、堂内に南面して東に春日大明神、西に住吉大明神の神像図が奉懸され、礼拝したという。おなじく景山春樹によって紹介された『石水院開帳記』（仁和寺蔵）の指図によって、さらに具体的に知ることができる(9)。

（2）『神護寺伽藍図』にみる神仏関係

　既述の通り神護寺金堂は神仏習合の初期形態ともいうべき神祇奉斎の実現によって先駆的役割を果たした。しかし神護寺の神仏習合はこれだけにとどまるものではなく、中・近世を通じてさらに複雑な展開をみせた。金堂内の神祇勧請につづく習合化は、山麓の鎮守社八幡宮の鎮座とその後の展開である。まず鎮守社・平岡八幡宮の初見は承平元年（九三一）の『承平実録帳』にその構成をしるすので、詳しく検討しよう。

平岡八幡宮
御在殿二宇各三間　並檜皮葺
中門一宇板葺
内陣鳥居釘貫一廻
三間板葺礼殿一宇
斎殿三間板葺一宇在戸一具
中垣鳥居一具在額
五間板葺政所屋一宇
外陣鳥居一具在額

まず「御在殿」という表記であるが、神の在る殿との意と解釈されるが珍しい名称であり、あるいは「本」を「在」とした書写上の誤りで「御本殿」かもしれない。いずれにしろ神を奉斎した本殿であり檜皮葺の三間社、板葺きの中門、鳥居が立ち、板葺きの礼殿、斎殿などが附属していた。神護寺創建から約一三〇年にして、施設のととのった鎮守社の景観といえよう。ところが注意されるのは、その御神体で『神護寺略記』には「奉安置八幡大菩薩御形像一鋪、大師御筆第二伝云々、承平実録帳委細在之、」とある。一見これは殿内奉安物とみられなくもないが、前後の表記からみても御神体とみられる。鎮守社平岡八幡宮の神体は八幡大菩薩御形像一鋪、すなわち図像であった。社殿の御神体とは通常、鏡や神像などが選ばれるが、図像を御神体とする例は余りないが、一例ある。東大寺鎮守八幡宮は七度にわたって造替しているが、四度目の嘉禎三年（一二三七）の造替のとき、これを推進した大勧進行勇がすでに重源が快慶に命じて造立した僧形八幡神像がありながら、別に八幡神図像を描かせ供養させている。(10)なお『神護寺略記』には割注があって「大師御筆第二伝云々」とあり、弘法大師みずから絵筆をとって描いた互いの御影の八幡神の写しであったという。いずれにしろ神像図が鎮守社の御神体であり、弘法大師の創出した神祇祭祀の新たな形態であったことを指摘しておきたい。

平岡八幡宮を描いたもっとも古い絵図史料は寛喜二年（一二三〇）の『神護寺々領牓示絵図』である。本図は鎌倉中期の社領史料であるが、当時の宗教的景観を知る上でも有益である。画面左上に金堂・講堂・灌頂堂など神護寺の中心部を描き、右上に本堂・塔・阿弥陀堂、そして三社の「鎮守」と附属の拝殿（礼堂か）を、さらに右下には平岡八幡宮を描く。平岡八幡宮は三間社の本殿とこれをとりまく廻廊であろうか（瑞垣《みずがき》であろうか）四方を囲み、これを内院とすれば、下院に礼拝施設の二棟（いずれも切妻、妻入りの檜皮葺）を配し、板扉を付した中門を構え二基の鳥居を並べる。社殿・鳥居ともに朱色で白の板壁である。とくに東の鳥居は参道をくぐると八間に一間の長廊とおぼしき建物、すぐ奥に三間クラスの流造りの一棟を描く。参道・鳥居とすすむ配置からみて、社殿とみるべきであるが不明である。これらの規模・配置からみて平岡八幡宮は鎮守社としては規模が大きく、清滝川によって隔てられ平野部に出て三キロ程の距離があるものの、真言密教の道場・神護寺における宗教的役割の重要度がうかがえる。

つづいてとりあげる神護寺蔵の『神護寺伽藍図』は、山岳伽藍から麓の関連施設まで範囲とする絵図であるが、中・近世への展開を考察する上で重要である（図12）。圧縮した手法をとっているため複雑な景観を呈しているが、きわめて興味深い様相を示している。

『神護寺伽藍図』の平岡八幡宮は正面三間に側面二間、すなわち切妻ながら前面に庇を付加し中門の屋根と作り合いとする。『神護寺々領牓示絵図』と同じように本殿域を垣根で囲い内院とし、外院は三間に五間の入母屋造、檜皮葺の拝殿を置き、入口に楼門を構築する。画面中央いっぱいに神護寺の堂塔をところせましと誇張して描き、下方の清滝川をはさんで神護寺の鎮守社として平岡八幡宮を配するが、詳細に点検するとさらに複雑な様

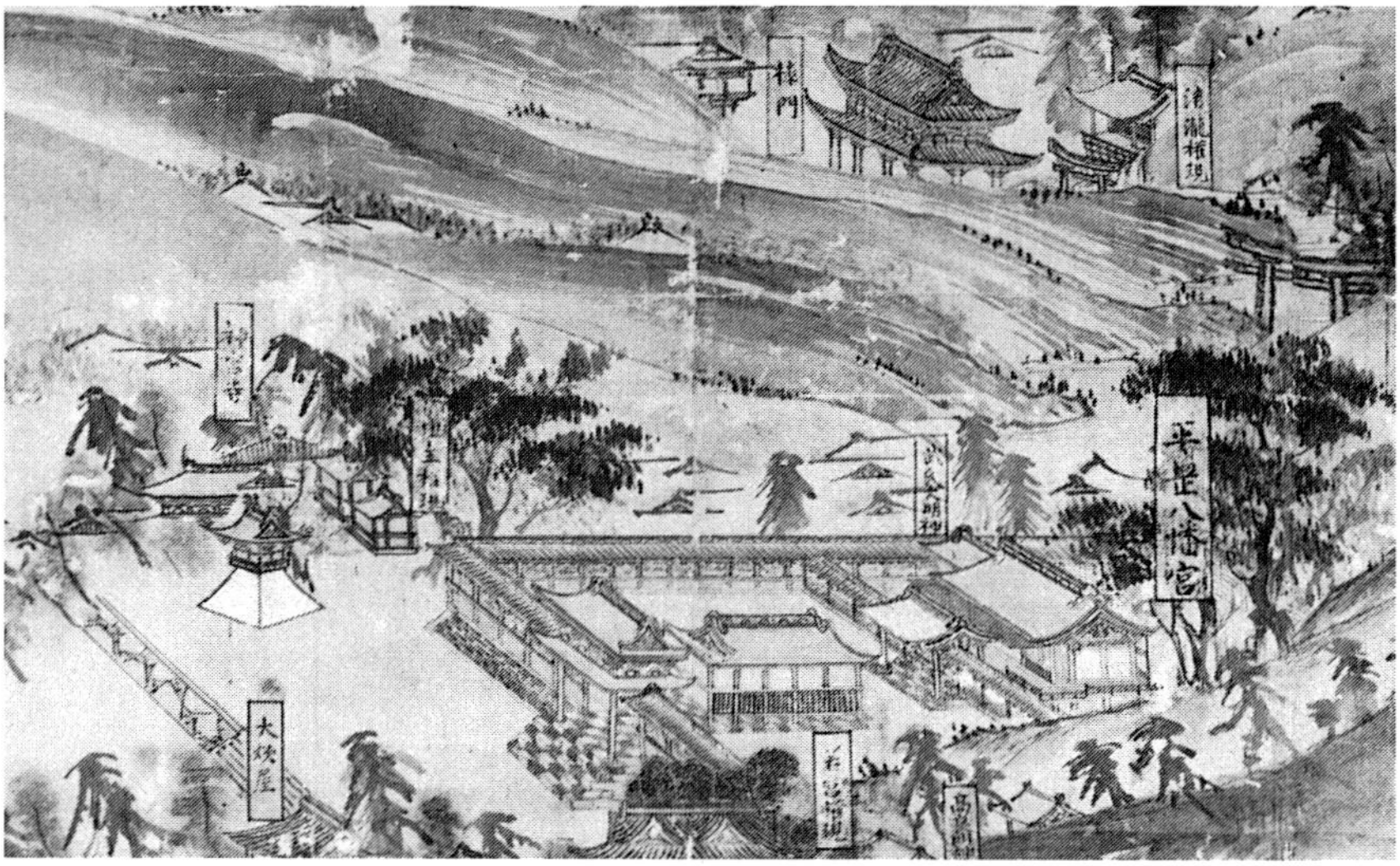

図12　神護寺伽藍図（部分）

相を呈している。神宮寺が平岡八幡宮の傍らに附属しているのである。宝珠をのせた方形造の瓦屋根の堂、手前に鐘楼、そして入母屋造、檜皮葺の神宮寺の本堂とおぼしき建物群である。ついで注目されるのは大樹の下に鎮まる「地主権現」である。一間社の見世棚造の小社である。いま現地で確かめると神宮寺・地主権現ともに廃絶してみあたらない。しかし、ささやかであれ地主権現は平岡八幡宮・神宮寺の聖地を守る存在であろう。これら社寺の鎮座、開創に先立つ先住神といえよう。あらためて整理しよう。

　八世紀末、高雄山に薬師如来を本尊とする神護寺が開創され、その本堂内陣の一角には八幡大菩薩の図像が下げられ内部空間に神祇奉斎されていた。また十世紀はじめ頃までに外部空間である山麓に本寺を守護する鎮守社平岡八幡宮がまつられた。中世を通じ『神護寺伽藍図』を製作した桃山時代までに八幡宮には神宮寺が附属し、さらにこれを守る地主権現がまつられていた。つまり、寺院と鎮守社、神社（鎮守社）と神宮寺、神宮寺と地主神、神社と地主神といった錯綜した宗教関係になっている。こうした二重三重の神仏が相重なりあう習合関係・補完関係には驚き入ってしまう。その意味で中世末期に製作された『神護寺伽藍図』の世界は、まさに複雑な中世の神仏関係と神仏習合の縮図そのものといえよう。

三　長谷寺の神祇奉斎

長谷寺は神亀年中（七二四〜九）に徳道上人によって開創され、いわゆる藤原氏建立寺院のひとつである。『続日本紀』に神護景雲二年（七六八）十月、称徳天皇が行幸、田地八町を施入した記事がもっとも確かな事実である。以来、長谷観音の信仰の発展にともない伽藍の充実をみたが、九度におよぶ火災にもかかわらずそのつど復興して今日におよんでいる。本堂の立地が山斜面で懸崖造ということもさることながら、本尊十一面観音立像は像高一〇・一八メートルと木彫としては巨大なものであり、非常時に動座が不可能であり罹災のたびに失なわれるのはやむをえなかった。とくに当初材は近江国高島から伐りだされた神木を御衣木《みほろぎ》とした伝承があり、そのつど各地の霊木が求められ造立された。岩盤上に屹立する十一面観音は他を圧する迫力があり、長谷寺式と呼ばれ錫杖を手に執ること、方形の岩盤に立つことなどが特徴とされる。またこの本尊の脇士も通常のものと異なり、一仏二神の三尊形式をとる。向かって右が難陀龍王《なんだりゅうおう》で本地は春日大明神、左が雨宝童子で天照大神すなわち伊勢の大神である。長谷寺の本尊十一面観音は春日・伊勢を脇士として神祇奉斎されており、その像容もきわめて特異なものである。現状をみよう。

春日明神である難陀龍王は木造、像高一九九・〇センチ、唐装で宝冠を頂きその上に口を開けた龍頭が乗り右肩にかかる。玉眼で八の字形で眉根を寄せ、顎鬚を伸ばし口を開け、けわしい怒りの表情の翁である。衣装は牡丹唐草文、転宝文などを彩色で描く。正面観で直立し両手で捧げ持つ盆には州浜が乗る。腰より低くほとんど左膝あたりに太刀を佩《は》く。つま先の反《そ》り返った沓《くつ》を履いた両足をそろえ台座上に立つ。この台座は本尊の木製の方形と異なり蓮の葉の荷葉座《かようざ》で、その端は波打つ表現がみられる。いずれも龍王の姿で出現した春日明神の異様な像容である。

伊勢大神である雨宝童子は木造、像高一六四・九センチ、唐装で天冠を乗せ、豊かな髪を美豆良《みずら》に結《ゆ》いふっくらした面立《おもだ》ち、眉は一文字に、みひらいた眼もつりあがり生気が漲る。胸元を開け掛襠《けとう》衣を羽織り、胸下と腰に帯を蝶結びに締める。右手は先端に宝珠を乗せた棒を握り垂直に立て、左手に宝珠をいただき荷葉座に正面観で直立する。

本尊十一面観音と雨宝童子は天文七年（一五三八）の造立で、難陀龍王のみ正和五年（一三一六）の造立と二二一年間と年代に大きな開きがある。まず長谷寺本堂は現本尊とともに天文五年（一五三六）に焼失し、同七年（一五三八）に再造されたことは銘文から明らかである。すると難陀龍王のみ救出され火災から免れたか、他から持ち込まれたことになる。しかしながら造高二メートル近くの本像は特異な像容からみても長谷寺関連の寺院、もしくは他から持ち込まれたことは想定しにくく、弘安三年（一二八〇）の被災後に造立されたものがさらに二度の災難をかいくぐって今日におよんでいることになる。

しかしながら、こうした神祇奉斎の形態はいつから確かめられるのだろうか。現存する難陀龍王の制作年代によって鎌倉後期まではさかのぼりうるが、文献をいちおう検討しよう。まず寛平八年（八九六）編纂と伝える『長谷寺縁起文』は神祇関連の記事が多くでてくる。しかしながらこの縁起文は伴信友が『長谷寺縁起剝偽』のなかで偽書説を主張したように、平安前期の記述ではなく、平安末期から鎌倉初期まで下がるようである(11)。同縁起文にしるす、こもりくの初瀬の地に、地主神たる瀧蔵権現、本尊十一面観音像の御衣木を守護する三尾大明神、天照大神の影向石、春日大明神影向石などの記事である。しかし本尊の脇士としては認められない。まず上記の天照大神・春日の影向石はどうだろうか。天照大神の影向石は東山の腰河を隔てた場所とあり距離がある。春日の影向石もその南にあって、いずれも北谷に位置し直ちに現状には結びつかない。関連する伝承は『長谷寺縁起文』の次の文に求められよう。

天照大神居法性宮見此事。大悲之余。春日大明神契曰。与汝共降日域。我成国主。汝為臣家。益彼土聚生云々。訓其恵。忝二神交此土塵。其二神之孫而両家治此国。仏法興廃可有両家。

すなわち両神はともにこの日本に降り、天照大神は国主として、春日明神は臣家として民に恵みをあたえ、二神の孫もこの国を治め、仏教の興廃もこの二神にある、とする。長谷寺は藤原氏の建立寺院であり春日明神は藤原の祖神であり、脇神に当然迎えられる理由はある。いっぽう天照大神は伊勢の神宮の祭神であり、国の宗主（ここでは国主）であり、背景には鎌倉時代中頃から伊勢信仰の発展があった。さらに長谷寺が伊勢参詣の通路にあったからなおさらのことであった(12)。かくて宗教形態としては仏主神従ではあるが、天照大神・春日明神が十一面観音の脇持として三尊形式でまつられるにいたったのである。長谷の観音信仰に日本を代表する神々が奉斎された意義はきわめて大きい。なお両神とも垂迹形での奉斎であるが、雨宝童子・難陀龍王という異形の垂迹形であったことは注目される。

長谷寺および同末寺にみられる独自の神祇奉斎の形態といえよう。

四　天台の神祇奉斎と神祇勧請

(1)葛川明王院

葛川明王院は比良山の裏にあって天台行門の道場で、貞観年中（八五九〜七七）に相応和尚が開いた霊場である。相応和尚は験者として知られた天台回峯《かいほうぎょう》行の開祖で、仁和三年（八八七）、日吉大宮権現の宝前に卒塔婆一基を建立し、また二宮権現の神殿を改修するなど神祇関係の事蹟が多い。相応はまず比叡山の急峻な谷合に無動寺を開いたあと、さらに山林斗擻《とそう》の地を求め比良山麓に入り、たどり着いたのが葛川であった。

さて貞観元年（八五九）、葛川に入った当時の情況はどうだったのか。そこにはすでに山林資源を主として生計を立てる思古淵《しこぶち》明神を信仰する人々が居住していた。やがて田畑を広げ荘園を形成していったが、無動寺出身の相応の入山とともに無動寺の支配下に入ったので、明王院の創立は貞観七年（八六六）の無動寺開創まもなくと推定される[13]。

相応が神祇を礼拝しとりわけ在地、先住の神々については、すでに日吉山王の地主権現である二宮を改修したことからもうかがえる。『葛川縁起』によって相応の事蹟をたどろう。修行の地を求めて安曇川源流に分け入った相応は滝にいたり祈念を凝らしていると老翁があらわれる。互いに何者かとたずねあうが、相応は生身の不動明王に会いにきたと告げると、翁は感激し葛川一帯を修行の場として譲った。そして、翁はこれから仏法の修行者を守護し、我は思古淵大明神であることを名乗り消えた。相応は滝に向かいさらに祈り、目を開けると火炎に包まれた不動明王が出現した。歓喜のあまり滝に飛び込み抱きつくと大木であった。そこでこれを本尊とし相応は修行をかさねたが、この当初像は失なわれたとみられる。現在の明王院は千手観音像を本尊とし、不動明王は脇持となっている[14]。

明王院の鎮守社は地主神社をはじめとする諸社がある。祭神は当然に相応和尚が出会ったという伝承を有する先住神である思古淵明神かとおもわれるが、じつは山王権現と六所明神である。明王院が寺名とは異なる千手観音を本尊とするように、地主神社もこれまた社名とは異なり、地主神ではない山王権現を中心にまつっている。現地主神社を文保二年（一三一八）の『葛川与伊香立庄争論絵図』（以下『葛川絵図』と略称）でみると、鎌倉後期と時代は下がるが「地主権現」のむかって左隣りに「思古淵明神」、右隣りは「大行事」と三社形式で確かめられる。この「地主権現」は葛川の中心堂宇である「本堂」（明王院）より一段高いほぼ後ろに位置している。当初は思古淵明神が当然に地主社の祭神であったとおもわれるが、本山教学、いな天台教学により二位以下の位置に位下げされたらしい。すなわち本来、先住神が地主社および鎮守社の祭神となるのが通例であるが、明王院は比叡山の「地主神」である山王神をもって「地主権現」＝鎮守社として神祇奉斎したのである。

現存の社殿は本殿と幣殿からなり、本殿は三間社、春日造りで棟札の写しから文亀二年（一五〇二）の造立が明らかで、すぐれた名建築と賞賛され、室町時代のものながらこのような谷間に静かに鎮座するたたずまいは深い感銘をあたえる。(15)また内陣の神像（重要文化財）は平安末期から鎌倉初期にかけてのもので八体がまつられている。(16)

いっぽう葛川明王院に南北朝と時代は下がるが本堂内部に神祇勧請の事例を見出すことができた。青蓮院門跡尊円親王が編纂した寺務記録『門葉記』に、当時の状況をしるした指図がおさめられている。『門葉記』は文和元年（一三五二）に尊円入道親王編に、増補を加えられたもので史料性は高い。

同巻一三一の「息障明王院差図」（図13）によると、千手観音を本尊とする本堂は南面し、三間×三間の構成をとり、前面に一間を付加し礼拝空間となっている。本尊の前に、礼盤・不断香盤が置かれている。堂内の東西は板壁で北側の中一間は扉があり外部に閼伽棚《あかだな》が設けられている。注目されるのは東北の一角でさまざまな奉斎対象がまつられ、南面して横一列に「千手」「建立大師」「慈恵大師」が、西面して「七所大明神」と神祇が祀られている。天台において七所といえば通常山王七社を指すが、賀茂・平野・松尾・三輪・鹿島・江文の諸神が勧請されていた。山王をふくむ七社の神々であることが確認できた。(17)葛川明王院は比良山系西側の谷にあるが験力をもって知られた相応和尚を開祖とする行場であり、行者が祈禱を行い貴族をはじめ日野富子をはじめ帰依参籠したように、延暦寺を介さず直接に崇敬をうける寺院でもあった。都と若狭・北陸を結ぶ比良山の西側の道は鯖

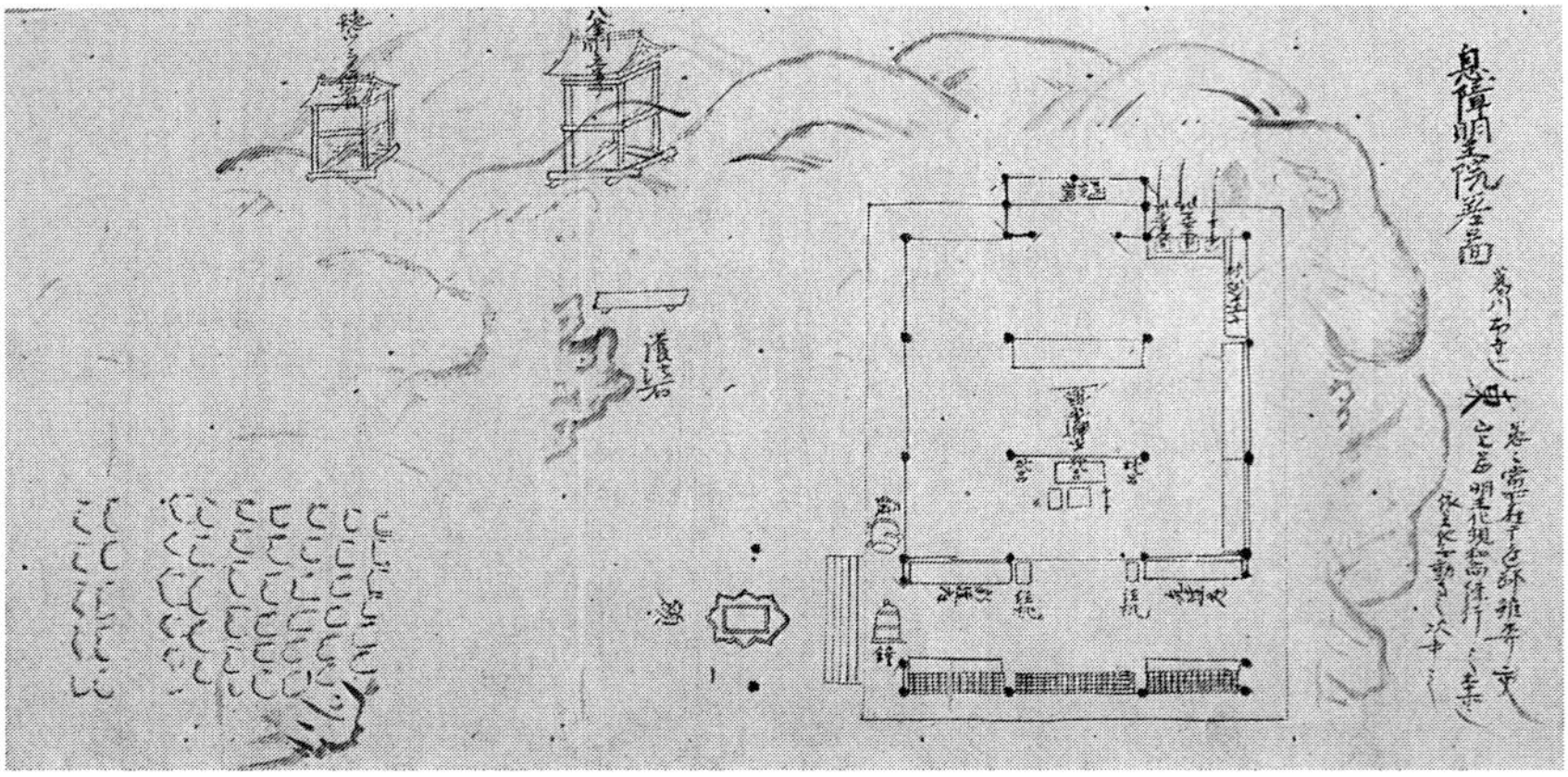

図13　門葉記(巻131)

街道とも呼ばれ要路であった。したがって験力でしられた葛川明王院は、都の神々がさまざまな聖俗にまたがる縁でまつられるにいたったものであろう。寺院の内陣空間に神祇勧請された事例としてあげておく。

さらにまた『門葉記』に、同じく相応が開いた無動寺本堂にも、神祇勧請されている事例が確認できた。『門葉記』巻一三一に「無動寺／本堂」と題する一場面がある。無動寺の本堂は五間四方で、これに北側の「あか棚」、西に「承仕預屋」、東に広いスペースの「宝蔵」や「鐘楼」が取りついている。先の三間四方の葛川明王院より二廻り大きいといえる。その内陣空間の中央に本尊不動明王を納めた「明王御厨子」の壇がもうけられ、内陣東側に北上手より「大師」「山王」「毘沙門」「文殊」が、そして反対の内陣西側に北上手より「観音」「薬師」「尺迦」「法花万タラ」と向き合って並ぶ。東二番目の「山王」が神祇勧請されているのである。しかしこれら諸尊は内陣空間でいかなる状態で何がまつられているのであろうか。詳細にみると柱間をさえぎるように並び、彫像ではなく、図像とみたほうがよい。彫像であれば板壁を背後に安置されるのが普通だからである。とすれば丸柱の間を通す貫きに図像を並べて奉掛しているものと推定され、筆者も現無動寺本堂における法会でこうした実例を拝見した。つまり諸尊の仏画、祖師とならんで山王曼荼羅が下げられていたのである。先に神護寺本堂の内陣空間に八幡大菩薩図像を神祇勧請した例を十世紀初頭に確認しているが、天台寺院における図像による神祇勧請の事例をここで付け加えておきたい。

(2)法会と山王曼荼羅

比叡山麓の大津市坂本町に天台真盛宗本山の西教寺があり、慈恵大師の創建とされる[18]。その後、恵鎮によって戒家の道場として法勝寺末となるが、法勝寺は白河法皇の勅願になる六勝寺の一寺であったが焼失する。応徳二年（一〇八五）に京都岡崎の地に広大な寺地を得て創建されたが、たびたび罹災すること多く恵鎮上人が再建したが、ふたたび焼失してしまった。そこで法脈は後陽成天皇の勅命によって天正十八年（一五九〇）に真智上人を介して西教寺に伝えられ、そのため同寺が法勝寺の法脈を継承し今日にいたっている。その重要なものが戒灌頂で、これははじめて受戒してから十二年を経た僧が受けられる受戒の儀式で五瓶灌頂の法を取り入れたものとされ、唯授一人の厚い秘密のベールに覆われている[19]。この法勝寺流戒灌頂に山王曼荼羅を用いた神祇勧請がなされており、現行の儀を伝書で確かめよう。

戒灌頂は得度受戒した僧が十二年で受ける資格を有し、僧階に不可欠となっているもので現在、西教寺客殿で行われている。戒灌頂の道場は、内道場・外道場・座付道場の三道場からなる。まずはじめに臨むのが座付道場で、香湯・香水などがなされ前段にあたる。外道場は灌頂を、内道場は戒師と受者が一対一で四重合掌、袈裟の交換、道具の授与など伝授する唯授一人の世界である。

ここで注目されるのは外道場の空間で[20]、その舗設は三間四方の間に天井から木綿幕を下げ中央に大壇をすえ、正面に本尊釈迦牟尼仏の図像を掛け、その背後には五つの図像がずらりとならぶ。向かって右より山王、慈威和尚、天台大師、伝教・慈覚・慈恵の三大師、真盛・真智二上人の図像である。(21) 一神祇に七祖師がこの道場を照覧し、すなわち右端が山王でいわゆる山王曼荼羅を下げての神祇勧請である。

この方面の最古の史料である永享十年（一四三八）の『鎮国灌頂私記』で確かめよう。同記は略本であるが、道場に必備のものとして「伝戒能授ノ和上。戒本尊。山王尊形。先師御影。佛舎利。秘要等ヲハ必ス所持被可歟」また「和上ハ山王ノ御前ニ至リ、燈明ヲ挑テ神供アルヘシ」としるす。また『戒灌伝授次第』には「次和尚入堂。先大壇ノ前ニ立テ少本尊ヲ礼可。次鐃壇。山王并祖師ノ前ニテ焼香一礼。入堂一返畢ヌ。第二第三返ハ焼香之無。已上行道三返終テ」としるす。

壇上には中央に金山、その上に宝塔、東西の秘箱には法華経などの聖教が、前に五薬・五宝・五穀とほか儀軌《ぎき》にしたがった配置がなされる。ととのえられた道場に戒師、授者などが入場、まず大壇を三匝行道《さんぱいぎょうどう》し本尊前で一揖したあと、祖師・山王の前で焼香一揖する。三匝のあと戒師は登高座に着き塗香、散華など以下複雑な次第がつづく。外道場をおえるにあたって、授者は壇を三匝し戒師に三礼すると戒師は礼盤をくだり「山王前に至り燈を挑、神供有可し」とある。つぎの内道場に入ると戒師と授者は四重合掌と言い、互いに手を重ね合い、額を合わせあい、足裏さえも合わせるなど特異な合掌が行われる。内道場では祖師・山王といったものは一切ない。

さて戒灌頂の外道場に勧請された山王について『戒灌授法』は「次山王権現ヲ勧請シ奉ルコトハ。円宗擁護ノ誓深ク。特ニ山王出世ノ本懐ハ四仏知見也。四仏知見ト者円戒ト灌頂与ナリト述フカ故ナリ也」としるす。

また、現行の戒灌頂に用いられる『日吉山王垂迹曼荼羅図』（西教寺本）は鎌倉時代のもので、上部の円相に山王七社の種字を、中段に日吉三聖と四社の垂迹神、下段に中・下七社の垂迹神十四神を配する垂迹曼荼羅である。これには次の裏書がある。

開眼供養之導師盛全上人（花押）

山王権現種字恵心先徳七社御尊像ハ阿闍梨□中下者末後筆末代重宝希代霊宝也。爰ニ法勝寺妙観院之持尊ノ円頓戒釈迦如来ト擁護之山王併出世ノ本懐被顕者歟而多年格別仁所持之処、依西院公文所継寿法眼入魂、西教寺円戒之本尊一処仁寄進感応道交之主惣ハ本迹化導一致応用雖及尭季仁不思議神変不可過之為来際亀鏡如此所註置如件

文亀二年壬戌三月十二日中時

本図は法勝寺伝来であることを明確にし、画面の上段の種字は恵心僧都ゆかりで、法勝寺妙観院の持尊であったが、当院の公文所から西教寺へ円戒の本尊として伝来したとの経緯をしるす。つまり法勝寺焼失により西教寺に法脈が移され、円頓戒の法儀の再興に用いられたのが主尊の釈迦如来図や祖師たちの図像・聖教類・法具、そしてこの山王垂迹曼荼羅であった。これらの移動は西教寺に法儀を移したことを意味し、現西教寺の法儀はそのまま法勝寺の法儀の継承であった。そしてまた戒灌頂における山王曼荼羅は勧請された神祇として、西教寺において創められたのではなく勧請の姿は移された文亀以前、少なくとも最古の『鎮国灌頂私記』の成立年代、永享十年（一四三八）の室町時代中頃まではさかのぼろう。さらに『授一乗菩薩灌頂受戒法私記』や『戒灌頂戒儀』はいずれも恵尋の御本として弘安十年（一二八七）の奥書があり[22]恵尋（?～一二八六）の時代、すなわち戒灌頂は鎌倉時代までさかのぼる法儀ということになる。ここにおいて戒灌頂という法会の場、仏教空間において神祇が勧請される曼荼羅が用いられた確かな事例として位置づけられよう。

(3)時宗の法会と曼荼羅

神奈川県藤沢市にある遊行寺《ゆぎょうじ》は時宗の総本山で、一遍上人を宗祖とする。『一遍上人絵伝』が描くように、一遍は生涯を通じて神仏の隔てなく全国の霊所を参詣し賦算《ふさん》をした僧として知られる。この伝統を継承する遊行寺

に神祇勧請を行う法会が存在する。歴史的にどれだけさかのぼりうるか史料を求められないが概略をしめしておこう。(23)

時宗では一般寺院の住職にあたる地位を遊行上人と称するが、法灯相続の晋山式に本堂に熊野権現をまつって行われる。これは一遍上人が熊野権現の証誠殿で神示を受けたという故事にならったものである。本堂ではまず迎えの僧が本尊とその脇にまつられている熊野権現に参拝し、そのあと法灯をささげて道場内を一巡、新任の遊行上人の前で三礼し「遊行上人、御相続」と述べ、お札箱を受けて晋山式はおわる。熊野権現の照覧のもと上人職を継承するところに眼目があるようだ。

また年中行事では、現行の儀で十一月十八日、小書院で「御連歌式会」が熊野神をまつり行われる。小書院は本堂とは別棟で、この小書院御対面の間で熊野権現の神号軸を下げ、これを背に坐し、やがて連歌がよまれる。つづいて十九日から二十三日まで連日、小書院で熊野権現の法楽がいとなまれる。とくに二十三日には小書院に安置してある熊野権現の「御一の箱」を本堂へ移し法会が行われる。長期にわたり規模の大きい法会であるが、熊野権現が法会の場に神号軸のかたちで神祇奉斎されていること、宗祖一遍の宗教的行動に習った神仏習合の法会ということがいえよう。こうした法会がどこまでさかのぼるか史料はもたないが、時宗もまた神祇と深くかかわり、法会の場で神祇勧請する一例としてとりあげた。

(4)南都の法会に影向する神々

興福寺講堂は著名な維摩会《ゆいまえ》を行う堂として知られる。維摩会は、創建者である藤原鎌足が病いに罹り出仕できなかったとき、百済の法明尼が維摩経を転読したところ癒えたので自邸を山階寺（興福寺の前身）として、恒例としたのが維摩会である。のち山階寺を南都に移転したのが興福寺で、ここでさらに発展をみせ維摩経を講説、論議する法会として発展をみせた。興福寺維摩会・大極殿御斎会・薬師寺最勝会のいわゆる三会の筆頭にあげられ僧侶の昇進の登龍門としても知られた。

『七大寺巡礼私記』は興福寺講堂について「講堂一宇七間四面瓦葺。亦号惟摩堂。南戸五間。西戸一間。東戸一間。北戸二間。西号影向戸。人不出入。維摩会之時。大明神影向故也」と興味深い伝承をしるす。講堂は金堂とともに興福寺の中心堂宇であるが再三火災に見舞われ、再建されていない。『七大寺巡礼私記』は保延六年（一一四〇）に執筆とされる日記で少なくとも平安時代後期の伝承を記したものといえよう。これによれば講堂の西戸一間は人の出入りが禁じられており、それは維摩会のとき「大明神影向之故也」という。具体的な神名は不明だが「大明神」とは春日大明神とみて大過あるまい。それは興福寺と神仏関係、とくに藤原の氏神・氏寺との関係からみて春日大明神以外考えられない。つまり維摩会に春日大明神も講堂に影向し聴聞したのであり、西戸はその出入口だったのである。影向とは神仏が出現することで中世的表現である。

興福寺講堂という仏教空間に神祇が出現する十二世紀にさかのぼる伝承として興味深い。なお、同講堂からみて春日社は東に位置するから東戸から出入りするのが相応しいともおもわれるが、何故か西戸である理由はわからない。あえて詮索するとすれば、講堂本尊は阿弥陀三尊であり西方浄土の信仰に基づく方位によるものかも知れない。

なおこのほか興福寺の慈恩会において、加行《げぎょう》部屋に慈恩大師の軸とともに春日大明神の御影《ごえい》とされる赤童子の軸が並べ下げられる。儀礼として短冊に講問や番論議の論題を論匠に手渡す「夢見の事」が行われる。これは祖師である慈恩大師と、法相宗擁護の神である春日大明神（赤童子）の照覧の下で行うという本儀に基づくものである。また同法会では堂内において春日大明神の神分《じんぶん》、勧請文を唱え、その出入口である「影向《ようごう》の戸」より神を招く作法がある。これは、さきに述べた維摩会と同じ儀である。

また元興寺の禅室にも「春日明神影向の間」があり、法儀の際には春日・八幡・天照大神を奉唱するのを例としている。

このように南都の諸寺では法会のなかで神祇勧請を行う例は多く、明治の神仏分離を経ながら現行法儀として再興し生きつづけており、その裾野は広いといえよう。

（1）本史料の序文は、嘉承元年（一一〇六）秋に補訂を終えたとしるす。校訂者筒井英俊は巻十奥書の長承三年（一一三四）から集成され、巻五の元永五年（一一一八）には完成していたと推定している。

（2）山本栄吾「東大寺鎮守社本殿形式の変遷」（『日本建築学会論文集』第五十三号、一九五六年）。

（3）平成十八年に奈良国立博物館で開催された「東大寺展」で東大寺本の同図と神像が同時に展示され、八幡神にみられる儀軌の確かさを確認することができた。景山春樹『神像――神々の心と形』の「第五章　八幡信仰とその神々」（法政大学出版局、一九七八年）。

（4）黒田昇義「東大寺二月堂建築考」（『史迹と美術』一九九号、一九四九年）。

（5）山岸常人『中世寺院社会と仏堂』（塙書房、一九九〇年）。

（6）西山厚「東大寺二月堂とお水取り」（『特別陳列　お水取り』、奈良国立博物館、二〇〇六年）。

佐藤道子「神名帳――その性格と構成――」（『芸能の科学5　芸能論考Ⅱ』、平凡社、一九七四年）。

（7）東京国立文化財研究所編『芸能の科学6　芸能調査録Ⅰ　東大寺修二会の構成と所作・上』（担当：佐藤道子、一九七五年、平凡社）。

筆者も一応二度にわたり終夜外陣に籠り拝見したが、それでも法儀の一端を垣間見たにすぎず、複雑な法儀の次第は本書で確かめるほかなかった。佐藤道子氏には数々の論考をふくめ学恩を深謝申しあげます。

（8）景山春樹「高山寺の鎮守社とその遺宝」（『神道美術』、雄山閣出版、一九七三年）。

（9）同右。

（10）前掲註（2）に同じ

（11）前掲註（7）に同じ（永島福太郎説）。
（12）永島福太郎『豊山前史』（総本山長谷寺刊、一九六三年）。
（13）『葛川明王院』「第二編　葛川の社会と経済」（村山修一）（芝金聲堂、一九六〇年）。
（14）現在の明王院本尊は平安後期の千手観音立像で、脇持は平安時代の不動明王立像と毘沙門天立像である。横川中堂と同じく脇持を不動・毘沙門とする三尊形式となっているが、不動明王が中尊からはずされた理由は不明である。
（15）前掲註（13）書「第五編　葛川の建築と工芸」（近藤豊）。詳しい考証がなされており得るところが多い。
（16）同右「第四編　葛川の彫刻と絵画」（毛利久）。
（17）大津市歴史博物館の寺島典人氏のご教示による。前掲註（13）書「第三編　葛川の信仰」（景山春樹）でも指摘されている。
（18）『真盛上人往生伝』（明応四＝一四九五年成立）。
（19）色井秀譲「黒谷法勝寺流戒灌頂について」（『印度学仏教学研究』第三十三号、一九六八年）。
（20）同寺のご好意により、前日の鋪設を拝見させていただき、色井秀譲『戒灌頂の入門的研究』（東方出版、一九八九年）によった。
（21）戒灌頂本尊は戒壇釈迦如来図で室町期を下らず、裏書に長享元年（一四八七）の修理銘がある。ほか山王曼荼羅（鎌倉時代）、恵鎮像、法華経や『十六帖口決』（正和五・一三一六）など聖教《しょうぎょう》類も法勝寺伝来である。『西教寺の歴史と寺宝』（西教寺刊、一九八九年）による。
（22）大久保良順「重授戒灌頂の興起」（『天台学報』二十二号、一九七九年）、色井秀譲「重授戒灌頂」（『天台』四号、一九八一年）。
（23）『一遍上人と遊行寺』（ぎょうせい、一九八一年）によった。

第二章

神前読経と経典

第一節　大般若経の伝播と神仏習合

一　日本における大般若経の受容

大般若経六〇〇巻は、玄奘三蔵によって唐・龍朔三年（六六三）に訳経が完成した。日本への伝来は詳《つまび》らかにしないが、その初見は『続日本紀』大宝三年（七〇三）三月十日条「詔、四大寺読大般若経、度一百人」の記述である。つまり翻訳後四十年以内に日本へと伝わったことになる。このとき大官大寺・薬師寺・元興寺・弘福寺の四か寺で同時に読誦され、全二四〇〇巻をこの時点で具備していたことになり、その時間と労力からみて短時日での書写は無理で、大般若経は七世紀末に伝来していたとみてよい(1)。

このように大般若経は欽明天皇十三年（五五二）の仏教公伝ののち約一五〇年を経て伝来した。日本における経典受容は、明らかなものは七世紀に入って勝鬘経・法華経が一例ずつ、七世紀中頃に無量寿経・大雲経・一切経・盂蘭盆経、七世紀末にかけて金光明王経・仁王般若経・金剛般若経・薬師経・観世音経である。大般若経は八世紀に入ってようやくあらわれ大宝三年以降、一世紀の間だけで二十例、最勝王経十五例が確認される。この時期の大般若経の目的の明らかなものは、国家安寧が四例、地震・疫病・旱などの除災が九例と公的祈願が多く、これに対し病気平癒三例、延命一例と私的祈願は少なく、当初より公的祈願に用いられている。先学の研究によれば(2)、飛鳥・奈良時代、すなわち『続日本紀』にみえる経典記事は大般若経が圧倒的に多く用いられ、ついで金光明最勝王経・金光明経・金剛般若経・梵網経とつづく。とくに天平年間がさかんで、読誦の理由は地震・国家平安・年穀成熟・疫病など、ようするところ国家安寧のためで、諸経のなかで大般若経がさかんに多用されたのである。当時の大般若経の記事および遺品としては、和銅五年（七一二）の長屋王発願経以下いくつかあげられる。(3) いずれも宮中・四大寺・国ごとの国分寺・紫香楽宮・難波宮楼殿など、宮中と官立寺院・国分寺などに限定される。これらの事実から、大般若経は八世紀初頭から中頃までは宮中および都の周辺、中央およびその出先としての国分寺の例が確かめられる。大般若経は国家安泰といった国家的願意のために用いられ、私的なものが皆無で、宮中を中心とした中央で読誦され、ついで国分寺をパイプとして地方に波及したとみられる。

二　神祇と大般若経——道行願経の出現——

奈良時代に入ると大般若経は神祇信仰の場で用いられ、新たな展開をみせるが現存するもので、もっとも早い例が沙彌道行願経(4)である。三重県種生の常楽寺が所蔵する大般若経は、奈良時代のもの十一巻を含み、一部に天平宝字二年（七五八）の奥書を有する。これらは沙弥道行が伊勢大神のために書写したものとして知られる。

①巻五十の奥書には「奉為　神風仙大神／願主　沙彌道行／書写　山君薩比等」とある。

②巻九十一には次の記述がある。

天平勝宝九年六月卅日、沙弥道行、（略）……独出里隣、遠入山岳、収穢累之逸予、巻淫放之散心、儼然閑居、帰依三宝、是時也、山頭雲起、谷中雷鳴、四方相驚、激撃砊礚、手足無知所措、生命五難、可存余念、何過当遭天罰、則願曰、区々下愚、失魂畏死、況乎国家之愛生乎、仰願為神社安穏、電雷無駭、朝廷無事、人民寧之、敬欲奉写大般若経六百巻、如此誓畢、雷電輟響、道行忽蒙威力、纔得本心、（略）……是以普誘知々識々人等、共和善哉、敬奉写也、注其名字、著後題外、不朽之因、長伝将来、伏願、諸大神社、被波若之威光、早登大聖之品、次願、天朝聖主、比壽南山、天長地久、次願、二親眷属、万福日新、千慶月来、百年之後、辞世之夕、遊神率天、昇彌勒之香台、棲想極楽、践観音之花座、一切含霊、亦猶如是、傍及千界、共登波若、

天平宝字二年歳次戊戌十一月

奉為　伊勢大神

願主　沙彌道行

書写　優婆塞圓智

（別筆）「二校了」

すでにいくつかの見解が示されているが、これらを踏まえ改めてその意義を確かめておこう。

①の神風仙大神についてこうした神名の前例はなく、大西源一は伊勢の神宮には関係がないとみる(5)。田中卓は伊勢津彦命が八風を起こし（『伊勢国風土記』）、神風の伊勢の国の古語を例証とし、風の神の性格や道教的関連を指摘し伊勢大神とする(6)。西田長男は別宮風宮と推定し、やはり道教の影響を指摘している(7)。いずれにしても②巻九十一に伊勢大神と明記されており、本経の祈願対象は伊勢大神とみてよかろう。祭神の性格に多少何らかの影響はあっても、ここでは神祇に対するものであることに間違いない。

②まず本巻について最近、従来にないあたらしい見解がしめされている。稲城信子は書誌的に巻九十一の経典本文と奥書は異なり、問題の奥書部分は書体・紙質ともに後世に補ったものとみなし、その内容を天平宝字二年とすることに慎重でなければならないとし、後世の神仏関係を反映している可能性を指摘した。確かに実見すると紙質・書体ともに違いがみとめられる。しかしながら、稲城の指摘するこの部分が平安後期との見解にしたがい、たとえわずか後代であるにしてもこうした史実を伝える内容を疑う必要はなく、この内容の史料価値はいささか

も減ずるものではない。

さて天平勝宝九年（七五七）、沙弥道行が一人山中に入り三宝に帰依し修行せんとしたとき、突然雷鳴に遭い死ぬほどの衝撃を体験する。天罰とおもわれ道行は、ひたすら国家のため、仰ぎ願わくば神社安穏、雷電の害なく、朝廷無事で人民安寧のため大般若経書写を誓う。すると雷は鎮まり、たちまち威力をこうむる。そこで人々を誘い大般若経の書写を行い、各神社が仏の威光をこうむり天皇の長寿・親兄弟の幸せを願った。とりわけ「あまねく知々識々の人々を誘い、共に善に和し（大般若経を）敬しみて写し奉る也。……伏して願わくは、諸の大神社が波若の威光をこうむり、早く大聖（仏）の品に登らん」との記述が注目される。

ここには一人の僧と大般若経の関係が明快に語られている。それまで大般若経の用例は、宮中・国家による公的祈願に限定されていた。もちろん国家・天皇、そして神社のためという公的祈願によるものの、道行の私的発意によって始まったのである。諸大神社（神）、ここでは伊勢大神に対し、大般若経の威光によって仏に登ることを念じている。そしてさらに天皇の末永き安泰、両親親族の幸福を願い、諸共《もろとも》に繰り返し大般若経の威光のおよぶことを念じている。ここに本地垂迹関係の成立までは認めきれないが、神が相対的に低位とみなされ、神が仏の位へ上昇することが期待されている。神祇（伊勢の大神・諸神）・天皇・国家・個人が一種救済の対象として、大般若経の威光である仏の力をこうむらんことが祈請されている。明らかに神仏習合の萌芽という以上に、仏教側による新たな神祇の位置づけ、本地垂迹説成立の前段階とみるべき習合化が認められる。

天平の道行願経により伊勢大神という最高神のためのみならず天皇・国家・個人のために大般若経が書写、読経されたことを知りうる。そして仏教側が八世紀中頃、神祇のため大般若経を書写、読経したことは画期的な意義を有する。

三　神祇法楽経としての大般若経——神宮寺と大般若経——

神宮寺が神仏習合化の拠点として大きな役割を果たしたことは、辻善之助以来の研究が明らかにしている。神宮寺は神社境内あるいはその周辺に仏寺をもうけ、その極めて近接した位置関係によって神祇と交渉し、新たな神仏関係を形成した。こうした神宮寺における神仏関係のなかで大般若経が大きな役割を果たしている。

『類従三代格』嘉祥三年（八五〇）八月五日の太政官符に、さきの道行願経のほぼ同時代の次の記述がある。

去天平勝宝年中修行僧満願到来此部。為神発願始建件寺。奉写大般若経六百巻。図画仏像、住持八箇年。神以感応。

すなわち満願なる僧が鹿島の地に到来したのは天平勝宝年間（七四九～七五七）のことで、さらに天安三年（貞観元＝八五九）二月十六日の太政官符によれば、元宮司中臣大宗と大領中臣千徳等の支援によって鹿島神宮寺を建立した。鹿島社周縁の地で元宮司、郡の長官である大領の協力を得て、鹿島神のために発願し建立した。かくて建立された鹿島神宮寺で修行僧満願がまず宗教的行為として取りくんだのが、大般若経六〇〇巻の書写であった。さらに仏像を図画し同寺を住持すること八か年におよぶ。

注目されるのは、この鹿島神宮寺の創建にあたって求め書写された経典が大般若経であった点である。このことは神宮寺の初期形態、あるいは基本にかかわる問題として注目させられる。大般若経は六〇〇巻におよぶ分量で、当時まだ版経のない時代にあってはひたすら書写によるしかなかった。書写自体に要する時間、労力、資金のみならず六〇〇巻におよぶ経典自体の借用など、一僧侶のみの力ではきわめて困難な問題が多かった。書写業に従事したものは満願一人による一筆経であったか、複数人による寄り合い経であったかはっきりしないが、官符の記述による限り満願による数か年におよぶ一筆経であった印象が強い。ここで問題となるのは、満願が書写の底本となる大般若経をどこから借用したかである。鹿島神宮寺に先行する奈良時代前期の常陸国には八か寺が存在したが、最も可能性の高いのはその数年前の天平十五年（七四三）に建立された国分寺であろう。(8)常陸国分寺は石岡市にあり、伽藍の全体は不明ながら金堂・講堂・中門・廻廊、さらには鐘楼とともに経蔵の遺構も検出している。こうした点から満願の大般若経書写の底本は国分寺から借用の可能性は高いといえよう。いずれにしても大般若経の書写は大事業であって、この宗教的行為を通して満願が非凡な修行僧として注目を浴び、鹿島社の支援を得て神宮寺を整備、確立し、その存在を示したことは間違いない。

しかし、鹿島神宮寺の創建にあたりなぜ大般若経がまず常備されるべき基本経典だったのであろうか。大般若経の類例は習合寺院を中心にきわめて多い。こうした点に着目し、神宮寺関連のものを「神宮寺経」と名付けたのは田中塊堂であったが、(9)これら遺品が厳密な意味で一貫して神宮寺に常備されていたかは疑問があり、奥書を点検すると一定期間のみ神宮寺用に供せられていた場合が多い。十全な意味で神宮寺経であった遺品はそう多くはない。

『多度神宮寺伽藍縁起并資財帳』によれば、鹿島神宮寺より数か年おくれて天平宝字七年（七六三）満願は多度山の麓に定住し、のちの多度神宮寺の前身となる道場を創建する。その数年後に多度神は、みずから罪業を重ね神道の報いを受け、神身を離脱し三宝に帰依したいと神託を発する。そこで満願は神坐山の南麓を刈掃《かりはら》い小堂と神御像を造立し、多度大菩薩と称した。この神身離脱は仏教側による神祇参入のための典型的な言説、動機づけであって、若狭彦神宮寺や住吉神宮寺などにもみられるパターンである。いわば神の言を借りた作為とみることもできよう。いずれにしろ満願の創建になる多度神宮寺にも大般若経が常備されていたことは重要である。同資財帳に仏物として諸仏（画）のあと教論のはじめにまず大般若経を掲げ、あと法華経・大宝積経・最勝王経とつづく。資財帳であるゆえに、列挙されたその順序はそのまま重要度をしめすと考えられる。既述の通り多度神宮寺に先立つ鹿島神宮寺において満願はまず大般若経の書写に尽力し、この書写行を鹿島神宮寺創建の基礎とした。大般若経の書写、読誦が神宮寺設立、運営の基礎となっているのである。同資財帳の成立は延暦二十年（八〇一）であって、常備された大般若経は神宮寺創建の天平宝字七年（七六三）から存在し、満願の在世当時にあったという確証はない。しかしながら多度神宮寺の第一の経典として掲げられ、鹿島神宮の前例からみて当初から大般若経があったとみてよかろう。神宮寺創建の先駆者満願の二つの事績によって、神宮寺に大般若経は必備の経典であったことが確かめられる。

四　神祇と大般若経

日本における仏教経典の受容のなかで大般若経のみがひとり神祇の場へ圧倒的に取り入れられ採用されたのはなぜなのか、引きつづき史料をもとにその実態をみよう。さきに七〜八世紀に登場した道行、満願などの僧（私度僧）によって大般若経が神祇のため、ないし神宮寺において書写、読誦された早い例をみた。九世紀に入ってこれに続くものを列挙し、史料を通じて大般若経と神祇のさまざまな有り様をたどり、神仏習合の諸相を通覧してみよう。なお長文にわたるものは意訳した。

(1)神祇の世界への普及

満願による多度神宮寺に大般若経が常置されて約半世紀後、さまざまなかたちで展開をみせ普及する。普及と効果の上で重要な記事を以下に掲げた。

①『日本後紀』大同四年（八〇九）正月条

令天下諸国、為名神写大般若経一部、奉読供養、安置国分寺。若无国分寺者、於定額寺。

諸国の名神のために大般若経を書写して奉読供養し、各国分寺に同経を安置したというもので、どの程度全国に徹底したか不明だが、これによって大般若経の地方普及が促進されたことは間違いない。さらにそれが明確に名神のためと意識されていることは、国家による神祇法楽経と認めたとしてよかろう。厳密にいえば、ここでは神社に供用され神前読経用に用いられたか、あるいは寺院内で神祇勧請のかたちで用いたか不明だが、いずれにしても、公的に神祇のための法楽経として大般若経が認められたことが確認される。

②『叡山大師伝』によれば、「五年春。為遂渡海願。向筑紫国。修諸功徳。敬造檀像千手菩薩　一軀高五尺。大般若経二部一千二百巻。妙法蓮華経一千部八千巻。又奉為八幡大神。於神宮寺」とある。弘仁五年（八一四）四月、最澄が渡唐のさいに祈願した宇佐・香春に神恩報謝のため大般若経二部と法華経を書写した。あるいは大宰府・竈門山寺《かまどさんじ》のためともいう。悲願だった渡唐が成就し神恩報謝のため、すなわち神祇が嘉納する経典としてまず大般若経、ついで所依の経典である法華経を施入したことが知られる。天台宗をひらいた宗祖最澄の事跡として、その意味は大きい。

③『続日本後紀』承和元年（八三四）四月二十六日条
　疫癘頻発。疾苦稍多。仍令京城諸寺。為天神地祇。転読大般若経一部。金剛般若経十万巻。以攘災気也

④同右、承和三年（八三六）七月十六日条
　諸国疫癘間発。夭死者衆。夫鎖災青招福祐者。唯般若冥助。名神厳力而已。宜令五畿内七道諸国司転読般若走幣名神

⑤『類聚国史』斉衡三年（八五六）五月
災疫をはらわんがため、僧二五〇口《く》を大極殿・冷然院・賀茂・松尾に請じ大般若経を三日間に限り分読。

この三か条は、疫癘頻発にさいし除災招福に効果があり、しかも神祇の場、神前読経用として大般若経が用い

られたことをしめす。宮廷の大極殿や冷然院とともに賀茂・松尾の王城鎮護の社が選ばれていることが注目させられる。たとえば承和十一年（八四四）の太政官符で鴨社の四至が確定されたが、このあと『延喜式』巻三・臨時祭の条（康保四・九六七）に次の記述がある。「凡鴨御祖社の南辺は、四至の外に在りと雖も、みだりに僧、屠者等は居住することを得ざれ」、明らかに僧の居住、すなわち仏教排除の方針がうちだされている。つまり九世紀中頃、鴨社に神前読経がおよんだが、ほぼ一世紀後あらためて国家による鴨社境内における仏教排除の方針が明示された。仏教への隔離意識のあらわれとみるべきだが、しかし習合化はすでに実態として確実に進行していたのである。こうした宮廷・神社における疫癘、災厄の場合、従来は中臣祓・贖物を用いた陰陽系の大祓という方法・儀礼があった。これに加えて大般若経読誦による神前読経というあらたな展開をみせたのである。それは国家による神祇の場で行う、神仏双修という事態でもあった。

⑥『文徳実録』斉衡元年（八五四）四月条

伝燈大法師位智戒など七僧を、七道諸国の名神に遣わして般若経を転読して民の福を祈る。

七道の名神とは具体的に不明であるが、北陸道の気比社、山陰道の出雲大社、山陽道の厳島社といった地方の名社に奉幣使ならぬ読経のための僧を派遣したのである。神前読経は奉幣と同義という高藤晴俊の説(10)を証する史料のひとつである。七道の名神に神前読経をなしうることを示し、しかも大般若経の地方波及をうながす事例である。

⑦『朝野群載』貞観二年（八六〇）十一月条

行教は前年に宇佐宮で神託を受け（この間、大乗経を念誦）石清水八幡宮を創建するが、この年十一月宣下により宇佐宮に参向し大般若経を奉読、さらに勅命により翌三年（八六一）正月、僧一〇一人が参向して大般若経などを奉読した。

行教の神託にさいし、八幡神が嘉納したときの経典名を確かめておこう。まずはじめに宇佐宮で読経したのは大乗経で、大般若経である可能性もあるが経典名は示されていない。そして石清水八幡宮の鎮座後、ふたたび宇佐宮で一〇〇名をこえる僧たちが群参したときも、読まれたのは大般若経二部をはじめとする諸経であった。八幡大菩薩が嘉納し、さらに石清水鎮座にかかわる第一の経典は大般若経であったといえよう。習合史において八幡神が習合化の牽引力を果たしたことは周知の事実だが、行教の大般若経による神前読経はその先駆をなすものであった。

⑧『三代実録』貞観九年（八六七）四月三日条

令豊後国鎮謝火男火売両神兼転読大般若経。縁三池震動之恠也

豊後国では三池の地震により火男火売両神に鎮謝し、かねて大般若経を転読している。この記事は天災に対する神前読経の古い例であり、地震の場合における初見であろう。

⑨同右、貞観十三年（八七一）六月十三日条

勅東海・東山・北陸・山陰・山陽・南海道諸国。班幣境内名山大沢諸神。並転読大般若金剛般若等経。祈甘雨也

降雨は秋の実りを左右する重大事であって、さまざまな方策がとられた。貞観十三年（八七一）は災異が多く日照りつづきであった。五月十九日、丹生川上雨師神社に奉幣、雨を祈った。六月になっても雨が降らず、十日、諸社に班幣を行ったがわずかに雷のみ。十三日、天皇は六道諸国の名山・大沢の諸神に班幣、あわせて大般若経と金剛般若経などを転読し甘雨を祈っている。十五日、大極殿に六十口を招き三日間大般若経を転読。十六日、大きな落雷とわずかの降雨。十七日雨降らず不調におわった。七月になってようやく雷雨となった。

以上が日照りという天災に対し朝廷がとった方策だが、はじめに①神祇への奉幣、ついで②諸神への大般若経

など神前読経、③大極殿での大般若経転読と段階的に三つのものである。この経過から神威をしのいで大般若経が効力（験力）を有すると認識されていたことがわかる。大般若経普及の理由は祈雨に対して⑴神祇にも増して効果が大であること、⑵神祇を動かし、神威を増強する経典であること、の二点が確かめられよう。

なおこの九世紀後半を区切りとして、十世紀に入ると神祇の場における大般若経の記事は激減というよりは皆無となる。官撰国史は『三代実録』の八八七年で終わり、そこで藤原忠平の日記『貞信公記』（九〇七〜九四八）をみる他ない。同記では大般若経と明記のある天変、除災、除病などの私事、春秋二度の季御読経《きのみどきょう》で大般若経が使用されるなど数は多いが神祇の場の例は皆無である。これは一体どうしたことだろうか。九世紀には十五例を数え、このあと十一世紀に入ると十三例をあげ、ついで十二世紀には四十二例と大幅増加となる。これは単に史料の残存率が悪いというよりは、はっきりと大般若経を用いられなくなったためといえよう。すなわち神前読経といった神祇の場での仏事法会に対して不適切という、一神仏の隔離意識が宮廷社会に働いたためとみることができよう(11)。

ふたたび大般若経があらわれるのは藤原道長の日記『御堂関白記』の寛弘三年（一〇〇六）十二月三日条「於春日御社、以六十口僧、令修大般若経」の記事である。氏神春日社において六十口の僧を動員し大般若経を読誦した。このあと実資の『小右記』『後二条師通記』など藤原一門による大般若経転読が春日社を中心にたびたび行われた(12)。

さらに十一世紀中頃になると大般若経の遺品によって神祇とのかかわりを知ることができる。こうした神前読経に用いられた数少ない遺品として、次の二例をあげよう。

①永承元年（一〇四六）誉田八幡宮経（平林悦次蔵）

（巻一七八）永承元年八月廿日一校了／又以両本一校了／又重以八幡宮本経一校畢

②寛治元（一〇八七）（住田智見蔵）

（巻一九八）寛治元年丁卯／大和三輪大明神別当追補使安曇国重

（巻一九二）寛治元年丁卯　僧頼舜

①は永承当時から誉田八幡宮に所蔵されたという証拠はないが、八幡宮とはおそらく石清水八幡宮で、同宮本をもって校合している。長期にわたり神社に所蔵され、神前読経にもちいられた。②は三輪神宮寺に常置されたものである。本来これと一具であった大般若経が大神《おおみわ》神社に所蔵されている。

（2）院政期における大般若経

院政期に入ると今度は大般若経の記事と遺品がにわかに多くなる。まず公家の日記から例示し、ついで具体的な遺品をあげ検討しよう。

・『後二条師通記』寛治四年（一〇九〇）三月二十五日条、藤原師通は私邸で春日社御料として大般若経を供養。

・同、寛治六年（一〇九二）七月二十一日条「於八幡（石清水）奉供養大般若経一部、金泥、上卿新大納言（家忠）」

・同、寛治六年十月二九日条、この日から十六日間大般若経を転読。これは大規模なもので僧八口・僧綱三口・凡僧五口が奉仕、大般若経僧供養米四十五口、用いられた大般若経は大僧都永超の奉点本で、春日社御経で入道殿すなわち道長が転読し霊験があった大般若経を用いた。ところが十一月一日、にわかに犬の死穢があり、さらに法成寺僧房の童一人もにわかに死ぬなど穢事がつづいた。そして十五日、ようやく結願する。

・『中右記』寛治八年（一〇九四）正月二十五日条「従今日於祇園宝前、有公家御祈仁王講、僧三口大般若経、六口、是疱瘡御祈也」

・『殿暦』康和四年（一一〇二）五月十八日条、春日社において僧六口により大般若経をはじめ、仏五体を描きはじめる。

・同、長治元年（一一〇四）二月一日条、今日より神事によりはじめて、春日祭まで神事なり。よって僧尼に会わず公家六十口にて大般若経を読経すと云々

・『中右記』長治二年（一一〇五）三月三十日条、堀河天皇の御悩により公家がおおがかりな御祈行事をはじめる。

御経、

千僧御読経、院於大極殿被行云々、

一日書写大般若経、　同、（略）

百部大般若経、備前守国教、

石清水、賀茂上下、春日、祇園、日吉、　已上各十部

東大寺、興福寺、延暦寺、園城寺、　已上各十部

法勝寺二部、尊勝寺三部、薬師寺五部、

件十三ヶ所各請定十口僧侶、在僧名、（略）

申刻許従院被進大般若経一部、御使伊予守国明朝臣、（略）於御前有供養癜

・『殿暦』長治二年（一一〇五）三月三十日条、院より一日大般若経を書写供養され、実忠は五帙を書き進める。そして清涼殿において六十口《く》の僧をもって供養、導師証観僧都、「山所寺々・神社御祈」きわめて多く丸一日経を奉じ供養した。

・同、長治二年（一一〇六）九月二十四日条、寛慶僧都が今日より日吉御社において大般若経を転読、女房不例

の故也。

・『中右記』嘉承元年（一一〇六）四月二十九日条

……於北野新写大般若一部供養、講師永清……

・『殿暦』嘉承元年（一一〇六）六月七日、世間静かならずにより今日より祇園において大般若経を転読せしむ。七か日ばかり寛慶僧都の沙汰、神事の間といえども先例によりこれを行う。

・同、嘉承元年（一一〇六）七月十三日条、今日春日御社において大般若経を供養、家司・職事の立願のところ也。家司・職事が参向し行香云々。

すでに指摘されている通り(13)、春日社神事など神事のときは仏事停止や僧尼に会わないなどの対応がとられたが、大般若経だけは神仏共用の経典であり神仏習合関係の経典であったため支障がなかった。

・『中右記』同日条

関白殿家司職事等、於春日御社、令供養転読新写大般若一部、僧卅人、講師行賢律師、家司職事□参向□ 御願実光勤仕之、……

・同、天永三年（一一一二）三月一六日条

今日依吉日、予始春日御社并南円堂祈、御祈毎日大般若二巻、僧六人、毎日一人、……毎、願趣先奉祈長者殿下、次予為保運命、又為子孫繁昌也

次に十二世紀代の各所に伝わる遺品を列挙しておこう。

・嘉承二（一一〇七）年、丹波国多紀郡安行庄轟宮旧蔵（巻六〇〇）（石川県・総持寺祖院蔵(14)）

各所を転々としたものとみられるが、嘉承二年に書写、奉納されて以来一定期間、丹波国の「轟宮大般若経」として常備され法楽に供せられたものであろう。

次の三巻は天永三年（一一一二）、大蔵寺大般若経で満願寺蔵のものである。

（巻四〇〇）永久三年（一一一五）歳次乙未六月廿日戊午書写了／願主永順　筆主隆快／従此巻上百巻、以書写功徳者、白山妙理権現並別山大行事、小白山之内諸神眷属、併為法楽荘厳書写供養如右

（巻四一〇）永久三年歳次乙未七月十二日巳舛書写了／此祑以書写功徳者当国鎮守／大鳥大明神為法楽荘厳威光／倍増書写供養如右

（巻四六〇）永久三年乙未十月一日書写了／此帙者河内国高安郡正一位玉宮大明神／為法楽荘厳書写供養／願主僧永順、筆主随眼僧隆快

いずれも願主は永順で筆者は隆快。その対象は白山本宮である「白山妙理権現」と「別山大行事」「小白山」など白山の神々、さらに「当国（和泉）鎮守大鳥大明神」「河内国高安郡正一位玉宮大明神」などで、目的は「法楽荘厳」「威光倍増」のために書写されたものであった。

次は経塚に埋納された大般若経の例である。

・熊野神社、保安二年（一一二一）、如法経筒銘文(15)

熊野山如法経名文／大般若一部六百巻／白養箱十二合／箱別　五十巻／保安二年歳次辛丑十月　日／願主沙門良勝／檀越散位秦親任

末法思想が流行したとはいえ、経塚に埋納された大般若経の例は多くない。六〇〇巻と大部であり地下に埋納する経塚にはたやすいことではない。通常の如法経は法華経開結十巻程度であるが、ここでは大般若経六〇〇巻が五十巻ずつ十二箱に納められ埋納されたという。

・保安四年（一一二三）の広島県豊栄町・本宮八幡神社の例(16)

（巻九）保安四年十一月六日書了、源氏為息災延命／但為十禅師午前威光倍増也

本経は永久・弘長・保安・弘安の年号を有するものなどの寄合経であるが、保安四年の「源氏為息災延命」と

するものは巻一と巻九の二巻だけである。平家が勢力を強めつつあった当時の政治的状況のなかで源氏の息災を祈念した珍しいものである。十禅師は日吉山王社の上七社の一社であるが、同社の分霊社であろう。

・天承元年（一一三一）、松尾社一切経の一部（辰馬悦蔵蔵）

（巻三一九）天承元年六月廿八日、遠江国蒲見御厨於広福寺書了、／願主松尾神主　秦宿禰頼親女源氏／執筆
　僧宗清　明如房

本巻は『松尾社一切経』のうちの一巻で、大部分は妙蓮寺に所蔵されているが巷間に流出したものである。遠江国蒲見御厨内の広福寺で書写され、願主は洛西松尾社の神主秦頼親の妻源氏、執筆は明如房宗清であった。妙蓮寺蔵の巻三一二の奥書とほぼ同一である。秦頼親は父親任の後をうけて天承元年から保延四年（一一三八）の七年間を要して完成した。この父子二代を中心に松尾社秦氏の一族がこぞって神前読経のため願主となって一切経を施入したもので、神仏分離後に社外にでたこれら『松尾社一切経』の奥書で知ることができる[17]。

・久安二年（一一四六）の例。

（巻二〇七）久安二年　願主惣社宮司散位村主資能（後略）

本巻は本章第三節（一五一～二頁）で、国府の惣社での仏事に用いられた事例として例示した。

・久安四年（一一四八）宇佐神宮寺旧蔵（大分県・橋本良資蔵）

（巻不明）久安四年十月十日於宝満寺居書写了／宇佐神宮寺弥勒寺常住

・仁平三年（一一五三）川合宮一筆経（石川県輪島市・光栄寺蔵）

（巻四十九）仁平三年歳次癸酉十二月廿八日書写了　執筆僧願　／川合宮一筆経也施入

・久寿二年（一一五五）川合宮一筆経（奈良市・随心院）

（巻一六一）願以書写生々開慧眼又以書写一切皆利益／久寿二年歳次乙亥六月十四日書写了執筆沙門願空／川

合宮之一筆経也施主（略）

・保元二年（一一五七）笛吹大明神威光増益のため大般若経を書写（奈良・柿本区蔵）

・保元三年（一一五八）伊賀植木宮経

（巻五三四）保元三年戊寅四月五日加修補供養畢／伊賀国阿山郡植木宮経

次に鎮守社における事例をみよう。

保延四年（一一三八）三月二十五日付の左近衛権中将藤原公能寄進状（『平安遺文』古文書編第五巻・二三八四）に、粉河寺《こかわでら》の鎮守社・丹生社についてしるす。「丹生社之霊社者、当寺之鎮護也、然其宝前奉読長日大般若経、香華薫修、遙期永代」とある。平安後期の粉河寺において、寺院鎮守社の丹生社で長日大般若経が奉修されていたことを知りうる。

また高野山の永暦元年（一一六〇）金剛峯寺供僧等解案（『宝簡集』一一一）によれば、次の通りしるす。

夏中所作、金堂不断花夏衆六十四人同堂不断仁王経経衆七十人山王院不断大般若経衆百二十人奥院母日参勤、如此等恒例仏事、断絶已及数

高野山金剛峯寺の鎮守社・丹生社の拝殿にあたるのが山王院で、現在でも問答講が奉修されている。不断大般若経を一二〇人で奉修するという大規模なものであった。高野山の鎮守社でも大般若経がさかんに用いられたのである。

こうした大般若経読誦の恒例化と、その基礎となる料田確保の実例をあげよう。あらゆる行事といえども、これを維持する資があってこそ成り立ち、とくに恒例行事において料田は欠かすことができない。二つの例をあげよう。

保延五年（一一三九）の由原宮における大般若経修理の料田の存在を知りうる例である（『平安遺文』古文書

編第五巻・二四一五)。

奉寄

八幡由原宮大般若経修理料田壱町事

在阿南郷内

黒田里玖坪

右件奉寄修理料田者、依宮師僧院清申請、平丸郡司藤原貞助所奉寄料田也、仍停止万雑事長於社領田、弥致国吏大平祈禱、且藤原貞助□為被致息災安穏祈誓、所奉寄如件

保延五年八月　日

平丸郡司藤原朝臣（花押）

柞原《ゆすはら》八幡宮は天長四年（八二七）に延暦寺僧金亀によって八幡神を勧請して成立した。このころの大般若経の形状は巻子本で、いまだ転読しやすいよう折帳仕立てにはなってはいなかった。しかし全六〇〇巻にのぼり、管理上から唐櫃《からびつ》を必要とするなど、経典自体の損傷など維持にはもっとも経費を必要とした。また勤仕する僧への布施もあり、こうしたこともあって大般若経料田として、保延五年（一一三九）に豊後国平丸郡司藤原貞助が田一町を寄進したのである。「国吏大平、息災安穏」の祈誓をこめたものであった。大般若経が由原宮でさかんに用いられたことを示すものである。

次は保延六年（一一四〇）の筥崎《はこざき》宮の大江国通願文である（『平安遺文』古文書第五巻・二四三五）。

敬白

奉転読　筥崎宮宝前長日大般若経事

結衆六口　良教　慶厳　念慶
良賢　円賀　安秀

供田六町

右　当所、大菩薩者、管内之尊神、海西之鎮守也、如日如月、耀明輝於一天之上、似雨似雲、施恵沢於六幽之間、祈栄華之者即発栄華、求官位之者忽得官位……

夫以大般若経者、畢竟空寂之妙文、尽浄虚融之実教也、足以賁法楽　足以増威光、是以定置浄侶六口、割宛供田六町、於宝前長日可奉転読也、……

保延六年十月十四日　　　　　　前肥前守従五位下大江朝臣「国通」啓白

十二世紀中頃、国司に就任した大江国通は筥崎宮で長日大般若経転読に六口の僧と、その実施のため供田六町が充てられていた。

まとめ

以上のように八世紀初頭に伝来した大般若経は国家安泰、除災など公的祈願にもちいられたが、奈良時代に入ると早くも道行願経にみられるように伊勢大神のために書写され、ついで神祇全般が大般若経の威光により仏に近づくことが表明されている。また同時代の僧満願が、神祇のため神宮寺を創建するにさいして大般若経が必備の経典として書写している。以降、これらを先駆として大般若経は神祇の場で中央・地方を問わず多用されていった。その実態は予想以上に幅広く、かつ深い。その具体的データは巻末に「大般若経年表」として掲げておいた（三七五頁以下）。

中世における神仏習合の実態は、神宮寺、鎮守社、本地仏の普及といった施設・礼拝対象ばかりでなく、こうした神祇の場における大般若経の読誦があった。

（1）堀池春峰「大般若経信仰とその展開」（『奈良文化財研究所学報』第六十一冊、二〇〇一年）。
（2）鶴岡静夫著『古代仏教史研究』（文雅堂銀行研究社、一九六五年）によれば、経典記事は四十二例で、十種類の経典のうち大般若経は十七例、約四十一％にのぼる。
榎本榮一「六国史における仏典と法会について」（『東洋学研究』十七・十八・十九号、一九八二〜八四年）。
（3）大般若経の初期例として、確かな奥書を有するものに次の一点があげられる。
和銅五年（七一二）　長屋王発願経を書写（太平寺・見情庵・常明寺蔵）
以下『続日本紀』から大般若経の関連記事を列挙する。
神亀二年（七二五）　災異を除くため、僧六〇〇名宮中にて大般若経を読誦（『続日本紀』）
神亀五年（七二八）　長屋王発願経
天平七年（七三五）　天然痘が平城京に蔓延、宮中・四大寺にて大般若経転読
　　九年（七三七）　詔により国ごとに釈迦・挟侍菩薩を造立、大般若経を書写せしむ／道慈、毎年大般若経を転読、除災し、寺・国・朝廷の平安を祈る／僧六〇〇名、宮中にて大般若経を読誦／宮中十五処で僧七〇〇名を請じ、大般若経など転読
天平十三年（七四一）　年穀豊穣、除災のため釈迦造立、大般若経書写せしむ
天平十六年（七四七）　紫香楽宮で金光明寺の大般若経転読／難波宮楼殿に僧三〇〇名が大般若経読誦
天平十七年（七四五）　地震により平城京で大般若経を読む／聖武天皇不予により京・諸国に大般若経一〇〇部書写／同天皇平癒のため中宮に僧六〇〇名を請じ大般若経読む
天平宝字四年（七六〇）　宮中にて大般若経を転読
神護景雲元年（七六七）　大極殿に御し僧六〇〇名にて大般若経を転読
宝亀元年（七七〇）　勅により京内寺院にて七日間の大般若経転読を命ず
宝亀六年（七七五）　僧二〇〇名を屈し内裏・朝堂にて大般若経を読む
宝亀七年（七七六）　僧六〇〇名を屈し宮中・朝堂にて大般若経を読む
宝亀八年（七七七）　僧六〇〇名、沙弥一〇〇人を屈し宮中にて大般若経を転読

（4）三重県種生の常楽寺が所蔵する道行願経は、奈良時代十一巻、平安時代五七八巻、鎌倉時代二巻、江戸時代四巻の計五九五巻からなる寄合経である。
（5）大西源一（『大和文化研究』第四巻第一号、一九五六年）。
（6）田中卓『神宮の創祀と発展』（神宮司庁教導部、一九五九年）。
（7）西田長男「伊勢神宮と行基の神仏同体説(上・下)」、（『神道史研究』七巻三・四号、一九五九年）。
（8）新治廃寺、筑波廃寺、追原廃寺、茨城廃寺、台渡里廃寺、大里・薬谷遺跡、大津馬頭観音遺跡、結城廃寺の六か寺があげられる（『茨城県史　原始古代編』、一九八五年）。
（9）田中塊堂は『古写経の観賞』（宝雲社刊、一九四四年）において、「今日現存する古写経中大般若経の多いのは、八幡、春日、天神の神前において春秋祈禱の料に供せられたものである。則ちこれらを神宮寺といふ」と述べる。ただし田中があげた経には流転の過程で一時期に神宮寺所用となったもので、一貫して「神宮寺経」であったわけではない。厳密には書写当初から神宮寺に常備されていれば「神宮寺経」と呼ぶに問題はなかろう。
（10）高藤晴俊「神前読経の一考察」（『神道学』第九十四巻、一九七七年）。
（11）三橋正『平安時代の信仰と宗教儀礼』（続群書類従完成会、二〇〇〇年）。
（12）『小右記』治安元年（一〇二一）には「従今日於春日御社奉転読大般若経」とある。万寿元年（一〇二四）、同四年（一〇二七）、長元三年（一〇三〇）、同四年（一〇三一）にも同様の神前読経が行われている。
（13）前掲注(2)に同じ。
（14）櫻井甚一編『石川縣銘文集成』経巻・仏画編（北国出版社、一九七三年）。
（15）『平安遺文』金石文編（東京堂出版、一九六三年）。
（16）『広島県史　古代中世資料編Ⅳ』（一九七八年）。
（17）中尾堯編『京都妙蓮寺蔵「松尾社一切経」調査報告書』（大塚巧藝社、一九九七年）。

第二節　中世に於ける神前読経の場

はじめに

神仏習合の一形態として神前読経がある。国家的祈願には神社への遣使による奉幣が一般的だが、仏教の伝来により神祇祭祀の場に神前読経という新たな儀礼を付け加えることになった。しかしながら一口に神前読経といってもきわめて曖昧であり、実のところその具体相は明らかでない。本稿では、神前読経が一体どこで、どのようなかたちで行われたのを明らかにしたいと思う。たとえば神前といっても、本殿前の庭上、拝殿・舞殿といった付属の施設、神宮寺、あるいはその他の習合施設とさまざまな場が考えられる。そして読経行事の内容が、どのようなかたちで、経典読誦のみ、あるいは仏事・法会をともなうなどさまざまの事例が考えられ、決して一様ではない。

たとえば神前読経の事例として、『新抄格勅符抄』によると天徳二年（九五八）五月に疾疫が多発し死者が出たため、これを消除するため朝廷は畿内の石清水・賀茂の諸社に仁王般若経転読を各僧十口に命じている(1)。官務家である壬生家の史料に伝わったもので、文書内容からみて公的儀礼として神前読経のなされたことはいうまでもない。しかし一斉に実施されたものの、受け入れた神社側の施設は一様でなく、仏事であるだけに所与の条件も違い、対応も異なったはずである。そのこと自身が神仏習合の実態であり、その諸相を明らかにすることはきわめて重要である。

神祇と仏教の関係は神社が成立する歴史的・思想的条件の違いによって、その様相は大きく異なる。本稿では伊勢・賀茂・春日・日吉など各社の中世における神前読経の実態と諸相を明らかにしたいと思う。

一　伊勢神宮における神前読経

伊勢神宮は皇祖天照大神をまつり、王権守護の神に位置づけられる神社であるが、仏教に対する忌避は、死穢についで厳しいものがある。たとえば『延喜・斎宮式』の規定に、忌言葉として、仏を中子、経を染紙、寺を瓦葺、僧を髪長と言い、言葉を口にするのも忌み嫌うその態度はきわめて厳しい。しかし、その実態は平安中期頃、内外両宮の禰宜たちが相次いで出家し(2)、氏寺を建立し(3)、経典の書写・埋納を行う(4)などプライベートな領域での仏教受容が進んでいたことが明らかとなっている。つまり仏教忌避の建前とその実態には若干の乖離があるといわざるを得ない。そこで伊勢の神宮における神前読経はどうだったのか、確かめておこう。

伊勢における神前読経の事例は六国史などをみても見当たらず、強く禁止されていたとみられる。神前読経の例は、たとえば延暦二十四年（八〇五）の石上神宮や承和六年（八三九）の賀茂大神への事例などが認められるが、伊勢の事例はない。このように九世紀初頭より徐々に神前読経がはじまるが、伊勢の事例は皆無である。その理由として、伊勢が畿外のやや遠国にあるという理由も考えられるが、それだけではなさそうだ。たとえば先の天徳二年の十社読経には伊勢は除外され(5)、伊勢においてのみ強く忌避が働いていたのであろう。

伊勢の神前読経の事例としてまず注目されるのは俊乗坊重源の大般若経転読である。その記録である『伊勢太神宮参詣記』(6)を検討しよう。まずその経過からしるす。治承四年（一一八〇）十二月、平家による南都攻撃によって東大寺と興福寺は焼き討ちされ、とくに東大寺大仏殿が炎上し大仏が焼損した。これを憂いた後白河法皇は俊乗坊重源に命じて諸国に大仏造営の勧進をはじめる。文治二年（一一八六）二月二十三日、重源は伊勢参宮をして霊夢をうけ、大般若経を書写し読経することを決意する。大部の写経を短時日で終え、同年四月、七〇〇余名が二日を経て伊勢に到着。しかしながら、注目される神前読経の場は伊勢神宮の大前ではなかったことだ。おそらく外宮先祭の例にしたがって、まず外宮に対して当初、宿所に充てられた成覚寺を読経の場に予定していたが、実際に行われたのは、外宮一禰宜光忠の好意で提供された度会氏の氏寺・常明寺であった。常明寺は現在廃寺となっているが、伊勢市倭町《やまと》にあって、外宮を西南に去ること約一・五キロの地点にあった。

文治二年四月二十六日払暁、常明寺では大般若経六〇〇巻を供養、外宮法楽の誠《まこと》が捧げられた。導師は南都尊勝院弁暁、彼が礼盤に着き六十口の南都僧がしたがった。隣国の人々が群参するなか転読し、また番論議が奉修され、修了したのは「申一點（午後四時）」であった。白昼は憚るとの禰宜の助言にしたがって、この夜に瑞垣《みずがき》辺りまで参拝した。もちろん手短な念誦程度であって、夜とはいえあからさまな神前読経は不可能だったろう。翌朝、六十口の僧たちは発願の導師を弁暁とし朗々たる大般若経の転読を行った。夕刻、ようやく結願し、一旦宿坊へ帰ったが、今度は内宮へ参向した。

内宮では昼より一禰宜成長が待ちかねるなか、一鳥居にようやく僧徒たちが到着。やはりここでも多勢のため憚りがあり、成長は二、三名ずつに分けて入れ替わり順次、礼拝せしめた。「凡厥神殿製作不似余社。地形勝絶如入異域」とあるから、おそらく瑞垣御門あたりまで参入したものであろう。やはり読経等の暇《いとま》もなく、憚りつつの慌ただしい参拝であった。感激に随喜の涙をうかべる僧たちを、このあと成長が案内したのは二見浦の天覚寺であった。成長自身の建立になる氏寺が提供され、波の打ち寄せる良地の伽藍で、今回のため数棟の僧房が新設されていた。導師の入る三間屋、経衆二十人ずつの五間屋を三宇、温室（湯屋）などで、さらに心づくしの饗応がなされた。翌二十八日は雨天のため順延。二十九日、天覚寺において雨が上がり午刻（正午）御経供養、つ

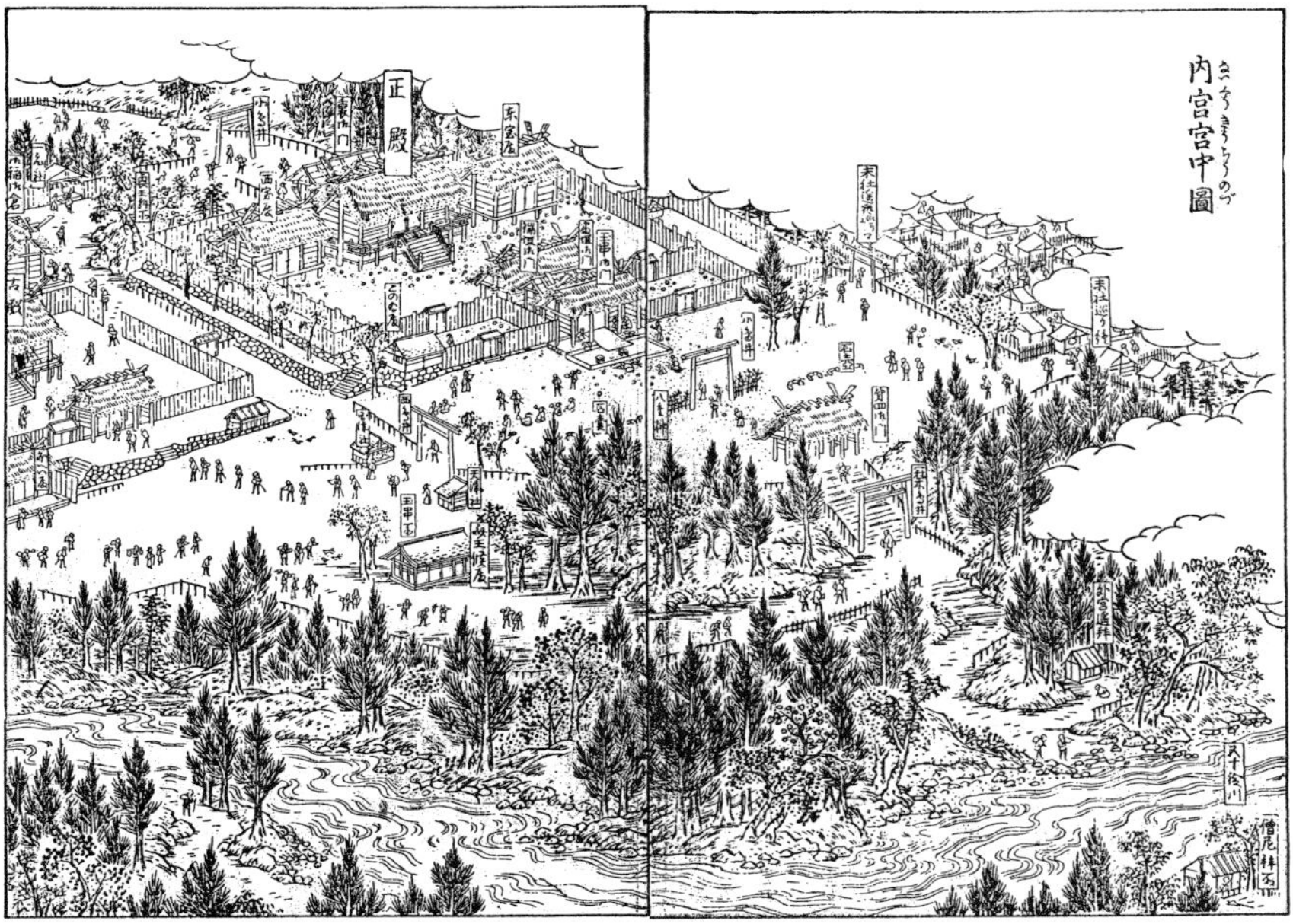

図1　内宮と僧尼拝所（右下）

づけて番論議と、外宮と同様になされた。翌三十日朝、参集した僧侶たちは大般若経を転読、夕刻におえると、成長は馬二疋を僧たちに送り、帰途についた。こうした五日間にわたる仏事の場を提供したこと、七〇〇余人の饗応には多額の経費を要したが、こうした支援に、右大弁は賛辞をおくっている。

東大寺勧進のため重源の行った大神宮大般若経供養・転読はこのあと建久四年（一一九三）、同六年とあわせて三度なされるが、いずれもほぼ同様に行われた[7]。

以上の通り伊勢の神宮における「神前読経」なるものは、その具体的な場は神域外の本宮を去ること一・五キロから数キロを隔てた二つの寺院でなされたもので、事実上の神前読経とは言いがたい。厳密にいえば「遥拝読経」ともいうべきものであった。宗教的・信仰的には両宮に対するものであれ、一定の距離があり、仏事は御垣内および神前からは厳格に排除されていたことが確認される。

そして神宮における神前読経でもうひとつ確認すべきは、僧尼拝所の問題である。外宮権禰宜の河崎貞延（一六三四～一七〇九）の『神境紀談』は「此拝所ハ、僧尼法体ノ輩、遥拝スルノ所ナリ。古ヨリ僧尼法体ノ輩ハ、内院ニ参ル事ヲ許サズ。然ルユエニ三鳥居ノ外ヨリ拝シ奉リシオ、何ノ比《ころ》ヨリカ、今ノ如キノ拝所ヲ構ヘテ、僧尼ノ拝所ト称セルナリ」としるす。この拝所について、『伊勢参宮名所図会』の描くところによれば（図1）、内宮では五十鈴《いすず》川の支流島路川を隔てた対岸、外宮では三の鳥居の前、小橋を渡った左となっている。興国三年（一三四二）の『坂翁大神宮参詣記』では、僧坂十仏が外宮では「出家の輩は五百枝の杉と申霊木のもとまでまうでて、宮中へはまゐらず」とあり、内宮では「二の鳥居のうちまで参りて拝するに、山下松くらくして……千木のかたそぎも、さだかには拝まれず」とある。外宮の「五百枝の杉」は三の鳥居の外、内宮は二の鳥居の内とあり、内宮については場所が一定していない。いずれにしろ内外両宮にもうけられた僧尼拝所で、あからさまな読経は憚りつつも、一定距離を保ちながら神前読経を行ったとみてよかろう。以上が伊勢の神宮における神前読経の実態である。

二　賀茂社の神前読経

王城鎮護の社として知られた賀茂両社はどうであったろうか。神前読経の初見は『続日本後紀』の承和六年（八三九）五月十一日条に「今日より始めて三箇日を限り、賀茂大神の為に金剛般若経一千巻を転読す」とある。また斉衡三年（八五六）五月九日に僧二五〇人が災疫をはらわんがため、大極殿・冷然院・松尾社とともに賀茂社に大般若経を三日間に限り分読せしめている（『文徳実録』）。同年九月二十二日にも僧を賀茂・松尾両社へ請じ金剛般若経をやはり三日間に限り読ましめている。さらに翌天安元年（八五七）五月三日、僧一〇四人を賀茂両社・松尾社に請じ金剛般若経を三日間に限り転読せしめている。貞観十五年（八七三）五月には高峰寺の仏を移したため神怒《しんぬ》の祟《たた》りがあり、これを謝するため奉幣・走馬・馬七疋が奉納され、加えて一万巻も金剛般若経を読んだとある（『三代実録』）。

このように九世紀中頃、賀茂社に対する金剛般若経を中心とする神前読経があいついでなされた。いずれも神社内の場所は特定できないものの、僧五十口の派遣は庭上（庭儀）でない限り、僧たちの列座には相当の礼拝空間が必要となり、その場所はおのずと限定される。上社なら橋殿か忌子殿・細殿・御読経所、下社なら幣殿・舞殿・橋殿・神服殿・神宮寺など候補としてあげられる。しかしこれらは少なくとも近世以降の形態であり、中世のプランと変わっていないという確証はなく、そうした充分な研究はまだあらわれていない。

平安遷都以降、賀茂社は王城鎮護の社として社格を高め、賀茂祭がその象徴的儀礼となる。天慶五年（九四二）四月の平将門・藤原純友の乱平定の奉賽《ほうさい》を目的として、はじめて朱雀天皇が賀茂社に神社行幸したとされる。円融天皇（九七〇〜九八四）以降、神社行幸は恒例化し、石清水とともにその盛儀のほどは『小右記』にしるされ、その関連で神前読経の事実が散見する。たとえば寛仁元年（一〇一七）十月、幼帝の後一条天皇の賀茂行幸が母后彰子、祖父道長をともなって行われた。これにあわせて行幸の安泰を願って十社読経が実施され、石清水・賀茂上社・下社ほか畿内外の名社十社[8]に僧が派遣された。[9]しかしこのときも各社のいかなる場所なのか特定はできない。そして次の事例からようやく神前読経の場を確かめられた。

寛弘二年（一〇〇五）四月二十日、これは賀茂祭当日であるが「修諷誦賀茂下御神宮寺、是例也」とある。わずかな記述であるが、はじめて神前読経の場が明示され、しかも下社神宮寺の初見記事であり、下社の神仏習合を考える場合きわめて重要である。ここに「是例也」とあり、少なくとも寛弘二年以前からなされ、十世紀末には神宮寺において神前読経が行われていたことになる。さらに一例をあげれば、長元元年（一〇二八）四月二十四日「今日依例奉幣、不出河原修諷誦、於賀茂下御社神宮寺、執行祭事之間可無事之祈也」とある。いずれも賀茂祭のつつがなき斎行の祈願である。いっぽう寛仁元年（一〇一七）十一月二十五日条には「今日幸賀茂、未明修諷誦三ヶ寺、清水・祇園・賀茂下神宮寺」とある。これは行幸時における下社神宮寺の神前読経の例である。

諷誦は経典や偈に節をつけて読みあげることで、経典名・法儀の種類など仏事の詳細は不明だが、要は読経である。したがって、賀茂下社の神前読経の場はまず神宮寺と特定される。換言すれば、神域内の仏教空間でなされたことになる。しかもこれを含めて『小右記』には二十九例がしるされ、神宮寺が右大臣実資の公私にわたる仏事、神前読経の場であったことが確かめられる。上社の神宮寺についての史料はなく確かめられない。次に注目されるのは、すでに述べたところであるが[10]『小右記』寛仁四年（一〇二〇）八月十八日の条である。

今日参給賀茂、被供養般若経云々、（略）晩頭宰相従入道殿来云、於賀茂上下御社、被供養仁王経各十部、下社者於舞殿供養、上社者橋殿、請僧大僧都慶命、前大僧都心誉、（略）皆有行香

これによって次の諸点が指摘される。

(1)賀茂社の神前読経の場は、下社では舞殿、上社では橋殿であったと明快にしるす。
(2)舞殿と橋殿は、賀茂祭の上卿（勅使）が宣命（御祭文）を奏上する座で、公祭の中心祭場であること。
(3)いうなれば、公祭の場に仏事も行われたこと。そしてここでは仏教忌避の態度がみられないこと。

神前読経の初見である石上神宮より遅れて、三十四年後の承和六年（八三九）に賀茂社でも行われた。しかし場所が特定されるのは、まず下社神宮寺で寛弘二年（一〇〇五）、ついで下社は舞殿、上社は橋殿と特定されるのは寛仁四年（一〇二〇）のことであった。このことは賀茂社の神前読経は、はじめ仏事への隔離意識がはたらいて神域内の仏教空間である神宮寺でなされ、やがて平安中期の神仏習合化の進展によって、公祭の祭場である舞殿が用いられるようになった。いちだんと神前に接近したといえよう。

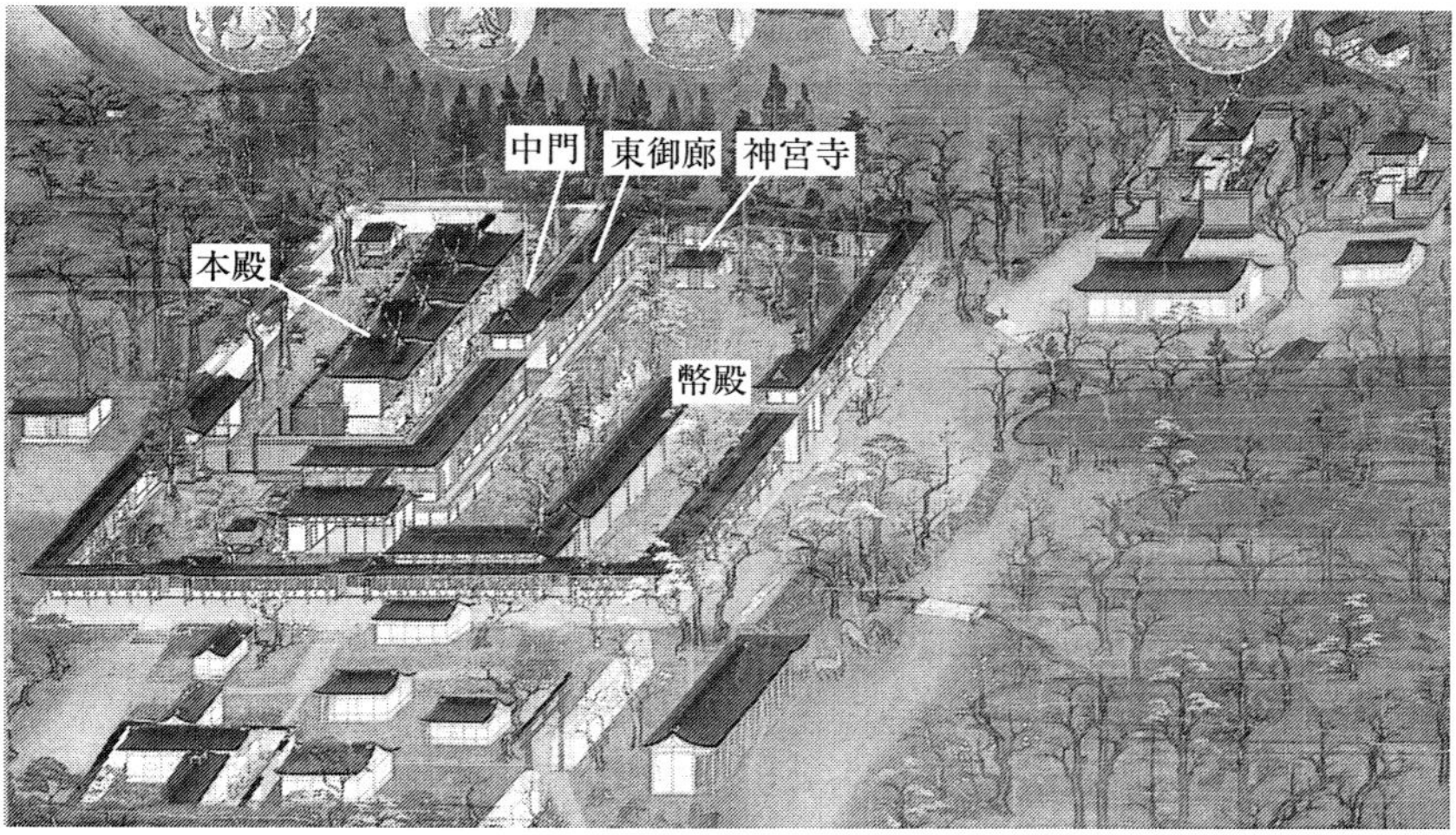

図２　春日社の読経座

三　春日社の神前読経

春日社における神前読経の場として可能性があるのは、中門・東西御廊・神宮寺・幣殿・楼門などで、社殿構成が複雑であるため一見特定しがたい（図２）。消去法でいくと、まず幣殿の事例はない。ついで神宮寺は、一般論として仏堂であるからもっとも可能性が高いとみられる。しかも秘仏十一面観音をまつる神前唯一の仏堂で、東御廊の前にあって、その位置からも注目される。『春日宮曼荼羅』の諸本を見ても、[11]ほとんどこの位置に描かれている。しかしこの神宮寺は秘仏として開扉されることはなく、管見のかぎりでは、恒例行事すらないようだ。あたかも存在することにのみ意義があるといった風情で、神宮寺一般からみても特殊であり、礼拝施設もなく、いわゆる神前読経の場としては否定される。

そして春日社の御廊について松尾恒一の機能分析がある。[12]このなかで松尾は、まず鳥居が「楼門」に改められることによって僧の神前読経等の祈りの空間として機能し、さらに斎垣《いがき》が廊様式になったことによって時間的継続性のある参籠が行い得るようになったと指摘する。さらに『春日権現験記絵』を使いながら「本殿と向かい合う御廊は、興福寺僧の春日明神への奉納仏事の空間となり、また僧侶個人の祈願を行う参籠の空間ともなった」と述べる。神前読経の場を考えるとき、きわめて重要な指摘というべきだろう。松尾は延慶二年（一三〇九）成立[13]の『春日権現験記絵』を中心に、可視的に絵巻を分析した。しかし、これを六十二年さかのぼる『民経記』[14]に、次の神前読経の記述がある。

嘉禎三年（一二三七）六月十二日、藤原経光は自筆の唯識を氏神春日社に供養するため、青侍六、七名をともなって夜、行水解除を行って自邸を出発した。

初夜鐘程著社頭宿館、頼円得業（経光弟）来談、今夜参社之次、自筆唯識論可供養也、……頃之著束帯、相具幣帛・神馬等参社、入慶賀門、四品丞以後、為拝賀也先参宝前、社司儲座楼門内、如例著座揖、次奉幣、神主親泰為祝師、廻神馬（略）神馬引入楼門内、神主取綱末一拝退、次参若宮、奉幣、次参榎本社、次帰宿所、自社頭得業使者来云、供養事已相具云々、仍改著浄衣帰参宝前、以東廻廊展斎筵、予入楼門、東当腋戸第一間立突立障子、其内敷座二枚為予座、第二間奉向宝前立花机、前机供香花、挑燈明、儲礼盤、敷僧座、唯識論一部十巻・心経九十六巻為供養奉並、頼円得業甲袈裟、為唱導著座、社頭承仕法師一人勤雑役、次任例奉供養、表白之詞甚以幽玄、先人（藤原頼資、経光父）手自奉書写被供養了、予又追彼芳躅、自去寛喜四年比奉始之、去年春二月奉書写出了、又心経九十六巻、自去寛喜元年為毎月之勤、移垂露之點、是則先人自往日至病席□毎月被奉写、

まず経光は春日社で束帯を着用し幣帛・神馬を奉じて型通りの神事を終え、若宮・榎本社を巡拝し、一旦宿所に帰る。つまり、まず神事を行い、ついで仏事を行っている。装束を浄衣に改め社頭の東廻廊の設営が整ったとの連絡が入り、慶賀門より参入。春日四殿の前の楼門をくぐり、東の第一間に障子で仕切られた空間に敷物を敷き経光の本座とした。隣りの第二間には神前に向かって花、香華、灯明を供え礼盤がもうけられ荘厳された。さ

らに僧座がもうけられた。神前の御廊内に唯識論一部十巻、心経九十六巻が並べ奉られる。導師頼円が着座、承仕法師一人が補佐を勤め、恒例にしたがい経典の供養がなされ、表白の言葉が幽玄なるままに述べられる。父頼資の手ずから書写した経巻、自分も父の跡を追い寛喜四年（一二三二）頃よりはじめ、去年二月書写を遂げた。また心経九十六巻を寛喜元年より毎月の勤めとしてきたが、これも父の命で継承したものという。「恒例」とあるから、こうした仏事は嘉禎三年（一二三七）以前から恒例化しており十三世紀初頭には成立していたとみられる。

むしろ黒田昇義・福山敏男[15]がすでに明らかにしたように、治承二年（一一七八）の造替に社家側の反対にもかかわらず興福寺側の強い要請により御廊が設置された経過があり、これと同時にこうした仏事・読経の場として春日社の東御廊が成立したというべきだろう。ちなみに春日祭などで上卿が宣命を読む、すなわち今日でいう勅使が御祭文を奏上する座は、ずっと手前の幣殿からの庭上坐礼による奏上であった。これに対し春日社における神前読経の場は、さらに一歩踏み込んだ楼門下、もしくは東御廊であった。先の賀茂社とくらべて明らかなように、神前読経の場は内院の御垣内ぎりぎりの位置にある御廊もしくは中門であり、興福寺勢力による神仏習合化の強さを物語るものである。

四　日吉社の神前読経

『古事記』にしるす神山・日枝山に最澄が入山し一乗止観院（のちの延暦寺）を建立、その後、緊密な神仏習合化を進めた日吉社の事例をみよう。同社の事例をみることによって、習合神社における様相を知る意義がある。日吉社における神前読経の初見は、『智証大師伝』の承和三年（八三六）十月条である。延暦七年（七七八）の最澄による一乗止観院建立から五十八年後のことであった。

発願誓云、願我毎年五月八日、十月八日、於比叡明神社頭、講演法華仏名等大乗経、以為一生之事、即於彼

図3　現在の山王礼拝講（山口幸次撮影）

社、始修講事

すなわち円珍は毎年二度、比叡明神社頭で法華経と仏名経などの大乗経を講演し、これを一生のこととしてはじめた、とある。神前読経の場は、講演とあるから舞殿といった施設が想定される。現在の日吉大社では神前読経として山王祭に西本宮大床に天台座主が一山僧侶は本殿前の庭上で読経する場合と、五月中旬の山王礼拝講では舞殿を使う場合の二例がある（図3）。円珍の行った大乗経講演は、後者の例に該当し、そしてこの頃には舞殿が成立していたのであろう。こうした状況からみて、日吉社の最も古い神前読経の場は（東・西いずれか不明だが）本宮前の舞殿であったと考えてよかろう。舞殿は一般に舞いを奉納することからくる名称で、日吉社の場合、山王祭や強訴のため担ぎだされ天下に喧伝された山王神輿が安置される場でもあった。

ついで得られたのは約二五〇年余り下った、『中右記』寛治五年（一〇九一）二月十一日条の白河上皇の日吉御幸である。京の大炊殿西門より神宝・神馬二疋・舞人を率いた上皇は、御車（牛車）にて出発。申刻（午後四時）、日吉社頭の御所（彼岸所）に到着、直ちに御禊を修した。ついで舞人たちが前行、中宮大夫が上皇の裾をとり中門を参入、東廊の座に着く。ここが上皇の本座とされた。まず神馬が三周、東遊・左右各三曲の音楽・御神楽《みかぐら》と進んだが、行われた場の明示はないが舞殿とおもわれる。そのあと法眼・社司に加階が行われた。そして神事の次に行われたのが仏事、すなわち御経供養であった。この法会の導師は良信座主、金泥法華経を神前に供えての経典供養であった。また御修法が修せられ、料布を案上に積み御在所の東に立てられた。かくて一切が終わったのは子刻（午前〇時）、約八時間におよぶ仏神事であった。

日吉社の神前読経は賀茂社とほぼ同時期であり、しかも舞殿という点で同一祭場であり、共通点が多いのは意外である。

まとめ

以上、伊勢・賀茂・春日・日吉と畿内を中心とした古社における神前読経の場を中心に考察してみた。その結果、伊勢の神宮についていては神域の外縁部や神職の内面に仏教が受容されているものの、御垣内はおろか、まさに神前には強く仏教の忌避観が貫徹していた。伊勢でいう「神前」とは神域外の関係寺院であり、あるいは川向の僧尼拝所であった。賀茂社の読経した神前とは神宮寺や舞殿であり、春日では御垣内に接する御廊と中門であった。日吉社では賀茂社と同じく舞殿であった。このように、神前読経といっても、その姿は多様であり、神仏習合の度合いをはかるひとつの尺度になりうるといえよう。

（1）石清水、賀茂上下、松尾、平野、大原野、稲荷、春日、大和、住吉の諸社。

（2）拙稿「伊勢神宮の神仏関係」（『神道文化』第五号、一九九三年）↓本書の第三章第一節参照。

（3）『宇治山田市史』上巻（宇治山田市役所、一九二九年）は次の六か寺をあげている。

（所在地）	（建立者）	（年代）
蓮台寺　度会郡前山	祭主大中臣永頼	長徳年中

田宮寺	度会郡田宮寺村	内宮長官荒木田氏長	長徳年中
釈尊寺	度会郡大野木村	祭主大中臣輔親	不詳
大覚寺	不詳	祭主大中臣千枝	不詳
法泉寺	度会郡小社村	不詳	不詳
勝善寺	不詳	祭主大中臣	親定
天覚寺	度会郡二見郷江山	内宮長官荒木田成長	不詳

（4）朝熊山経塚。
（5）『類聚符宣抄』第三疾疫事、天徳二年の左弁官下文。このほか治安元年（一〇二一）・長元三年（一〇三〇）の諸社読経でも伊勢神宮は入っていない。
（6）『真福寺善本叢刊』第八巻所収によった。
（7）二度目の建久四年（一一九三）には、内外両宮への法楽、大般若供養を二見天覚寺で、三度目は同六年（一一九五）の菩提山（神宮寺）であった。
（8）十社読経は、石清水・賀茂両社のほか松尾・平野・稲荷・大原野・春日・大神・住吉・比叡（日吉）においてなされた。
（9）石清水法眼和尚位定清、賀茂上権律師教静、賀茂下権律師成秀、松尾権律師懐壽、平野権律師永円、稲荷権大僧都慶命、大原野権律師定誓、春日権大僧都林懐、大神法修、住吉道命、比叡大僧正慶円などの名がしるされている。
（10）拙稿「賀茂社の神仏習合」（『鴨社の絵図』、糺の森顕彰会、一九八九年）。
（11）根津美術館本は、治承四年（一一八〇）の春日社炎上以前の状況を描くものとされ、神宮寺は認められない。
（12）松尾恒一「神社廻廊の祭儀と信仰――春日社御廊を中心として」（神社史料研究会叢書Ⅲ『祭礼と芸能の文化史』、思文閣出版、二〇〇三年）。
（13）和田英松「春日権現験記絵に就いて」（『国華』三二八号、一九一七年）。
（14）『民経記』に収める「春日経供養家記抄　頼(資)卿御記」の資料である。
（15）黒田昇義『春日大社建築史論』（綜芸社、一九七八年）、福山敏男「平安朝初期の春日神社社殿の配置」（『神社協会雑誌』第三十五年六号、一九三八年）。

第三節　一宮・惣社における仏事と大般若経

はじめに

六世紀中頃、日本に仏教は公伝したが、当初は大和地方を中心に受容され、七世紀中頃になると各地に寺院が建立され全国的な分布をみ、『扶桑略記』持統六年（六九二）九月条は、全国で五四五か寺をあげている。また『出雲国風土記』がしるすように、これらの寺院は地方氏族による建立であった。こうした仏教の普及は大和・畿内から全国各地へ広まったものであり、中央から地方への伝播とみてよかろう。やがて聖武天皇による天平十三年（七四一）国分寺建立詔は、さらに国家が仏教を国ごとに普及させ仏教の地方化を促進するものであった。

こうした仏教の中央から地方への伝播に対して、九世紀頃にはじまるあらたな展開、神仏習合も中央から地方へ広まったのであろうか。そうした習合事象の伝播を明らかにするには、習合史料の収集と分析が必要であろう。すでに辻善之助の古典的研究から、ここでは一々あげないが多くの研究が蓄積され、もはや研究の余地はないようにもみえる。しかしながら実のところ、とりあげられた神社は二十二社をはじめ、地方の有力神社にかたよっているのが実情である。なお国分寺とともに国々にあった一宮・惣社について、近年研究の進展が著しいが(1)、仏事とりわけ神仏習合についてはまだ不充分だとおもわれる。一体こうした中央の仏教および習合化を、誰が、どのようにして地方へもたらしたのであろうか。そこで本稿は一宮・惣社における神仏習合の問題をとりあげ、あわせて中央と地方の問題も考えてみたいとおもう。

一　一宮・惣社における仏事

平安中期以降、地方の有力神社が一宮・二宮に位置づけられ、いっぽう国府の近くに国内有力神を勧請した惣社が成立する。こうした一宮や惣社は国司による国衙《こくが》祭祀の対象として、その実態についてはすでに明らかとなっており、いくつかの先行論文(2)がある。こうした論考にみちびかれながら、本稿は、国衙祭祀の同じ場で日時を違え実施された、仏事と経典読誦の問題をとりあげたい。国衙祭祀の場である一宮・惣社で行われたのは神祇祭祀ばかりでなく、仏事も行われ、いわば神仏双修の姿をとっていたのである。これまで仏事の存在は指摘されているものの不充分であり、そこで本稿では得られた史料をもとに一宮・惣社における仏事の問題をとりあげたい。

(1)加賀国の府南社と白山宮

国衙祭祀の場である惣社の初見は、これまで『時範記』康和元年（一〇九九）二月条にしるす因幡国惣社とされた(3)（同条については後述するが）。同記は惣社における仏事と神前読経をしるすから、その初見も『時範記』同条ということになる。ところが、これを八年ほどさかのぼる藤原為房の日記『為房卿記』に、任国加賀に赴いたときの記述があり、惣社とおもわれる府南社のことがしるされている。これによって惣社の初見は『為房卿記』寛治五年（一〇九一）七月条ということになり、『時範記』より八年さかのぼる。『為房卿記』は次のようにしるす。

七月一日、戊午、天晴、昨日大雨、州民歓悦、参朔御幣、次府南祈雨読経結願、十僧給別布施、遣館侍令取之、

八日、乙丑、白山御斎会、未明解除、令奉東遊、□□□馬以(目)用代為使、
十日、丁卯、従今日、於府南転大般若、上道御祈、
十三日、庚午、自今日、於白山修最勝講、年穀祈、
十五日、壬申、国分斎会、府南御輿遷御、
十七日、甲戌、此夕乗船、
十八日、乙亥、早旦帰館、深更納予鎰於倉、明日依衰日也、
十九日、丙子、早旦又乗船進発、

同記の記主藤原為房は『公卿補任』によれば、寛治四年（一〇九〇）六月五日、加賀守に任ぜられている。したがって任命のほぼ一年後の任国下向であった。京都を出発したのは六月十五日、加賀国府到着まで四日間の道中であった[4]。

七月一日、着任した為房は国府より惣社である府南社へ朔幣のため参向する。国府の場所については、石川県小松市古府町の北方台地と推定されている[5]。また同じく加賀国惣社は小松市古府町鎮座の式内社石部神社に比定されている。この府南社が著名なのは『白山之記』（長寛元・一一六三撰）にしるす次の記述である。

凡国々必惣社一宮二社、加賀国白山一宮、府南惣社也、府南惣社名付事、毎月朔日毎、国勅使、国八社詣奉御幣奉礼之、彼八社廻事、有其煩間、一所奉祝之故、府南惣社名付也

加賀国司（国勅使）が国内八社を神拝するに、一々参拝するにはその煩いがあるため一所（一社）に斎奉《いつきたてまつ》ったのが惣社府南社であると、明快に説明されているため、よく引用される。

さて水無月の晦日である前日に雨が降ったため州民は大喜びだった。朔幣を終えた為房は、次いで行われた府南社での祈雨読経結願の儀に参列する。本記事は惣社の初見であるばかりでなく、惣社における神前読経の初見

ということになる。念願がかなって、勤仕した僧十口に布施が国司の従者から渡された。おそらく旱天のつづくなかをちょうど加賀へ入国したかたちとなり、惣社で祈雨のため神前読経を命じ、念願かなって結願した為房は面目をほどこしたことであろう。このとき用いられた経典名は不明だが、大般若経であろう。(6) 祈雨祈願の形式は神祇祭祀だけで充分なはずだが、あえて神前読経の形式を採用している。地方における神仏習合の普及を物語るものといえよう。

八日、一宮である白山宮で御斎会《ごさいえ》を行う。本来、御斎会は宮中で正月に金光明最勝王経を講説する法会であるが、同宮の拝殿か彼岸所などで行った仏事である。しかしつづいて解除、東遊とあり、内容は明らかに神事であり、未明にまず御祓いがなされ国司神拝が目代による代役をもってなされたのであろう。このあと史料の虫損で数文字を欠いているが、馬のことをしるすので牽馬の儀であろう。こうした解除—東遊—牽馬（祝詞・返祝詞・奉幣の記述は省略したとみられる）の一連の儀式次第は、春日・賀茂祭など朝廷が行う公祭の構造と規模は小なりとはいえ、基本構造は同じであり、国司は勅使の性格すら帯びているとの指摘の通りである。(7)

十日、この日より惣社府南社で大般若経を転読している。「上道御祈」とあり、その願意は国司為房のつつがなき都への帰洛を祈るものであった。すなわち神祇形式による祈禱ではなく、神前読経のかたちで、大般若経転読を行った。こうした一見理解しがたい神仏関係は後述する駿河国惣社でもみられ、国衙祭祀の一つの特徴ともいえ、不自然なことではない。いずれにしても、寛治五年、十一世紀末に惣社における神前読経に大般若経転読の事実が確認されるのである。

さらに十三日、この日より一宮白山宮において最勝講が開始される。本講はふつう五日間、最勝王経を講説するもので国家安寧・宝祚長久を祈ってのものであった。五日間とすれば、為房が上洛する十八日までということになる。『白山之記』にも紺泥金光明経一部が大般若経・法華経などの経典とともに所蔵していたことをしるしている。いずれも一宮白山宮にとって必要不可欠の経典であったといえよう。

十五日、今度は国分寺に惣社府南社の御輿を移して斎会を行っている。これは路次祭とみなされ寺院への神輿渡御という、これまた興味深い神仏関係を確かめることができる。注目されるのは惣社が神幸用の御輿を備えていたことである。神輿とはいうまでもなく神霊移座の具であるが、この時期に惣社に神輿を備えていたこと、さらに国分寺渡御がなされたことで、こういった事例は他に聞かない。加賀国惣社に常備の神輿が国分寺斎会のため出御したのである。現行の事例でいえば、時期は特定できないが稲荷の神輿が東寺東門に渡御し東寺側より神饌と読経による法楽を受けている。あるいは浅草寺への浅草神社神輿の渡御などあげられるが、こうした寺院渡御の確かな古い例といえよう。

十一世紀には、地方においても神輿渡御が行われ、かつ神自身が出御し、その信仰圏を巡幸することは、この時期における神祇祭祀の大きな特徴のひとつにあげられる。その神輿が、さらに仏の占有空間（国分寺）に参入するという、神仏習合の新たな空間と場が、そして確かな事例として確かめられるのである。

(2)『時範記』にみる因幡国の一宮・惣社

国司は就任し任国に下向したとき、着任儀礼を行い、ついで一宮以下の国内諸社を巡拝する。ところがこの諸社のうちには遠近があり、労を省くため国府近くの一か所に合祭殿をつくり惣社とした。国司は惣社で祭祀を行い国衙祭祀の中心とした。このことは先の『白山之記』の記述によってよく知られている。こうした国司神拝の事例としてよく引用されるのは平時範の因幡国下向である。一般に神拝の方がとりあげられることが多いが、これとともに神前読経の事実もまたしるされており、見過ごしてはならない。

『時範記』承徳三年（一〇九九）二月条、因幡国司の平時範が任国下向した折りの記述である。(8) 神事とともに仏事にも留意しながら検討したい。

(二月)十五日、……入夜着惣社西仮屋、依例儲酒　肴、于時戌剋、着束帯着惣社西舎、騎馬、先以官符令給税所、官人先以奉行、次行請印、次以鎰置下官傍、亦給封令付印櫃、次着府、鎰取在前如例、入自西門於南庭(応)下馬、昇入簾中、弁備饗饌如恒、残二个日兼日下知停之、次召介久経仰神拝事、次食饗、次召保清令下知勧農事、子剋令始造神宝、亦以反閇馬令潔斎、為宛宇倍宮神馬也、次就寝、今夜無宿申、政始之後可在云々、

（略）

廿五日、戊戌、今日上脚力、陰陽大夫久宗來、

廿六日、己亥、朝間雨雪、巳剋頗霽、今日神拝也、先十列(烈)以書生為乗尻、着冠褐衣摺袴、渡南庭、次出着幣殿、以館侍十人為使、相分発遣遠社幣帛・神宝、或有告文、次以社司令読告文、次奉幣、返祝了賜社司禄、次参宇倍宮、先着幣殿、洗手、次進立中門外、在庁官人以下相従列(烈)立、西上南面、社司在門中、次伝奉幣帛・神財等、次亦転奉幣帛・神宝、西上北面

次復幣殿執白妙幣、社司称再拝、次捧幣両段再拝、次授社司、次社司久経読告文、次返祝、次廻馬十列(烈)等、次賜社司禄、次着幣殿東舎、儲饗饌、事了退出、便参坂本社奉幣、次乗尻馳御馬、次至于法美川乗船参三嶋社、奉幣之儀如初、次又乗船参賀呂社、奉幣之儀如初、于時申斜也、次又乗船渡川白(自)浜路参服社、奉幣了次参美歎社、于時秉燭、奉幣了退出、衣冠、亥剋帰府、

（略）

三月

一日、甲辰、今日朔幣也、以保清朝臣為使、令参惣社幷宇倍宮、遣木工允孝兼始勝載、

二日、乙巳、午剋出庁始行国務、（下略）

三日、丙午、未剋詣宇倍宮奉幣、令讀告文、件文載利田起請之趣、奉幣之後社司供酒肴・粉熟、盃酌之後退出帰府、今日人々出酒肴、脚力帰来、
六日、己酉、今日於宇倍宮令修百座仁王会、是則依世間不閑也、新図百仏像写百経巻、令在庁官人等監臨、有呪願文、以細布百（端カ）布施、殊致精誠所令行也、館侍等参仕、在庁官人行香云々、造始毘沙門像、（下略）
十三日、丙辰、自今夕於宇倍宮令転読大般若経、（下略）
十五日、戊午、今日宇倍宮春臨時祭也、依有所労不参、以目代保清朝臣為使、（下略）
十八日、辛酉、脚力來、今日常方貢馬三疋、常貞貢馬二疋、依運上米祈禱於五所□奉幣十列（烈）、又令脩仁王講、以親貞令補税所執行職、

（略）

廿六日、己巳、早旦参詣宇倍宮奉幣、□則令申上洛之由也、社司久経儲饌、盃酌之後帰府、今日欲進発之処、夜間甚雨、（略）仍以延引、（下略）
廿七日、庚午、巳刻出国府（下略）

本史料について、すでに土田直鎮などによる詳細な注釈・解題[9]があり、これにつけ加えるべきものはない。しかしながら国衙儀礼における神仏関係を明らかにする本稿の立場にしたがって整理しておこう。

①着任儀礼

国司着任のため都を出発して六日目、ようやく十五日夜到着。惣社西仮屋で酒肴があり、戌刻（夜八時）束帯を着し官符の請印、鎰の授受があった。西門より正殿南庭に入り下馬、饗饌が用意された。宇倍宮神主久経に神拝のこと、勧農のこと、神宝・神馬のことなど打合せた。着任して十日目の二十六日、国司神拝が行われた。神拝は惣社において国内各神社の分を含めた幣帛・神宝が一斉に並べられ、社司が告文を読み奉幣・返祝[10]が行われ

た。

ついで宇倍宮に参向、洗手し中門外に列立、幣帛神宝が置かれ、幣殿で白妙の幣を執り社司に授けたのち社司久経、告文（祝詞）を奏上、つづけて返祝（詞）、牽馬とつづき、社司に禄が与えられ、饗饌で修了。あと坂本社、三嶋社、賀呂社、服社、美歎社と巡拝、亥刻（夜十時）にようやく国府に帰る。以上によって、国司の入国から惣社・一宮の神拝を経て着任にともなう儀礼は終わる。先の加賀国の惣社府南社と同様に、惣社・一宮と相次いで行われた告文奏上、奉幣、返祝詞といった次第は国司・社司による、今日いうところの勅祭の基本構造を踏襲していることが因幡国でも確かめられるのである。こうした朝廷祭祀の形式が国司祭祀に準用され、国衙在庁官人たちが勅使、勅使代と呼ばれたのは、中央と地方の双方向性をしめすもので、そのなかで一宮制が機能していると指摘する。こうした中央から地方への伝播に国司（受領）の果たした役割は大きいといえる。(11) 上島亨が指摘の通り、受領が京風文化の伝道者であり、仏事法会も地方へ伝えたといえよう。(12)

②日常儀礼

三日おいて三月一日朔幣、惣社・宇倍宮へ代理を参向させている。そして三月六日、宇倍宮にて百座仁王会が行われた。これは護国三部経のひとつである仁王般若経を講読し鎮護国家・除災招福・万民豊楽を祈る法会で、本来一〇〇僧をもって行われる。実際に一〇〇僧が集められたか不明。持統天皇七年（六九三）十月に、諸国に仁王経を説かせ（『日本書紀』）、延暦二十五年（八〇六）三月、十五大寺と諸国の国分寺で仁王経を講話させ、以後永式としている（『類聚三代格』）ので、地方への普及の歴史は相当古いといえる。『時範記』によれば、このとき世情穏やかならざるため行われ、在庁官人・館侍なども列席させている。

しかも、このときあらたに一〇〇の仏画、一〇〇の経巻が書写され、在庁官人たちの参列するなかで呪願文が読みあげられ、細布一〇〇端が布施とされるなど仏事や書写行為を行う大がかりなものだった。

さらに八日ののちの三月十三日、夕方より今度は一宮宇倍宮において大般若経転読が行われた。用いられた大般若経・仁王般若経は宇倍宮が常備していたのだろうか。あるいは一キロ余り南にあった国分寺のものを運搬し使用したのであろうか。ここでは所蔵先が明示されていない。

すなわち国司は着任すると国衙祭祀の中心となって神拝、奉幣を行うが、一連の着任儀礼をおえたのち、あわせて百座仁王会とともに大般若経転読も行わしめていることが注目される。こうした神事とともに仏事が行われたことは、加賀国・因幡国だけでなく、全国の一宮・惣社でも同様であったとみられる。

③帰任儀礼

二十六日早旦、時範みずから一宮宇倍宮に奉幣し上洛を報告、社司久経は饌(酒席)をもうけ盃を酌み交わしたあと国府に帰っている。この日すぐに出発の予定だったが豪雨のため延引、翌二十七日に出発している。なお留意しておきたいのは着任時とともに帰任時にも仏事儀礼のなかったことである。(13) 仏事は在任期間中の適宜の時期に私的な道中の安全祈願、あるいは年中の仏事儀礼であって、就任儀礼・帰任儀礼としては認められない。

二　一宮・惣社と大般若経

先に一宮・惣社における仏事をあげ、神仏双修の姿をみることができた。同時にこうした仏事に用いられた経典は大般若経・金光明最勝王経・仁王般若経などであった。次に日記上にあらわれたこれら経典類の、実際に用いられた遺品を若干見出すことができたのでここに紹介し考察を加えておこう。

(1)静岡県南伊豆町・修福寺所蔵の大般若経

本経は大江通国と源頼盛の二人が中心となって成立したことは奥書から知れるが、二人の関係は不明である。

伊豆守大江通国が在任中の長治元年（一一〇四）に書写されたが、『中右記』同年二月六日条に、通国が伊豆守を兼任したことをしるしているので、確かめられる。奥書は細かな発願の事情などなく、わずかに「校了、国司通国」とするものが二十三巻伝えられている。ほか「国司通国」とするもの二巻。計二十五巻に国司を明記し、国司ゆえをもってみずから大般若経の書写を発願、さらに校閲を加え正確を期するなど、この事業を積極的に推進したことを知りうる。また「弟子通国」とするものが僅かながら二巻があり、弟子とは仏弟子であり、みずから仏弟子を自称するほどの敬虔な仏教徒だったのだろう。しかし国司通国と頼盛が発願した本経は、一体いずこに施入されたものであろうか。まず国司だから立場上、一宮か惣社と考えるのが妥当で、とすれば伊豆国の場合三島神社に施入されたことになる。[14] 伊豆の国庁跡はまだ検出されていないが、やはり三島神社近くに比定されている。したがって着任した通国が三島社に神拝し大般若経がなかったか、もしくは一部を欠いているといった現状を知り、発願したものであろう。そして三島社の供僧、もしくは国分寺の僧（範輝）などに書写せしめたものであろう。このことは、一宮・惣社に神前読経のための大般若経が必備のものであることをしめしている。本経は国司みずから発願し一宮あるいは惣社の神前読経に供せられた大般若経と推定することは誤りではあるまい。

(2)滋賀県草津市の安羅神社蔵の大般若経

同経は三十二巻が伝存し、うち四巻が長承の年号を持ち、注目すべき奥書を次の通りしるす。

（巻三五二）　長承三年甲寅三月廿日庚午惣本社頭書始、十二月廿七日壬寅小滝寺之天供養畢、

（巻十）　長承三年歳次甲寅六月二日庚辰於申剋許書了、

結縁人　郷刀禰石見介奈貴延方也、

執筆厳海一校畢

（巻一九一）　斯快大中臣朝臣重行書之

本経は、草津市安羅神社の前は、山城国久世郡狭山郷山福寺の「法宝蔵」に収められていた（巻三六三・五七五奥書）。しかしこれも補巻時にさいしての所蔵名であって長承のときの所蔵名をしめすとはいえない。要は掲出の三巻から具体的な場所の特定ができず、今後の課題となるが、いちおう原蔵地を棚上げしてこの大般若経が書写された背景を読みとるほかない。

注目されるのは本経が長承三年（一一三四）、平安後期に「惣本社」の社頭において書写されたこと。その開始は現存する季節でいえば、もっとも早い三月二十日で十二月二十七日に供養され、約九か月を要している。書写了の時刻でわかっているものはわずか五例だが、西・未・未・申・酉の刻、すなわち午後二〜六時とほぼ午後の日没前までであり、その場所は特定できないが、惣社の社頭にあった付属施設で書写された寄合経であった。

この書写行の参加者は厳海、もう一人は大中臣重行、結縁者は「郷刀禰」で「石見介」の国号を名乗る在地の郷の長「奈貴延方」。わずかな残存率では不明だが、数名によって書写された六〇〇巻は、近くの「小滝寺」で供養されている。あらためて本経の語るところを整理しよう。

長承三年春、某惣社において大般若経が求められた。書写の場が惣社であることからみても某国府の近くにあった惣社において、国司奉幣とともに神前読経のため大般若経が必要とされたのであろう。さっそく結縁者は国内の郷長・郷刀禰の奈貴延方で、わずか一人の名が確かめられる。在地の人々が結集し、僧をして大般若経を書写せしめたのである。

（3）静岡県相良町の般若寺の大般若経

同寺に久安二年（一一四六）の奥書のものをふくむ駿河国惣社関連の大般若経が伝えられ、このうち巻二〇六・二〇七に次の奥書がある。

　久安二年　願主惣社宮司散位村主資能
　　(追筆)「一校了、保元元年五月廿四日覚清」

また巻五十九・五十九は次の通り。

　久安二年七月日書了／願主金剛佛師宴朗
　(追筆)「保元、年五月廿三日一校了、栄智」

さらに巻三七三には、

　治暦二年丙午正月廿七日壬申奉書始／同三月四日戊午書了／願主正五位下藤原朝臣惟清　女房□□□／校算
　師永尊聖人　経師弘算

とある。

まず巻三七三（治暦二・一〇六六）と巻二〇六（久安二・一一四六）の間には八十年の差があり、はじめ前国司惟清とその女房某を願主として書写され、いちおう六〇〇巻がそろったものの、何らかの理由で一部が失なわれ、八十年後の久安二年に補経されたものであろう。

当初の願主が駿河守であった藤原惟清夫妻であったこと、補経に加わった願主が惣社宮司村主資能であったことからみて、本経が駿河国府の惣社の仏事に用いられた大般若経である可能性は高い。それは『時範記』にしるす例によって惣社および一宮宇倍宮で大般若経転読が行われており、ほぼ同時期（般若寺蔵諸巻のうちのほぼ中間）にあたり、状況的にみてうなずける。これらの事例から、平安後期における一宮惣社など国衙儀礼のなかで、神事とともに大般若経転読などの仏事が行われ、本経はその神前読経に供せられた遺品とみてよかろう。

なお旧久能寺文書（鉄舟寺蔵）に、時代は下がるが元亨四年（一三二四）六月の僧円恵譲状に「駿河国惣社最勝講田壱町」とみえている。大般若経とともに金光明最勝王経も常備していたとおもわれる。

（4）駿河国分尼寺の大般若経

本経は現在、清水市鉄舟寺の所蔵となっているが、ほんらい駿河国尼寺御房、すなわち国分尼寺へ施入された大般若経である。国分尼寺の場所は未詳で、国分寺が静岡市の片山廃寺とする見解にしたがえば、その近辺に位置したのであろう。本尊は巻五八〇の奥書によって薬師如来と知れる。本経は六〇〇巻を具備しているが、次の通り数次にわたる補経が行われている。

①治承五年（一一八一）四月～同七年（一一八三）四月　（巻三〇二・三三二）
②仁治三年（一二四二）三月～同年九月　（巻三十一・四六七）
③康暦二年（一三八〇）　（巻二一七・二二〇）
④ほか

このうち①グループが最も古く平安後期のものだが、たとえば巻三二一の奥書に「交了／治承五年五月四日於久能寺筆師金剛仏子義心」とあって、はじめから久能寺（現鉄舟寺）に書写施入されたものであった。惣社関係とみられるのは②グループで、やや時代が下がり鎌倉中期のものである。代表的なものをあげる。[15]

（巻七十一）　仁治三年壬寅二月十六日書了、
　　願主惣社別当金剛仏子憲信
　「尼寺御堂薬師如来、奉施入大般若一部《異筆》
　　以奈古屋本一交了、道快　（後略）」
（巻二〇〇）仁治三年大歳壬寅三月七日書了、執筆建穂寺住人明賢

奉施入尼寺御堂大般若経一部、右書写意趣者、
為物社別当金剛仏子憲信、息災安（穏）福寿増長也、
大願主物社並国分寺別当金剛仏子憲信

（後略）

願主は物社別当憲信で彼はまた駿河国国分寺も兼務（巻二〇〇）していた。書写人は建穂寺明賢、大窪寺覚円と道慶、秀尊、経円、蓮海、雄尊、浄快、浄命、永賢、道快、道玄、幸信などである。

国分寺と物社の両別当を兼務する憲信の指揮のもと、安倍郡の建穂寺・大窪寺など近隣寺院の僧たち、知れるところ十余人が参画しての書写事業であった。それまでは駿河国国分寺および物社に大般若経を常備せず三社寺が互換をもって転読に供したのであろうか。分量が大部にわたる大般若経だけにとくに国分尼寺の仏事法会ごとの運搬移動は尼僧ゆえそれほどたやすくはなかったとおもわれる。本経はその後も永和三年（一三七七）、康暦三年（一三八〇）と補経が行われている。長期にわたって駿河国尼寺御堂御経として常置せられ、駿河国内の願経に供せられたのである。なおこの物社別当憲信は駿河国内における経典普及、すなわちその仏教活動には注目すべきものがあり、これより先、同国の有度《うど》八幡宮に五部大乗経を施入している。同経は現在各地に分蔵され、次の大方広仏華経巻二十五（大東急記念文庫蔵）を代表として掲げる。

仁治元年大才庚子十月三日書写畢、
奉施入駿州有度山王御宝前、五部大乗経一部、
物社別当別当金剛仏子憲信

（以下略）

なおこれには厳密正確な経典に対する憲信の態度がうかがわれ「鎌倉大倉御壇所」本をもって一校を加えてい

る。さらにまた国分尼寺本（鉄舟寺蔵）書写業の翌年、有度八幡宮へ引き続き大般若経を寄進している(16)。本経は本来、嘉暦三年（一二二七）六月、山城国大原来迎院願蓮房で僧経承が書写したもので「八幡宮本山之御経」すなわち石清水八幡宮蔵であったものを、寛元元年（一二四三）に憲信が久能寺の覚順・幸賢たちの助力を得て、末社たる有度八幡宮へ寄進したものである。なお本経は奈吾屋本をもって一校を加えており、ここでもより正確な大般若経をもって有度八幡宮の神前読経に供したことを知りうる。いずれも仏子、惣社別当が国内神社への仏教化・習合化への活動を展開した。

本経によって惣社別当と国分寺別当をかねる僧が両社寺を兼務していたことを知りうる。国司自身が一宮惣社で、神仏双修するのと同様に惣社と国分寺を兼務する僧が仏事の担い手として存在したのである。地方官衙におけるこうした神仏習合の姿は、もちろん本地仏のまだ入らない段階であることはいうまでもない。この時点での神仏関係は既述の通り神前読経程度であり、神宮寺の創建から本地垂迹といった高次の、本地仏の成立にいたらない段階であったと思われる。

四　惣社の経蔵

先に駿河国の国分尼寺の大般若経施入に関連して、同経が六〇〇巻の大部ゆえ、『延喜式』によって男僧の出入りが禁止された尼寺にとって、常備することが急備であることを述べた。しかし尼寺に限らず、こと大般若経は一宮・惣社にとって必備の基本経典であり、そのための施設が当然に備えられなければならなかったし、存在したはずだ。しかしその規模を示す史料は極めて少ない。わずかながら茨城県石岡市総社に鎮座する常陸国総社が所蔵する、治承三年（一一七九）の「常陸国総社造営注文案」にその施設名が記されている。同文書は前欠が惜しまれるが、ほぼ大要は把握できる。

同注文案によれば、常陸国総社には本殿を中心に鳥居・忌殿・舞殿・職掌人屋・竈殿・馬場屋とともに、経蔵が存在したことをしるす。その経蔵について「御経蔵一宇参間　稲田社」とあり、治承三年（一一七九）度の造営に稲田社の費用分担をしめす。これによって常陸国総社では、十二世紀後半すでに経蔵を備えていたことが明らかとなった。三間四方の経蔵には当然、大般若経は収納していたであろう。さらに時代は下るが元応元年（一三一九）の税所文書に、さらに「庁供僧」五名、「惣社供僧並最勝講衆」七名、「同社最勝講衆」四名の名をあげる。大般若経に加えて金光明最勝王も当然備えていたことが確かめられる。大般若経など経典の常備は当然、収納施設のあったことは想定されたが、史料上に確かめられるのは十二世紀後半の常陸国総社においてである。

さらにいえば仏教的建築はこの経蔵のみで他の仏堂の記載はなく、ここから推定できるのは、仏事は大般若経や金光明最勝王経による神前読経と簡単な法会程度であったとみられる。

ま と め

以上の通り、十一世紀末には加賀国と因幡国の一宮・惣社において神事とともに仏事も行われ、いわば神仏双修のかたちをとっていることを確認した。その実態は国司神拝に加えて、祈雨や道中安全祈禱のための大般若経転読、豊作祈願のための最勝講、除災招福・万民豊楽《ぶらく》を祈る百座仁王会などが、国衙祭祀の場である一宮・惣社の神前で実修された。これらの神前読経、仏事は神仏双修というかたちによる神仏関係であって本格的な神仏習合の前段階といえる。

もちろんこの習合は十世紀頃に、二十二社をはじめとする全国の有力諸社にみられた神宮寺・本地堂の成立や、急速に進展をみせた本地垂迹といった状況にはいたらないものであった。神祇祭祀の場で仏事・法会を行う神仏双修であり、本地仏の成立といった、さらに高いレベルの本地関係までは確認できない。常陸国総社の例では、せいぜい経蔵程度であって、他の仏堂は確認できなかった。若干の堂塔程度は周辺におよんでいたかもしれないが、密接な神仏習合と呼びうる関係は結んでいなかったようだ。むしろ駿河国府のように僧侶である惣社別当が国分寺別当を兼帯するといった人的な神仏関係にあったようだ。はたして駿河国の事例がどれだけ各地に一般論としていいえるのか不明だが、こうした人的関係が本地関係に発展しやすいことはいうまでもない。

一宮・惣社の成立と発達は、このように国々によって地域差があり画一的にはいえない。しかし遅速の程度差はあるにしろ、国衙の宗教的な場において展開した神仏双修の姿は、神仏習合の初期形態として示したその意義は大きい。朝廷中央の文化の伝道者であった国司（受領）たちは、体得した仏事・講会、そして経典を一宮・惣社に持ち込んだ。そして神仏は並存し得ること、双修し得ることを身をもって示し、神仏習合の地方波及に貢献したのである。程度の差はあれ、国府は中央の地方統括の拠点として国々にくまなく設置された。その国衙儀礼の場で示した国司による仏事・講会の実修は、まさに中央から地方への伝播の拠点であり、大きく貢献するものであった。

（1）中世諸国一宮制研究会編『中世諸国一宮制の基礎的研究』（岩田書院　二〇〇〇年）、同上『中世一宮制の歴史的展開』（岩田書院、二〇〇四年）。
（2）岡田荘司「地方国衙祭祀と一宮物社」（『平安時代の国家と祭祀』、続群書類従完成会、一九九四年）。
（3）國學院大學日本文化研究所編『神道事典』（弘文堂、一九九四年）。
（4）為房出発の記事は『為房卿記』にないが『後二条師通記』にしるす。
（5）これには異論があり、金沢市古府町付近とする説がある。前掲注（1）『中世諸国一宮制の基礎的研究』所収「加賀国」（東四柳史明執筆）参照。
（6）佐々木令信「古代における祈雨と仏教」（『大谷学報』第五十巻二号、一九七〇年）。

佐々木によれば、九世紀前半から十一世紀末まで宮中・平安宮における祈雨に用いたのは大般若経であったことを指摘している。

(7) 岡田荘司「神社史研究から見た中世一宮」(『国史学』第一八二号、二〇〇四年)。
(8) 『書陵部紀要』第十四(一九六二年)・十七(一九六五年)・三十二号(一九八〇年)。
(9) 『府中市史・史料集五』(府中市史編纂委員会、一九六四年)所収の土田直鎮「新発見の因幡国総社資料」および水谷類「国司神拝の歴史的意義」(『日本歴史』第四二七号、一九八三年)。
(10) 返祝は返祝詞のことで、祝詞は人から神へのコトバであるのに対し、返祝詞は逆に神から人へのコトバで、中執持としての神職が代行した。ここでは「告文」は祝詞、「返祝」は返祝詞である。諸社の例としては賀茂社、春日社、一宮クラスでは若狭彦神社、阿蘇社などがある。拙稿「鴨社の祝と返祝詞」(『神主と神人の社会史』、思文閣出版、一九九八年)参照
(11) 前掲注(7)に同じ。
(12) 上島亨「中世宗教秩序の形成と神仏習合」(『国史学』第一八二号、二〇〇四年)。
(13) 『為房卿記』で加賀国司が下洛するときの「上道御祈」は出発九日前の私的祈願であって、公的な帰任儀礼とは言いがたい。
(14) 前掲注(1)『中世諸国一宮制の基礎的研究』所収「伊豆国」(湯之上隆担当)。
(15) 本経はいつの日か散逸し、宮内庁書陵部に巻一を所蔵するが、掲出の鉄舟寺蔵と一具のもので内容において変わりはない。ただ書陵部蔵の書写日が仁治三年正月十三日となっており、この日に書写が開始されたことがわかる。
(16) 『駿河国新風土記』有渡郡三「八幡神社の項」所載。

第三章

神職系図の研究

第一節　伊勢神宮の神主系図

はじめに

「神風の伊勢の国、山川も寄りて仕える」と表現された神宮の神域に一歩足を踏み入れると、いつも心洗われる思いがする。尊きこと余社と並びなく、皇祖神天照大神を奉斎する宮として、清浄を期し、とくに仕える神主たちは「仏法の息をしりぞける」ことを心構えとしてきた、と理解される。しかしながら、神宮神主の思想的側面をつぶさに点検すると神宮の周辺、あるいは神主自身のうちに仏教の影響がおよんでいたことが史料上確かめられる。

神宮における神仏関係の研究にはすでに萩原龍夫[1]、久保田収[2]をはじめとする先学のすぐれた業績がある。とりわけ萩原の業績については宗教史的立場にとどまらず、社会経済的観点からも考察し、史料に基づき伊勢信仰の全体を通観しえるところが多い。こうした先学の業績にみちびかれながら、言及されていない史料も混えて明らかにしたい。なお本稿では、特にその時期を平安時代四〇〇年に限定した。それは全国的レベルにおいて平安中・後期をピークとして神仏習合化が進み、本地垂迹思想の確立した時期にあたるからである。しかも長きにわたる神道の歩みを方向づけた重要な時期にあたり、とりわけ伊勢の神宮の実態は重要である。萩原龍夫によれば神道五部書にみえる「屏二仏法息一」の語を「仏法の息をしりぞける」と訓《よ》むのは近世に入る頃からで、神道五部書でも「仏法の息をかくし」とよみ、単なる排仏ではなく、龍熙近の『神国決疑編』を引いて「粛敬の至」をあらわし、心の奥に仏法を崇《あが》める意を認めている。いずれにしても、神宮の神主たちは決して仏教と無縁だったのではなく、神宮祭祀の奉仕者として時代の風潮に影響されつつも、日々の奉仕生活を送ったようである。そうした神宮神主たちの仏教への対応を史料に基づいて追ってみたい。

一　仏教の接近

まず平安前史として奈良時代の神仏関係についての動向にふれておく。伊勢における神仏習合のはじめは『続日本紀』天平神護二年（七六六）に「丈六の仏像を伊勢大神宮寺に造らしむ」とする神宮寺創建の記事である。仏教公伝以来二二八年を経て、ようやく仏教的モニュメントが建立されたのである。『太神宮諸雑事記』に「逢鹿瀬寺を永く太神宮寺とすべし」とあり、多気郡多気町相鹿瀬がその場所であったことがわかる。内宮を去ること約十五キロの地点で、櫛田川を後代いうところの禁河の境とすれば神宮寺は禁河の内にあり、宮川とすれば禁河の外ということになる。いずれにしろ気比・若狭比古・宇佐（弥勒寺）・鹿島・多度などの初期神宮寺のなかでは、ほとんどが隣接しており、伊勢の十五キロという距離は異例に属する。当然、神仏の隔離意識がはたらいたとみるのが妥当であろう。しかもその十年後に（宝亀七・七七六）相鹿瀬寺《おうかせでら》の小法師三人が、神宮への御贄《みにえ》として鮎を供献する神民数人に暴行をはたらいたため神宮寺を停止し、さらに遠い飯高郡へ移したとある。また細かな経過は不明ながら、宝亀十一年（七八〇）に伊勢太神宮寺を祟《たた》りにより神郡（多気《たき》・度会《わたらい》の二郡）外へ移転せしめている。一段と強く神仏の隔離意識がはたらいたとみることができよう。あるいはまた伊勢という地域の特性により、神宮寺そのものの存立する基盤がいまだ脆弱だったためともいえよう。

これが奈良時代までに神宮に関連する習合記事であって、神宮そのものへ仏教が直接およんだ形跡はなく、神宮寺は創建されたものの相当に距離を置いた外縁部にとどまり、隔離意識が貫徹されていたことが確認される。たとえば伊勢において神前読経は神仏習合の時代とされる平安時代を通じても行われなかった。神前読経を排除しつづけたのが伊勢の神宮であった（本書第二章第二節参照）。しかし、別のかたちで神宮の周辺に仏教がおよぶ。五十鈴《いすず》川を隔てた門前町に存在した神主たちの氏寺において、大般若経転読などが鎌倉時代に入ってなされたのである。

　また平安時代には神宮にも仏教が徐々におよんできたことがうかがえる。平安時代初期に成立した神宮の祭祀・規範をしるした『皇大神宮儀式帳』には忌詞として、仏を中子、経を志目加弥《しめかみ》（染紙）、塔を阿良々支《あららぎ》、法師を髪長《かみなが》、優婆塞《うばそく》を角波須《つのはず》、寺を瓦葺《かわらぶき》と呼び換えている。おそらく伝統的な言霊信仰によるもので、口にするのも憚るとして仏教語を排斥したものであろう。しかしながら逆にいえば、こうした忌詞の存在は、すでに神宮周辺に仏教がさまざまなかたちで侵入しはじめ、あえて言《こと》挙げする必要があったとみることができる。とくに『儀式帳』は桓武天皇の要請に応じ延暦二十三年（八〇四）に大宮司・禰宜・大内人らが連署のうえ神祇官へ提出したもので、全二十三条のうち第一条に忌詞をかかげる。あえて明記するほど、神宮祭祀の実修上、仏教の影響を危惧した危機感のあらわれといえよう。事実、この後に象徴的な出来事が起こっている。

　承和元年（八三四）に神宮祭主となった大中臣国雄が、彼は就任前に出家していたため、やむなく還俗して祭主に就任するという異例の経過をたどった。還俗したとはいえ、出家者の祭主就任は前代未聞のことであった。こうした状況はその後も平安中期にかけて同様であったとみられ、延長五年（九二七）に完成した『延喜式』斎宮式の忌詞では、内の七言、外の七言、別の忌詞と三区分され、内の七言は先の『儀式帳』と同じく仏教語だが、優婆塞がなく、かわって尼を女髪長としてしるす。外の七言は死穢と血のケガレに対するもので、別の忌詞のなかでは堂を香燃《こうたき》とし、内の七言より除かれた優婆塞を入れている。梅田義彦によれば「忌むべきの甚だしきものを外七言とし、しかく甚だしからぬを内七言とし（略）『別忌詞』はその使用稀なりしが故に特に添加的になせるもの」と述べている。[(3)] 神宮祭祀において死穢がもっとも忌避され、仏忌はそれに次ぐものと位置づけられる。いずれにしろ『儀式帳』以降、『延喜式』編纂にいたる一二三年を経て、なお、忌詞として明文化する必要に変わりはなかった。こうした忌詞は、言い換えれば神仏の隔離の意識の表明とその明文化であって、まだ仏法の息をしりぞける意識が強かったことをうかがわせる。しかしながら平安中期になると、神宮周辺にも仏教化の波がさらに強く押し寄せた受容の実例が確かめられる。

二　出家神主の出現

出家とは文字通り家を出ることで、ひたすら仏に帰依し、仏道を修行、体得するための行為である。その実践として剃髪という行為によって、出家の証しとするのが特徴である。しかしそれが、神主という祭祀職によってなされるとき、一般論として矛盾そのものといえよう。出家すれば神主とはいえない。ところが事実として、こともあろうに伊勢の神宮に出家神主が出現する。管見のおよぶ範囲でいえば、伊勢の例につづいて、平安中期と推定される住吉社神主の津守忠満の出家、久安六年（一一五〇）の若狭彦の禰宜景正、そして仁平四年（一一五四）の賀茂（上社）神主保久の出家とつづく。幅広く全国の諸社の例まで承知していないので断言はできないが、いちおう伊勢の例をもって、もっとも古いと思われる。この点はきわめて注目すべきことといわねばならない。一見して神の側近くにあって、神に仕え、まつりをする、もっとも神恩に浴したはずの神主たちが出家をする。それは立場の放棄であり、あたかも神を捨てる行為とみられなくもない。いったい、神主にとって仏教とは、そして神祇とは何だったのであろうか。なお神宮の出家神主をとりあげたものとして石巻良夫の論考がある。[(4)] 発表された時期からいっても、まさに先駆をなす論考であるが史料の制約もあり、したがって一部見解の誤りあるが、中世神道史の先行論文として、とりあげたものをみないのでふれておきたい。

出家神主の先蹤をなすものは、先にふれた出家者大中臣国雄の承和元年（八三四）における祭主就任である。平安中期以降から伊勢にかぎらず住吉・若狭彦・賀茂の各社で輩出する出家神主と異なり、すでに出家していたものが逆に還俗しての就任という異例な経過をたどり、同列には論じられない。いずれにしても還俗したとはいえ出家の経験者が祭主に就任することは、神宮の統括者という公的立場からみて、もたらす影響は大きい。いうなれば神宮の最高職に就く者が出家者であったことは、少なくとも危惧されつつも「仏法の息」に対するアレルギーをとりはらう効果をもたらしたと思う。とりわけ平安前期、『儀式帳』で忌詞をかかげ隔離意識が強かった時期だけに、一種露払い的な効果はあったとおもう。

そしてついに、というべきか祭主国雄の還俗から一六六年を経て、長保二年（一〇〇〇）に祭主永頼が臨終出家を遂げる。臨終出家とは、死期を悟ったものが往生極楽を遂げるために出家することで、平安中期から後期にかけて公家社会に盛行した(5)。祭主は大中臣出身者で就任まで在京し、公家社会の日常的風潮に染まっており、出家することに何のためらいもなかったとみられる。祭主という立場から当然に内部規制がはたらいたものの、すでに死期を目前にした者に、臨終出家を制止しえなかったのであろう。後任の輔親の祭主就任が永頼の死後、翌年のことであるから、祭主在任のままの出家ということになる。

時期が異なり、また情況がちがうとはいえ、大中臣国雄、そして永頼という二人の祭主が出家したことは、そのおよぼす影響はきわめて甚大だったと思われる。二人目の永頼の出家後ただちに、というわけではないが、平安中期の後半にいたって内外両宮のなかから相次いで出家神主が出現する。いずれも詳細は知りえないが出家神主たちの人物群を列挙しておこう。

（1）内宮神主の出家

神宮神主のうち、まず内宮からとりあげる。管見のおよぶところ内宮の初見は、荒木田神主重頼である。生年不詳ながら『補任次第』によれば、二門権禰宜連快の三男として生まれ、長保六年正月禰宜に任命、寛徳二年（一〇四五）七月に息子の重経に職をゆずり、ほどなく出家する。もちろん子細は不明ながら、出家の二年後の永承元年五月二十八日に卒去している。したがって永承二年をさかのぼること二年前の寛徳元年頃（一〇四四）出家したことになる。荒木田神主として進みうる最高位の長官にはいたっていないが、禰宜として枢要の地位にあった。後述するが、外宮神主の初見である禰宜康雄の延久四年（一〇七二）の出家より二十八年早く、この重頼は内外両宮を通じて出家神主の初見ということになる。ただ禰宜在職のまま出家したとは考えにくく、退下後とするのが妥当だろう。いずれにしても、平安中期にいたって禰宜経験者のなかから、はじめて出家者が生まれた意味は大きい。

重頼につづく例は同時期の延満である。先の重頼より三年早く禰宜に任ぜられ、寛徳二年（一〇四五――この年に重頼は出家したとおもわれる）、祭主輔親の推挙により執印すなわち長官になったが、天喜元年（一〇五三）五月四日、三男満経にゆずり、同六年六月十一日卒去している。法名日賢とあるが、退職後まもなくの出家とみてよかろう。先の重頼につづく同時期の人物だが、長官に任ぜられ法名を記す初例である。またこの後任の三男満経とその孫俊経もまた出家を遂げている。この時期すでにこの一門にとって、出家および法名を受けることは神宮祭主として、その立場上からも何ら矛盾しなかったことを示すものといえよう。

延範は嘉保三年（一〇九六）六月、祭主の推挙によって禰宜に任ぜられたが、三年後の康和元年（一〇九九）九月三日、甥の元親にゆずり、直ちに出家。六年半後の長治三年（一一〇六）二月三日卒去している。さて延満の三男満経は、父の後をうけて禰宜に就任するが在位四十九年におよび、その三男俊経にゆずったのは康和三年

（一一〇一）四月でときに八十七歳であった。そして職を辞して二年余の康和五年（一一〇三）八月十八日出家するも、その四か月後の同年十二月二十四日、八十九歳の天寿を全うした。

満経の場合、職を辞して二年余りを経て出家し、その四か月後に老齢をもって死去していることからみて、永きにわたる神宮祭祀の奉仕を全うし、静かな老境の果てに、流れゆく水の如くに選びとった死への対処の仕方が出家という方法であったといえよう。

二禰宜延平は在任二十五年におよんだが神事奉仕の折り、中風のため倒れ、かろうじて一命をとりとめた。しかし回復の見込みなく、同月十五日長男忠俊に職をゆずり、その五年後の康和五年（一一〇三）に出家している。翌年に死去しており、ひたすら療養につとめるなか、おそらく死期を悟ったことによって出家に踏み切ったことが想像される。また五禰宜俊経は、先にふれた出家神主（補宜）満経が実父、同じく延満が祖父にあたることはすでに述べた。その彼も良男に禰宜職をゆずり、まもなく天永二年（一一一一）以降すぐ出家したとみられ、八年後に亡くなっている。

禰宜忠元は在任二十四年を経て四十九歳で一禰宜に進む。以後二十五年間にわたって内宮祭祀と政務に奉仕したが、大治元年（一一二六）八月頃風病にかかり一旦は平癒に向かい九月の祭事を奉仕したが、同年十月に入り急に再発したため十月上旬、禰宜職を三男隆範にゆずり出家した。そして同月二十二日寅時（午前四時）に閉眼、ときに七十四歳であった。忠元は内宮神主としては七番目の出家者で、彼の上席者二名のあいつぐ出家の前例からみて何のためらいもなかったのであろう。とくに延平は病いのため神事の懈怠が三か年におよび名ばかりの禰宜として退けられ、そのあと就任した経過もあって、直ちに職を辞し権禰宜の三男隆範に禰宜職をゆずっている。永きにわたる神宮祭祀を担った公的立場から降り、しかも病いと七十四歳という高齢からおのずと意識したであろう死に真向う心境のなかで選んだ出家であったろう。

経仲は三十五歳で父の後をうけ禰宜に、そしてさらに三十年を経て長官に就任したが、仁平三年（一一五三）八月に所労のため良男に禰宜職をゆずり、二十六日後に出家、そして一か月後に七十五歳で死去している。延明も禰宜在任十三年におよんだが、風病のためやはり長男に職をゆずり退任。ついで次男が政所職を命じられた仁平三年（一一五三）六月二十三日をもって出家しているが、そのわずか十一日後に六十八歳で死去している。

禰宜元満も在任三十年の永きにおよんだ人物だが、「承安二年（一一七二）二月四日出家、同八日卒去、生年五十四」とあるように、出家後四日で卒去し、死期をすでに自覚するところがあった臨終出家であった。以上が平安中期から末期の約一三〇年間に輩出した内宮の出家神主十名の概略である。

(2)外宮神主の出家

出家神主の出現という点で、時期的に外宮神主はおくれ、しかもその人数は平安中・後期を通じてやや少な目である。『豊受大神宮禰宜補任次第』によって出家記事をひろってみよう。

外宮神主の初見は度会康雄で、禰宜在任二十一年、長官十二年におよんだ人物で、延久四年（一〇七二）四月に退任、三か月後の七月二日に出家している。はじめての出家者が一禰宜たる長官で在任十二年におよび、外宮祭祀はもちろん事務一切を管掌する立場であっただけに、退任後とはいえ、外宮においてそのもたらした影響は大きかったとおもう。内宮神主の重頼出家よりおくれること二十七年後のことである。

康雄のあと三十五年を経て禰宜康晴があらわれる。四禰宜であった康晴は嘉承元年（一一〇六）十一月、養子雅頼に所職をゆずり、翌年（一一〇七）二月二十三日に出家、七十九歳であった。法名を心覚と称し池町四入道と呼ばれたらしい。これにつぐ貞任は三禰宜まで進み、天永三年（一一一二）六月、弟雅高にゆずり退任、翌七月二十六日に出家し、永久元年（一一一三）十一月四日に卒去している。川辺三入道と呼ばれた。この川辺三入道こと貞任と同じ年に出家したのが二禰宜彦常で四か月後の十一月二十九日のことで、川田二入道と呼ばれた。二あるいは三入道といった呼び方は禰宜としての席次を示している。平安後期のこの頃になると出家花ざかりといわないまでも、内外両神主にとってさほど異とするに足りない情況となっていたようだ。さらに二例。七禰宜高康は保元三年（一一五八）聟に禰宜をゆずって、この後出家したとみられるのは、翌年卒去し四瀬七入道とし るされているからである。四禰宜雅言も仁安二年（一一六七）十月に出家、翌月卒去、やはり入道と呼ばれている。以上、内外両宮をあわせて平安時代における出家者は、祭主一名（還俗した祭主国雄は除く）、内宮十名、外宮六名の計十七名になる。特徴的な点は、その多くは高齢におよんで、もしくは病気により死期を悟って、まず子息に職をゆずったのち出家していることで、はっきり現職のままで出家した例はみあたらない。ただ、一人だけ臨終出家を遂げた祭主永頼は後任が決まらないため、在任のまま出家したとみられ、例外とすべきだろう。

(3)その背景

さてこうした伊勢の神主たちの出家問題を明らかにする上で、きわめて有益な論考[6]に接することができた。堅田修によれば、平安朝の貴族社会において死が決定的となってから出家することがひんぱんに行われ、動機の多くは病気によるもので、病悩が極限に達し瀕死にいたって臨終出家するときもあった。貴族たちにとって出家入道は剃髪して法衣をまとい、社会的地位や名誉を棄て官を辞することであったから勅許が必要であった。そのため簡単に実行することはできず、病悩極まった死の間際で臨終出家がなされたという。

堅田によれば、天応元年（七八一）から文治元年（一一八五）の四〇四年間の公卿数五四〇名のうち出家者は二九〇名にのぼり、さらにそのうち病気によるものは推定もふくめ八二名となる。なお、こうした政治の中枢にあった公卿の薙髪《ちはつ》入道は平安初期、九世紀半ばまではみあたらず、賜姓《しせい》皇族によってはじめられたという。また

『大宝積経』や『出家功徳経』に、出家すれば患いなく病いなく、涅槃と彼岸にいたると説き、出家とこれを助けるものは福楽を受けると明示されている。しかし臨終出家について示されておらず、承和七年（八四〇）五月八日に崩御された淳和上皇が初見で、不予によるものは仁明天皇が嘉祥三年（八五〇）三月十九日、崩御の二日前に落飾入道されたのがはじめである。整理すると、平安朝の三十四天皇のうち十七天皇が出家され、そのうち八天皇が不予による落飾入道、六天皇が臨終出家であるという。これに皇族を加えるとさらに増え、そのもたらした影響にははかりしれないものがある。

こうした朝廷および周辺において出家は平安中期から一種の流行の感があり、はるかな神風の伊勢の国といえども、神祇官より派遣された祭主家を通じるなどして、往生を遂げたいという仏教の風は吹き込んだと思われる。神宮の祭祀・行政を統括し、その頂点に立つ祭主にこそ仏教受容、とりわけ出家する素地はあった。

さらに今ひとつ、この時期の神宮が置かれた経済的な背景も考えねばならないだろう。神宮は律令制下で度会・多気、さらには飯野の三郡を神郡として封戸の徴税、神田等によって経営がなされていた。ところが、十世紀以降の律令制の解体によって、その経済的基盤が揺らぎ、人的な組織体制が再編されつつあり、禰宜の下にあって事実上祭祀に預かりえない下層の権禰宜たちは、神宮の権威を背景に積極的な所領獲得に各地へ進出していった。とくに平安中期も後半になると、東国を中心に在地領主による寄進がなされ、御厨《みくりや》がもうけられた。そしてその仲介者が権禰宜であって口入《くにゅう》神主と呼ばれた。こうした権禰宜たちは伊勢御師の先蹤となって、鎌倉時代以降の神宮参詣をすすめ伊勢信仰をひろげる役割を担った。こうした日々祭祀を行わぬ神主たちにとって仏教忌避の観念は薄れがちであり、ましてやのちにふれる禁河の外で雑多な民間信仰や寺院、僧侶に接する機会も多かったと思われるから、仏教受容の可能性は高かったろう。出家神主が出現する背景に、当時、神宮は律令制の解体によって経済的基盤が動揺をきたし、やがて祭主、および禰宜層、権禰宜以下の人的組織の再編成が進行するなかで、おりから流行した末法思想とあいまって仏教が私的生活に浸透していったとみられる。

三　受容の諸相

出家という行為儀礼が仏教的なものである以上、神宮神主たちに仏教の受容がなされていたとみざるを得ない。すでに周知の史料だが、これを裏付ける、いわば物証のいくつかをあげよう。「お伊勢参らば朝熊をかけよ、朝熊かけねば片まいり」とうたわれた朝熊山に経塚群のあることは知られている。まず、その経ケ峯の第三経塚から発見された経筒に納められた法華経の奥書に概略次のようにしるされている。関連部分のみ抄出すると「平治元年己卯八月十四日／……原大神宮辺常覚寺之僧……／過去雅産度会……尼／大中臣太郎丸伴千歳子僧弁覚七世四恩皆成仏道為／……度会氏同氏同五郎子同十郎丸尼妙意僧澄覚（後略）」と記す。度会・大中臣一族の者が平治元年（一一五九）八月、法華経を神宮を見下ろす朝熊山に埋納したのである。その埋納状況は法華経十三巻、般若心経、陀羅尼などをおさめた経筒の下に線刻阿弥陀如来鏡像を置き、そのまわりに線刻阿弥陀三尊来迎鏡像二面、おなじく阿弥陀三尊鏡像、銅提子が三方から立てかけるように納められていた。経塚は末法思想によって法華経などの経典を地下に埋納して末法万年後のミロクの世まで伝えようとしたものであるが、とくに阿弥陀三尊来迎図を刻んだ鏡像を伴出しているところから浄土教の影響が認められるものである。阿弥陀如来の衆生救済の誓願を信じて、その名を唱えればだれでも浄土に往生できるとした思想がうかがえる。

年代的にこれにつぐのが第一経塚の陶製経筒である。

胴体の前面に「奉造立／如法経亀壱事／右志者為現世後世安穏／太平也／承安三年登巳八月十一日／伊勢大神宮権禰宜／正四位下荒木田神主時盛」、さらにまわりこんだ背面に「……散位度会宗常」の銘文がある。この内部に納めた経筒とともに経典も失なわれて不明だが、如法経とあるのでおそらく法華経を、荒木田時盛と度会宗常の二人が承安三年（一一七三）に写経して埋納したことが知られる。内外両宮の神主（権禰宜）が職名・位階を記し、みずからの公的立場を明確に表記した上で埋納していることが注目される。また経塚の造営は単独ではなし得ず、僧による行儀・作法が奉修されたはずであり、当然立地からみて金剛証寺なくして考えられない。とすれば、神宮神主と金剛証寺の山僧の交渉があったとみられ、そして目的とするところは「現世後生安穏、太平也」としるされ、平安後期における末法思想に基づく如法経埋納の典型的な例であり、それが神宮神主の参加と実施によってなされた点が注目される。こうした朝熊山経塚の二例が当時、神宮周辺において特異なものでなく、一般的なことであったのを示すのが、伊勢市浦口町の小町経塚の瓦経である。早稲田大学所蔵の法華経残欠は承安四年（一一七四）のもので、神領地・御厨在住の度会氏と思われる名がしるされているが、神宮周辺における経塚埋納の裾野の広さを物語るものである。「浄土往生」あるいは「往生安楽国」としるされ浄土への往生をひたすら願った末法思想が読みとれ、度会・大中臣といった神主たちに浄土信仰が浸透していたことを示している。

次に神宮神主の名を記した写経を見出すことができた。伊勢市中村町の共有となっている大般若経は、奈良・平安時代のもの三九〇巻をふくむ書写経であるが、このなかに「禰宜正五位下荒木田忠延」としるしたもの九巻がある。いずれも年紀を欠くが、忠延は保安二年（一一二一）から保延五年（一一三九）の間、内宮一禰宜の立場にあった人物だけに注目される。忠延自身が書写したか否かは不明だが、奥書にみずから署名しており、彼が願主としてその立場からみてリードするかたちで写経事業に加わったことが推測される。また、年紀および願意を記していないから動機とその時期を明確にし得ないが、神宮（内宮）における神仏習合思想に基づく公的な神明法楽のための写経とするのは早計で、プライベートな領域での往生を願う宗教行為とみるべきだろう。

こうした写経と経塚への経典埋納に共通するのは、経文というにわかに理解しがたい異国の言葉が内包する呪力への期待であり、とりわけ写経という作善を通じてその思いには痛切なものがあったろう。もちろん、その根底には仏教への畏敬の念があることはいうまでもない。なおこうした仏教への思いの結実したものとして、神主たちの発願により造営した氏寺についてふれなければならない。まず事実上、はじめての出家者である祭主大中臣永頼が長徳年中（九九五～九九九）に創建した蓮台寺、内宮荒木田一門の法泉寺、二門の田宮寺、宮司大中臣千枝の大覚寺、長官荒木田成長の天覚寺、ほか釈尊寺・勝善寺・常明寺などがある。神宮神主たちは十一世紀頃こぞってみずからの氏寺を持っていたのである。いずれも私的部分での仏教帰依の事実を示すものにはかならない。

いっぽう、伊勢における神前読経として注目されるのは重源上人で、その経緯については『文治二年神宮大般若転読記』にくわしい。これは兵火により焼失した東大寺大仏殿の再建を祈願し、大般若経転読を行ったものである。ただ注意されねばならないのは、神前読経といっても内外両宮の大前で直接行ったのではない。まず最初の外宮についていては、僧侶の参拝すら白昼は憚りがあるとの禰宜の諫言により、外宮神主の氏寺常明寺にて供養と番論義をおえてのち、夜陰に少数の僧が交替で参詣した。そしてさらに払暁、ふたたび常明寺まで大般若経を転読ののち、今度は一禰宜成長が待つ内宮に向い、一鳥居まで群参したところ、やはりあまりの大勢では憚りがあるとして両三名ずつが代表で神前に進み参詣している。厳密にいえば、伊勢の地ではあっても神主の氏寺である常明寺内において読経・仏事が修され、内外両宮の神前での参詣にとどまっている。参詣は許容しつつも仏事を許さず、仏法の息をしりぞけるという隔離意識はつらぬかれているといってよかろう。

ただ重源の伊勢参宮にさいしては朝廷に申請して院宣を賜わり、神祇官より内宮長官宛に宿所の手配などがなされ、外宮一禰宜光忠、内宮一禰宜成長が受け入れ側の実質責任者として対応している。内外両宮の禰宜層に退下ののち出家する者が輩出し、氏寺に帰依し、経典受容がみられるなど仏教に対して好意的であっても、外宮群参は憚ると一部の禰宜の諫言があったように、必ずしも双手をあげて歓迎されたわけではないのである。なお、この重源の参宮は中世思想史上きわめて重要な意義を持つこととなる。まず東大寺の諸堂建立にさいして参詣することが習わしとなり、西大寺の叡尊・貞慶も参宮するなど、鎌倉時代に流行する僧侶の伊勢参宮の道を実質的に切り拓いたことである。こうした神仏調和の思想が、ひいては本地垂迹説に発展し両部神道を生むが、これに対する批判と自覚が伊勢神道成立の一因を成したともいえよう。

四　天照大神と本地仏

日本の神々の本体は仏で、あらわれている神は仮りの姿であるとする、いわゆる本地垂迹説ほど巧妙な説はない。仏教の伝来当初は、異国の宗教として仏教の受容や土着化は困難だったと思われる。その端緒は、布教もさることながら、まず国分寺を全国に配置し、事実として寺院建立を進めて身近かなものとし、そのうえで第二段階として神宮寺によって神と仏が矛盾なく調和することを示したのであろう。その先駆は、鹿島および多度神宮寺を創建した僧満願、あるいは宇佐弥勒寺の僧法教などである。彼らは一様に神託を発せしめる強烈な個性を持ったシャーマン僧であった。彼らはできるだけ神社の近くに神宮寺を建立して神と仏が共存しうることを示し、神が寺（神宮寺）の建立を求めている、との神託が発せられ仏教アレルギーを払拭した。そして存立する社会的地位を獲得したとみるや、それに安住せず、古来の神祇の本体は仏であるとの主張に転じ、いわゆる庇《ひさし》を借りて主屋を奪う情況となり、ついに本殿内のご神体まで本地仏化した神社が出現する。

こうした本地成立の時期について辻善之助はその古典的研究「本地垂迹説について」（『史学雑誌』明治四十年）のなかで平安中期とし、以後これが定説として理解されてきた。ところが安津素彦はこれに対して貞観頃までさかのぼるとした(7)。そしてその後、美術史の分野で各地の造像例から安津説を裏づける見解がだされている。

一例をあげれば、若王子社の旧本地仏・薬師如来坐像は平安初期のものとされている。これらの見解が正しいとすれば、辻説は訂正を余儀なくされよう。そして全国の有力神すべてに本地仏を配当しおわるのは平安中・後期ということになる。さて、これに対して神宮における本地の成立についてはどうか。じつはこの点についてあまりはっきりしない。まず本地に言及した史料自体の記述や成立時期が不明確という困難性がある。確かなところ、少なくとも平安後期とされる『東大寺要録』や『大神宮諸雑事記』には、間接的ながら盧舎那仏としるされている。大江匡房の『江談抄』（一一〇五）で「大神宮ハ救世観音御変身」とある。したがって平安後期の段階では伊勢の本地は盧舎那仏、すなわち大日如来を暗示する程度で、はっきりとしたものは救世観音ということになる。後代、いわれるところの大日如来に一定するのは鎌倉期以降である。また空海が内外両宮の本地を金胎南部の大日如来とした説も、空海への仮託であって、とるに足りない。いずれも鎌倉時代以降に定説化した後代の本地観を各真言教団が、宗祖空海にさかのぼらせて主張しているにすぎない。

ただここで注意されるのは、こうした本地説は仏教側による一方的な主張であって、神宮側は一度もこれを認めてはいない。のみならず、こうした本地説は一般に定着し、神主側も唱導するにいたる時、だいたいすでに内陣には本地仏が神体としてまつられ、あるいはその神宮寺もしくは習合施設の本尊として安置されているのが常である。

伊勢においては、本地説はあっても単に言説にとどまるものであり、現実に救世観音、あるいは大日如来がまつられ、あるいは持ち込まれた事実はない。本地仏そのものが神体とされた諸社の例とは根本的に違うのである。伊勢の場合、仏教側による一方的な言説であったことは、確認しておく必要があろう。こうした伊勢と同様の事例は、賀茂両社・春日・住吉社・杵築社などがあげられよう。とくに神宮の場合、御垣内には仏教的文物が入った形跡はない。「仏法の息をしりぞける」といわれたように、仏教排除の方針は、とりわけ神宮の神域内においては貫徹されていた、といえよう。神仏習合と一口にいっても、その内容と実体には違いがありさまざまな段階があり、すべてを同列に論ずることはできない。少なくとも、内宮・外宮を問わず神宮の神主自身が天照大神あるいは豊受姫大神（国常立命）の本地を救世観音もしくは大日如来と主張したことは聞かない。

おわりに

以上、伊勢における神仏関係を平安時代に限定して点検し若干の考察を加えた。一般論として神道史を神仏習合の尺度でみると、平安前期は習合の進出期にあたり、中期は発展期、後期は完成（熟成）期に区分することができる。もちろん習合現象は一社の性格、規模、経済的・宗教的な所与の条件等によって多様であり、発展段階も異なり一様に論ずることはできない。たとえば諸社では中・後期には社僧が入り、本地仏が導入されるなど神仏習合が進み仏主神従となり、その緊密さは頂点に達した時期である。

しかし、これは神宮にはあてはまらず、先に述べた通り、仏教を一歩たりとも神域内へ持ち込んでいない。神仏習合の開花期といってよいこの時代でも、仏法の息はしりぞけられ、祭庭に仏事はなく、社殿、神宝、調度は古格にしたがい、神宮祭祀は古儀通り遵守され、仏具は排除されてきた。ただ影響のおよんだのは、神主の精神生活であり、私的部分において神仏習合と呼ぶべき仏教の受容が認められた。経典に親しみ、後世安穏、浄土への往生を念じて経塚造営に参加し、ついには剃髪出家する神主さえ相次いであらわれる。しかしながら、出家するにしても、職を辞し退下した後に行うという態度も固く守られていたことも留意されねばならない。大中臣・荒木田・度会の各氏は、祭祀を第一義とする公的な生活においては仏教を排除しながら、一方ではみずからの氏寺を持ち、現当二世における不安に対して救済を求めるといった私的生活での仏教受容が行われていたといえる。

それでは、なぜ彼らは出家したのであろうか。この問に明解にこたえることは困難である。たとえば神宮全体を統括する立場にあった祭主が、常住する公家社会に蔓延する出家の風を都より伊勢に持ち込んだこともあろう。時代の風潮として内外両宮の神主たちの周辺にも仏教の影響がおよんだ一般的状況もあろう。また律令制崩壊による経済基盤が動揺をきたし、神宮といえどもはびこる社会的不安から末法思想が神主にも広まる素地が充分あった。

いっぽう、神祇には個の生活において救済力を持たない、とする見方がある。たとえば賀茂の斎院たちが生きることの不安と懊悩から逃れるために神に救済を求めず退下後、ただちに出家した例がいくつかある。これは神の神徳を説く言説が未熟で、強い霊威、固有の神徳はあっても救済への導きとなる言説が未発達であったためである。神性・神威はあっても、神学が不充分のため結局、神祇は仏教の多様な教義、救済論の言説を許してしまったのである。もちろん、これには神祇と仏教がともにもつ多神・多仏という基本的性格が基底にあって、神仏習合を可能にしたことはいうまでもない。排他ではなく調和・共存を基本的在り方とする点も大きく作用している。『日本書紀』において、仏を「他国の神」あるいは「仏神」ととらえ、用明天皇は「仏法をうけたまひ神道を尊びたまふ」と述べ、すでに対仏教、神仏関係の基本が示されている。神宮に即していえば、神宮に関する規範的伝承の書である『太神宮諸雑事記』において、もっとも忌避されたのは死のケガレであった。くり返し述べるのは「死触不浄の咎」であって、仏教についてはさほど排撃していない。

こうした神道の持つ他者の存在を認める許容性・寛容性にこそ、仏教を受容し、出家神主の出現する素地があり、また諸社では神仏習合が発生する素地があったと考えられる。思えば、わが神道において仏教ばかりでなく、雅楽・有職故実・祭式におよそ大陸の影響をうけぬものはない。神宮の例でいえば、起拝の作法、正殿高欄上の居玉、遷宮の鎮地祭における鉄の人像・刀子といった忌物、伊雑宮御田植神事の太一の幟など枚挙のいとまがない。伊勢の神宮に限らず神道の純粋性とは、単に混り気のない、他の影響をうけない排除の論理から生まれるものではない。むしろ、大陸文化に心を開き、摂取受容の上に自覚的にみずからの有り様を厳しく見定めた、柔軟なかにも強い純粋性である。平安時代は周知のごとく、全国の諸社に神仏習合化が進んだ時期であるが、神宮においては実体としての本地仏化は成立せず、祭主・禰宜の各層における私的な仏教の受容にとどまった。神域内には祭祀の場として一切、仏教的なものは持ち込まず、排除の原則がつらぬかれたことは、やはり伊勢の神宮ならではという感を深くする。

（1）萩原龍夫『中世祭祀組織の研究』（吉川弘文館、一九六二年）。
（2）久保田収『神道史の研究』（皇學館大学出版部、一九七三年）。
（3）梅田義彦『伊勢神宮の史的研究』（雄山閣、一九七三年）。
（4）石巻良夫「伊勢神宮祠官の仏教信仰に就いて」（『国学院雑誌』第二十三巻三・四号、一九一七年）。
（5）堅田修「王朝貴族の出家入道」（『日本古代信仰と仏教』、法蔵館、一九九一年）。
（6）前掲注(5)に同じ
（7）安津素彦『神道思想史(前編)』（神社新報社、一九七五年）。

第二節　『津守氏古系図』の研究

はじめに

古代より航海安全の神として知られた住吉社は、『日本書紀』に神功皇后の新羅出征にさいし「和魂は御身を守り、荒魂は御船を導き奉らん」との託宣を下し、やがて海上風波の難なく無事帰還して現社地に鎮祭されたことをしるす。早くより神階をすすめ『延喜式』では名神大社に、のち摂津国一ノ宮、二十二社に列した畿内の大社である。たとえば遣唐使の出発にさいしかならず参拝されるなど、こうした由緒が示すように、開明性をもって一社の性格とすることができよう。この住吉社の祭祀氏族が津守氏で、『日本書紀』にその祖田裳見宿禰《たもみのすくね》が住吉三神の鎮祭にかかわったことがみえ、また津守の氏の名がしめすように大坂湾の津を守る職掌に由来し、さらに中国や朝鮮半島との対外交渉にも活躍している。

このような住吉社および津守氏が、ほんらい対外思想・宗教である仏教に対してどのように接し、あるいは受容したのか、はなはだ興味深いことである。また中・近世にはもっぱら和歌の家として知られ、多くの歌人を輩出している。津守氏にはさいわい『津守氏古系図』（以下『古系図』と称す）および諸本があって、他の諸社と比較して良質な情報を有している。この『古系図』を中心に考察をすすめたい。

一　『津守氏古系図』の諸本とその検討

津守氏の系図には四種の諸本があり、その系統の多さが特徴のひとつといえ、他の神社の神職系図より抜きんでている。すでに保坂都による大著『津守家の歌人群』(1)があり、加地宏江による『津守氏古系図』『藤井本津守系図』等の翻刻とその研究(2)がなされ、いずれも得るところがきわめて多い。ただ本論がとりあげる仏教や神仏習合の問題はほとんど言及されておらず、ここではあらためて本書の主題に基づく整理を試みておこう。これらの諸本は、それぞれの特徴があり、記述内容に精粗の差があり、利用目的に応じても一長一短がある。本稿のような神仏習合を扱う場合、当然ながら仏教的記事の多い諸本が求められることはいうまでもない。

①『津守氏古系図』（津守千栄子氏蔵）

いうまでもなく住吉社の社家である津守家所蔵の一本で、墨付き本文八十丁からなる折本である。全長四十メートルにおよぶ長大なもので、その内容は、ニニギノ尊よりはじまる神代系譜につづいて、初代神主手搓足尼《たもみのすくね》より七十二代国礼（一七七三～一八四六）すなわち江戸後期までの歴代の神主職を軸に記し、三十九代国基からは姉妹・母など女たちもしるすことが特徴のひとつで、内容を豊かなものにしている。とりわけ神主自身の出家や当初より僧尼の道を歩んだもの、あるいは仏事法会や造寺造塔を行う者など、一族をあげて仏教に帰依した津守家の実態を物語っている。内容が後述する『住吉松葉大記』所引の系図と共通する点も多く、おそらく本『古系図』の祖本が同一か、同系統とおもわれるが、いずれにしろ本稿の第一史料とすべき内容を多く含んでいる。本『古系図』については、津守千栄子氏の格別のご好意によって調査、撮影を行うことができた。

②『住吉社神主并一族系図』（群書類従所収）

三十九代国基より六十四代国通まで、すなわち平安中期より江戸前期までしるすが、若干の出家、仏事、僧名などを含むものの『古系図』には、はるかにおよばない。たとえば冒頭に「神主右大弁津守吉祥後胤」とあるが、これは津守氏三系統のうちの一系統で、飛鳥朝に遣唐使として渡った吉祥の子孫であることをまず明記したものである。岡田米夫は延徳の頃（室町後期）の成立で、元和にかけて書き継がれたものと述べている。(3)

③『住吉松葉大記』（以下『松葉大記』と称す／住吉大社蔵）

住吉社の祠官梅園惟朝の編纂にかかる、同社の全般を網羅する百科全書的な史料集である。(4)全十九巻からなり、一巻ごとに「神事部」「氏族部」「寺院部」と項目ごとにわかりやすく出典を引用しながら簡潔にまとめられている。ただし惟朝自身、排仏意識のきわめて強い人物であったことは、その記述ぶりからうかがわれる。(5)しかしながら『古系図』編纂の態度と同様、事実は事実としてしるす態度で一貫していることは、その価値を高らしめている。とくに「寺院部」などは二巻にわたって、住吉社関連の寺院の概要とそこで行われる年中の仏事一覧、差定、式次第まで収める。本書は『古系図』とともに神仏習合の解明に資するところ多く、住吉社の基本史料のひとつである。

④『住吉社神主并一族系図』（以下、藤井本／住吉大社蔵）

本系図は群書類従本と同名であるが別本で、加地宏江によって紹介された新史料である。(6)『藤井本』は三十九代国基から六十五代国貞までとし、『古系図』にみられぬ記事があり、本稿では一部これによって補訂を行った。

⑤『津守家家伝』（大阪府立中之島図書館蔵）

ほぼ『古系図』をベースにしたもので、『古系図』は七十二代国礼までだが本系図は七十五代国敏までしるす。とくに明治に歌人として知られた七十四代国美の事績は詳細なもので、明治十五年七月が最終記事だから編者は国美もしくはこれに近い人物であろう。本系図の特徴は『古系図』をベースにしながら、出家など一切の仏教記事を削除し編纂したもので、編者は神仏分離後のいちじるしい排仏思想の持ち主であり、従って本稿には何ら益するところはなかった。内閣文庫の『津守家家系』も同系統である。

さて、そこで本稿が依拠する住吉社の神主家に伝えられた①の『津守氏古系図』の史料性について検討したい。まずその前に言いうることは、住吉社が難波の大社でありながら、一次史料の残存がきわめて少ないことである。本系図に限らず、同社のさまざまな側面を解明するにさいして、まず突き当たる問題である。(7)しかしながら本系図の史料性の検討は欠かすことができない作業であり、わずかなりともすすめなければならない。

本系図は、既述の通り三十九代国基（一〇二六～一一〇二）から記述内容が多く豊かなものになる。このことは、国基以降について裏づける史料が住吉社および津守氏に存在し、総体的に信憑性が高いことを物語っていよう。(8)

そして、津守氏累代の人物群を検討しようとするとき、さまざまな系図・神職系図と比較して、ひとつの好条件がある。それは津守氏が一面、歌道の家であり、多くの歌人を輩出して中・近世の歌壇に重要な位置を占めていることだろう。具体的には数多くの歌集に津守の多くの人々が入集して、すぐれた作品自体が、事蹟の細部はともかくとして、その存在を証明していることである。一部に詞書があり、永い時代にわたる系図の記述のなかで、とくに平安中期以降、国基をはじめとする歌人たちの存在は要所にあって『古系図』の実在性、すなわち事実性を高いものにしている。さらに住吉社は畿内の有力大社であり、その一社の神職として絶えず中心的立場にあったこと、社会的・歴史的にもよく知られた名門であったことなど、基本的に虚偽・偽作のされにくい状況にあったことが指摘される。

津守氏で知られた歌人をあげよう。

三十九代神主　国基（一〇二六～一一〇二）　国基集・歌仙・千載

有基（　　　～一一三五）　対馬守・大隅守　歌仙・千載

四十六代神主　経国（一一八四～一二二八）　歌仙・続後撰・続拾遺・新後拾遺ほか
四十七代神主　国平（一二〇七～一二八五）　歌仙・続後撰集・続古今・続拾遺ほか
四十八代神主　国助（一二四一～一二九九）　歌仙・続拾遺・新後撰・玉葉ほか
四十九代神主　国冬（一二七〇～一三二〇）　新後撰・玉葉・続後拾遺・
五　十代神主　国道（一二七六～一三二八）　新後撰・続千載・続後拾遺
国道女（生没年不詳）　新後撰・続千載・後拾遺
五十一代神主　国夏（一三〇二～一三五三）　歌仙・続千載・後続拾遺
国実（一三二八～一三五二）　風雅
五十二代神主　国量（生没年不詳）　新千載・新後拾遺
国貴（一四三九～一四〇〇）　新後拾遺
国久（一三五七～一三九七）　新後拾遺
国廉（一三六〇～一三九七）　新後拾遺
量夏（一三四三～一四二〇）　新後拾遺
国顕（　～一三一六頃）　続千載
宣平（一二四四～一三一六）　続千載
棟国（一二五二～　）　新後撰・続千載・神祇・続後拾遺
国藤（棟国の長男）（一二七〇～　）　続千載・続後拾遺
五十五代神主　国豊（一三九四～一四二八）　新続古今
五十六代神主　国博（一四二〇～一四四四）　新続古今

さらに史料紹介された『津守氏昭記』など関係史料等によって『古系図』にしるされた記述を検討したところ、十八例の出家記事をあげることができた(9)。

その結果、『古系図』記載総数四四〇名のうち右にあげた著名歌人を加えると二十五名ほどが、ほぼその事実性が確かめられたが、それは全体の十八％にすぎない。これをもって『古系図』の信憑性を云々するのは危険とも言いうるが、いうなればこうしたプライベート史料のすべてを証明することは不可能に近いのが現実である。しかし全体を通し、津守氏の総領である神主については平安中期以降、国基以降は歌集など歌壇史料によって概略確認される。いっぽう一見重要視されない傍系の系譜部分が別史料によって数か所証明された。わずか一・八割程度であれ信憑性が裏付けられ、これを全体に広げて史料性を類推することにそれほど問題はなく、ほぼ信頼するに足りるとしてよかろう。むしろ系図史料でここまで証明部分が多いことは、良質の系図であることをしめす。以上が『古系図』にたいする史料性の結論であり、これらをふまえて神祇側における仏教の内部受容の諸相を知ることができる。

二　津守氏の出家者

『古系図』がしるす仏教帰依者を図1で示してみた。まずニニギノ命から十七代までは神代として除き、「住吉社神主始」とされる初代手搓足尼から七十二代国礼まで計四四〇名をしるす。このうち男三六九名、女七十一名と男女比率は五対一と高く、この種の系図で女子の占める率の高いことはきわめて珍しい(10)。それは津守氏の女たちが僧尼となって関係寺院に仕えたためとみられ、『古系図』のいちじるしい特徴のひとつである。さて図4で示した通り僧あるいは尼となったもの八十一名で、僧六十三名（十四・三％）・尼十八名（四・一％）という内訳で全体の十八・四％である。すなわち津守氏四四〇名のうち十八・四％、二割弱が僧尼となっている。もちろ

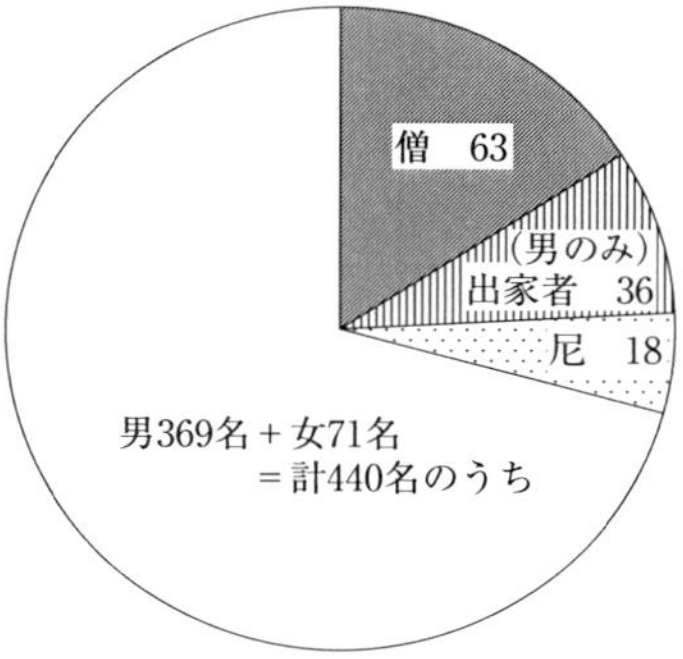

図1　『古系図』にしるされた出家者数

んこれらのデータは住吉社全体を示すものではなく、神主家の一族を中心とした一系図が示す概要にすぎない。あくまで全体の一部分を示すものであるが、しかし住吉社の中枢を担う重要部分には違いない。こうした仏教帰依はこれだけにとどまらず、神主をはじめ官職等に就きながら出家した者三十六名（八・二％）がいる。

以上、僧尼となった者に、あとからの出家者を加えると百十一名（二六・六％）となり、じつに全体の三割近くの人々が深く仏教に帰依していたことがわかる。このデータは単なる外面的な神仏習合や、中世社会における文化、教養としての仏教摂取ではなく、一定の深い仏教の内部受容が想定される。ふつう考える以上に神仏習合が住吉社内部に深くおよんでいたことを物語っている。次に具体的検討に入る。

三　出家神主の出現

(1)はじめて出家した神主忠満

忠満は『古系図』における出家神主の初見であるが、日時の明示はなく、おそらく現役神主としての出家ではあるまい。忠満の名は群書類従本になく、『古系図』『松葉大記』等によってのみその存在が知られ、しかも不審なのは『古系図』では記載箇所は離れて二か所にしるされている。まず第一の部分は「三十五　忠満／寛弘四年丁未補之」としるす簡単なものである。第二の部分は三十八代信国の次世代に位置し、信国は康平三年（一〇六〇）に没しているから、時期的に五十余年ほどの較差があり、第一の部分の位置が妥当である。本来別の二本を一本につなぎ合わせたことからくる矛盾であろう。第二の部分に次の記述がある。

注連 ―― 忠満
入道　　三十五代ノ所ニ見
　　　　寛弘四年月日補神主
　　　　出家法名信行

系譜上、忠満は入道注連の子にあたる。そして神主補任の時期が寛弘四年（一〇〇七）であること、その月日が不明な点は二か所ともに同じである。問題は「出家法名信行」としるす箇所で、これが出家神主の初見である。「三十五代ノ所ニ見」と傍注があり、その前後双方に出家とあれば問題はないのであるが、この事実を疑うまでもなく、『古系図』祖本が少なくとも二本以上あり、系譜年代を異にすること、記述にも精粗の差があったためである。したがって、いっぽうの系図にしるされた出家記事を事実とみることに何ら問題はないだろう。『松葉大記』にも出家記事はない。また寛弘四年は神主補任の時期であるが、出家の時期は不明である。

なお保坂都は、この忠満を現職神主での出家とみなすが(11)、それをうかがわせる記述はなく、これには根拠がない。むしろ神主退下後の出家とみるのが妥当で、その時期は後任の三十六代頼信が神主に補任された長和二年（一〇一三）以降間もないときに出家したとみられる。したがって住吉社における出家神主の初見は長和二年以降、十一世紀初頭とみなされる。なお忠満の先にみえる入道忠連について、世代的には神主補任が寛弘四年である以上、前後関係から忠満の父とするには矛盾が生じ、三十四代良利の次に三十五代忠満を置くと矛盾がない。住吉社は、弘仁以前から二十年一度の造営遷宮が行われていた（『日本後紀』）。忠満が神主となった頃の延長六年（九二八）の遷宮ののち空白期間があって、ようやく長和三年（一〇一四）に行われ、以後だいたい二十年ごとになされている。長和度の遷宮は『古系図』によれば、就任して間もない三十六代頼信によってなされたと思われ、時期としては忠満が遷宮の実質的準備を遂行したことになる。さらにまた住吉社がこの忠満、頼信によって式年造替の制を確立したことになろう。果たして出家した忠満はこの遷宮の儀を拝見したのであろうか。遷宮の前年に頼信が神主に就任したことからみて、職責に耐えず退下したか、死期を悟って出家したのであろう。神域に響きわたる槌音のなかで、一社の重責を担った神主が出家をした、この初見の時期と背景は注目させられる。信行という法名にも出家神主としての覚悟がこめられているようにおもわれる。なお忠満の子に基辰があり、長久三年（一〇四二）五月二十九日に外従五位下に叙せられているが、盲目により出家し、我孫入道と号したという。盲目となったため、神主を退下し出家したのであろう。

(2)現任神主の出家

神主の出家をみる場合、退下後と現任のままでは意味が大きく異なる。現任のままの出家者は四十四代と五十七代の二名が確認された。

◎四十四代長盛（一一三八～一二二〇）

彼の父は四十三代国盛、母は天王寺供僧行還の女で、五人兄弟の長男として生まれた。ただ一人の妹は名前不詳ながら出家し能覚房と称している。このように母方の祖父が僧侶であり、父は出家こそしなかったが、仁安四年（一一六九）三十九歳のとき一切経会を一の御殿前で始行するなど、神仏習合法儀の創始者であった。また祖父の四十二代盛宣は神主退下後に、さらに祖々父宣基もまた出家者であった。こうした父方と母方の双方にみられる血縁者の仏教帰依の事実は、彼の思想形成に大きく影響を与えたとみられ、はじめての出家神主を生んだ有力な要因であろう。長盛は津守氏の嫡男として十歳のときすでに従五位下、二十歳で権神主、治承二年（一一七八）十一月二十八日四十歳で神主に補任されている。嫡流の子として順調に神主への道を歩み、晩年には従四位下に昇っている。長命で実に神主在任四十二年で大神主と呼ばれ、歌人また方磬《ほうけい》・笛の名手としても知られ、すぐれた鎌倉前期の王朝文化人であった。

長盛の仏教的事績は、まず承久元年（一二一九）十二月二十日、亡くなる一年前に行った神宮寺西塔の供養である。ここでの供養とはおそらく再建もしくは修理による竣工による法会であろう。また『松葉大記』は「置三綱、上座、権上座、寺主、権寺主、都維那、権都維那、等僧位　蓋依宣旨也」としるし、住吉神宮寺が宣旨によって三綱の制を確立し、寺内組織の整備をしたことが知られる。またこうした制度の確立だけでなく、これを経済的に裏付ける「社僧著到料」を置き、播磨国阿閇《あえ》庄田六町をもってあてたことがしるされている。『古系図』はこの点について「僧中着到米料、阿閇庄四（田）六町宛置云云」としるし、おそらく阿閇庄田六町があてられたとおもわれる。長盛が住吉神宮寺の整備、確立に果たした功績はきわめて大きいといわなければならない。こうした長盛を代表とする津守家、ひいては住吉社全体が、仏教に対し敵対せず、むしろ融和的であり、後述するように末子相続をもって寺内の別当・院主などに任命し、津守家は神仏共存の要に位置したのである。こうした彼の生涯を閉じるに相応しい臨終の状を『古系図』は次のように伝えている。

「承久二年四月六日申刻出家、戌時閉眼、八十二、臨終正念往生也、異香薫シ音楽聞云云」、すなわち西塔供養の三か月余り後、承久二年（一二二〇）四月六日の申刻（午後四時）、死期をさとった長盛はにわかに出家し、戌刻（午後八時）閉眼したという。典型的な臨終出家である。「臨終正念往生……」という記述のうちに、迫りくる死に対して信念に満ちた終焉の姿をみる。日の沈みかける頃、型通りの剃髪を行ったか不明だが、まさに死への儀式として出家を行った。そのわずか四時間後に臨終の刻をむかえたが、神道的な「幽世」というよりは「浄土」におもむくことを信じた仏教的来世観の色濃い大往生であった。

『古系図』のみがしるす具体的記述であり、あえてしるすことは津守家一族ひいては住吉社の人にとって理想の死として語り継がれてきたことを意味しよう。年齢からみてすでに祭祀の第一線から退いていたとみられるが、神主職退下の事実は認められず、機会を逸したまま死をむかえたのであろう。おそらく実質的な神職は経国に移行していたとみられるが、こうした出家神主の出現は家庭内の事情にもよる。

『古系図』によれば、長盛につづいて四十五代国長に神主職を継承したように位置付けられているが、その事実はなく、治承二年（一一七八）十一月、父長盛の神主就任にともなう権神主が最高位であった。そして父に先立ち建保四年（一二一六）、五十六歳で卒去している。なお『松葉大記』によれば、国長について「建保二年四月始補二河尻嶋々中津河等寺々別当一是新儀也」としるして、数か寺の別当職にあったことを伝えている。このように住吉社の神仏双方を管掌する長盛の子にふさわしい道を歩んでいたにもかかわらず、長盛七十六歳のときに息子に先立たれたため孫の経国に神主職を渡すいとまなく臨終出家したというのが実情のようである。とはいえ形式的にも神主職の継承は可能だったにもかかわらず既述の通り、現職のまま出家したのは時代のなせる技であり、住吉社の神仏習合の深さを示すものである。平安中期に忠満という出家者を生んで以来、鎌倉前期にいたって出現した現役の出家神主長盛の誕生はこの時期の神仏習合が一つのピークに到達したことを物語っていよう。

◎五十七代国昭（一四四〇～九〇）

厳密な意味での出家神主は先の長盛以来、二六八年ぶりの出現である。室町中期から後期にかけての神主で、文安元年（一四四四）七月十八日、わずか四歳での神主就任は父国博が二十四歳の若さで急逝したためである。これは神主職が年臈によらず長子相続によることを示し、就任に先立つ閏六月二十日従五位下、六歳のとき従五位上、中務少輔、四十三歳で左京太夫と進んでいる。そして長享二年（一四八八）四十八歳で落髪、道号夢翁宗州を名乗っている。神主辞退がしるされず、後任の五十八代国則の就任が明応二年（一四九三）十二月と国昭卒去の三年後のことであるから、在任したままの落髪とみられよう。没年五十歳、院号は退就院であった。第二の出家神主を生んだ当時の状況をみよう。

┌女子

- 女子
- 五十五代国豊
  - 女子（西林院長老）
  - 五十六代国博
    - 女子（西林院長老）
    - 五十七代国昭──五十八代国則
    - 女子（西林院西坊）
    - 女子（宝樹院）
  - 南栄（慈恩寺住持）
  - 童子
  - 女子（西林院西坊）
- 誓中
- 梵策（南禅寺僧慈恩寺住持）

国昭の祖父国豊は四人兄弟で、次男誓中は僧とみられ、三男梵策は南禅寺僧、そして慈恩寺の住持であった。慈恩寺は上住吉にあり、氏人の気叟・卓然の二禅師が開き、のちの津守家の菩提所となった。父国博は六人兄妹でうち三人は女子で良恵大姉は西林院長老で、末娘は西林院西坊の尼僧であった。西林院は『松葉大記』によれば寛喜二年（一二三〇）四十六代経国の草創になり、堀内御堂とも呼ばれ、近世にはすでに失なわれていた。次男南栄は橘首座、やはり慈恩寺住持であった。

また国昭についていえば四人兄妹ながらほか三人はみな女子で、長女は西林院長老、次女は西林院西坊、三女は宝樹院（藤井本は宝樹院坊主）とある。

これら三代をみて言い得ることは、津守家の長男のみ神主職になることが定められ（もちろん器量にあらざるものは就けなかったが）、次男以下は僧、娘たちのほとんどは西林院・慈恩寺の尼僧となっていることである。その理由として津守家の継承上の純粋性を守り、混乱をさけて傍系をできるだけ排して家督の安泰をはかったためであろう。『松葉大記』によれば「当社神宮寺の東西両僧房、昔は神主の末子社僧と為て住職に任じ……東西両僧房は殊に住吉に於ては津守家の出なれば、寺家の権威も重く」（巻十）とし、また「世津守家末子為㆑僧住㆓此寺㆒」（巻十九）と述べる通りである。しかし吉田豊[12]によれば、津守七姓のうち、「大領氏による大海社司職、狛氏による神主職、梅園氏長家による家司職などは嫡子相続による一家独占が確立しており、神宮寺僧坊職や慈恩寺々主職も神主家末子の職役であり、年﨟制によっていなかった。しかしこの一家単独制も、神主職では三九代国基以後のこととおもわれる」とし、時代による継承法の違いがあったことを述べている。いずれにしろ神主長盛・国昭はいずれも津守家の嫡子であって、以下の弟および娘たちは僧尼の道を歩み、指摘された一族内における神仏の職務分担が明確になされていたことを知り得る。

すなわち住吉社においては、神主家の津守氏が嫡子を一社を統括する神主に、次男以下の子女は僧尼となった。津守氏自身が住吉社の神仏双方の頂点に立ち、その下に七姓を諸職に配置した。これが永きにわたる神仏習合を温存し神域内に神仏を分かち、いっぽうできわめて整然とした神宮寺伽藍を形成してきた理由である。住吉社において神仏相克の事例を聞かないのは、津守氏が僧尼となっていたためであり、一族のうちで神主職のみ嫡子をあて、官職に進む以外は他の子女も寺院内に安住させ、生計を立てさせたためである。

四　退下後の出家神主

◎四十二代盛宣（一〇七三～一一五七）

天治二年（一一二五）十一月二十二日のこと、四十一代俊基の嫡子忠基が父の眼前で自害する事件が起こった。「但有子細」とあるが、藤井本は「舎弟保基与口論於父俊基前死去」とその事情をしるす。忠基が自害したときに十歳の盛基が残されて、すでに外従五位下となっていた。しかし不祥事のためとみられるが神主には就任せず、三十九代国基の子七人のうち（四男の？）宣基の子盛宣に移り、以後この系統により継承されてゆく。盛宣は保延六年（一一四〇）三月に従弟の四十一代俊基のあとをうけ五十七歳で神主となる。就任八年目の久安四年（一一四八）四月十八日に大乗会を始行する。大乗会は五部大乗経を講説賛嘆する法会のことで、承暦二年（一〇七八）に法勝寺で行われたのが最初である。『松葉大記』は大乗会のことは述べるが、四十六代経国に関してだけで、盛宣が始行のことはしるされていない。『古系図』によってのみ知りうる事実である。ちなみにこのときに用いられた大般若経の一部は、従弟で先代神主の俊基が生前に書写したもので、五部大乗経は盛宣みずから書写し供養したものであった。そして社司・僧侶・舞人・楽人なども参加して、経典を一の御殿（第一本宮）幣殿前に安置して経典供養の法会を行った。このように平安後期、住吉神主みずからが主宰して第一本宮前で仏事を行った意義は大きく、この時期のひとつの動向を示すものといえよう。

また退下する三か月前の保元三年（一一五八）八月十五日、神宮寺経蔵を造立している。祭典奉仕のあけくれのなかでみずから五部大乗経などの経典を書写した彼の生涯の仕上げにふさわしい仏教モニュメントの創設といえよう。その年立秋の気配が感ぜられる頃、みずからの死期を悟ったように十一月十三日、神主を辞退し直ちに出家、父宣基の法名住寂の一字をうけて蓮寂を名乗るが、その十日あとに卒去する。一族の不祥事によって図らずも神主職に就任して十八年、没年七十五歳であった。だれが名付けたか盛宣を「入道神主」と呼んだが、まさに彼の生涯にふさわしい呼び名であった。なお賀茂社にも「大入道神主」（本章第三節参照）と呼ばれた賀茂社神主重助（保安二・一一二一年没）がおり、盛宣より三十七年前の人物であるが、いずれも有力大社の神主であり平安後期の神祇界を象徴するものといえよう。

◎権神主国貴（一三三九〜一四〇〇）

盛宣以降、歴代神主は境内の神宮寺を中心として造営・法会の振興などを行うものの、神主および権神主を含めて出家者はあらわれてこない。ここでとりあげる国貴は南北朝から室町時代を生き、おそらく四男であったため権神主にとどまった人だが、盛宣の生きた鎌倉前期いらい、約一七〇年ぶりにあらわれた出家（権）神主であった。国貴は津守歌人として知られた五十一代神主国夏の子で、国夏については保坂都著『津守家の歌人群』に詳しい。後醍醐天皇の比叡山行幸にさいして舞楽が奉納され国夏は獅子太鼓役をつとめたが、遅参した彼は寸前のところで思わず遠くから自分の沓を撥《ばち》がわりに投げつけて間に合ったというエピソードの持ち主である。

その子に国実・国量（五十二代神主）・卓然・量夏の兄弟がいて、歌作に秀でたものが多く、国貴も『新後拾遺集』に三首入っている。さて国貴は文和二年（一三五三）五月十一日、父国夏の死によって兄国量が五十二代神主に昇格したため権神主に就く。従四位下にすすみ権神主在任四十一年の永きにわたる奉仕の後、応永元年（一三九四）十月国量の子国久に職を譲る。そして退下の三年後の応永四年（一三九七）に出家、法名宗統を名乗る。筆頭職ではなかったものの国夏神主の子として、次兄の国量神主を助けつつ祭祀にいそしみ、みずから歌作に励み、後任の甥国久の協力を得て『津守和歌集』を編集している。このように典型的な住吉神主の正統を継ぐ一人であり、宗統の法名はそうした彼にふさわしい。国貴は出家三年後の応永七年（一四〇〇）七月七日、すなわち七夕の日に卒去している。齢六十一歳であった。保坂によれば辞世の頌があるという。

ここでとりあげた五名の出家神主は、いずれもその時代を象徴する代表的な例であって、その裾野はきわめて広く、数多くの出家者が長期にわたって輩出している。次にこうした津守氏に生まれながら僧尼の道に進んだ人たちをとりあげる。

五　輩出する僧尼たち

(1)僧　尼

『古系図』にしるす僧尼は全部で八十一名にのぼり全体の十八％と注目すべきデータを示すが、時代ごとに整理して主だった僧をあげておこう。

〈平安中期〉

◎忠連　『古系図』にあらわれる最も古い僧で、はじめての出家（㈤）神主とされる三十五代忠満の父と思われ

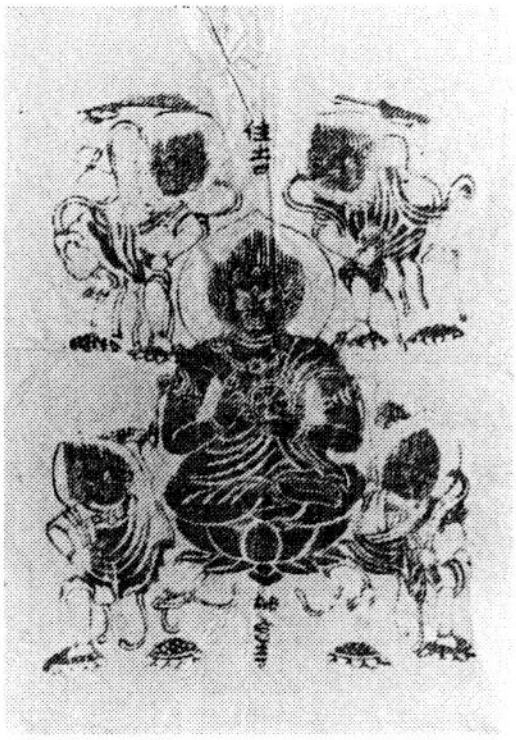

図3　住吉神宮寺の五大力尊刷物

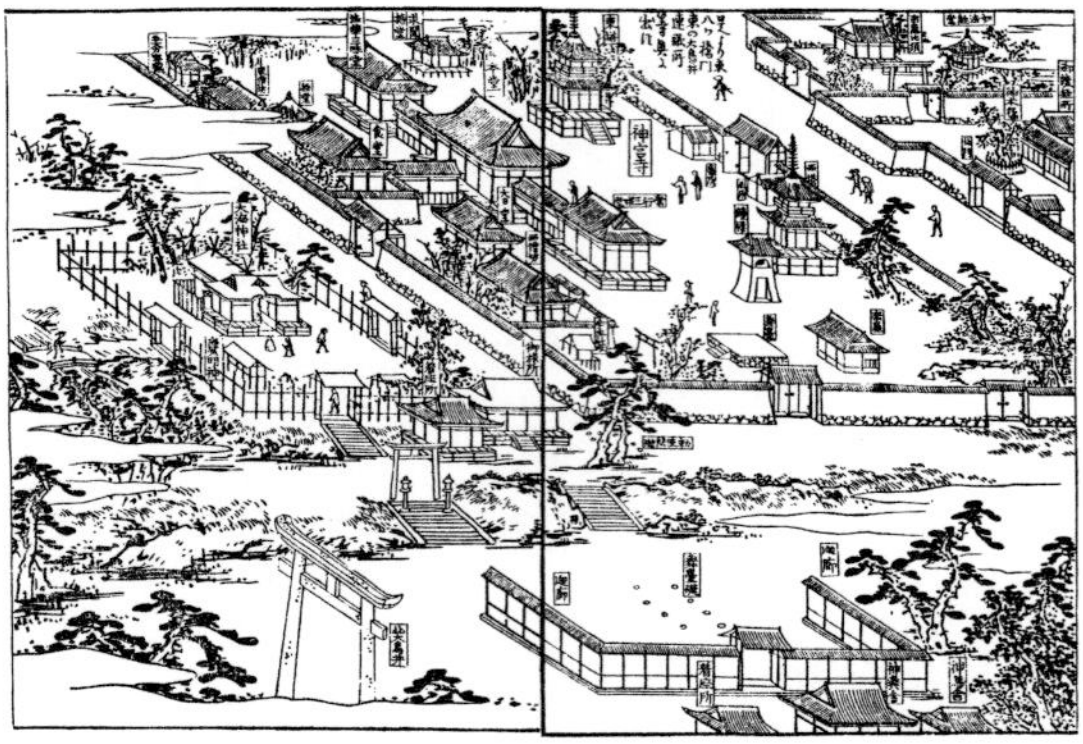

図2　近世の住吉社内の神宮寺（『日本名所風俗図絵』）

る人物である。しかし既述の通り『古系図』のこの部分には矛盾があり、忠連は三十八代信国と同世代、むしろ兄弟とみなす方が妥当のようである。とすれば信国の神主であった時期、天喜・康平（一〇五八〜六〇）の頃、あるいは三十五代忠満の父としても約五十年さかのぼることにはなるが、どちらにしても平安中期の僧という点で問題はない。

◎一男僧　名前不詳。おなじく信国の子とされるから平安中期の僧であろう。

〈平安後期〉

◎増命　歌祖・津守家中興の祖とされる国基神主の子と考えられる。「塔浄土寺等別当」とのみしるす。保坂によれば荘厳浄土寺所蔵の『大弁財天女福寿講名籍』にも、国基の男増命をもって浄土寺別当とした旨しるされている。国基は歌祖・津守家中興の祖としてだけでなく神宮寺の三昧堂供養や鐘懸を行い、応徳元年（一〇八四）白河天皇勅願の浄土寺を神宮寺の東に再建している。その浄土寺に長男（と思われる）増命を別当としてあてたことは、国基によって津守家が住吉社祭祀の長としてだけでなく、社内寺院の統括者として神仏双方を統括する基礎を固めたといえよう。換言すれば、神仏ともに年臈制によらず津守家による神主職・別当職双方の独占体制を確立したのである。
◎宣覚　四十二代盛宣の弟で阿闍梨仁證とも称す。「天治元年（一一二四）八月廿五日補塔別当、津守寺・法興寺・鷹合寺等別当」とあり、関連四か寺もの別当を兼務した。
◎実盛　四十四代長盛の子、誕生は永万元年（一一六五）で平安末にすでに僧となり、建保五年（一二一七）十二月二十九日長吏に任ぜられ、本格的地位に就いたのは鎌倉初期に入ってからだろう。藤井本は安貞二年（一二二八）に権律師に任ぜられたことをしるす。建保二年四月より河尻嶋々、中津河等の寺々の別当に任ぜられたが「是新儀也」とある。このとき父・長盛は七十六歳、神主在任三十六年でなお健在であり、こうした後ろ盾を得ながら僧として大成したとおもわれ、河内律師と呼ばれた。建長四年（一二五二）二月二十八日、下痢所労のため入滅、八十六歳であった。
◎證盛　長盛の弟で永治元年（一一四一）に生まれる。先の宣覚と同じく塔別当・浄土寺・津守寺・鷹合堂などの別当職を兼務し、のち法橋に叙せられ上野法橋と号した。琵琶上手とあるが、同時期の鴨社出身の出家神主・鴨長明もよくたしなんだことで知られ、この時代に流行した楽器だった。建仁四年（一二〇四）二月十三日、六十三歳で入滅。兄長盛が神主として一社祭祀の重職を担ういっぽう、弟證盛は別当を兼務し末の妹も出家し能覚坊と号した。ここでも津守氏一族の神主の長子相続、次男以下は別当・僧尼となる事例が確かめられた。
〈鎌倉前期〉
◎盛円（一一九一～一二六三）　證盛の末子で塔別当・権律師に任ぜられ淡路律師と呼ばれた。弘長三年（一二六三）五月十七日、七十二歳で入滅。
◎能盛（～一二一七）　やはり證盛の子で、建保五年（一二一七）に京から帰路の船中で負傷し出血のため入滅したという。母は木工権頭季時の女、塔・浄土寺などの別当で讃岐法橋と号した。彼の兄とみられる證慶もおそらく僧であろう。

◎順盛（〜一二七八）　母は権神主国長の女。塔・浄土寺などの別当に任ぜられたが遁世し、弘安元年（一二七八）に帰り浄土寺で自害している。彼の子隆盛も塔・浄土寺別当となったが、やはり遁世しており、この時期に寺内でなんらかの紛争が生じたのであろう。

〈鎌倉中期〉

◎覚源　生没年とも不詳ながら四十七代国平の世代にあたる。頭注の「山」は山門、すなわち天台僧であったことを示す。鎌倉中期成立の『古今著聞集』に住吉神宮寺は住吉大神の神託によって円仁（七九四〜八六四）が創建したとあり、『松葉大記』は天平宝字二年（七五八）説とさらに古い。円仁の『入唐《にっとう》求《ぐ》法《ほう》巡礼《じゅんれい》行記《こうき》』には苦節十年の求法の旅から帰還したとき、御礼のため住吉大神（ここでは筑前の住吉社）に金剛般若経五〇〇巻の転読をしるし、円仁創建説を生む素地は十分ある。この覚源が天台僧であったこととあわせ、住吉神宮寺は鎌倉中期には天台系であった事実を示していよう。鎌倉末期成立の『元亨釈書』が掲げる、将門および純友の乱にさいして天台僧明達が住吉神宮寺で調伏祈禱した説話もこれを補うものである。建築史の立場から桜井敏雄は堂塔に考察を加え、[13]十世紀中頃から天台の影響を強くうけたと述べている。「為当氏津守寺頭勤仕之」とあって、氏寺の津守寺勤仕をした覚源が天台とりわけ延暦寺系の僧であったことを明確にしるしている。

◎国業（〜一二六二）　四十六代経国の弟で従五位下に叙せられながら出家しているので、中途からの僧とおもわれる。法名縁光、西林寺院主となり弘長二年（一二六二）三月二十日卒。

〈鎌倉後期〉

◎湛忍　先の西林寺院主国業の長男で、次に述べる性瑜は次男、嵯峨二尊院に住したという。同院は天台宗ながら、もとは天台・律・法相・浄土の四宗兼学の寺であった。

◎性瑜（一二二八〜一三〇七）　津守氏出身のなかで叡尊との関係でもっとも注目される僧である。傍注に「律僧」とあるが、当時の律宗は真言密教を基本に戒律に重きを置いていた。「真言相承血脈」にしるすというが、これはいかなるものか不明で、『本朝高僧伝』は仁和寺で真言の広沢流を、醍醐寺で小野流の伝法を受けたことを伝えている。要はまず真言僧であって、あとの事跡は師事した叡尊の伝記[14]に散見する。

『古系図』によれば国業の子となるが、経国神主の子であり母は大蔵卿僧都行智の女、安貞二年（一二二八）の誕生である。この年に父経国が四十四歳で死去しているので、生まれながらにして父無き子であった。十四歳のとき成就院実瑜僧正の門に入り、十七歳で剃髪受法し正式の僧となった。西大寺に入ったのは弘長元年（一二六一）三月七日、三十四歳のときであった。出家から西大寺入りまでの十七年間については不明だが、このあいだ西大寺叡尊はめざましい活動を展開している。すでに西大寺を拠点に十年にわたり受戒による布教活動を行っていた。寛元三年（一二四五）九月十六日には受戒者十六名とともに住吉神宮寺で大般若経を転読、定舜の渡海安全と奉請聖教《しょうぎょう》を祈念している。航海神として住吉神が選ばれたのであろう。建長五年（一二五三）三月二十日、住吉社で講讃し一の御殿に奉納、正嘉元年（一二五七）十月中旬には津守氏の尼寺である西林寺において梵網十重戒を講じ、一九二名に菩薩戒を授けている。このときの住吉神主は四十七代国平で神宮寺西塔を再建供養するほどの人物であったから、敬意をもって受け入れられたとおもわれる。こうした交流のなかで性瑜は影響をうけつつ真言律僧として精進を重ね、弘長元年（一二六一）に西大寺に入寺した。

叡尊率いる西大寺では文永元年（一二六四）光明真言会を始修するが、各地ですでに七〇〇〇人を受戒せしめており、その最中に性瑜は入寺したのである。そして一段と叡尊の名を高らしめた元寇の役が起こり、石清水八幡宮で七日七夜、七〇〇僧を動員して怨敵降伏の大祈禱を行い、性瑜はこのうち七十僧を率いて不動法を、後述する同族の玄基は降三世法を修している。この厄難はいわゆる神風（台風）によってことなきを得たが、性瑜は玄基とともに叡尊の片腕として一大修法をつとめたのである。『当寺十一面縁起』（西大寺蔵）は正応三年（一二九〇）五月の後鳥羽上皇御願の四王堂本尊十一面観音と最勝会についての短い記録だが、和尚の厳命にしたがって「仏子性瑜」がしるしたものである。その三か月後、八月四日に叡尊は病床につき二十余名の弟子たちは二人ずつ交代で日夜看病し、性瑜も大弟子として加わっている。二十五日、死期を悟るや身を起こし手と口をすすぎ五条袈裟を着し二十五条大衣をかけて体を西面、秘印を結び結跏趺坐して日没に入定遷化した。このとき性瑜は袈裟内の印相を確かめているが、平生に約諾した通りの見事な臨終であったことを門弟たちに伝えている。

叡尊没後の後継について六弟子に後事を託していたが、性瑜をふくめて互いに謙退して決定しなかったが、結局、信空が西大寺二世となった。『興正菩薩行実年譜』は叡尊の法弟をあげて「護国本照瑜」とあるのは護国寺本照房性瑜の略である。和島芳男は弘安八年（一二八五）十一月に西大寺の後事を託した僧の一人として護国寺性瑜をあげているが、その典拠は示されていない(15)。『古系図』には「西大寺第二阿闍梨」とその立場を讃え、また彼の臨終にさいして師に習うがごとく「徳治二年二月廿四日未時入滅、七十九、日来脚気、而得小減之処、十三日増気、廿一日粥以後向東方端座、秘印結、廿四日入滅云々」としるされている。

◎玄基（一二一九〜八二）　本名盛遍、はじめ准聖房のちに興道房を号した。大安寺長老。既述の通り性瑜とともに叡尊門下の律僧として活躍した。同じ津守氏の出身ながら、性瑜は西大寺を玄基は大安寺を拠点とした。弘安の役の石清水大祈禱で降三世法の導師を勤めるが、翌年十二月二十五日に五十三歳で入滅。性瑜より一歳若くともに南都で律宗復興の一翼を担う僧であった。

◎経覚（一二三二〜九七）　建長三年（一二五一）十九歳にて石山寺座主法印房で出家、某年長吏に、建治二年（一二七六）に塔別当に補任される。権律師から権少僧都にすすみ六十五歳で入滅。

◎朝盛　生没年不詳。「山臥、号美濃法印」とある。鷹合堂・弘合堂・法興寺の各別当で、弘安六年（一二八三）

少僧都に任命される。

◎行盛　朝盛法印の弟子、やはり山臥で鷹合堂・法興寺別当であった。律僧としるす点が異なる。

◎隆盛（?～一二九六）　塔・浄土寺別当であったが、「遁世、隆頭」とあるので職を辞してのことであろう。

◎厳盛（?～一二九八）　母は津守忠茂の女、津守寺別当法眼、大夫法眼と号す。彼もまた遁世し寂勝を称したが、当然別当職を捨てたと思われる。琵琶をたしなむ。彼の弟盛尊も僧とおもわれる。

◎経厳（一二六九～一三〇三）　四十八代国助の次男、母は侍従隆祐朝臣の女であった。正応三年（一二九〇）八月、二十一歳のとき東寺厳盛法印坊で出家、鷹合寺に住し永仁元年（一二九三）に権少僧都にすすんだ。同四年（一二九六）塔別当となるが、その七年のち重病にかかりやむなく辞退し、一か月後の嘉元元年（一三〇三）十一月十三日、三十四歳で入滅した。兵部卿僧都と呼ばれた。鎌倉時代において津守氏が得度《とくど》結縁《けちえん》したのは天台・律・臨済禅、そして真言など諸宗におよんでいる。東寺での出家であるから一般的には真言に帰依したとみるべきだが、あくまで経厳による縁故的なもので、住吉神宮寺が真言一色に塗り替えられたわけではなかろう。天台を基本としつつ南都の西大寺・大安寺、そして洛南の東寺にその縁故が広がったというべきだろう。

◎照恵（一二七三～一三三二）　国冬・経厳の兄弟で十五歳のとき「正応元年十月廿三日、於盛寿院法印秀恵坊出家、同廿日南都受戒」とある。永仁二年（一二九四）十月十七日権律師、同四年には二十五歳で浄土寺別当となり、「社家補之」としるされ、社家に補任権があった。さらに二十四歳で長吏、三十歳で塔別当、ほか阿弥陀寺別当や西林院々主もかねた。元亨二年（一三二二）十一月十八日腫れ物所労にて四十九歳で入滅。民部卿僧都と呼ばれ、琵琶を良くした。

◎頼盛（一二六六～一三〇三）　母は法印定忠の女、津守寺別当で卿房と号した。琵琶の名手として知られ、残らず先の照恵に伝授したが、嘉元二年（一三〇三）正月より所労あり、その照恵にわが子のうち器量の者に伝授することを約した。同年六月二十五日入滅、年三十七歳であった。そのとき嫡子に七歳の王一丸、次男の准寂があったが、照恵は嫡男の方に器量ありと認め遺言通り伝授している。

◎照盛　先の頼盛の嫡男で、童名は王一、冶部卿房を号した。照恵より手ずから琵琶の秘曲の相伝をうけている。照盛の名は、盛は祖々父以来の盛の一字であり、照は亡父より託された琵琶の師匠の照をいただいたものであろう。

◎増盛　照盛の嫡男だが「宗承、律僧、落堕、琵琶」とのみしるす。短い記述ながら、要は律僧として琵琶にも励んだものの落堕、落伍者とみなされている。

◎法華寺の律尼たち　「女／母同信助、法華寺律尼」「女／母同信助、法華寺律尼」「女／母同国冬、法華寺律尼、号忍寂房」「女／法華寺律尼」のこれら四名は名前、年期ともに不詳ながら鎌倉後期の僧尼たちである。はじめの二人は系図にしたがえば四十八代国助の子で、母は信助と同じく佐渡守源某の女である。その次は国冬の母、法印定忠の女の子である。末尾は四十七代国平の三男・国孝の末娘である。彼女たちは性瑜や玄基など南都律僧の縁故で法華寺に入ったものであろう。これら四名は性瑜とともに津守氏出身者が律宗に結縁していった、鎌倉後期の動向をしめすものであろう。

◎源意　生没年不詳。元亨二年（一三二二）伯母照恵の後任として長吏・塔別当に就任した。五十代神主国道のただ一人の子であったから神主になり得るはずだが、父国道は六男のため一代限りの神主であった。別当就任が父の神主就任二年目のことであったから、傍流としてすすみ得る別当の地位に就いたのであろう。

◎良然　生没年不詳。座摩社神主となった棟国の次男で、正応元年（一二八八）十月十四日に高野山で出家、同二十日に南都で受戒した。永仁三年（一二九五）正月三十日権律師に任ぜられ東西僧房に住んだ。

◎良照　母は社僧所司能全の女、やはり照恵の弟子で常は太子に住んだ。社僧の妻帯はすでに『松葉大記』に

「当社神宮寺の東西僧房、昔は神主の末子社僧為て住職に任じ」「社僧は総て妻帯」であり「津守家の出なれば寺家の権威も重く」としるす通りである。正中二年（一三二五）十二月、西僧房に補任されている。

◎信助　生没年不詳。母は佐渡守源の女。「山臥法印信憲弟子」「山臥道離」を名乗り明道と号した。修験系の僧とみられる。

〈南北朝〉

◎卓然（?～一三八五）　五十一代国夏の子で慈恩寺開山として知られるが、『松葉大記』はもと行基ゆかりの地で元亨年中（一三二一～二三）気叟と卓然の二禅師が住み、まず気叟が開き卓然が引き継いだもので、神護山慈恩寺と称した。二人とも津守氏出身で大徳寺徹翁の門下であった。『松葉大記』によれば、慈恩寺は津守氏の末子をもって僧となし常住としたとしるし、臨済禅の寺があらたに建ったことになる。なお興味深いのは「文明元年（一四六九）八月一休和尚避乱寓住吉、以卓然和尚甘棠遺蔭可慕也」との記事である。もちろんこれは卓然の時代を一世紀半程度後のことだが、卓然から宗霔にいたる臨済禅の法灯を頼ったものであろう。このとき洛中の社寺は大徳寺をはじめことごとく応仁・文明の乱で焼失する状況であった。一休はこの法脈をたどって現在の京田辺市の酬恩庵から大和・和泉を経て住吉の松栖庵に住んだ。

〈室町時代〉

◎宗霔（一三六四～九五）　五十二代国量の子で藤井本は慈恩寺坊主、侍者とし、ほか三人が西林院の尼僧となっている。『古系図』では卓然と伯父・甥の関係にあたるらしい。

◎国貴・国量の娘たち　時期としては南北朝の頃、西林院の尼となった者が多い。出家神主国量の娘が西林院尼衆となっているのが『古系図』における尼僧の初見である。五十二代国量の三人娘が「女／尼衆、西林院長老」「女／尼衆」「女／西林院」としるされ、『松葉大記』は「津守家女子為レ尼住二此寺一者以二国貴権官女一為初、是応永年中之事也」と述べている。いずれも名前不詳である。

◎源助・源実　ともに生没年不詳。五十一代国夏の孫、すなわち権神主国実の子である。母は兵庫助忠主の女、ともに長吏となるが源助は権律師、源実は律師にすすんだ。

◎如国の娘たち　五十三代如国に三人の子があったが、長男国季が応永十八年（一四一一）神主に就きながら解職され「外祖父一類等悉相共追放」となっている。ほか二人の娘があって一人は尼衆、ほかは法華寺の尼衆となっている。一類ことごとく追放されたが、尼僧であるゆえをもってまぬがれたのであろうか。

◎覚成（?～一四一九）「大夫僧都、西僧房山徒東僧、無動寺、応永廿六八四卒」と断片的記述をしるし、比叡山無動寺で修行した天台僧であった。

◎室町中・後期の尼たち　五十五代国豊から五十七代国昭までの間、神主の姉妹に尼が輩出するが、出家神主国昭の項でふれたので省略する（一九〇～一頁参照）。

◎六十一代国繁（一五二七～八三）　六十代国順が二十四歳の若さで急逝したため次男国繁が就任した。ただしこれには顚末があり、兄国順には子がなかったため卜部氏が後継をねらい、兼右の次男某に一旦勅が出て下向するにいたった。住吉社側は鎮座以来先例なしとして訴えたため、先勅は破棄せられ一族内からの選任となった。国繁はこのとき禅僧として慈恩寺々主であったが、還俗して六十一代神主に就任した。出家神主というよりはむしろ「還俗神主」というべきだろう。これに近い例として伊勢の神宮祭主、大中臣国雄ははじめ出家していたが、還俗したうえでの祭主就任であった(16)。このほか、あまり類例のない事例であるが住吉社における神仏習合化の基盤のうえになし得た回避策といえよう。とくに畿内の大社にまで吉田神道を拡大しようとした吉田兼右の政治力を排し、還俗のうえ国繁を立てた点が注目される。しかし国繁自身「釈氏の徒」として、神事には頂点に立つ神主として祭祀の座に就かず遠慮するところがあったという。内なる神仏の隔離意識のあらわれといえよう。

〈桃山時代〉
◎松首座　六十二代国崇（永禄五年に神主就任）の妹で慈恩寺に住した。
〈江戸時代〉
◎春首座　六十八代国該の姉とおもわれ、慈恩寺住職となる。
◎朋元　おなじく国該の妹、「南都西大寺之寺僧」としるす。
◎朋音（?〜一七五九）　六十九代輝教の弟、西大寺僧、宝暦九年（一七五九）卒。
この朋音を最後として津守氏の『古系図』から出家者は消える。朋元・朋音にしても南都西大寺の僧で、住吉社外に出ており、わずかに周辺の慈恩寺住職であった春首座を確かめるのみである。

このあと江戸期に入ると系図上、住吉社内から津守氏の僧尼の姿を消える。これは天海による僧侶は清僧たるべしという天台教団内の粛清や、いっぽう国学思想の普及による神主として神仏の隔離意識が大きく働いたため、江戸時代中期、十八世紀中頃をもって津守氏の出家者が激減したとおもわれる。

（2）津守神主たちの仏教的事績
ここでとりあげるのは現任の神主でありながら、仏教的事績の認められる者をあげておく。
◎第三十九代国基（一〇二六〜一一〇二）
『古系図』の記述内容が詳細かつ豊富になるのは、この国基からで、したがってその成立も同時代の十二世紀頃とされる。さらに内閣文庫本・藤井本が国基からはじまることから現存諸本を通じて国基以降の記述の信憑性の高いことを意味しよう。康平三年（一〇六〇）十二月に三十五歳で神主に補任され、住吉社の頂点に立つ。このとき兄基辰がいたが盲目のため出家していた。

応徳元年（一〇八四）にみずから荘厳浄土寺を建立する。また同三年（一〇八六）十一月十日に高砂御厨検校にも補任される。嘉保三年（一〇九六）三月七日に供養法会を行い、比叡山より講師横川慶朝僧都、読師に西塔宗心阿闍梨など七僧を招いている。すでに天慶の乱のとき、住吉神宮寺で比叡山の明達律師が退散の祈禱をしたことで知られるように（『古今著聞集』）、当時の社内の習合寺院も天台系であったことをうかがわせる。

また承徳二年（一〇九八）二月二十三日、神宮寺内の三昧堂を供養し、このとき読師に林算が供奉した。延久二年（一〇七〇）八月十五日には神宮寺に鐘を施入している。康和四年（一一〇二）七月七日に卒去。上首にあること四十三年におよぶが、国基の神主在任中の仏教帰依はその後の住吉社に大きく影響を与え、とくに後年、社内で今主社としてまつられるなど尊崇を集めた存在であったから、予想以上のものがあろう。和歌・筝にも秀で、歌仙集・後拾遺集をはじめ金葉集など多くの歌集に入集している。

◎第四十三代国盛（一一〇八〜一一七八）

保元三年（一一五八）五十歳で神主に就任し、翌年三月十四日に一切経会を一の神殿前で始行するが、応保三年（一一六三）より神輿が出御し、さらには一切経を移して行った。社務二十年の国盛は中神主と号し、斯主社にまつられている。

◎第四十六代経国（一一八七〜一二二八）

承久二年（一二二〇）四月十一日、三十六歳で神主に就任。津守本では経国の父国長を四十五代としているが、実際は権神主にとどまり、経国は四十四代長盛のあと継承しているので、彼を四十五代とすべきである。祖父は承久三年（一二二一）三月十七日、堀内御堂供養を行っているが、これは神主追善のためという。このほか仏教帰依の事績が多く、二十五歳より五部大乗経の書写をはじめ、十九年の歳月をかけ安貞二年（一二二八）四十四歳のときに写了し浄土寺にて供養をしている。これは北白河院の御願によるものであった。この書写行の最中、貞応元年(一二二二)十二月二十二日に神宮寺においてあらたに仏名会を始行している。なお書写行は、五部大乗経だけにとどまることなく、金泥大般若経を毎月七か日参籠して書写、社頭で月ごとに二巻宛五年の間この書写行は続いたが余命は尽き、安貞二年(一二二八)十月二十五日卒去している。その遺言は、この大願を果たしえず来世にその志を果たすことを述べたという。そこで書写のための金泥料紙以下を住吉社では生前のまま安置し、今後たとえ惣官の身に非ずといえども、書き継ぐべきと伝えた。

◎第四十七代国平(一二〇七~一二八五)

安貞二年(一二二八)弱冠二十一歳で神主に就任して以来、五十八年の永きにわたり在任する。この間、歌作に秀で続古今集など数々の歌集に入集している。仏事について正元元年(一二五九)十二月四日、五十二歳のとき、住吉神宮寺西塔の供養を行っている。この西塔は天喜二年(一二三〇)神宮寺の火災によって失なわれている。

◎第四十八代国助(一二四一~一二九九)

先代国平の退任をうけて神主に就任、在任十五年間。彼もまた歌神住吉社の神主にふさわしく、歌作が多く後拾遺集をはじめ数々の歌集に入り、また雅楽にも堪能であった。仏事について次の二つをしるす。永仁四年(一二九六)三月、五十五歳のとき神宮寺の鐘を改鋳している。これは根本鐘の破損によるものとしている。ついで翌五年(一二九七)御堂を建立とするが、本尊を阿弥陀如来とするほか具体的には不明で、該当するのは西常行三昧堂と三千仏堂の二堂である。これには西大寺長老の慈道上人以下による仏事が七日間にわたって行われた。二十七日に曼荼羅供が大阿闍梨本照上人が導師となって奉修されたが、住吉社惣官の追善供養が目的であったという。

◎第四十九代国冬(一二六九~一三二〇)

出自で注目されるのは、国冬の母が住吉神宮寺の東僧房の法印定忠の女であったことである。したがって母方が僧であっても神主就任上、何の支障もないことが確かめられる。先任神主の弟国助の辞退をうけて永仁七年（一二九九）正月に就任。そのわずか半年後、各地の神領地内における鷹狩の停止を決めるが、これはいうまでもなく殺生禁断の思想によるものだろう。つづけて社頭において毎月大般若経五巻の版経を摺写し供養することをはじめている。徳治二年（一三〇七）御堂を建立、本尊を四月十九日にふたたび西大寺長老慈道上人以下が供養、童舞・童楽を奉納している。その翌年九月十四日には先代国助をまつる今主社において法会と舞楽を奉納し、法華経を摺写し供養している。徳治四年から三月九日を式日として恒例化している。

◎第五十代国道（一二七六〜一三二八）

先代国冬と兄弟で、母は同じく東僧房の法印定忠の女である。元応二年（一三二〇）六月、その兄が京都で卒去した後を受けて神主に就任。とりたてた仏事はないものの、わずかに永仁二年（一二九四）三月八日、十八歳のとき一切経会に初出仕している。嘉暦三年（一三二八）八月二十五日に卒去しているが、その少し前の十二日には社頭御八講に出仕していたことを津守本はしるす。わずかな二例だが、逆に住吉社の頂点にあった神主も、当時は日常的に仏事に参列していたことがうかがえる。

◎第五十一代国夏（一三〇二〜一三五三）

嘉暦三年（一三二八）九月に先代国道の卒去を受けて神主に就任。むしろ歌人・楽人として知られ、いくつかの歌集に入っている。とくに著名なエピソードは元徳二年（一三三〇）三月二十七日の延暦寺講堂の大供養に遅参し、獅子太鼓の役であったが、要のところを寸前に遠くから桴《ばち》を投げつけことなきを得たという。間接的な仏事への関与を物語る逸話であるが、すでに述べた通り住吉神宮寺は天台系であり、人的交流に密接なものがあったのであろう。それにしても元徳二年の法会は、神主就任の一年半後のことであり、現任神主であっても山門の仏事に奉仕することは、立場上何ら支障がなかったことははなはだ興味深い。

まとめ――出家を支えたもの――

はじめての出家神主を生んだ平安時代中期以来、江戸時代中頃にいたる約七五〇年間に津守氏より一一〇余名の出家者があり、このうち八十一名は僧尼たちであった。しかし、こうした僧自身の生活や勤仕した堂塔の維持・造営費、さらには法会料などこれら経済的側面が明らかにされねば出家の解明とはならない。住吉社の社領については大同元年（八〇六）牒の住吉神二三九戸をはじめとして、九世紀末の成立とされる『住吉大社神代記』にもしるされる。次第に封戸・神田を拡大し荘園化をすすめ、これを維持・警固するための神人が置かれたことなど、他社と同様の経過をたどる。しかし住吉社の社領文書はあまりなく、ましてや仏事・神宮寺に関する史料は極めて少ない。『古系図』に出家神主長盛のとき、すなわち鎌倉時代前期に僧中着到米料として播磨国阿閇庄六町をしるすが、これは正嘉元年（一二五七）の『住吉神領年紀』にも書きあげられている。さらに具体的な史料は下って南北朝、正平九年（一三五四）の『造営金銅金物用途支配注進状』(17)に諸職の支配寄進銭をしるすので、寺家関係についてのみ掲げる。

社僧中	四貫九〇〇文	津守寺別当	六貫八〇〇文	
上座	七〇〇文	阿弥陀寺別当	三貫	
権上座	七〇〇文	榎津寺別当	一貫五〇〇文	
菩提寺別当	七〇〇文	住道堂別当	七〇〇文	
塔別当	九貫八〇〇文	寺中長吏	一貫三〇〇文	（計三〇貫一〇〇文）

『注進状』の大社諸職の総計が九七貫九一〇文であるから、そのうち寺家関係の計三〇貫一〇〇文、約三分の

一の金物用途がわりあてられている。これによって住吉社における寺家関係の占める割合とおおよその経済力が推し測られよう。『住吉大社史下巻』(18)も述べるように、住吉神領の年貢収取や社家支配について史料がなく不明である。したがって、具体的データはあげられないものの、神主たちと同様、神宮寺関係の別当・寺主・院主に任じられた津守氏の僧尼たちにも社領地からの収納配分の多かったことが先の注進状から推察される。これが神域に匹敵する堂塔伽藍を維持し、おびただしい仏事法会を行い、そして僧尼を抱え、さらに輩出を可能ならしめた基本的要因である。

津守氏の一一〇余名の出家者たちが本来の「出家」でなかったことはいうまでもない。社外へ出奔し遁世を行った者と、南都および洛中の諸大寺へ入った僧を除いてそのほとんどは妻帯し住房を持ち寺内の管理機構にくみこまれ、あるいはその頂点に立った者が多かったことは、すでに多くの事例をあげて述べたところである。家、地位、身分を捨てた本来の「出家」ではなく、社内および関連寺院のしかるべき地位に就き、妻子をも養い、剃髪、僧形をしたかたちばかりの出家であった。こうした恵まれた経済的基盤の上に、津守氏の僧尼・出家者たちが誕生し年中のおびただしい仏事法会を行ったのである。ただし近世については庶民信仰に基盤を置き、神宮寺の修理・経営は充分ではなかったようだ。こうした経済的理由と天海による清僧たるべしとの命により出家者が減少したとおもわれる。しかし、ともあれ住吉四殿を中心とした神域と並んで神宮寺の堂塔伽藍が整然と配置され、各々の建物で神主たちは神事を、社僧は仏事を行った。そのいっぽうで、たとえば仁王会・八講会に出仕する神主、星祭・泰山府君や大般若経転読の御礼を神主に納める社僧、あるいは御結鎮神事、一切経会・法華会・御日待・御田植神事・夏越祓・新大般若会など両者協力して行う行事もあった。神は社殿に、仏は堂塔と、両者に本地関係(19)はあっても、本殿内に本地仏が安置されなかったことは重要である。神仏習合といえば、一般に神仏が混在しているように思われる。ところが住吉社では神仏は区分され、区域として住み分けがなされ両者は互いの領域を犯すことはない。神仏は相争うことなく、中世以降において津守氏が社家寺家双方の頂点に立つことによって融和をはかり、住吉社独自の神仏共存体制を維持してきたのである。

（1）保坂都『津守家の歌人群』（武蔵野書院、一九八四年）。
（2）加地宏江には津守氏をめぐる次のような論考がある。
「津守氏古系図について」（『人文論究』関西学院大学、第三十七巻一号、一九八七年）
「王朝文化と津守氏」（『関西の文化と歴史』、松籟社、一九八七年）
「南北朝期の住吉社と津守氏」（『今井林太郎先生喜寿記念論集』、一九八八年）
「摂津国住吉社神主津守氏について」（『大阪の歴史と文化』、和泉書院、一九九四年）
「津守系図諸本について」（『人文論究』第四十八巻四号、一九九九年）
「藤井本津守系図について」（『関西学院史学』第二十八号、二〇〇一年）
ほか数編の住吉社津守氏の研究があり、裨益するところが多い。初稿発表後、加地氏によって藤井本の所在を知り、一部補訂を行った。
（3）『群書解題』（同完成会、一九六二年）。
（4）官幣大社住吉神社、一九三四年。皇学館大学出版部、一九八三年再刊。
（5）たとえば「大乗会之事」では、これをはじめた経国神主は十二年かけて五部大乗経を書写供養し、毎月七日間参籠して書写し七十五歳までの長寿を記念したが「其祈爾神に背き又仏にも違するが故に、……四十四歳にして卒去し訖んぬ。凡そ津守家仏に佞するの神主、此経国を甚しとす。以て後昆に則るべからず」となかなか手厳しい。
（6）前掲註（1）参照
（7）同社に関する史料集は少なく、また戦後『住吉大社史』が二十年かけて編纂されたのも、こうした史料残存の悪さに理由があろう。通常、社史は史料集の編纂の上に通史をまとめるのが常道であるが、上巻は『住吉大社神代記』の公刊とその考察に終始し、中・下巻において中・近世を通覧するが史料の少なさが目につく。

（8）前掲注(2)「摂津国住吉社神主津守氏について」。

（9）末柄豊「史料紹介　本所所蔵『津守氏昭記』（上・下）」（『東京大学史料編纂所研究紀要』第九・十号、二〇〇〇・二〇〇一年）。『古系図』を補う本史料や他史料をまじえて次に列挙してみる。

①三十七代保忠　『古系図』は国解の年期のみ記すが、平範国の『宇治関白高野参詣記』永承三年（一〇四八）十月十二日条に、関白藤原頼通が高野山参詣の途中に住吉社に立ち寄りこれを迎えたのが神主保忠で、これによって禄を受け叙爵すなわち五位を授けられたことをしるす。しかし『古系図』には、ときの関白頼通の参詣はおろか名誉であった禄と五位叙爵の記述はない。『松葉大記』も同様である。津守氏にとってきわめて重要事項でありながら欠落しているのは、すでに史料が失なわれていたのであろうか。しかし保忠がこの時期に神主として存在したことは裏付けられる。

②四十六代経国　『古系図』は「笛上手、祖父長盛弟子」とあるが、『催馬楽師伝相承』の師子吹相承に「津守長盛清近弟子、住吉神主、——経国長盛孫、住吉神主、」の記述があって、芸能史料に記されている。

③国実　住吉大社が所蔵する嘉暦三年（一三二八）の後醍醐天皇綸旨。「当社々務転任並国実権神主職事。被宣下了。官符未到之間、且可被存知者。天気如此、悉之以状／九月三日／左衛門佐／住吉神主館」とあって『古系図』の記述とともに、わずか一歳で権神主になった国実の存在が一致する。

④五十一代国夏　『古系図』は「元徳二年（一三三〇）三月廿七日延暦寺講堂供養師子太鼓打之」としるす。いっぽう後醍醐天皇綸旨は「来廿七日延暦寺大講堂供養、可有師子曲、可存知之由、可令下知国夏給之旨、天気所候也。仍執達如件。／三月十九日／中宮亮／謹上　蔵人少将殿」とし見事に一致する。

また『園太暦』正平七年（一三五二）二月二十八日条に、「天皇今日著御住吉、以神主国夏館為御在所、但可御住江殿、仍有修造云々」とあるが、なぜか国夏について、この重要事項が『古系図』から欠落している。不審だが、信憑性にかかわることではない。

⑤五十二代国量弟　国貴権神主。『古系図』は「文和二五補権神主」と簡略に就任年月のみしるす。住吉大社蔵の後村上天皇綸旨「当社々務転任並国貴権神主職事。被宣下畢。官符未到之間、且可令存知者。天気如此、悉之以状／五月十四日／左大弁（花押）／住吉神主館」が伝存しこれを裏づける。

⑥五十二代国量　『新葉和歌集』九・神祇歌に「正平十五年（一三六〇）十月住吉社に行幸ありて、神主国量正下の四位

に叙せられける時、思召しつゞけさせ給うける／後村上院御製／位山こえてもさらにおも神もひかりを添ふる世ぞとは」とある。さらに同歌集・六冬歌にも正平二十年（一三六五）内裏にての歌会で従三位国量の歌として「山あゐの色をかさぬる今宵だにおほみの袖やかはらざるらむ」をおさめる。しかし、なぜか『古系図』に記載がない。『古系図』には意外と津守氏にとって欠くべからざる重要事項が未収録である。しかし信憑性を損なうものではない。

⑦五十二代国量の子国廉　『古系図』には「補権神主、応永四十補之」とあり、後小松天皇綸旨「権神主国廉被宣下畢。父子殊可被致御祈禱之由、被仰下之状如件／（応永四年）十一月廿五日／右中辨（花押）／住吉神主館」とある。権神主に就任した直後、父子そろって祈禱の忠に励むよう綸旨を賜ったのであるが『古系図』に記載はない。

⑧五十五代国豊　『古系図』『藤井本津守系図』にも神主・権神主ともに就任年月を欠く。しかし後小松院院宣「津守国豊所被補権神主職也。官符未到之間、且可従神事之由、可令下知者。院御気色如此、悉之以状。／（応永廿年）五月廿六日／左少弁（花押）／住吉神主館」によって就任年月を知りうる。

⑨五十六代国博　権神主・神主ともに『古系図』は就任年月日を記載するが、これを裏づける称光天皇宣旨と後花園天皇宣旨が現存する（原文省略）。

⑩五十七代国昭　『津守氏昭記』に記されている。同記は津守氏の庶流である代官の日記で資料性は高い。生没年、出家年月日、号名、法名は『古系図』との記述は一致し、その存在と事績は疑う余地がない。

⑪五十八代国則　摂津守（『津守氏昭記』は月日なし）・権神主の年月日は一致する。

⑫国側の子国恒　誕生とともに権神主に任ぜられ、三歳で他界し異例人事だったことなど年月日もすべて一致する。いずれも『古系図』の記述を裏づけている。

⑬ほか、たとえば『古系図』に津守氏の傍流について次の部分がある。

宗成　少納言律師、西僧房、東僧房山徒、無動寺
清氏　右馬助、従五下、応永三十一十二任安房守 ── 盛弘　右馬助、文安二六十四卒、廿六歳、法名道盛、 ── 氏昭 ── 則氏 ── 賢氏 ──
盲　出家、実證、

室町時代の日記史料である『津守氏昭記』はちょうどこの時期に該当するので、これによって検討する。系図上の氏昭は、当日記の記主その人であり、みずから「慈父安房守清氏」としるし氏昭の実父が清氏であり、その間の盛弘は直接の血縁者ではなく、譏入かあるいは神事代官として職の継承者と考えられる。しかも五十七代国昭の先代神主国博が二十四歳で若死にしたためわずか四歳で就任したこと、そのとき国昭が後見人として、さらには十一歳の元服にも立ち会い補佐したこともしるす。また国昭の命日はもちろん、その五日後に「則慈恩寺移申、御さうれい了、八月十一日」と具体的であり、後述するが国昭が出家神主であっただけではなく、一休和尚に師事したことなど『古系図』を補う記述もあって興味深い。

⑭則氏　名前のみ記し一見実在を疑いがちであるが、『津守氏昭記』は長享三年（一四八九）九月二十三日条で、御祓神事に氏人の一人として大膳亮則氏の名と二十一歳の年齢が傍注されている。記主氏昭の実子であろう。

⑮賢氏　名前のみしるすが、則氏の子であり尊経閣文庫蔵『住吉社年中行事』（『諸神事次第記』のこと）の奥書に「元亀三年壬申卯月日　青安房守六十五才賢氏(花押)」としるす。

⑯国恒　『古系図』は長享二年（一四八八）十二月二十四日一歳で権神主に就任したとしるすが、『津守氏昭記』は二月二十九日に誕生して十か月後の就任で、また不運にも三歳で他界する。生涯を通じ津守神主家の傍系にあって補佐してきた彼をして本流固守の流れに対し「言語同断之事也」と憤慨を露わにしている。

『言経卿記』天正十六年（一五八八）閏五月五日の条に「住吉社社務女、当社務イモト、嫁娶之儀談合ニ、西御方へ四条ト同道罷向了」とある。記主言経は『公卿補任』によれば、天正十五年、四十五歳のとき勅勘により在国とあり、以降慶長二年（一五九七）まで十年ほど消える。この間の世話ばなしであったろう。為満の後妻の件で、社務は『古系図』でみると年代からみて六十代国順、六十一代国繁、六十二代国崇のいずれかとなる。しかし国順には子がなく、国崇の姉妹に「女／冷泉殿室」とあり、「当社務イモト」は当社務が国崇でイモトは名こそ不明だが末妹その人で、同月二十一日条に「冷泉へ入夜嫁、住吉社〻務イモト、十六才カ」と年齢までしるす。また嫁いだ国崇の妹は翌年六月二日に実家で女子を出産し、母すなわち国繁の室は「社務之内尼公」「福照院」と呼ばれたことなど『言経卿記』によって知りえる。いずれにしても『古系図』を補う事実であり、むしろ津守の子女たちの存在も簡略ながら正確であることを示す。

参照）。

⑰六十六代国治　住吉大社蔵『住吉年中行事』に「従四位中務大輔津守国治朝臣自筆之記」の追記と「津守」印があり、六十六代国治の著作である。従四位、中務大輔は『古系図』と一致するものの、肝心の『住吉年中行事』の記載はない。むしろ御水尾院の求めにより新写の津守系図を上覧したこと、そして造営記事が目立つ。

（10）こうした女性をふくむ神職系図として『若狭国鎮守一二宮社務代々系図』をあげることができる（本書第三章第四節参照）。

（11）前掲註（1）に同じ

（12）吉田豊「中世の住吉社――氏族と職役――」（『堺市博物館報Ｖ』一九八六年）。

（13）桜井敏雄「幻の大寺住吉神宮寺――その伽藍配置の特色――」（『すみのえ』一八七号、住吉大社、一九八八年）。

（14）奈良国立文化財研究所『西大寺叡尊伝記集成』（法蔵館、一九七七年）。

（15）和島芳男著『叡尊・忍性』（人物叢書、吉川弘文館、一九五九年）。

（16）伊勢の神宮祭主大中臣国男は、出家していたが還俗したうえで、承和元年（八三四）に就任している。神宮では『延喜式』に斎宮忌詞（内七言）として仏を中子、経を染紙、寺を瓦葺、僧を髪長など、仏教忌避の態度が厳しいが、この還俗祭主・大中臣国男の例を代表に内外両宮にあいついで出家神主が輩出している（本書第三章第一節参照）。

（17）藤井本は天喜元年とする。曽根研三「南北朝時代の住吉大社領とその経済的価値」（『神道宗教』二十五号、一九六一年）にその考察がある。

（18）第十七章「住吉大社の神領と経済」（恵良宏担当、住吉大社、一九八三年）。

（19）住吉社の本地関係は次の通りである。

第一本宮　底筒男命　薬師如来
第二本宮　中筒男命　阿弥陀如来
第三本宮　表筒男命　大日如来
第四本宮　神功皇后　観音菩薩

しかしこれらは宗教的言説にとどまったもので、実際に本地仏が神殿内に安置されたのではない。

第三節　上賀茂神社系図の研究

はじめに

賀茂両社は平安遷都以来、王城鎮護の社として聞こえ、華麗な賀茂祭が両社の性格を象徴している。本殿をはじめとする神域の各所に王朝文化の伝統をあますところなく伝え、洛中洛外の諸社がほとんど仏教の影響を受けているのに対して、一見、賀茂神社は仏教色が全く無いようにみえる。少なくとも現状をみる限りそうみられなくもない。しかしこれは神仏分離後の現況からくる見方であって、たとえば下鴨神社では境内・糺の森に神宮寺が創建され、東塔・西塔・読経所など一時期に堂培が並び立つ情況となった。時期の特定に定説をみないものの『賀茂御祖神社絵図』（通称『鴨社古図』）を広げると、本殿をはるかに凌ぐ規模と空間構成をとる神宮寺・読経所・経所などの仏教施設が神域に配置され、下社もまた神仏習合がおよんだ中世の情況をつぶさに知ることができる。筆者はこれらに考察を加え、仏教の影響および浸透の度合いについて、下社の神仏習合の特徴を限定的習合と位置づけた（第四章第一節参照）。

いっぽう、上賀茂神社についてはどうであったのか。少なくとも平安初期以来、賀茂祭や臨時祭・行幸・御幸・遷宮など常に下上一体となって運営されてきた両社だけに、上社の考察も欠かすことはできない。

なお賀茂両社は史料の残存状況について、文献は比較的めぐまれている。特に下社にくらべて上社の分量は豊富で、一社史料が各所に伝存し、そのなかで系図類の多いのが特徴である。ここで注目されるのは膨大かつ長大な系図をつぶさに検証すると、個々の神職の略歴を通じて一社の生きた側面を知り得る。とくに本稿の主題とする賀茂別雷神社（以下、上社）の神仏習合を考察する上で、得がたい情報を得ることができる。そこで本稿は、ほんらい基本的になさるべき上社の総体的な神仏習合の考察は他日を期すとして、ここではとりあえず系図によって知りうる中世上社の習合の実態を、関連史料で補いながら通史的に明らかにしたいと思う。

一　『賀茂社家系図』と『社務補任記』の史料批判

上社の社家系図は、それぞれ自家の系流を中心としたものが各社家それぞれに伝わっている。また各所にも諸本が伝来し、これらの分析を通じていくつかの研究[1]があらわれている。本テーマに即した仏事および習合記事の最も多いのが、本稿で主としてとりあげる財団法人賀茂同族会所有の『賀茂社家系図』（以下、同系図）である。同系図は全部で十八巻よりなるが、最終巻ともいうべき「凡例・目録」の巻に成立の由来をしるす。これによると各社家に伝来、書き継いできた新旧の系図を中心に口宣・証文・記録によって検討を加え、校勘したものであるという。まず宝永元年（一七〇四）、当時上社内にあった社内組織である三手若衆中の間で新しい系図を編纂する議が起こった。早速に関係者が講所に集まり、諸本を持ち寄り草稿を作成した。宝永五年（一七〇八）に一応の成巻をみ十二巻としたが、ただちに賀茂清茂[2]が浄書をし、完成したのは宝永七年（一七一〇）三月のことであった。かくて社家の各流が全十八巻、氏・清・久・俊・直・重・季・保・顕・経・平・能・成・幸・宗・弘の十六流の系図が丸六年を費やして完成した。その分量は本系図の全巻を広げ繋ぐと全長一八七メートルにおよび、そこにしるされたおびただしい人物群の数には圧倒される。

本系図は昭和四十四年（一九六九）に国の重要文化財に指定されたが、虫干しの折り以外の披見は不可能であったが、『神道大系神社編・賀茂』(3)に納められ可能となった。また同系図とともに上社の歴代社務の補任次第とその任期中の出来事をしるした『社務補任記』(以下『補任記』)も史料として用いる。『補任記』は須磨千頴によって京都大学文学部所蔵本を翻刻したものである。(4)すでに氏によって解題も附され、『補任記』は『賀茂社司記』を増補したもので、原本の成立は記事がおわる応永末年に近い頃とする。他に求められない記事や、また同系図と同じように仏事や習合記事を含んでいる。むしろ同系図を補う記事もしるされており、本稿ではこれら二つの史料を中心として記述する。

ここで二つの系図の史料性について検討しよう。上社に限らず系図の一般的特性について、みずからの家系の正統性を表示したものである。したがってみずからの出自もしくは家の正統性を主張しえない場合、自己を優位とするためまま事実の改竄、修正、あるいは捏造が意図的になされる場合がある。したがって系図をそのまま史実とするには、十分な注意をはらう必要があろう。

ただ同系図の場合、今述べたように上社々家に伝わる古系図をはじめ幾つかの系図を集め、六年間にわたって各流それぞれに相互検討を加えたことは、独善性を排しきわめて史料性の高いものにしている。したがって自家のみに通用する独善的な記述は許されず、少なくとも同系図は上社内で承認されたものとみなされる。系図製作に関して、ほかに例をみない過程を経たといえよう。また『社務補任記』についても須磨が検討した通り、その内容は他の史料によって史実性が裏づけられている。

本稿で着目した仏事および習合記事は、タケツヌミノ命を始祖と仰ぐ祭祀職の家系である自覚と誇りに何ら益することはない。後述するが、平安から鎌倉・室町にかけた神仏習合期のなかで社家内において折々にあらわれる排仏思想や神仏の隔離意識がはたらくとき、これらの事績はむしろ望ましくない不要な事実であったろう。時と場合によっては忌むべき事実ですらあった。これらの記事は後代の系図編纂にさいして削除されるおそれすらあった。したがって後代の人々から折々に批判の眼に晒されながら、かろうじて残された事実の断片といえよう。

以上の通り、仏事および習合記事について同系図、また『補任記』は客観的な史料として採用することは何ら支障がないのである。のみならずむしろ積極的に活用することによって上社内部の、神職たちと仏教の関係を知ることができ、系図であるがゆえに通史的にみることができ、生きた神仏習合史となろう。むろん系図の性格上、なお絶えざる事実の裏づけ、検討の必要があることはいうまでもない。

二　聖神寺の建立

同系図によれば、上社神主（禰宣）の初代とされるのは男床である。男床は大化二年（六四六）社務に補せられ天長二年（八二五）に卒去している。したがって在任一七九年におよび、そのまま事実とはなし難い。また『補任記』にしるす同じく天平二年（七三〇）に御手（戸）代会を開始したとする記事も男床と関連づける限り事実性は疑われる。

こうした系図の一代における長大な年数は皇統譜や氏族系図によくみられる事象である。『補任記』に「此男床者無生所、乗松枝自虚空飛来者也」とあるように、すでに伝説的存在であり、一種神格化された存在である。これが上社の祭祀氏族の交替もしくは断絶といった事態の空白を物語っているのだろう。なお男床が存在したと思われるこの間、賀茂社は著しい地位の向上がみられたときでもあった。重要事項としてあげられるのは、嵯峨天皇の勅命による賀茂斎院の設置で、その初代に嵯峨天皇の皇女有智子内親王が任ぜられた。伊勢の斎宮とならぶ賀茂社の斎院制は、旧都である平城宮の春日社、長岡京の大原野社にもみられない処遇であった。これには桓武帝と平城帝との政治的な確執が背景にあった(5)とされ、賀茂社が伊勢の神宮とならぶ地位が与えられ、明らかに新都の守護神として地位の向上を物語る。

この時期に上社禰宜の地位にあった男床の同系図にしるす記述は「聖神寺建立本願、弘仁十一年庚子造立也、依神御託宣也」ときわめて短い。すなわち男床の唯一の事蹟が弘仁十一年（八二〇）の聖神寺造立であったことはきわめて注目される。しかも仏寺の造立が「賀茂大神の託宣による也」との説明が付け加えられている。こうした神域内の仏寺建立の動機を神託にするものは、気比神宮寺、宇佐の弥勒寺、多度神宮寺や鹿島神宮寺、あるいは住吉神宮寺などの神宮寺にみられる一般的なパターンである。聖神寺もこうした類型的な神託による仏寺建立といえよう。賀茂大神の意向、すなわち別雷神《わけいかづちのかみ》の神意として聖神寺が造立されたとする点が重要であろう。ただこうした神託による建立が神宮寺の類型的パターンであることからみて、聖神寺をただちに上社の神宮寺とみなしがちであるが、なお検討を要する。それでは初代男床の事蹟にあらわれた聖神寺は、上社にとっていかなる寺であろうか。

聖神寺は明治初年の神仏分離によって失なわれたが、それまでは上社境内の一鳥居西側の一帯に存在した寺であった。しかしこれも当初の寺地ではなく、さらに旧地は紫竹大門村であった。紫竹大門村より上社境内に移されたのは寛永六年（一六二九）(6)のことである。

まずこれを『補任記』で確かめると、弘仁十一年（八二〇）をさかのぼること一三〇年前の朱鳥五年（六九〇）に「当時草創」とあって、これも男床の在任期間と同様ににわかには信じ難い。むしろ弘仁十一年の「造立」年代をもって草創とした方が事実に近く、同系図もおそらく朱鳥五年草創説を否定し採用しなかったのであろう。

なお二代広友にも関連記述がありふれておく。広友は男床の没年である天長二年（八二五）に補任されており後任の禰宜であろう。その補任された年に「天長二年乙巳十二月十一日書置聖神寺縁起」とある。またつづけて「貞観六年甲申三月十四年以太皇大后宮職……」とあって、以下に聖神寺の記述があるものの本文は点線を引き省略されている。ところが『補任記』の方は省略されておらず、次の通り全文を知りうる。

貞観六年三月十四日、以太皇大后宮職勅旨田摂津国河辺郡山木（本）郷蕨野肆拾伍町九段七十歩、被寄進聖神寺之
仏聖供燈油料、米谷庄是也

すなわち貞観六年（八六四）に摂津国山本郷にあった太皇大后宮職の勅旨田四十五町余が聖神寺の仏聖燈油料として寄進された。弘仁十一年造立説に立てば、その四十四年後に勅旨田が寄進され、維持管理のための経済的基礎が固められたことになる。

しかし実は聖神寺の正史における初見は『続日本後紀』承和四年（八三七）四月二十五日条である。当時、天災地変が頻発したため僧綱たちが毎月三旬、三日間を諸寺において昼は大般若経を誦み、夜は薬師宝号を讃じたが、このとき選ばれた二十か寺のなかに聖神寺があった。その内訳は東大寺・興福寺など南都の大寺が十一か寺と大半で、平安京および周辺五か寺の東寺・西寺・神護寺・延暦寺とともに聖神寺でも実修された。遷都して四十余年後のことであり、ほかの四か寺とともにすでに平安京のなかで一定の地位を確保していたとみてよかろう。つづいて『三代実録』元慶二年（八七八）四月二十九日条に、仁王般若経講演の洛中三十三か寺にも含まれている。しかし聖神寺の社会的地位を確実に示すものは『延喜式』の記載であろう。

『延喜式』大膳下に「聖神寺季料常住寺准此」、同じく主殿寮に諸寺年料油として「聖神寺四季料。季別三斗五升二合」としるされている。以上の通り同系図に男床の事蹟としてしるす弘仁十一年聖神寺造立の記事は、男床自身の在任期間に矛盾があるにしても、事実とみて何らさしつかえはないのである。ただし出典不明ながら『補任記』にしるす朱鳥五年（六九〇）草創説は、紫竹辺りに七世紀末頃の寺院の形跡をみないので採用することはできない。

三　習合の深化と展開

男床そして広友の後、十四代約二世紀半の間、系図のなかに仏事はあらわれない。しかしそれは排仏化によるものではなく、むしろ確実に習合化が進んでおり、何らかの事情で記載されなかったのであろう。

たとえば『小右記』寛仁二年（一〇一八）十一月六日条に上下賀茂社の神館、神宮寺の記事があって、これが上社神宮寺の初見である。修造とあるから、これをさかのぼる十二世紀初頭、あるいは十一世紀末に少なくとも神宮寺の存在が確かめられるのである。寺地移動の形跡は認められないので、室町時代に成立した『上賀茂神社絵図』に描かれ、そして江戸時代の何点かの絵図資料にも確かめることのできる神宮寺山（片岡山）の南東に建立されたものであろう。弘仁十一年（八二〇）に創建された聖神寺は、賀茂川を隔て、上社を去ること西南約一キロの地点にあって、位置関係からおのずと神仏の隔離意識が認められる。神宮寺の創建年代は特定できないものの、管見のおよぶところ賀茂社は十二世紀はじめになって神域内にはじめて仏寺を建立し、神仏習合の拠点を本宮近くに確立した、その意義はきわめて大きいといえよう。

ついで『小右記』寛仁四年（一〇二〇）八月十八日条に、藤原道長が参詣し降りしきる雨のなか、上社は橋殿、下社は舞殿にて仁王経各十部を供養している。これは承和六年（八三八）五月十一日より賀茂大神のため三か月間、金剛般若経一〇〇〇巻転読の神前読経につづく経典供養で、とりたてた記事でないともいえるが、実は仏事の場が特定できる点で注目される。上社の橋殿、ここは賀茂社最大の重儀である賀茂祭において内蔵使（のちのいわゆる勅使）が宣命（祭文）を奏上する、公祭の場として最も重要な施設である。これは下社も同様であって、舞殿は名称から連想されるような単に舞いを披露するだけの施設ではない。下社舞殿は天皇が内蔵使、舞人を差遣し、宣命奏上のあと東遊を神前奉納するためにこの名がある。上社橋殿は殿舎の下を「御物井河」が流れ、橋状の建物であるためこの名がある。要は、上社では橋殿が、下社では舞殿が公祭・賀茂祭における最も重要な祭場であった。この場で経典供養の仏事を行うことは何を物語るのであろうか。すでに祭祀の場における仏事の執行は障《さわ》りないものとみなされ、忌避すべきものではなく、すなわち神仏の隔離意識が緩んでいたとみなければならない。のみならず橋殿の使用は、神慮に適ったものとみなされていたことをうかがわせる。

つづいて永承七年（一〇五二）四月七日、夢想告によって僧綱以下が賀茂社（上下両社とみたい）にて疾疫をはらうため大品般若経四部を供養している（『扶桑略記』）。そして同系図のなかで仏事をしるすのは、ようやく十七代神主成助の在任中のことで、次のようにある。

　治暦元年五月廿一日、台徒勅ヲウケタマハリテ賀茂ノ社ヘマイリ、仁王経ヲヨミテ雨ヲ祈申ス時、神殿ノ前ニ小蛇出テ水気ヲ吐出ス、時ヲウツサス雨降

これは成助自身の事蹟ではないが、在任中の仏事接近といえよう。すなわち治暦元年（一〇六五）、後冷泉天皇の勅命によりて上社へ天台宗徒により祈雨のため仁王経の神前読経が命じられた。やがて霊験のしるしというべきか神殿、おそらく御垣内であろう、小さな蛇があらわれて水気を吐き出した。するとたちまち雨が降ったという。これは『扶桑略記』にもしるされ、さらに「仏法之威力。神道之冥感。誠以掲焉」と付け加えている。他愛ないエピソードともいえるが、上社における神前読経を物語る霊験譚であり、のちの真言化する前の神仏習合化の端緒を示すものであろう。ちなみに下社神宮寺はのちに比叡山延暦寺の影響下に入り天台系となった。さらに上社で具体的な神仏習合化がすすむ。

十九代成継が神主に就任した翌年のこと、寛治六年（一〇九二）にはじめて上社に供僧が置かれた。僧の常住には住房や一定の仏教的礼拝施設の存在が前提となるが、同系図に記述はない。ところが『補任記』には「池ノ神主（ト）号ス、此時寛治六年ニ御読経所供僧始置カル」としるす。出典は例によって不明だが、供僧が常置さ

れれば当然に経所的なものはあってしかるべきであり、寛治六年は御読経所の初見となる。正確な場所は、中世初頭には本宮の西南に位置し、神宮寺よりもさらに近接していたことがわかる。このように上社では、本宮間近かに恒常的な神前読経を行う施設が成立したのである。

つづいて承徳二年（一〇九八）に三十講がはじめられたが、もとは八講であったという。これは当初、法華経八巻を八座で行ったが、さらに法華経二十八品をそれぞれ毎品一座とし開結を加えて法華三十講としたものである。『補任記』には「仰コノ三十講ノ根本ヲタツヌルニ、自神託コトヲコル、其故ハ日吉社ノ礼拝講ヲ浦山敷ヲホシメサル、ヨシ御託宣アルニヨリテ、コノ三十講ヲハシメヲコナハル」とある。出典は示されておらず不明だが、何らかの伝承に基づく記述であろう。すなわち賀茂大神は、日吉社で行われている山王礼拝講がうらやましい、上社でも行って欲しいと託宣があったというのである。山王礼拝講は万寿二年（一〇二五）、比叡山延暦寺の衆徒によってはじめられた日吉社における神祇法楽の法儀で、法華経を講じて日頃の修行研鑽の成果を護法神の前で問答のかたちで披瀝するものである。法華経は天台宗所依の経典であるが、こうした天台系の法儀が取り入れられたのは、上社の仏教がのちの真言化する前の状況を示し、むしろ当初は天台系であったことをものがたるのかもしれない。先にふれた、治暦元年の雨乞い祈願も、天台衆徒によることもあわせて考えることができよう。

法華三十講が開始されたその翌年の康和元年（一〇九九）には仏名（会）が開始されている。仏名会は懺悔滅罪のために仏名経を読誦して、過去・現在・未来の諸仏の名をとなえる法会である。このように就任してまもなく供僧の設置、つづく三十講、仏名会の開始と、その経過からみて神主職として統括する成継を抜きにして、上社への仏事導入は考えられない。またそのいっぽう、成継だけの個人的意向だけで相つぐ仏事の創始は不可能であり、むしろ成継を代表とする神主層、上社全体に仏事が受容され習合化を推進する情況にあったとみられる。

十一世紀末に上社の神仏習合化が著しく進展したことがうかがわれる。

四　「入道神主」の出現と堂塔の建立

成継の後任は重助で天仁二年（一一〇九）に就任、大入道神主と号している。大入道神主の実像は同系図と『補任記』ともに必ずしも具体的にしるされておらず、なにゆえ大入道神主と呼ばれたか実体はわからない。言葉のイメージから剃髪、出家といったものを連想するが確たる記述はない。ただ後述する大入道神主保久に出家の事実が確かめられるので、重助も出家者として扱うことは妥当だろう。しかし「大」の字が冠せられているように、いくぶん諧謔的な意味をこめた単なる仏教帰依が著しい神主というほどの尊号であったかもしれないが、出家に類する事蹟なくして大入道神主の号は与えられないだろう。とすれば重助は上社における出家神主の初見である。このほか重助の事蹟としては本社造営の遷宮と、つぎに注目される「永久四年六月廿日、賀茂別雷社ノ塔供養也」の記述だけである。この塔供養の記述だけでは、塔の創建とみるべきか、すでにあった塔の法儀か不明だが、初見であり一応創建とみておこう。したがって上社におけるはじめての造塔であり、永久四年（一一一六）の平安後期になって上社の神域におよんだことになる。

つづいて成重が神主のとき「任中二ケ度有御造営、始ハ保延六年……サキノ造営二十八年也。次ノ度ハ康治二年三月廿三日御上棟也。同月十六日、神宮寺ノ供養、同八月四日御遷宮也」とある。『百錬抄』康治二年（一一四三）三月十六日条に「賀茂神宮寺供養、先年炎上之後。所造立也」とある。上社の神宮寺は十一世紀はじめには創建されており、記述自体は再建の法儀ということになる。すでにふれたように、上社から一定の距離のあった聖神寺と、神域内の塔および神宮寺とはおのずと神仏習合上の意味は異なる。十一世紀末の供僧の常置や三十講・仏名会など仏事法会の開始、十一世紀初頭の神域内への造塔・造寺は上社の神仏習合化が一つのピークに達したことを意味しよう。

先の大入道神主重助の次男である重継のとき、『補任記』は「久安三年ニ一切経会ヲ始置ル、コノ重継ハ佐々木野ノ最長寿寺草創ノ願主也、仍定氏寺畢」としるす。上社に久安三年（一一四七）あらたに一切経会なる法儀がはじめられたのである。なお佐々木野の最長寿寺については願いを立てたものの存命中は実現せず、歌人として著名な次男の藤ノ木神主重保によって造進された。

ここで同系図は注目すべき事実を伝えている。同系図は二人の大入道神主と入道神主の存在をしるすが、『補任記』のみがもう一人の大入道神主保久を伝える。保久は「仁平二年十二月二十九日補神主、同四年六月十三日依重病出家、同廿日卒、年四十五、此神主任中、久寿元年四月ニ夏ノ御服ヲ始」としるされている。ここでまず注意すべきは後任神主重忠の補任年月日で、同年六月十四日補とする点だ。すなわち保久の出家は重病によるものであり、神主職を辞した上であろう。むろん厳密にいえば、重忠が保久出家の翌日に就任したとすれば、神主在任のままの出家となる。たぶんにわかに病い重く神事奉仕に耐えず、おそらく死期を悟りみずからの信念にしたがって出家をしたのであろう。容態悪化のなか慌ただしく出家作法がなされ、就任が翌日付となったのであろう。もちろん言葉本来の意味の厳密な出家ではなく、剃髪程度のものであったろう。平安後期に公家たちが重病や死期にのぞんで盛んに行った典型的な臨終出家に類するものである。ここにおいて上社はたとえ形式的（儀礼的）なものであれ、職を辞した上ではあるが、賀茂社祭祀の頂点に立つ神主職から二人目の出家者を生んだのである。

ついで今度は、出家神主保久につづき後任の重忠が神宮寺に関して新たな造立・施入を行った。『補任記』にのみ「此重忠ノ時、承安年中ニ神宮寺ノ鐘ヲイラレテ、鐘楼ヲ建立(コ)ノ鐘ヲツラル」としるす。この記事は錯簡があるとみられるが、承安年間（一一七一～四）に神宮寺の付属施設として鐘楼を建立、あわせて梵鐘も施入された。上社の仏教施設が一段と充実をみたわけだが、鐘楼の建立にはさらに別の意味が認められる。鐘楼の建立はとりもなおさず上社の神域に、本殿にまで梵鐘の音が響き渡ることを意味する。それまで神社の音といえば、神主たちの厳《おごそ》かな祝詞の声、御神楽や雅楽の調べ、打ち鳴らす太鼓の轟き、神韻たる鈴の音、緊張を呼ぶ割笏《わりじゃく》の音、これらが神域の音の全てであった。そしてひとたび祭りとなるや、物忌みの期間となり、厳しいところでは鳴り物停止の処置がとられた。地方の例で、静謐を守るため梵鐘の撞木をくくりつける古社さえある。こうした事態を考慮に入れた上での鐘楼の建立であったはずであり、梵音の響きを許した神主たちの意識に著しい変化があったとみなければならない。

治承元年（一一七七）に神主に就任した重保は藤ノ木神主と号し、千載集・新古今・新勅撰・玉葉・風雅集などに収載された歌人として知られた。同系図に「任中神宮寺池ノ辺ノ施餓鬼ヲ始ム、于時社僧ノ別当重誉依夢想也」とある。今この神宮寺池は埋められて存在しないが、『上賀茂神社絵図』によると神宮寺の南側にあって、池中に石塔があり経塚如きものが描かれている。この池で別当僧重誉の夢託により亡者、精霊を供養する施餓鬼を創始したのである。上社は庶民的な仏教儀礼をあらたに付け加えることとなった。この記事は『補任記』にないが、別に重保が佐々木野に最長寿寺を造進したことをしるす。これは北ノ神主と呼ばれた亡父重継の意志を受け継ぎ造進したものであった。親子二代にわたる仏事の振興といわなければならない。

第三十代資保は先の大入道神主と号し、そして出家した神主保久の次男であるが、彼自身また入道神主と号した。これは『補任記』だけにしるす尊号であるが、いっぽう同系図は「同（建久）八年二月廿三日ニ百高座仏百体仁王般若経一百部、共三筥、御読経所へ奉納ス」としるす。御読経所は『上賀茂神社絵図』に描く「経所」と思われるが、その位置は本宮神域の西南、御手洗河をはさんで間近かにある。宝形造に一棟を連結した建物であるが、建久八年（一一九七）二月に百体仏と仁王般若経一〇〇部を三箱に納めて御読経所へ施入したのである。

院政期を通じ習合化をすすめた上社であるが、その動向は鎌倉期に入ってもいささかも衰えることはなかった。同系図で出家者が最も輩出するのは鎌倉中・後期にかけてであり、鎌倉時代を通じて約三十名である。建仁二年（一二〇二）に神主に就任した幸平は鳥居之神主と号し、新古今・玉葉集などの歌人として知られるが、同系図は「妙観寺（又号幸平寺）開基檀那法緯祐公」とのみしるす。これに対し『補任記』は神主の仏教観をうかがう上で興味深い霊験譚をしるす。

此幸平神職之身トメ仏法帰依之条神慮イカヽト、祈誠ノタメニ社頭ニ参籠セラレテ、巡礼之タメニ幸平手水ツカワレルトコロニ、御手洗河ニテスイシヤウノスヾ、幸平コレヲタマワリテ、仏法崇敬之意神慮カナウヘキヨシヲ信仰セラル、律院ヲ造立シテ氏寺ニ定ラル、今妙観寺コレナリ、又幸平寺トモ申ス、二ノ寺号アリ、（略）建暦二年、ミソノ、ハナノ焼亡ワタリテ……コノ時経所之五夜当番ヲ始置ル

幸平はみずからの氏寺として妙観寺を建立するほど仏教に帰依した神主であったが、はじめ神職としていかがかとの疑念を抱き、神慮をうかがうために参籠・社参をした。社参は祈願の一形式である各社巡礼のことである。まず手水をし清めようと御手洗河に臨んだところ「水晶の鈴」を感得したという。水晶の鈴とは如何なるものかわからないが、これを感得したことをもって神意納受の証しとした。古来、御手洗川のせせらぎは賀茂明神の象徴であり、賀茂川・神山とともに歌枕に歌われてきた川である。幸平はこの奇端によって「仏法崇敬之意、神慮カナウヘキヨシヲ」確信し、みずからの意志をもって氏寺としての律院を造立したが、彼の名にちなみ幸平寺、あるいは妙観寺と呼ばれた。幸平のこの霊験譚は同系図にもしるされ、彼は賀茂社が生んだ著名な歌人でもあり、その後の社内で神仏観を問われるときに、よく持ち出されるエピソードであった。上社における造寺造塔・仏事法会の実修と、仏事の恒常化するなかで、神仏習合が神慮に適うものと認識されるようになったことを示していよう。

鎌倉前期の三十二代神主能久は、承久の乱にさいし勅命を蒙り、現役の神主として下社の祐綱とともに軍旗を掲げ出陣したことで知られる。同系図は、しかも旗に神号を書いたことをしるしている。具体的な神号について『南柯記』(8)は「賀茂大神宮」とする。しかし、「聖運開かざるに依り」宇治にて、『補任記』では淀川に向かうときに、あえなく敗北し捕らえられ、承久三年（一二二一）八月一日社務職（神主）を解却された。能久は鎮西大宰府へ、下社の祐綱は甲斐へ遠流に処せられた。その後、祐綱は許され帰国したが、能久は鎮西大宰府で配流のまま解かれず、帰洛がかなわず貞応二年（一二二三）六月十日死去、このため筑紫之神主と呼ばれた。しかし能久の事蹟はこれにとどまるものではなく、在任中の七年の間に仏事に関する事蹟が『補任記』にあり、長文ながら引用しよう。

能久一七日社頭参籠ノ事アリテ、時ニ当社大明神御夢想ノ告アリテ仰ラル、大和国三輪之里ニ一人之真言師アリ、彼真言師ヲ招請〆一院建立ノ密宗ヲ崇敬セシメハ、御本意タルヘキヨシ、神明アラタニシメシタマウ時ニ、能久夢サメタマイテ、私宅ニカヘルニモヲヨハス、浄衣ヲ着シナカラ、外之鳥居ノ前ヨリ乗馬ニ鞭ヲカケテ、夢ニマカ（セ）テ大和ノ三輪タツ子（ネ）イタリテ、子細ヲトイタマウトコロニ、一人ノ密宗之仁アリ、其形ヲミルニイサヽカ夢ニミル処ニタカハス、能久コノ子細ヲアリノマヽニ語作ラルトイヘトモ、頻カノ仁辞申サルヽ処ニ、能久重テ御共（供）申スヘキヨシヲカタク所望セラル、ツイニ同道申シテ当所ニタチカヘリ、勝地ヲエラヒ、一院ヲ建立〆密宇ヲ安置シ住持ト定畢、三輪ノ聖人ト申スハ此事ナリ、今ノ瓦屋寺神光院也、
宝幢院也

これには史実が基本にあると思われるが、能久は承久の乱で勇名を馳せ、上社内で語り草となった伝説的存在であるだけに、多少は潤色され伝説化されていよう。要は能久が大和国三輪より真言僧をまねき神光院を開基したとする。

いっぽう『山城名勝志』引用の「縁起」によれば、僧行円が霊夢により賀茂に詣でたところ、神主もまた同じ夢をみて神光院を営んだ、とする。さて、ここで注目したいのは上社に接近した仏教はいかなるものであったかである。これまで上社では治暦元年（一〇六五）の天台衆徒による祈雨のための仁王経転読、承徳二年（一〇九八）の日吉社の山王礼拝講を手本とした法華三十講など、いずれもどちらかといえば天台系とみられた。しかし能久によって真言師を招き、神光院を建立し密宗、すなわち真言宗との関係が密接になる。能久はまた華厳宗中興の祖となる明恵上人とも親交を結び、明恵が不遇な一時期には神山近辺にわざわざ庵を立てて住まわせたが、約一年程の滞在であった。近世の地誌ながら『山城名勝志』には、神光院は醍醐寺の金剛院兼帯としている。

能久の長男能継も神主に就任し、神宮寺神主と号している。しかし同系図と『補任記』ともに、神主在任九か年におよんだが具体的な仏事記事は全くしるされず、神宮寺神主と呼びうるほどのような事蹟があったか不明である。

井関之神主と呼ばれた経久神主は正博寺を開基し、上社でさらに神主建立になる寺が増えたことになる。ここで上社の真言化について言及したが、これと関連する記事が『補任記』にみえる。鎌倉後期になるが北山ノ神主と呼ばれた久藤神主のとき、山門の宮仕と賀茂の氏人の間で紛争が生じた。このとき多くの氏人が集結し散々に打ち負かし、このため宮仕八人のうち二人は神山より山越えに逃げ、残りの六人を半死半生の目にあわせてしまった。そこで山門側が上社に押し寄せ、焼き払うとの噂がたったため、社司・氏人・黄衣・白衣・郷民にいたるまで「一味同心ノ用心」をして防備の体制をとったが、さいわい何事もなかった。この一件も上社の神宮寺以下が、すなわち供僧達が天台系であれば起こりえない紛争といえよう。非天台系であるが故に起こるべくして起こった事件といえよう。

鎌倉政権がおわりを告げ南北朝時代に入ったとき、神主は十楽院之神主と呼ばれた信久であった。同系図は歌

図４　上賀茂神社の習合施設

人で新千載集の作者であるが、『補任記』は次の二つの習合記事をしるす。

此信久卿、神宮寺之経蔵之一切経之毎年不闕之虫払田ヲ経所ニ寄進セラル、依之信久卿之命日六月十一日、毎年不年供僧等一切経之虫拂ヲ沙汰ス、

信久卿之時神宮寺之塔供養アリ、其儀式者神宮寺之池上ニ構舞台、習礼・式日両日ノ舞童也、皆社司氏人之子孫也、此供養者取用テ氏人亀大夫重勝沙汰ス、依此勧賞、社司之孫タリトイヘトモ被召加氏神権禰宜職畢、

いずれも仏事に熱心であった十楽院神主の事蹟を伝えるものである。経蔵は片岡山の南麓にある神宮寺の関連施設で、神宮寺本堂の西隣りにあり、多宝塔、東に鐘楼とともに並び立つ。『上賀茂神社絵図』によれば、経蔵は白壁の土蔵造りで周囲に何本もの松を配し、御物井河から引き込んだ川水をめぐらせている（図４）。信久はこの経蔵に納める一切経の虫払いの料田を寄進し、没後は信久の命日である六月十一日に供僧たちが行った。また信久の時代、神宮寺の塔供養が行われたが、その前の池上に舞台を組み氏人の子供たちの舞いが奉納された。この供養は氏人の亀大

かる。

夫の沙汰によるものであったという。上社の神主・氏人たちが積極的に神宮寺の運営と行事を振興したことがわかる。

このあと南北朝時代には、文和三年（一三五四）に神主に就任したが、氏人間の刃傷沙汰により僅か一年で解官された国久が入道神主と号している。同系図・『補任記』ともに全く事蹟をしるさないので、入道と呼ばれた故は不明だが、四人目の入道神主（大入道神主を含む）である。その後任の近久も僅か七か月の在任だが「後之十楽院神主」と呼ばれ、これまた一切事蹟はしるされない。

平安中期に上社内に神宮寺を建立して以来、習合化をすすめてきたが、南北朝時代に入って、これら堂塔を灰燼に帰する大事件が起こった。光久神主が就任した約一か月後のこと、『補任記』の次のようにしるす。

応安六年十一月三日戌下刻ニ、神宮寺并一切経ノ経蔵・鐘楼三ヶ所炎上、（火）自観音堂出ル、鐘ハ焼落トイヘトモ、ソンセスシテ後日ニカク（タ）ノコトク鐘楼ヲ立ラル、神宮寺別当三位律師興久所職ヲ辞退ス、コレハ光久ノ舎弟也、但ヲイノ宮内卿ノ律師興円別当職ニ補セラル、コレハ当社務子息也、本尊十一面観音炎上畢、但一切経ハ焼スシテ被渡御読経所、……

すなわち応安六年（一三七三）十一月初頭の夜、神宮寺観音堂より出火した火は、隣接する一切経を納めた経蔵を襲ったが、幸い経典のみは数百メートル離れた本宮の西隣りにある御読経所に避難して無事だった。またしるされていないが、経蔵西隣りの多宝塔も延焼をまぬがれたとみられる。いっぽう鐘楼も焼失し釣鐘が焼け落ちながら損傷をまぬがれ、再造にさいしてそのまま釣り下げられている。中心となる観音堂は出火元であったため、本尊の十一面観音像を失なっている。ここに十一世紀初頭に造立されたとみられる（おそらく当初像の）神宮寺本尊が三世紀半あまりにして灰塵に帰したのである。出火原因は明記されないものの寺家側の失火は疑いなく、責任上、神宮寺別当の律師興久が職を辞している。ちなみに別当職の興久は、そのとき神主職にあった光久の舎弟であったことを『補任記』はしるすが、同系図で確かめると、光久が末弟で三人兄弟のうち二人の兄の国久・宗久はいずれも神主職に就いており該当者はみあたらない。ただ「久」の一流のなかで、叔父（父教久の長兄師久）の曽孫に興久なる同名人物がいるが二世代ずれるので別人だろう。また後任の興円は甥とあるが、舎弟興久とともに系図上に記載がないのは、出家者として抹消されたためであろうか。しかし同系図をみればわかるように出家者が各巻に散見し、しかも子を成し系譜が継続しているので妻帯していたことは明らかである。したがってこの時期、神宮寺・御読経所に勤仕する供僧は各社家内の出家者があてられていたことが確かめられる具体例だ。

このほか南北朝時代に仏教的な号を冠する神主が二人あらわれる。永和二年（一三七六）に就任した床久は「安養坊ノ神主」、康暦二年（一三八〇）に就任した能隆は「神宮寺之神主」と号している。とくに能隆は能継につづく二人目の神宮寺神主である。

さて、室町前期に失火により失なわれた上社の習合施設はすぐには再建されず、二十二年を経て二つの動きとなってあらわれたことを『補任記』はしるす。

そのひとつは建仁の頃、幸平神主によって建立された妙観寺について「妙観寺ノ仏殿ヲ観喜寺へ破取畢」とある。「破り取りおわんぬ」とする具体的事実が不明で、あるいは妙観寺本堂内の宮殿を、他はおそらく解体して観音寺内へ移したとも想像される。いずれにしても、このときすでに妙観寺の存続が危ぶまれる状況にあったようだ。

次に、「此時（応永二年閏七月二十二日）神宮寺経蔵ノ立柱、同上棟ハ応永四年十一月廿六日有、願主真空上人也、于時神宮寺別当興円、執行大進阿闍梨」とある。応安六年（一三七三）の神宮寺・経蔵の焼失から二十二年を経た応永二年閏七月二十二日、ようやく失なわれていた神宮寺と経蔵の立柱式が、おくれて上棟式が応永四年十一月二十六日に行われた。願主の真空上人については上社といかなる関係の人物か不明だが、そのときの神宮寺別当は、失火の直後に就任した興円、執行は大進阿闍梨であった。ここに上社は、再び神仏習合の中心殿堂たる神宮寺観音堂と経典を納めた経蔵を再建して、習合体制を整えたのである。

その数年後、上社は応永九年（一四〇二）十一月に遷宮を行っているが、これにさいし仏事による「遷御ノ祈禱ノタメ」に花薗法官が上社に参籠しているが、そのときに宿所とされたのは「小経所」であったことを『補任記』はしるす。その名称から本宮域の西隣りにあった御読経所の副次的施設であることがわかるが、『賀茂注進雑記』にもしるされ近世を通じて存在したことが知られる。

なお『社務補任記』は室町中期、応永三十二年の記事でおわり、また同系図もこの頃より幼名と位階、没年および享年、そして仏事記事はほとんど影をひそめる。しかし社家内の出家者は鎌倉時代の約三十におよばないものの一定の出家者数をしるしている。いずれも推定年代であるが、室町時代の前期七名、中期三名、後期八名と計十八名である。したがって中世末まで上社は神職層から出家者を出し、神仏習合体制を維持したことが確かめられる。

まとめ――近世への縫承――

以上の通り、上社の系図史料を通路として初代男床の聖神寺建立にはじまる神仏習合の展開のあとを中世末までたどってみた。史料の性格上、しるされない洩れた事実も多いと思われ、上社の習合史の素描にとどまった。さらに公刊史料を踏まえ、今回言及し得なかったが中・近世を通じた神宮寺・読経所の史料が所在するので稿を改めたい。そこで本稿のまとめとして、若干の補足と近世上社の習合の大要を述べて結びとしたい。

上社の神仏習合はまず平安初期に神前読経を繰り返し、やがて十一世紀はじめと推定される神宮寺建立をもって開始され、十一世紀末に供僧の常置および御読経所建立をもって基礎的な要件をととのえた。そこで仏事の場が広がり法華三十講・仏名会・一切経会などあらたな仏事法会を創出した。そうした進展のなかで、一段と上社内部の仏教受容がすすみ社家内に帰依者があらわれ、十二世紀はじめ平安中期には大入道神主なるものが出現するにいたる。鎌倉時代に入ると、神主自身による妙観寺、神光院などの寺院建立がなされ、さらに神宮寺神主・入道神主がそれぞれ二人ずつあらわれる。重要なのはこうした事実の裾野、背景の仏教化の深さを示すものとしての社家内の出家者の輩出である。

年代を示さないものが多いが、その量的把握は神仏習合の内面史として貴重なデータであり、推定年代が大半だが改めて示そう。平安時代の前期・中期にはなく、出家神主の確かな初見である保久を含め、平安後期にはじめて二名が確認される。

鎌倉前期一名、中期十三名、後期十五名

南北朝三名

安土桃山五名

室町前期七名、中期三名、後期八名

江戸前期八名、中期六名、後期一名

このデータを他社と比較すると伊勢神宮の荒木田・度会系図(9)、住吉社の津守氏古系図(10)はいずれも平安中期から出家神主が出現しており、上社では遅れてようやく平安後期にあらわれている。これは早く正倉院文書の優婆塞貢進解にあらわれた鴨氏出身の写経生について、岸俊男が賀茂社を中心とした山背地方の開明性を示すものと指摘され(11)たが、このように仏教への先取性と影響は時期的に早いわりには賀茂社自体への受容、すなわち習合化は遅いとみることができよう。そして内部受容が最も高まった鎌倉中・後期になって、ようやく出家者が輩出するのである。近世に入ると江戸前期に八名、中期六名、後期一名と激減する。とくに後期に僅か一名と激減するのは国学の勃興と、それにともなう排仏意識の高まりが思想的理由と考えられる。なお延宝九年（一六八一）に幕府の寺社奉行の求めに応じて提出した『賀茂注進雑記』は、神殿とともに「舎屋万」に仏教施設を次のようにリストアップしている。

御読経所　五間三間　縁高欄　　同食堂　七間三間半
小経所　四間五間　高欄作　　聖神寺　四間五間　高欄作
同看坊屋　三間四間　　同門　八尺五寸
神宮寺　五間四間　四方エン　高欄　　同看坊屋　五間三間
鐘楼一間半四方

これは江戸中期の情況であるが、このように中世賀茂上社の内外に造立された聖神寺・神宮寺・御読経所など、そして十五名の出家者の存在は、中世の神仏習合体制がそのまま近世へほぼ継承されたことを物語っている。

表1　賀茂上社の神仏習合年表

延暦　三　年（七八四）	平安遷都を賀茂大神に告げ奉幣、上下二社を従二位に叙す	続日本紀
弘仁十一年（八二〇）	禰宜男床、聖神寺造立	系図
承和　四　年（八三七）	天災地変により聖神寺にて大般若経など読誦	続日本後紀
承和　六　年（八三九）	三か日を限り賀茂大神のため金剛般若経一〇〇〇巻転読	続日本後紀
貞観　六　年（八六四）	聖神寺に仏聖燈油料田として摂津国山本郷寄進	系図
寛仁　二　年（一〇一八）	上下両社の神館神宮寺修造神宮寺初見	小右記
寛仁　四　年（一〇二〇）	藤原道長上社橋殿、下社舞殿にて仁王経各十部を供養	小右記
永承　七　年（一〇五二）	僧綱、賀茂社で疾病をはらうため大品般若経四部を供う	扶桑略記
治暦　元　年（一〇六五）	天台衆徒、仁王経転読のところ奇瑞あり降雨	系図・扶桑略記

寛治六年(一〇九二)	御読経所に供僧を置く	系図
承徳二年(一〇九八)	法華三十講をはじめる	系図
康和元年(一〇九九)	仏名会をはじめる	系図
嘉承元年(一一〇六)	西経蔵の失火により上社宝殿焼亡	永昌記
天仁二年(一一〇九)	大入道神主重助が就任	系図・補任記
永久四年(一一一六)	公家、上社多宝塔を供養	百錬抄・系図
長承元年(一一三二)	上下両社に女院、大般若経読経	中右記
康治二年(一一四三)	火災後に神宮寺を再造供養(本朝世記は下社とする)	百錬抄
久安三年(一一四七)	丁切経会をはじめる	補任記
承安年中(一一七一~五)	神主重忠、神宮寺に鐘楼建立	補任記
治承頃(一一七七~八一)	神宮寺池にて施餓鬼をはじめる	系図
建久四年(一一九三)	入道神主資保就任	補任記
建久八年(一一九七)	百体仏・仁王般若経百郡を御読経所へ奉納	系図
建仁頃(一二〇〇~四)	神主幸平、氏寺の妙観寺を建立	系図・補任記
建仁二~承久四年(一二〇一~一二二)	神主能久、神光院を開基	補任記
建長六年(一二五四)	神宮寺神主能継就任	系図・補任記
文和三年(一三五四)	入道神主国久就任	補任記
文和四年(一三五五)	後之十楽院之神主就任	補任記
応安六年(一三七三)	神宮寺・一切経蔵・鐘楼炎上、本尊十一面観音焼失	補任記
康暦二年(一三八〇)	神宮寺神主能継就任	補任記
応永四年(一三九七)	神宮寺・経蔵の上棟	補任記

(1) 井上光貞「カモ県主の研究」(『日本古代国家の研究』、岩波書店、一九六五年)、佐伯有清「鴨県主の研究」(『古代氏族の系図』、学生社、一九七五年)、藤木正直・須磨千頴『賀茂神主補任記』(賀茂県主同族会、一九九一年)。

(2) 同系図では「右京権太夫清茂」とあり、古儀の復原など上社祭祀の第一人者として知られる。

（3）神道大系編纂会幹事、真壁俊信氏の校訂によるものである。
（4）『賀茂文化研究』第二号（一九九三年）。
（5）『帝王編年記』。
（6）鴨脚家本『賀茂史略』上（京都府立総合資料館蔵）。
（7）江戸中期頃の『賀茂事類抄』に「今退転」とあるので、その頃にはすでに失なわれていたらしい。
（8）『賀茂文化研究』第四号（一九九五年）。
（9）第三章第一節「伊勢・神宮神主の出家」参照。
（10）第三章第二節「津守氏古系図の研究」参照。
（11）岸俊男「山背国愛宕郡考」（『続律令国家と貴族社会』、吉川弘文館、一九七八年）。

第四節　若狭彦神社社務系図の研究

はじめに

若狭国一宮である若狭彦・若狭姫神社に関連して、『若狭国鎮守一二宮社務代々系図』（以下『社務代々系図』）や『若狭国鎮守一二宮神人絵系図』などがつたえられている。両社の祭神は典型的なヒコ神・ヒメ神であり、社家の祖節文《せつぶん》はこうした神々に随伴し鎮座に関与した伝承を有し、さらに神宮寺の創建にもかかわり、歴代を通じ祭祀奉仕の家として仕えるなど、きわめて興味深い神仏相関の構図を示す。とりわけ掲出の二本は旧来の社家牟《む》久《く》氏の古系図であって、その豊かな内容から、すでに幾つかのすぐれた研究がある。

たとえば近藤喜博はこれら二つの系図を駆使して、この二本は密接な対応関係にあることを述べ、若狭両大神の御鎮座過程とこれにかかわった節文以下の歴代神職たちを描き出している(1)。また網野善彦は家族史の立場から詳細な分析を加え、十代利景以降、平安後期から鎌倉時代にかけて同系図が兄弟はもちろん姉妹もしるし女系系図をふくむこと、若狭国内の諸氏と血縁関係を結び、国衙・在庁官人、供僧などとも網の目のようなネットワークを張りめぐらされた情況の一端を詳しく描き出している。とりわけ一族内から常満供僧と国分寺小別当を兼務する者や、天台僧の出現や相次ぐ出家者に言及している。結果的に本稿が主題とする神仏習合の一端を明らかにしている。

これまで伊勢の荒木田・度会の両氏、住吉社の津守氏、賀茂社の県主一族など、祭祀にたずさわる社家の出家という実態を明らかにしたが、同じ系図史料をもとに異なる視点から、さらに深く家族史・女性史、社会政治的な観点から考察を加え、系図史料をもちいたすぐれた研究として示唆に富む。(2)しかしながら出家神主を中心とした習合の実態、思想史的考察の観点からみるとき、なお研究の余地は残されているといえよう。さらに、河音能平は近藤喜博・網野善彦・景山春樹の研究をふまえ、『若狭国鎮守一二宮縁起』を中心に、中世一宮と国衙の関係に考察を加えた。いずれにしろこうした先学の業績をふまえつつ、本稿が主題とする出家神主および神祇の側における仏教の内部受容の実態を明らかにしたい。

『社務代々系図』は、若狭国一宮に仕えた神職家牟久氏の系図で、同家は退転し若狭彦神社の所蔵となっていたが、現在は京都国立博物館蔵となっている。その内容は、初代節文から三十四代徳《よしみ》まで、全三七〇余名が記載されている。本系図は十四世紀後半に成立し、以後、明治時代まで書き継がれてきた。内容を検討すると、初代～九代までの部分は年齢が一〇〇歳・九〇歳の高齢がしるされ事実性がとぼしく伝承的記述である。一〇代利景（十二世紀）から十四代景盛（十四世紀）の間は正確で、さらに注目されるのは男子だけでなく女子もしるし、随所に女系も含み、すぐれた家族史の史料となっている。網野はこうした部分に着目して考察を加えた。

さて本稿の立場からみると、同時期すなわち十二世紀あたりから仏教関連の記述が多くなり、にわかに出家者・僧尼が輩出する。しかも網野氏が指摘したように国衙・国分寺・惣社など神仏を中心とした国人たちの紐帯、そしてやがて分裂の兆しがあらわれ、こうした動向のなかで自己主張として系図が作成された。この部分の事実性についてほとんど疑いをさしはさむ必要はなく、牟久氏のおびただしい仏教帰依の事実、神祇側あるいは神祇職の内部受容の実態をつぶさに知ることができる。

一　習合の実態

(1)社家の祖と神宮寺の創建

若狭彦・姫の両神がこの地に鎮座したのはいったい何時だったのだろうか。『社務代々系図』の縁起が伝えるところによれば、和銅七年（七一四）まず若狭彦神が国内巡歴ののち、鵜の瀬川より長尾山麓に移り、翌年の霊亀元年（七一五）笠臣《かさおみ》節文の案内によって現社地にまつられたとする。つづいて若狭姫神が現社地に遷座したのは養老五年（七二一）であったという。興味深いのは別伝ながら、同じく養老年中（七一七〜二四）には、赤麿なる人物の神託によって道場が建立され神願寺と号したことである。

神仏習合の源流を物語る注目すべき古伝であるが、国学者伴信友が『神社私考』に収録した『若狭国鎮守一二宮縁起』から引用しよう。まず遠敷郡西郷の霊河の源、白石の上にはじめて垂跡坐し、その形は俗体で唐人が白馬に乗りあらわれたのが若狭彦大明神であった。このとき大神に御剣を持ち随従した童子が節文という。のち社家の祖として子々孫々まで仕える。その節文が多田嶽の艮《うしとら》の麓で草や楫葉で葺いた仮御在所として、七日間国内を巡歴のすえ数千の杉が生い茂る地をはじめて正殿とし鎮座したという。そして節文が最初に建てた「仮殿跡」に「精舎」を建立したのが「神宮寺」という。いうなれば大神の鎮座前の仮地に神宮寺を建立したのである。ここでは従来の神宮寺縁起にみられる、本社の周縁部に設置されるのではなく、仮りであれ当初の遷座地、すなわち神のひとつの本源の地をもって神宮寺の場としている。従来の神宮寺創建パターンは多度神宮寺のごとく、はじめに多度社があり、その周縁に満願なる僧が来住し多度神の神託をもって神宮寺（小堂）を建立するというものであった。しかし若狭彦では、はじめて神が降りきたった始原の地に、神宮寺をもうけるという独自の神仏関係にある。

いっぽう天平十三年（七四一）、すぐ近くに若狭国国分寺が建立される。たとえば若狭姫神社を中心にみれば、国分寺・国府が一キロメートル内外のところに位置する。このように若狭国の政治的枢要の地に、国家鎮護の願いを担った国分寺が創建されるなど、若狭彦、姫両神社を中心に政治的・宗教的環境が形成されたのである。

次に、系図史料を中心にこうした神仏習合の実態を明らかにしたい。

(2)出家神主の出現

『社務代々系図』における出家者の初見は、同神社の最高職の禰宜であった第七代景正である。

彼は六代目守景の嫡男として康平二年（一〇五九）に誕生、仁平三年（一一五三）九月に九十五歳で他界している。その間、久安六年（一一五〇）に出家したときは九十二歳であった。高齢で、他界の三年前に出家したが、この前年は後継の九代景安が禰宜（神主）職をゆずり受けており、継承ののち安堵のうちの就任であったことがわかる。この間、八代景遠は二〇余歳で早世し、また子がなかった。先に述べたごとく、この九代までは事実性に乏しい。まず景正の没年九十五歳、景正八十歳のときの子景安の誕生など荒唐無稽とされよう。したがってこうした虚構に等しい年齢に基づく記事は、本来すべて否定すべきであろう。しかしこの時期を精査すると、後述するが景正出家の久安六年（一一五〇）に近い、一一七〇～八〇年代に相当し一族内のはじめての僧泰賢や仙印も誕生している。単なる仏教帰依にとどまらず、この年代が仮りに五十年ほどズレがあるにしても景正出家の事実性を疑うまでもないだろう(3)。

これを広く全国諸社の実例と比較しても、蓋然性が高い。最も早い例は既述の通り意外にも神仏の隔離意識が強いとされる伊勢で、内宮神主の荒木田重頼が出家したのは寛徳二年（一〇四五）、外宮禰宜度会康雄は延久四年（一〇七二）である。いずれも景正の出家より九十五年前、七十八年前ときわめて早い(4)。さらに正確な年代は不明ながら、ほぼ同時代とみられる上賀茂神社の神主重助には仏教的事績があり「大入道神主」と呼ばれた。ついで確かな上賀茂神社の出家神主の初見は、神主保久で仁平四年（一一五四）、景正出家の四年前であった。(5) 内外両宮と上賀茂神社の例をみる限り、景正出家の久安六年はそれほど疑うことではなく、むしろ蓋然性が高く事実とみるに問題ない。

(3)十代利景の時代

はじめての出家神主（禰宜）である七代の景正についであらわれたのは十代利景である。

利景（一一六二〜一二二七）は九代景安の嫡男として生まれ、安貞元年（一二二七）六十六歳のとき出家した。そのちょうど十一か月後に他界している。特段の記述もないから死期を悟るなか、死へ真向かう作法として選んだかたちが臨終出家だった。牟久家の嫡男として生を享け神前奉仕五十年、禰宜を退任し後継を見届けての出家であった。老齢、病気といった経過も考えられ、その十一か月後の他界という情況からみて、従容とした静かな諦念を読みとることができる。そして、そのあらわれたかたち（儀礼）が出家という「仏事」であり、神仏習合化の具体相であった。時期としては利景の出家した年の安貞元年（一二二七）を一つの指標とみることができよう。ついで次男泰賢は生没年を欠くが、兄より数年下とみて仮りに一二三〇年頃の生まれで出家を十五歳頃とすれば、一二四五年すなわち十三世紀中頃、若狭彦神社の神職家の内部、そして僧の誕生というかたちで仏教の内部受容、神仏習合化の深化がみてとれよう。

系図によれば、利景は男ばかりの五人兄弟であった。このうち三男と五男が僧侶となった。

まず三男は、「僧泰賢／山僧肥前注記／為聖之間無子、仍以甥大和房舜憲為弟子譲跡畢」とある。景の一字を入れた俗名もないから、おそらく幼くして出家したのであろう。僧の系統として注目されるのは頭注にしるす山僧、すなわち比叡山延暦寺に入寺した正式な僧であったことだ。しかも妻帯せず聖僧であったため子がなかったとわざわざしるす。さらに後述するが、甥とあるように利景の三男僧舜憲を弟子として跡目を譲っている。こうした僧とは一体いずこに所属したのであろうか。当然、身近かに存在する神宮寺と考えるべきであろうが、本系図におびただしい僧名をしるすものの、実はわずか一例を除いてみあたらないのである。具体的にいえば、牟久家出身の僧は神宮寺に入寺しなかったのだろうか。しかしそれは逆で、あえてしるすまでもなく神宮寺僧であるがゆえに、系図が簡略な記載法をとるため明記しなかったのであろう。したがって神宮寺僧以外に限り、常満供僧・多田薬師堂別当僧・国分寺小別当などと明記されたのだろう。この時期の若狭神宮寺は天台系であり、延暦寺で修行した正規の僧が勤仕し、しかも社家である牟久氏が跡目を継いでいたことがわかる。神社と神宮寺、社家が神仏双方に人材を配置する実態を知ることができ、同様の例は、すでに住吉社と同神宮寺における津守氏の実態でみた通りである(6)。

五男は「僧仙印／上総房山徒也」とある。山徒とあるから、三男泰賢とおなじく比叡山に入り正式の僧となった。系図に一男三女の子供のうち二人の娘が常満供僧の妻となっている。まず常満供僧とは国衙祈禱所の供僧のことで、若狭国の国衙は移転説もあるが、いずれにしろ遠敷地内にあり、いずれも三キロ内と近い。この二人は、さらに子をもうけている。

長女は「女／常満供僧／月静房妻」、そして儲けた長男は「僧長祐／同供僧但馬房」、次男は「僧静印／同供僧下野房」「僧祐慶／同供僧民部房」となっている。

次女は「女／常満供僧／粂心房妻」、姉と同じように二人の子をもうけている。長男は「僧円／備前房相下／同供僧」、次男は「僧伊賀房／同供僧」となっている。

すなわち利景の末の弟僧仙印をはじめとして、その孫にいたるまで僧俗全員が妻帯していること、常満供僧も妻帯していたこと、など必ずしも清僧を要件としなかった。三男泰賢には聖なので子なく甥が跡を継いでいる。五男仙印は同じ比叡山延暦寺に入り正式僧となりながら、帰郷ののち妻帯している、この違いは、妻帯の可否はいずれでもかまわないことを意味しよう。少なくともこの時期、牟久一族から多くの常満供僧を輩出し、女たちもその妻となったのである。

利景の弟（次男）景基は、兄を助けて神職の道を歩み「上下宮御供備進役」となっているが、彼には三人の子供があってうち二人が僧となり播磨房と願生である。とくに願生は「越後房／弘安四年四月十六日他界。彼妻女者禰宜景継女房与一腹、一生之（中）妹也。／弘安六年七月十九日他界了」とある。まず「彼妻女」とあるから妻帯したが、その娘は（一二五一～一三三六）「養子也」とあるから養女であろう。のち牟久朝景の妻となっている。彼女は永仁元年（一二九三）十月二十八日四十二歳で出家、法名生彼を名乗り、八十七歳まで長生きをした。

十代利景以降、すなわち十三世紀前半から十三世紀末にかけて、こうした出家禰宜とともに僧尼の輩出は、引きつづき著しい神仏習合化を示すものといえよう。

(4)十一代景尚と孫たち

景尚自身に直接的な仏教記事はないが、ただ彼の女房が若狭国分寺の別当厳俊の娘であった。四人兄弟のうち三男は「僧舜憲／山僧大和房」とある。先に述べた通り、叔父にあたる十代利景の弟泰賢の弟子として、後継者となった。

末の妹は「女／号多田女房／常満供僧多田慈心房妻／上下宮神田畠壱町余譲之得」とある。常満供僧、多田薬師堂の慈心房の妻として多田女房と呼ばれた。牟久家の娘として上下宮神田畠を壱丁あまり譲り受けている。彼女の孫は七名いたが、次の二人が僧になっている。

宗弁は四男で「僧宗弁／多田弁房／為聖之間無子／常満供僧。多田薬師堂別當」とある。牟久氏の僧・出家者の多くは妻帯しているが、僅かながら「聖」、すなわち清僧も存在したことになる。当時、とりわけ若狭周辺の僧たちは独身を要件としなかったことが、ここでも確かめられる。

承長は末子で「承長／多田助律師／常満供僧」とある。

さらに多田女房のひ孫に「大弐房」「能登房」「大夫房／多田薬師堂別当」「尾張房／国分修理別当」「卿房」「三位房」「大輔房」などがいた。

次男景茂の孫に「肥後房」、ひ孫に「僧信正」「僧澄円／浄忍房／常満供僧」がいた。

二　神主の出家——十二代景継にみる——

(1) 神主の出家作法

『社務代々系図』の圧巻は十二代景継の部分における詳細な記述である。すでに網野善彦が家族史の立場から言及するが、神仏習合の観点から、あらためて検討を加えたい。

十二代／景継／

景尚二十二子也。元久二年乙丑生。弘安七年甲申十月十七日辛酉、着浄衣詣上下宮令備進御供式々詔戸令啓白、供僧三十人・御子・祝・海人等已下勧饗膳酒肴之後、於下宮南廻廊奉向神殿致三拝暇申出家畢。法名善真。歳八十。戒師多田妙観阿闍梨。布施二貫文。次女房於同所南局同出家。歳六十六。法名真阿。戒師同前。布施壱結。彼女房親父者平大納言時忠卿従父兄弟下野守師季之孫永田太郎時信次男下総房子息進止刑部允頼忠出家法名善願嫡女也。二女者願生房妻。号山田局。三女者三浦若狭前司泰村四男四郎式部允子息出家法名道阿妻也矣。公文掃公文掃公文掃公文掃公文掃次真阿母者本郷重代部允藤原守綱二女也矣。善真者正安元年己亥二月六日他界畢。歳九十五。

本系図でもっとも詳細な記述で、かつ内容豊かな部分である。

まず景継は、牟久家の正嫡で十一代景尚の子として、元久二年（一二〇五）に生まれた。時代は鎌倉時代初期、若狭彦神社では利景のときである。彼の事績にさしたる記述のないのは、むしろ本系図の特徴でもある。しかるに弘安七年（一二八四）十月十七日、この一日の記述が彼の系図部分の大半を占める。よほど牟久家にとり、そして若狭彦社にとって重大な出来事であったからである。

この日、父の死後から約四十年間にわたって、一社の長として祭祀を担ってきた八十八歳の老禰宜景継は出家を遂げる。朝、清々しい浄衣に身を包んだ老禰宜は、まず上宮すなわち若狭姫神社の社頭に参向した。ただちに神前に御供をそなえ、みずから「詔戸《のつと》」を「啓白」、すなわち祝詞《のりと》を奏上した。続いて一・五キロメートル離れた下宮、すなわち若狭彦神社に参向し、ここでも同じく「御供備進、詔戸令啓白」と両社で同様の型通りの神事をみずから勤めた。趣旨はいうまでもなく退任の奉告祭である。終了後、参列していた供僧三十人、御子・祝、海人などに「饗膳」すなわち直会《なおらい》が振舞われた。祭典と直会、ここまでが神事である。酒肴のあと、下宮の南廻廊に座を定め神殿に向き「三拝」を致し、「暇申《いとまもう》」し「出家」しおわんぬ、としるす。いわば仏事で、きわめて注目される部分である。関係者が列座し見守るなか、あらためて本殿に向かい「三拝」した。参拝とするすべきところを誤って三拝としたのではなく、文字通り三度の拝礼を行った中世祭祀の作法である。この時点でおそらく浄衣を脱ぎ、白衣姿であったろう。戒師は多田妙観阿闍梨で、「出家」とは剃髪もしくは髻《もとどり》を降ろすといった作法を行ったのであろう。多田寺は牟久氏からは何人か入寺し、関係が深い。例えば叔母が多田慈心房に嫁いで多田女房と呼ばれ、その系統から多田薬師堂別当に就任した宗弁、おなじく大夫房・承長など密接な関係があり、戒師妙観自身は牟久氏ではないが、多田寺の長老に依頼されたのである。謝礼である布施は二貫文までしるす。出家した景継には法名が授けられ善真を名乗った。

このときに出家したのは禰宜景継ばかりでなく、彼の女房も出家した。夫景継の出家作法がおわると、引き続き妻も南局において、やはり妙観阿闍梨が戒師となって出家作法をつとめた。法名は夫と真の一字が同じ真阿で、戒師への布施は壱結（一貫文）であった。以上により夫婦同行による出家であったことが知れる。

ここでさらに景継の出家の儀について検討を加えたい。出家の場として選ばれたのは神域内、御垣内の空間である南廻廊であった。いわば神域内の仏事であり、若狭大神の照覧のもとに行われたことを意味する。出家の場として、神仏の隔離意識があれば廻廊外の施設、たとえば社務所にあたる施設、若狭彦神社から一キロメートル弱にある神宮寺など適当な場が考えられよう。しかし禰宜として長年奉仕した神前が選ばれたことは、景継にとって何ら憚ることなく、神域内こそが相応しいと考えられた結果であろう。神前の仏事は忌むべきものでなく、むしろ嘉納されるという信念で行われたことは間違いない。神仏習合思想に基づく仏事の実施というべきだろう。そして「神殿に向い奉り、三拝致し、暇申し、出家しおわんぬ」とある。注目されるのは、「暇申」という表現である。出家するにさいし、なぜ暇《いとま》乞いせねばならぬのか。景継の場合、神前奉仕の一線から退くことに対する神への報告の意味もあろう。さらにいえば、出家という仏教的領域に参入することに、習合色の色濃い時代ではあっても神職として憚りがあり、引き返しえぬ地点に立つからであろう。ひとつの神仏の隔離意識がみとめられる。

(2)後白河上皇と「暇申」

ここで「暇申」の事例をあげておこう。『梁塵秘抄』巻第十に後白河上皇が出家したおり、信仰した神々にやはり「暇申」を述べている。これについて景継出家の弘安七年（一二八四）から仁安四年（一一六九）まで一世紀以上の開きがあり、また地方神職と上皇という根本的立場の違いがあり、同列に論ずるには問題があろう。しかしながらいずれも祭祀の担い手であったこと、出家という仏への自己投企である点などから、共通性がある。周知のごとく後白河上皇は在世中、深く熊野を信仰し三十四度の熊野詣でが知られている。

　仁安四年（一一六九）正月……今度十二度に当りて、出家のいとま申しに参る。……此姿にては此度計りにてこそあらむずれば、我独り両所の御前にて、なかとこ（長床）にねぬ。

終夜、ほのかな明かりのなか社殿に下がる御正体の鏡が光り輝き、離れて奉幣、法楽の読経の声が聞こえた。上皇は今様などをみずから奉納したが、明け方に香ばしき匂いが満ち、鏡が揺れ鳴りわたる神秘な出来事が起こる光景を目にする。帰洛ののち、つづけて二月に今度は賀茂社へ参拝した。

　大雪降りたりし日、さまをかへむいとま申に賀茂へ参りき。まづ下の社に参りてみるに、白き事限りなし。

……

　熊野、賀茂両社への願意は全く同じであろう。天皇の位を退位すること、さらに天皇である限りかなわぬ念願の出家を前に、そのことを神へ告げまつることであろう。天皇は内侍所において天照大神を祭祀する唯一の立場にあって、いわば天皇の専権事項である。したがって仏事に接することはあっても、その実修にはおのずと隔離すべき定めがあった。ましてや仏事帰依はあっても剃髪は許されぬことであった。とくに賀茂詣にしるす「さまをかへむ」とは様《さま》を変える、すなわち剃髪のことであった。だからこそ「いとま申しに賀茂へ参りき」と述べているのである。出家後は、従来と同様に神に対して詣でることに憚りがある、だから暇申しに参拝したのである。後白河上皇と若狭彦神社の禰宜景継を同列に論ずることにはためらいはあるが、共通する神と仏への対処の仕方、隔離されるべき神仏関係を示す事例といえよう。

ところで景継の女房真阿の出自がここでしるされている。すでに網野善彦が明らかにしたように、彼女の父は若狭国の平師季の一族であり、鎌倉幕府の実力者三浦泰村の姻族・進士刑部允頼忠の娘であった。この時期には、すでに言及した越後房願生の妻（山田局）が次女、願生の養女となった女性は三女であった。この二人の妹にはいずれも「禰宜景継女房与一腹」としるされ、これら三姉妹は進士刑部允頼忠の娘として生まれ、三人とも牟久家に嫁いだのである。既述の通り三女は姉に遅れること九年後の永仁三年（一二九三）に出家している。この時期、若狭国一二宮の社家牟久氏が国内の有力者と姻戚関係を結んだことになる。そしてさらに、こうした姻戚関係を背景に禰宜景継が一宮造営を可能にした、と黒田日出男は指摘する。(7)

（3）景継とその係累

既述の通り景継夫妻の出家は、若狭彦神社における仏教受容が一つのピークをしめす事件であった。そして、この事例は特異例ではなく、この事実を形成する裾野もまた広いのである。景継の生きた時代、すなわち鎌倉時代における一族の情況を明らかにしたい。

景継の生存年代は元久二年（一二〇五）から正安元年（一二九九）であった。この時代を同系図によれば、景継の兄弟姉妹八人のうち正式僧となったのは、実尚と堅海と号した尼公の二人だけであった。実尚は「大夫房／号願運／正応四年……他界。歳八十四。常満供僧／国分寺小別当当」としるす。すなわち満供僧・国分寺小別当を歴任し、若狭一国の国衙・国分寺の要職にあった。一宮神主を兄、国衙・国分寺の僧を弟と、つまり兄弟をして若狭国の主要な神・仏の両職に就任したことになる。

さらに第二世代の十七名のうち、この実尚の子、備中房尚印は父とおなじく常満供僧と国分寺小別当に就任し世襲している。また神職とみられる景高の子弟四人のうち僧周防房、僧行景（上野房欣阿、のち遁世）の二人が僧となっている。なお彼らの末の妹が従妹の備中房尚印の妻となっており、従妹婚であった。五男景範の長男景忠が出家し、法名心蓮を名乗っている。「上下宮御子勾当」をつとめた長女は池田某の妻となり、のちの僧土左房を生んでいる。さらに第三世代以下には、僧伊与房（常満供僧）、僧頼盛（神宮寺住侶）、僧景俊、景国（出家）、僧慈忍、僧静景、筑前上座、女（出家）、卿房、景氏寂円、刑部房（常満供僧）などがいる。大半は年代を欠くので時期は特定しがたいが、推定で景継夫妻をふくめ出家者七名、僧十三名にのぼり、総じていえば神職の家系にありながら一族あげて仏教帰依の傾向が著しい。

三　光景とその周辺

十三代光景は、先代の出家神主・景継の嫡男として生まれたが、母が出家し真阿を名乗ったこと以外、彼自身に直接の仏事記事は認められない。彼もまた鎌倉中期を生きた神職であるが、出家神主景継の子としてどのような立場にあったのであろうか。まず兄弟姉妹四名のうち、弟朝景（一二四七～一三一五）について。彼の妻は、既述の越後房願生の養女となり永仁元年（一二九三）十月に出家した法名生彼である。この朝景四十六歳のとき、永仁元年四月に母が他界する。「以母儀之骨納高野山之時出家。法名為阿」としるす。母の他界を期に出家するのはこの一族にとって何ら異とするに足りないが、注意されるのは納骨先が高野山だった点である。これまで若狭彦神社の神宮寺および牟久家の仏教的関連はすべて比叡山延暦寺すなわち天台宗であった。ここではじめて高野山への納骨の事実が明らかとなった。比叡山は例外を除き葬儀および埋葬の風習はなく、祖師たちおよび一山僧侶に限定されるといってよかろう。しかるに遠い紀州の高野山まで母の（おそらく分骨であったろう）納骨を、当時盛行の風習とみるべきか、あるいは真言の教線がおよんだためとみるべきか、にわかに判じがたい。続いて彼の妻も六か月おくれて同年十月に出家している。また末子とみられる助房について「僧道有／牟久助房、童名孫熊／母同于資景等、弘安五壬午五廿一辰時生」とある。

次に妹は「上下宮御子腹也」とあり異母妹で、のち常満供僧の但馬房長祐の妻となっている。興味深いのは常満供僧の妻として彼女がもうけた三男二女のうち、長女が安賀庄の地頭弥三郎の妻に嫁いだほか四名はすべて仏縁があり、次女は「女／多田助律師承長妻也」とあって、多田薬師堂の助律師承長に嫁いでいる。三人の男たちは次のように仏門に帰依している。

長男「僧実盛／越中阿闍梨／常満供僧／国分寺供僧／小浜八幡宮禰宜」

実盛は常満供僧と国分寺供僧を兼任もしくは歴任するが、注目されるのは小浜八幡宮禰宜に就任したことである。同宮は現小浜市男山に鎮座しそれほど遠くない距離にあり、本系図ではじめて確認される事実である。いったい、僧が禰宜を兼ねることができるのか。経をよみ剃髪した法体の僧が、祝詞を読み神前奉仕することが可能なのか。筆者の承知するところでは、僧による神前読経や表白・神分はあっても、祝詞を読む事例は宮寺の石清水等を除き聞いたことがない。逆もしかり、神職が私宅で経を読み仏事に親しむことはあっても、神前の祭儀で読経することはない。習合と言いながら、制度・役職として神・仏は区別、隔離、分担され、いわば住み分けがなされていた。実盛が一個の人格として神仏双修したことは間違いないが、それは時期が異なり時間差があったかもしれない。いずれにしろ詳細は不明である。

実盛もまた妻帯して一男一女をもうけ、男子は実慶と称し、また民部房を名乗り常満供僧となっている。常満供僧職は、実態として一族内でほとんど世襲化されていたようだ。

次男「頼賢／大和阿闍梨／神宮寺住侶之間聖也。仍無子」

この記述によって神宮寺住侶は聖たるべきことが明示され、僧本来の清僧であったことを知りうる。本系図をみる限り、若狭彦神社と習合関係にあった神宮寺僧に牟久一族から入寺した例がこの頼盛を除いてみあたらない。

これは慣例として神宮寺僧は清僧（聖）であることが求められていることを示しているのかもしれない。

三男「長玄／薩摩阿闍梨／常満供僧」

長玄には二人の妻があり、最初の妻は常満供僧民部房祐慶の女で、もうけた子に治部房・大貳房・下野房・伯耆房の四僧があった。二人目の妻は和田下司平太重員の三女と言い、一男一女をもうけている。

このように、この三男二女の兄弟は、地頭に嫁いだ一人を除き僧侶の道にすすんでいる。この五人兄弟の生没年はいずれも不明であり、したがって実年代は不明というべきであるが、叔父にあたる十三代景継が既述の通りわかっているから、この兄弟は一二六〇年代に生まれたとみられ鎌倉中・後期を生きた人たちであった。すると十二代景継とほぼ同時代であり、出家神主の出現はこうした牟久家一族あげての仏教帰依を象徴する、一つのピークを示すものといえよう。

十三代光景には四男三女の子があり、次女は「女／少名姫熊／出家法名如浄／母本郷住人覚念」とある。興味深いのは長女（少名姫鶴）で和田下司平太重員の妻として一男四女をもうけるが、末娘は「女／常満供僧薩摩／阿闍梨長玄妻」としるす。すなわち十三代光景の孫娘がのち叔父にあたる長玄に嫁いだことになる。さらに系図上確かめると、長玄は七人の子をもうけるが、うち治部房・大貳房・下野房・伯耆房の四僧を生んだ妻は常満供僧祐慶の娘であり、さらに一男一女を生んだのは和田下司平太重員の娘であった。この和田某の娘がもうけた男子は和田孫次郎とあって和田姓でしるす。後妻ではないが認知されていたのであろう。いずれにしても、当時の婚姻関係を知ることができ、また逆にいえば、あらためて本系図の事実性を物語るものといえよう。

三男景直（一二九一～一三三〇）は鎌倉末期の人物であるが、七名の男子があり、僧礼訓・僧某・僧静円の三名が僧侶の道へすすみ、五男景氏は、のちに「出家法名寂円」を名乗る。彼らは室町初期に活躍したとみられるが、出家者は彼ら兄弟を最後に一族内より激減する。

ま と め

以上の通り、『社務代々系図』にしるされた仏教記事、とりわけ出家という事象を洗い出すことによって仏教の内部受容の実態を確かめることができた。これほど詳細に直系ばかりでなく、兄弟姉妹、さらには母方の出自まで言及する系図は少ない。とりわけ習合関係の記事は江戸期以降の系図にままみられる不記載や削除がみられないのが特徴であった。

出家神主の初見は七代景正で久安六年（一一五〇）、これにはじまり十三代光景の時代（一二四五〜一三〇四）をピークに十四代景盛の時代をもって牟久一族から出家者、僧尼は『社務代々系図』から完全ではないが消える。このことは本系図の祖本の成立した十四世紀中頃の記述態度、神仏習合の認容を前提とすることからくる結果によるもので、事実これ以後、本系図は記述態度の簡略化に向かい、そのことによって仏教記事の不記載、削除をもたらした可能性もある。いずれにしろ、本系図がしるす仏教記事は習合、仏教の受容を示す重要な史料である。

表2はその量的データである。

平安後期から鎌倉後期の間、本系図は牟久家一族の総員二七四名（男一七九・女九五名）をしるし、男性のうち僧五三名、出家者九名であった。女性のうち尼一名、出家者二名であった。つまり一族の男女合わせて五四名、約二〇%が僧尼に、のちの出家者十一名を加えると広義の出家者は六十五名で実に約二四%にのぼる。その社会的立場からみて、予想外のウェイトをもってこれら一族に仏教受容が浸透していたことになる。こうした若狭彦神社の社家牟久家から輩出した出家者たちの存在は何を物語るのだろうか。

表2　出家者数（10代利景〜14代景盛）

男	179名	非出家者	117名
		僧	53名
		出家	9名
女	95名	非出家者	92名
		尼	1名
		出家	2名
総員			274名

思想的には大前提として、仏教は忌避されるべきものではなく、神仏習合が浸透していたことは間違いない。神と仏は相反するものではなく、調和・融合された関係にあった。具体的には神祇祭祀の実修者自身であり若狭国鎮守一、二宮を統括する社務すら退下後ながら、仏教世界への投企である出家を敢行している。このことは神祇の否定ではなしに、仏教に帰依しうること示す。十二代景継の出家は祭祀の総領職として禰宜の立場にあり、剃髪をともなうことから、辞職にさいし若狭大神へ「暇申し」をするという「けじめ」さえ奉修さえすれば許容されたのである。さらに周辺の、神宮寺はもちろん国分寺、多田薬師堂、国衙の常満供僧などの寺院、仏事に僧尼として牟久氏一族あげて従事している実態は、神祇と仏教が矛盾、相克しない関係を示している。そのことを『若狭国鎮守一二宮社務代々系図』によって、中世神祇の具体例として如実に知ることができるのである。

（1）近藤喜博「若狭国鎮守一二宮神人絵系図巧」（『国華』六七三～六号、一九四八年）。
（2）網野善彦「中世における婚姻関係の一考察――『若狭一二宮社務系図』を中心に――」（『地方史研究』二十巻五号、一九七〇年）。
（3）たとえば河音は『社務代々系図』における禰宜の死亡年齢と、『神人絵系図』の肖像画の年齢がほぼ一致してくるのは七代景正からであること、具体的・現実的記述があらわれること、などから事実性を認めている。
（4）第三章第一節一六六・一六八頁。
（5）第三章第三節二二四頁。
（6）第三章第二節一九〇～一頁。
（7）黒田日出男「若狭国鎮守神人絵系図の世界」（『週刊朝日百科・日本の歴史別冊・歴史の読み方8　名前と系図・花押と印章』、朝日新聞社、一九八九年）。

第五節　宇佐八幡宮の神主系図

はじめに

宇佐宮は石清水八幡宮・祇園社・日吉社・天満宮などと並ぶ、習合色の濃厚な宮寺の代表にあげられる。社殿とともに堂塔が立ち並び、ここに勤仕する神職・僧侶、そして行われる神事・仏事など複雑な様相を呈する。本稿では宇佐宮を構成する主だった諸職の家が伝える系図を史料として、神仏習合、仏教の内部受容の諸相を明らかにしたい。

神社にはさまざまな形態があって、創建された時代、奉斎集団、風土的、宗教的環境など所与の要因によって固有の形態を確立し、さらにその後の歴史的変遷のなかで変貌をとげる。仏教もそうした要因のひとつにあげられ、とくに神仏習合という形態のなかで変化をみせる。こうした要因に基づく多様な神社の諸類型のなかで、仏教の影響の濃厚なものに宮寺型神社がある。本稿は神主系図を通じて仏教の内部受容の諸相をみようとするが、こうした宮寺型神社の神職に仏教の影響をみることは、一見無意味のようだ。なぜなら堂塔伽藍が林立し、僧侶を擁し、仏事法会が絶えず行われる宮寺にとって、神主すら仏教帰依のいちじるしいことは自明のことと思われるからである。しかしそうであるにしても、果たして宇佐宮における宗教者たちへの仏教の受容がどの程度であったのか、神社の一形態として一応確かめる必要があろう。少なくとも、先入主を捨てて宇佐宮をめぐる人々

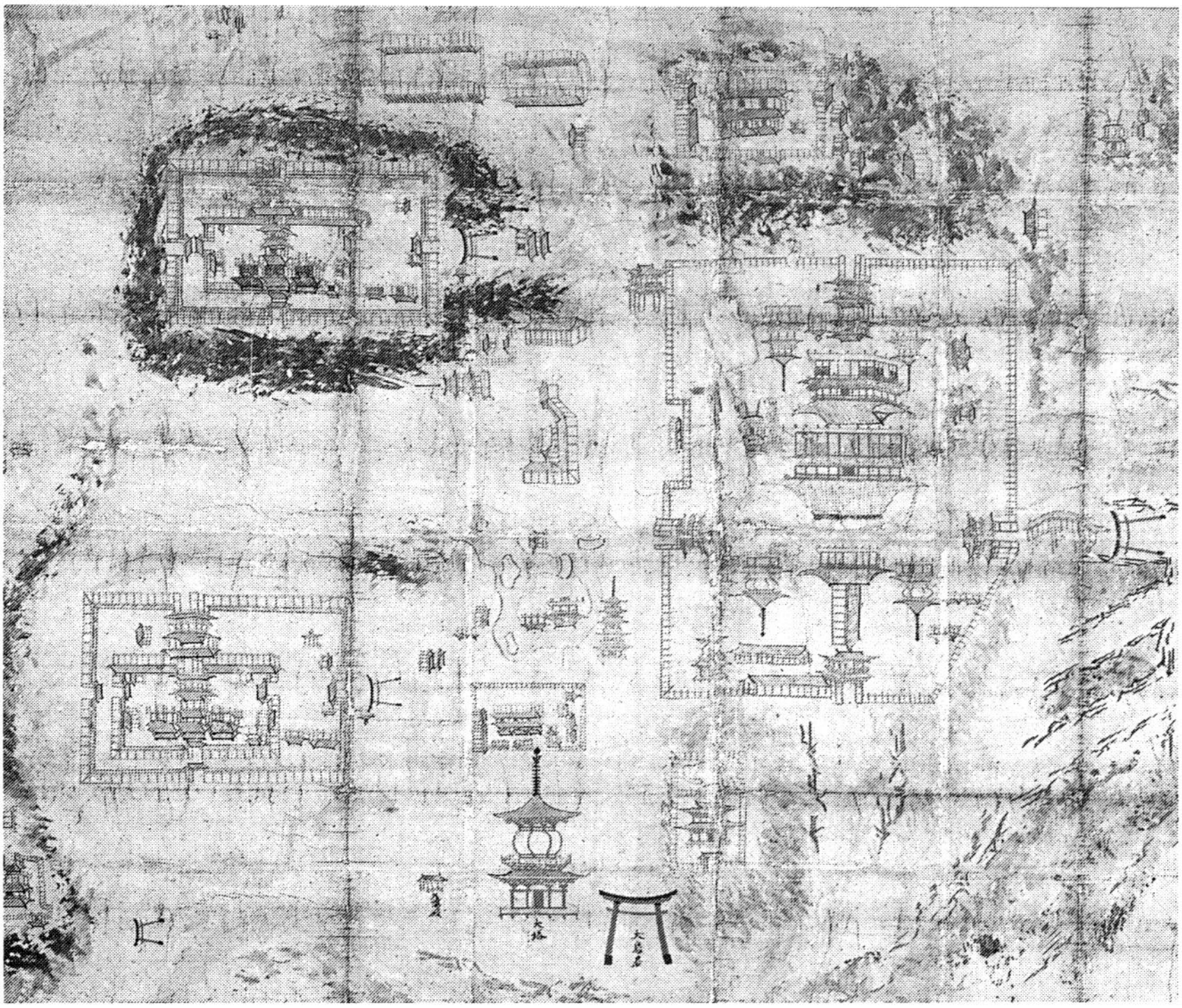

図5　宇佐宮古図（部分）

の受容の諸相を史料の上に確かめる意義はあろう。

一　奈良時代の宇佐宮

まず宇佐宮の官社化以前から述べれば、同宮は欽明天皇三十二年（五七一）に宇佐の地に出現した。じつに仏教公伝の同天皇七年（五三八）の三十三年後のことである。そして神亀二年（七二五）に現社地に移り宇佐宮が創立され、天平三年（七三一）にはじめて官幣にあずかり官社となった。

そこで注目されるのは『日本書紀』用明天皇二年（五八七）四月条、

天皇病を得て宮に還入、……天皇群臣に詔して曰く、朕思うに三宝に帰せんと欲す、……皇弟（穴穂部皇子）豊国法師を引て内裏に入る……

の記事である。もちろんこれは豊国の法師であって、直接に宇佐宮には関連づけられない。さらに古く『新撰姓氏録』は巫部連《かんなぎべのむらじ》について「雄略天皇御躰不予、かれここに筑紫豊国奇坐を召上げ真椋をして巫を率て仕奉しめ……」と五世紀後半から医術を行う豊国独自のシャーマンの存在を示す。いずれも都まで聞こえ招請されるほどの存在だった。

そして『続日本紀』大宝三年（七〇三）九月条に「僧法蓮、豊前国野四十町を施し、医術を褒る也」とあり、養老五年（七二一）には宇佐君を賜っている。法蓮は後述する宇佐宮神宮寺の弥勒寺の初代別当となる人物である。宮寺体制を形成する宇佐宮の根幹をなす人物である。ここで重要なのは豊国奇坐、さらに豊国法師の系脈をひくシャーマン僧が宇佐神宮寺の初代別当となったことである。

次に特筆されるのは宇佐宮の「禰宜尼」の出現である。『続日本紀』天平感宝元年（七四九）四月十四日条。

　八幡大神禰宜尼、大神朝臣杜女、その輿紫色、一同乗輿し東大寺を拝す

とある。これは東大寺の大仏造立にさいして八幡神が助力したという事件をしるすものである。

このように『日本書紀』『続日本紀』にしるす宇佐宮が習合色が色濃いシャーマン僧たちの存在は、宮寺という日本宗教史にあたらしい姿を打ち出し、時代を牽引するものであった。

二　宇佐宮の系図史料

ついで宇佐宮の宗教的組織を概観し、ついで各職につたえる系図について述べよう。中野幡能によれば(1)宇佐宮の神職は大化前代に国造宇佐氏がつかさどり独自の女禰宜もあったが、主神《しゅしん》・禰宜《ねぎ》・祝《はふり》・祝部《はふりべ》に分化し、さらに宝亀四年（七七三）には宮司・少宮司・祝となった。そして宮司は大神《おおが》氏、少宮司は宇佐氏、禰宜・祝は辛嶋氏

が任じられた。また主神に陰陽師を加え六職が成立、社領の拡大などによって組織が肥大化し総検校・権検校・弁官などの事務職が置かれるにいたった。

いっぽう、宇佐宮が宮寺として寺家側の中核にあったのが弥勒寺で、当初、日足《ひたる》に法蓮の開基になる弥勒禅院があったが天平十年（七三八）本宮西側に移る。そして宇佐宮の神域にその位置を占めた弥勒寺は、講堂・金堂・東塔と順次寺観をととのえ薬師寺式の伽藍空間として完成をみ、神宮寺として日本宗教史上に画期的な意義を有することとなる。つまり宇佐宮の神域内に寺域をもうけるかたちで神仏が相接する形態をとったのである。次に人的体制はいかなる様相をみせたか、系図史料を中心に神仏関係をみたい。

天平十三年（七四一）には度者十人が奉られ、講師が置かれるなど官寺としての体制をととのえたが、法蓮の子孫によって御前検校職が世襲された。しかし、その後も発展をみせた弥勒寺を中心とした寺家側、僧侶の人的供給は一体どこでなされたのであろうか。

たとえば住吉神宮寺では神主家の津守氏の次男や子女たちが僧尼となって寺家側を支えた(2)。上賀茂神社では神主家から出家者を輩出するが神宮寺僧への供給は確かめられなかった(3)。このように各神社によって、神仏習合の様相を異にする。

宇佐宮はこのような組織体制で独自の宮寺体制をとっていくが、社家・寺家の双方を視野に入れながら、系図を縦糸に関連史料を横糸としながら仏教受容の諸相を明らかにしたい。

宇佐宮の家系と諸職は次のように整理され、またそれぞれに伝来する系図も示す。

①宇佐氏　大宮司職　大宮司職にあった宇佐氏の系図として鎌倉末から到津《いとうづ》姓を名乗った同家に『到津系図』を伝える。同系図は神武帝にしたがい兎狭の地に来たり国造となったウサツ彦命・ウサツ姫命にはじまり、朱鳥元年（六八六）にはじめて宇佐姓（宇佐公）を名乗った武雄、天平勝宝元年（七四九）に大宮司を拝任

した手人、以下がつづく。ほか『宇佐大宮司宇佐氏系譜』がある。

②大神氏　大宮司職　総家は小山田家、次いで祝家、ほか二十七の分家がある。この家系には『宇佐宮大神氏系図』が史料となる。

③漆嶋氏（辛嶋氏）　総検校職　八幡宮創始に関与した辛嶋勝氏。禰宜・祝職にあったが、平安時代に入り大神氏に押され社領の郷司職や末社の社司職、社内の事務官僚職の総検校職に地位を占めた。辛嶋と漆嶋（樋田）の二家に分かれる。同氏については『漆嶋氏系図』(4)を用いる。

④田部氏　宇佐宮庁分惣弁官職　放生会・行幸会に関与。元亀・天正の乱（宇佐宮焼討ち）に滅亡。同氏には鎌倉時代中期から幕末までをしるす『末弘氏系図』をつたえる。

⑤小坂坊　御前検校職　弥勒寺を世襲で管理する。

これら各職の家すべてに良質の系図史料が所有されているわけではないが、出家者の出現を中心に仏事、造寺造塔など仏教受容の史実を明らかにし、関係史料で補いながら検討していきたい。

三　宇佐宮の仏教

宇佐宮内の仏教帰依者、すなわち出家者・出家神主たちにふれる前に、あらためて前史となる事実に言及しておこう。

わが国に仏教が伝来したのは五三八年とされるが、私伝はそれより少し早いと推定され、六世紀前半とみられる。やがて寺院建立の技術者たちも渡来し、五九六年に日本最古の寺院である飛鳥の法興寺が建立された。しかし北九州は大陸に近いものの寺院建立は畿内から移入され、白鳳時代（七世紀後半）に入ってからで、豊前国では初期寺院として十一か寺あった。宇佐地方は大陸と半島に近いが、一旦畿内に入った仏教文化が瀬戸内海を通って九州に伝わったとみられる。そして創建されたのが虚空蔵寺・法鏡寺・小倉池廃寺などの初期寺院であった。

まず虚空蔵寺は宇佐平野の南奥に位置する法隆寺式伽藍で、三重塔・金堂・中門・南門の跡が発掘調査で確認され、出土瓦から七世紀にさかのぼり、また塔の壁面を飾った塼仏《せんぶつ》は大宝三年（七〇三）建立の大和・南法華寺のものと同范品としてこれにほぼ近い創建とみられる。法鏡寺は金堂・講堂・塔・中門の跡を検出し、やはり法隆寺式伽藍で出土瓦から七世紀後半の創建とみられる。これら二つの寺はいずれも七世紀後半の創建であるが、その性格として国分寺のような官寺ではなく在地豪族による私寺である。これに対してあげられるのが中央、あるいは地方の行政とのかかわりで確立された準官寺的性格の寺院である。その代表例が宇佐の弥勒寺である。同寺は宇佐の神宮寺として建立され、境内の西南隅に位置する。天平十年（七三八）に金堂・講堂、ついで同十五年（七四三）に三重塔が建立され、ほか東西に三重塔を配した薬師寺式伽藍である。同神宮寺は明治の神仏分離によって撤去されたが、文書が多く絵図史料が豊富で、全面的な発掘調査もなされ当時の広大な寺観がうかがえる。

虚空蔵・法鏡の両寺は私寺であり宇佐氏の氏寺であった。こうした氏寺の建立につづく準官寺の弥勒寺に天台との関係が生じる。宇佐宮との関係は、延暦十八年（七九九）宗祖最澄が仏教を学ぶための入唐に先立ち渡海平安を祈り、無事目的を果たして帰朝できたので神のため寺を造り読経した（『続日本後紀』）というのが最初である。つづいて『叡山大師伝』は弘仁五年（八一三）春に宇佐大神のために神宮寺（弥勒寺）において、最澄みずから法華経を講じたところ託宣が降り、われ久しく法音を聞かず幸い和上に知遇し正教を聞くことを得た。そして斎殿の扉が開き、紫の袈裟と紫衣《しえ》が最澄に授けられた。これをみた禰宜、祝たちはこの奇事に嘆異したという。(5)すでに平安のはじめに菩薩号を奉られ仏教色の濃厚な宇佐宮の神職たちであるが、神が法華経を好むことはともかくとして神みずから法衣を授ける姿に奇異を感じ、嘆いたという。

つづく天台との関連は、後代の正応二年（一二八九）の史料がつたえる伝承だが、柞原《ゆすはら》八幡宮の縁起に天長四年（八二七）五月五日、延暦寺の聖人金亀和尚が宇佐宮に参詣、一〇〇〇日の参籠のあいだ一乗妙典を読誦、両部秘法を勤行し尊神の威光を増し天長地久を祈った。すると同七年（八三〇）三月三日、豊後国の某所に垂迹するとの示現があり、同年七月七日、大菩薩の御初衣が天空を飛び賀来社（柞原社）へ着いたという。これは八幡神を叡山の僧金亀和尚が柞原八幡宮を勧請したことを示しているのだろう。この豊後国への天台僧による八幡神勧請の事実は宗祖最澄につづく、宇佐周辺への天台系八幡神の伝播を物語るものである。

宇佐宮における奈良時代の宮司は大神氏、少宮司は宇佐氏であったが、平安時代に入ると大宮司職は世襲による宇佐・大神の二氏交替によって継承された。さらに漆嶋・田部などの諸家によって、宇佐宮の各職が運営された。

四　平安時代の仏教受容者

次に平安時代における宇佐宮内の、具体的な仏教帰依者の経歴と事蹟を明らかにしたい。

(1)平安中期の出家者と帰依者

義海　系図史料にあらわれた宇佐宮神職家からの最初の出家者は、宇佐氏出身の義海である。既述の通り宇佐氏は大宮司職にあり、大尾社を創建した池守、つづく夏泉の子には大宮司となった春顗、権大宮司の秋顗、そして義海の三兄弟があり、この末弟が義海であった。

『到津系図』にあらわれる最も古い僧であり、天台僧として極位をきわめた人物がいきなり出現する。周知のごとく先にもふれたが、宗祖伝教大師は唐への渡海に先立ち宇佐宮へ参詣している。その一四〇年後に宇佐出身の僧が天台座主として登りつめたのである。「天台座主、石清水八幡宮／検校法務少僧都」とあり、『天台座主記』では「十四世権律師　山本座主　治山六年　豊前国人宇佐氏」とするす。出自が宇佐宮社家であることは、比叡山でもむろん周知のことであった。義海は貞観十二年（八七〇）に大宮司宇佐公夏泉の三男として誕生。詳細は不明ながら、おそらく幼年の頃から比叡山かいずれかに入寺したとみられるが『天台座主記』は「年七十、臈四十四」とあるから二十六歳で出家したことになり、一般的な僧の出家年齢からみてやや遅い感もする。『到津系図』は次のようにしるす。

師主玄昭律師即随二律師一灌頂尊意和尚受法弟子又玄鑑弟子／天慶三年庚子三月廿五日座主　宣命年七十／勅使少納言橘実利　同廿七日到来／同九年丙午五月十日入滅　年七十六

つまり義海が比叡山で師事したのが玄昭律師で、天台密教の奥儀である伝法灌頂を尊意和尚から受け弟子となり、義海は二代前の座主玄鑑（治山三年）の弟子である。近世の史料であるが『豊鐘善鳴録《ほうしょうぜんめいろく》』はさらに、大戒を康済から受けたあと南京、すなわち南都に出て性（法）相学を究め、比叡山に登ったのは延長四年（九二六）とする。もと天台密教を学んだ。そして天台の法脈のなかで研鑽、すなわち義海は一時、南都の法相学を学んだものの、比叡山延暦寺に入山し、師資相承に励んだ。やがて権律師にすすみ承平六年（九三六）春に朱雀天皇の不予にさいし祈ったため玉体回復せられ、律師となり沙（砂）金一〇〇〇両を賜った。そして天慶三年（九四〇）春に天台座主に任ぜられたのが七十歳のときで、同年冬には権大僧都にすすんだ。ところが義海が就任した前年に承平・天慶の乱が勃発している。

天慶二年（九三九）に東国で反乱を起こした平将門は、常陸・上野・下野国の国府を占拠し、みずから新皇と称して勢威をふるったが翌年滅ぼされる。いっぽうこれより早く西国では藤原純友が反乱の火の手をあげた。純友は任国伊予にあって帰京せず、瀬戸内海の海上交通の要路にあって略奪をかさね、伊予・讃岐の国府を襲撃、やがて太宰府まで迫った。しかし博多津で撃破され伊予に逃げ帰るが、天慶四年の暮れには鎮定される。この、ほぼ時を同じくして東国と西国から起こった反乱の火の手は朝廷を震撼させ、地方武士の勃興と貴族政治の衰退を如実に示すものであった。朝廷は全国の社寺に反乱鎮定の祈禱を命じている。(6)まず天慶三年二月に験者で知られた明達律師は護法神日吉社で宣旨をこうむり、成就のみぎり日吉根本塔を建立している。義海も天台座主として天慶四年五月、比叡山で伴僧十口を従え大威徳法をもって朝敵調伏を祈禱した（青蓮院本『座主記』）。そして同五年（九四二）三月五日、日吉根本塔供養の導師を勤めている。同九年五月六日、義海は内裏中宮において御修法中に病いをえて（群書類従本『座主記』）四日後の五月十日、入滅している。七十六歳、座主として治山六年であった。

◎宇佐貞節　『到津系図』によると、大宮司春顕の孫にいずれも大宮司に就任した持節・守節・貞節・相規の四兄弟があった。三男と思われる貞節に出家の事実はないが「大宮司、天元年中〻津尾建立、伽藍今観音堂也」と造寺記事のみしるす。まず『続日本紀』に神護景雲元年（七六七）にはじめて八幡比売神宮寺を造るとあり、『宇佐託宣集』には天平神護年中（七六五〜六七）に大宮司池守が建立したとしるす。この比咩《ひめ》神宮寺の場所は馬城峰の麓で、天元年中（九七八〜八二）は貞節による再建年代であろう。この寺は明治まで存続した。

◎大宮司宇佐相方　宇佐氏の『到津系図』にみえる人物である。彼自身は出家者ではないが、係累上僧侶の子の大宮司就任として特筆に値する。まず同系図では相方の父は僧定源で、おなじく母は八幡別当法印元命の女であった。元命は弥勒寺講師として知られるが、長和三年（一〇一四）七月、石清水権別当に補されるなど実力者で永承二年（一〇四七）講師を辞するまで三十年あまりにわたって権勢を振るった。相方は大宮司相規の孫として生まれたものの僧定源の子であり、ふつうは大宮司就任の資格はないとみられる。なぜなら同系図をみるかぎり僧の子が大宮司に就任した例はないからである。また一旦、父の弟（次男）公忠が大宮司に就任しながら、相方が就任しえたのは、おそらく母方の祖父元命の力によるものとおもわれる。元命は長保元年（九九九）に弥勒寺講師に、治安三年（一〇二三）に石清水別当に就任し、宇佐・石清水を兼帯し宮寺体制の隆昌をはかった実力者であった。この実力者元命の孫にあたる相方が大宮司に就任したのである。

◎頼厳上人　『漆嶋系図』では生没年を欠き、伝説上の人物とみられかねない。「漆嶋赤蜂三代孫、豊前国木内村妙楽寺ニテ、自幼稚養育セラレ、長ジテ同国求菩提山ニ登リ御山ヲ中興、頼厳上人ト号ス」としるすが、頼厳については次の三点の銘文によって、その実在が確かめられる。

①保延六年（一一四〇）の経筒銘

　妙法蓮華経一部／保延六年十月廿二日／願主僧頼厳

頼厳の実在はもちろん、求菩提山にあって頼厳自身が願主となって法華経一部を埋納したことを知り得る。

②版経の奥書

　康治元年歳次壬戌九月廿四日巳時書写畢／大勧進金剛仏子頼厳　小勧進僧勢実／執筆僧厳尊但九枚外五人千慶　余太／良仁　降鑒　降胤　鋳物師義元

康治元年（一一四二）九月、ふたたび頼厳は大勧進として小勧進勢実など六僧とともに求菩提山に経塚を造営し、金銅版法華経を施入している。

③銅版法華経およびこれを納めた経筥底の銘文

　奉彫銅妙法蓮華経一部／求菩提山供養畢／大勧進頼厳　小勧進勢実／康治元年十月廿一日供養畢／同日堂供養了／大勧進雅財／十二神将勧進行賀

すなわち銅版経銘文をしるした約一か月後に、頼厳ひきいる一門の僧たちは銅版法華経を仕上げ堂供養を修したのである。

この一連の経筒・銅版の銘文によって僧頼厳の実在が確かめられ、しかも『辛嶋系図』によって宇佐宮の神職団のなかで惣検校として事務系であった辛嶋氏の出自が明らかとなった。頼厳は近世史料ながら『豊鐘善鳴録』（一七四二成立）によれば、都の行尊僧正に師事、さらに比叡山に登って良忍皇円に天台密教を学んだという。そして求菩提山に入山、衆徒をひきいて再興し宝塔を建て、仏像を造立した具体的活動をしるす。そしてさらに、先に述べた銅版が『豊鐘善鳴録』の編纂された一八世紀中頃に三十二枚あり、いま現存する二枚に頼厳の名が刻まれているのである。

(2)平安後期の出家者と帰依者

比義を始祖とする大神の一族から院政期に入ると、あいついで出家者が輩出する。彦山の権座主知仁の出現で口火を切ったように出家者が相次ぐが、これは一人の僧の誕生にのみ帰すべきではなく、やはり時代の思想的潮流というべきであろう。順次とりあげ、その事蹟をみよう。

◎知仁権座主　大神系図をみるかぎり、生没年はおろか経歴をしめす年紀さえしるされていない。したがって実在性について検討を要する。おおよその時期を知り得るのは康治二年（一一四三）に大宮司に就任した大神宮直の子として誕生、一一〇〇年代の人物と推定されるのみである。同系図は「彦山権座主、熊野山権少別当、延暦寺権上座、御許山御前検校兼関東地頭職、山座主に在り、相厳法橋と号す」と、六職をかねる。にわかに理解しがたい兼職であり、しかも一々これを確かめる史料はみあたらない。彦山権座主についていえば、この時期の座主系譜が失なわれており、権座主にいたっては知るべくもない。ただ宇佐と彦山の密接な関係は、養老五年（七二一）に宇佐の君を賜ったことで知られる法蓮が彦山を開山したという伝承からも関係がうかがえる（『続日本紀』）。彦山権現の初見史料である仁平二年（一一五二）の『人聞菩薩朝記』には法蓮の彦山開山がしるされている。

また知仁の在世当時、彦山は後白河上皇によって京都の新熊野社の社領にあてられており（新熊野神社文書）、同じく上皇の『梁塵秘抄』は筑紫の霊験所として「彦の山」をあげている。彦山における新熊野社勧請もこうした史実の名残りであろう。また彦山二十八世座主とされる観有は範宴（のちの親鸞）と比叡山でともに出家得度したという。彦山は天台系修験として知られるが、知仁の「延暦寺権上座」あるいは「熊野山権少別当」とあるのは、直接史料は欠くものの蓋然性はあり否定するまでもなかろう。もしそうだとすれば、知仁の彦山行者として、また修験者として多面的な活動の広さを示すものといえよう。

◎知仁の娘たち　知仁座主に男子がなく娘ばかりが四人あった。こうした系図をみるとき僧侶の場合、法弟であることが多い。かならずしも実子でない可能性もあるわけだが、ここは女子ゆえすべて実子とみてよく、知仁は妻帯僧だったといえよう。また大神氏は宇佐宮の女禰宜の家でもあったから名をしるすが、そのほかは「女」としるすのみである。また系図上の表記は、右から生まれ順とみなしとりあげよう。一番目の「女」すなわち長女は、婚姻先は不明だが、子をもうけ「神寛／御前検校／法橋」とある。御前検校は弥勒寺の上職（のちに小坂坊と称し世襲化する）である。長女の生んだ子は神寛と称し、宇佐神宮寺の上職に就いた。

二番目の「女」すなわち次女は光輔の妻とあるが、夫はいかなる人物か不明。時期もわからないが、みずから出家し貫禅阿を名乗った。ここで注目されるのは母の出自で「母政所惣検校栄輔女」とあり、権座主知仁の妻は惣検校の女であったことが知れる。惣検校職はこの時期漆嶋氏が任ぜられており、大神氏の長男（とみられる）知仁が仏門に入り、妻を漆嶋氏からむかえ、もうけた四人の娘たちも結婚し、それぞれ出家している。

三番目の「女」は幸秀僧都の妻となり、黒水を名乗り出家している。四番目の「女」は久保太良に嫁ぎ慶賀を名乗り、やはり出家している。これら四人の娘たちによる仏門帰依は、いずれも彦山の権座主にまでなった父知仁の影響によることはいうまでもない。
◎吉家　平安末頃の人物とおもわれ、推定で一一八〇年頃、治承・養和の頃か。「向野五良、御名浄名」とあり、これも没後の追号か生前出家かわからない。
◎吉延　やはり年紀を欠くが、平安末期で大神家の人で「御馬所検校／法名覚念」としるされている。さきの吉家の子で、御馬所検校にあったが、法名覚念は出家によるものか追号かわからない。その子に神基・神釈があり、「神―」の字が入いる場合は大神氏によくみられる僧名であり、僧侶とみたい。
◎重清　年紀を欠き鎌倉初頭にかかる人物ともみられる。「貫主改二重吉一／法名円阿」とある。重清の孫に「社僧仁憲」がいる。

五　造像と結縁者たち

宇佐宮における神仏習合の事例として注目されるのは、神職の関与した仏像の造立がある。このことは他の中・近世の習合神社でもあまりみられない、宮寺・宇佐宮ならではの特徴といえそうである。しかもこの事実は奈良時代から平安時代前期にかけて認められるのである。

宇佐宮の神職による造像例の初見は、天平宝字七年（七六三）の禰宜辛島勝與曽女の託宣によって祝龍麻呂守などが弥勒寺内に妙法堂を建立したことであろう。『八幡宇佐宮御託宣集』小倉山社部下に天平宝字七年「我誓願すらく、別の堂に観世音菩薩像一体、四天王像四体、四大菩薩像をならべ造りたてまつらむ、異国降伏の為なり」と禰宜辛嶋勝与曽女、祝龍麻呂守に託宣が下る。しかしおくれて十年後にようやく本堂・礼堂を建立し、弥勒寺講師光慧と国司の支援により千手観音を造立した。

とくに光慧は天長七年（八三〇）七月十一日の『類聚三代格』によれば、弥勒寺の年分度者は宇佐止住三年の者とし、同寺講読師の法服・布施は大神の封物をあて、神封の仕丁を弥勒寺の駆使にあてることがしるされている。宮寺内の緊密化というべきだろう。そして神託七十年をへた天長十年（八三三）四月一日、前大宮司大神宮次、祝辛嶋勝家主が弥勒寺講師光恵が残りの四天王像を造立し、はじめ妙法堂、ついで四王堂と呼ばれた。

宮寺としての宇佐宮にとって造寺造塔は珍しいことではない。しかしながら明確な史料によって確かめられる例はそう多くない。次に造像例をあげよう。

六郷山長安寺（大分県豊後高田市）は六郷満山の惣寺に位置づけられる、天台宗の古刹である。宇佐宮の関係者たちの墨書銘がしるされている。なかでも天童は白山より飛来したという。六郷山長安寺にまつられる太郎天童像をとりあげる。同像は同寺の鎮守六所権現社にまつられていたもので「屋山太郎惣大行事」と呼ばれ不動明王が変化してあらわれたものとされる。屋山とは、国東半島のひとつの山名で、修験者の登拝対象である。特異な像容で髪を美豆良《みずら》に結い、錫《しゃくじょう》杖を握り袍《ほう》をまとった荘厳な面持ちの立像で、左右に二童子像をしたがえる。この三尊の本地は不動三尊で、六郷満山の修験者たちの守護神である。中尊の太郎天の胎内銘によって、大治五年（一一三〇）三月二十八日に天台僧円尋が中心となって約一二〇名が結縁したことが知れる。このなかに宇佐氏一族から大子・太子・行包・安利・某の五名がしるされている。これに対し大神氏からは、利道・安利の二名が結縁している。宇佐宮をめぐる二大氏族がそろって六郷満山の中心的な造像に結縁していることがわかる。さらに僧名の「御前検校神任並妻殿」は、弥勒寺検校とその妻である。注目されるのは、この神任をはじめ神禅・神忠・神応・神敬・神行・安神・神要と「神」の字が入った僧たちである。中野幡能はこれらの僧たちを、六郷山霊仙寺・宇佐神宮寺・比咩神宮寺の社僧に多く、宇佐宮関係の社僧・供僧であろうと指摘している。筆者の調査によれば、『大神系図』のなかで平安末期から鎌倉時代を通じて頻出する名前の特徴となっており、断定はできないがこの傾向からみて、神任以下の神のつく僧たちは大神氏出身の僧もしくはその師弟関係にあった僧とみてよいようにおもわれる。

それは神職系図のうち「神」の入った僧名が輩出するのは、系図によるかぎり大神氏に限定されるからである。宇佐氏系図に神の名をつけるものは一名も確かめられず、平安中期、大宮司公忠以降、公と輔の字をつけるのが慣例となり、鎌倉初期に宇佐氏の神宝、一人の例外を除いて大神氏にのみ神の僧名が用いられている。さらに本像の墨書銘の記述を点検すると、神禅・神応・神敬のあと宇佐氏太子をしるすこと。その後、宇佐氏太子の次が大神朝臣利道、そのあと神行がつづく。六郷満山・宇佐宮寺の関係者たちがあげて結縁するこうした作善業の場合、多少は順不動であっても宇佐・大神など同族はなるべくグループにまとめるのが常である。そうみるとき神のつく僧は宇佐氏ではなく、大神氏にかぎられることが判然する。系図上の傾向とあわせみるとき、神のつく僧名は大神氏とみてよいようにおもわれる。とくに大神氏にとって、姓の一字が神であり、八幡神をあらわした大神比義を始祖とする一族にとって、神の一字は宇佐宮の社名を姓とする宇佐氏との関係上、神そのものと密接な家系を示す一字といえよう。

ついで注目されるのは「御前検校神任並妻殿」で、御前検校は弥勒寺の上職で神任とその妻である。この時期の弥勒寺は宇佐神宮寺として宇佐宮とともに荘園が拡大し六六四一町以上の多くの寺領を有した。加えて十二世紀初頭より石清水八幡宮を本家と目するようになり、長保元年（九九九）に元命が弥勒寺講師に補任されたのが最初で、以後、戒信・清成と師資相承され実権が握られていく。

ここにしるす御前検校神任が大治五年（一一三〇）の在任として、大治三年（一一二八）に検校職（弥勒寺並喜多院検校）に補任されたのは光清であった。中野の述べるごとく神任は妻帯僧であり、大神出身の僧として光清検校とともに弥勒寺に仕えた。大神氏からの御前検校は平安末から鎌倉時代にかけて系図上六名が知れるが、さらに神任を加えることができる。このほかの約六十名の僧たちの出自は、あるいは宇佐・辛嶋両氏の出身の僧が存在するかもしれないが、確かめようがない。宇佐氏の造立参加者は、宇佐氏大子以下宇佐太子・宇佐行包・宇佐安利・宇佐氏某の五名である。

六　仏事法会の始修

宇佐宮における仏事法会の始修は、天平十年（七三四）の弥勒寺創建にさきだつ十八年前の養老四年（七二〇）の放生会《ほうじようえ》である。放生会は大隈・日向両国における隼人の乱平定を宇佐宮に祈り、滅罪のためはじめられたものであった。これについで天平元年（七二九）の踏歌、同五年（七三三）の安居結願、同九年（七三七）の一夏九旬奉拝、同十五年（七四三）の万燈会、天平勝宝元年（七四九）の修正会、同年の御行幸会の以上、六行事が奈良時代にはじめられている。こうした宇佐宮における八世紀前半の神前を場とする仏事法会の相次ぐ始行は画期的な意義を有するといえよう。さらに平安時代に入ると吉祥会、修二会、秋八講、長日法華不断経、御国関会、卌講発願などを次々にはじめている。宮寺ならではの著しい仏事の輩出といえるが、こうしたなかで社家側の主導によって開始の明らかなものを述べよう。

長和二年（一〇一三）九月一日、大宮司相規によって秋御八講がはじめられた（『宇佐宮年中行事案』）。同法会は、法華経八巻を毎日朝夕二巻ずつ四日間にわたって全八巻を講讃するもので、平安時代を通じて天台宗を中心に盛んになる。宇佐宮ではのちに四季法華八講が成立するが（『宇佐宮年中斎会注文案』）、四季のすべてが揃う時期は不明で、春季は承保四年（一〇七七）という以外詳らかにしない。宇佐相規が大宮司に任ぜられたのは寛弘六年（一〇〇九）三月十五日であるが、この時期は弥勒寺講師元命の全盛期でもあったが、この時期に大宮司自らの意向で法華八講という仏事が創始されたことは注目される。宇佐宮は創建の当初期より宮寺として形成されてきたが、したがって宮寺を後代の神道・仏教といった二元論で単純に区分理解すること自体意味はない。

それぞれの土地・氏族によって育まれ実修されてきた神祇祭祀を執行する立場の「神職」大宮司が、大陸・半島をへて伝来した仏事法会をはじめることの意味である。宮寺であっても、執行の場が近接、あるいは同一であっても神職は神事を、僧侶は仏事を、それぞれ執行するのが宮寺内でなすべき任務であるとおもわれる。一見、逸脱ともおもえる大宮司による仏事の創始はいかに理解すべきであろうか。まず言いうることは、大宮司に仏事を創始することにそれほど抵抗感が認められないことである。仮りにあったにしても、後述するようにこの相規を皮切りに、大宮司の仏事創始が相次ぐことである。そこからむしろ、宮寺・宇佐宮には神仏双方による相互補完的な有り様が備わっていること、したがって、大宮司による仏事創始は何ら異とするにたりないといえよう。本稿が主として着目する社家内の出家者の輩出という事実からみても当然のこととといえよう。

公順は大宮司職を兄公相のあとを継いで応徳二年（一〇八五）に就任している。そして大宮司公順は嘉承三年（一一〇八）二月十二日に一切経会をはじめている。「宮司公順奉行之」とあり、「宇佐宮年中行事及検校次第等案」（永広文書）は公順自身の手によるものらしい。ただ天仁元年（一一〇八）に創始されたとする説が『宇佐宮年代記』（到津文書）にある。一切経についてはすでに貞観十七年（八七五）に僧宗安が弥勒寺に一切経を供養安置している。

さらに公順がはじめたものに最勝八講がある。これは法華経・仁王経とともに護国の三部経といわれる金光明最勝王経を講讃し国家安泰と宝祚無窮を祈る法会で、すでに宇佐宮では天平十三年（七四一）に奉納されている（『続日本紀』）。『御神領大鏡』によれば、神恩に報いたてまつらんがために保安四年（一一二三）五月二十一日をもって当宮御宝前にて最勝御八講を勤修し、その供料として豊前国築城郡仲東郷城井浦の田畠を寄進し、その後五月二十五日よりかの御八講を勤修したという。このことは『宇佐宮年代記』にもしるされている。御八講とは法華経八巻を講讃する法会である。ここで明らかなのは、宇佐宮の頂点に立つ大宮司が神恩報謝のために八講を開始し、それを恒例化したことである。さらにまた、その法会執行の場が弥勒寺などではなく「当宮御宝前」、すなわち宇佐宮の神前で行われたこと、などを知り得る。

こうしてみると、大宮司公順は仏事興隆にのみ熱心であったようにみうけられるが、神事も始行している。同じ年（一一二三）の六月に御田植神事を執行したことが『宇佐氏系図』ではむしろ唯一の事蹟としてあげている。『宇佐宮寺造営神事法会再興日記』では、祈年穀のため六月二十三日に行われたことを明記している。

公順の後任者である宇佐公基もまた相次いで仏事を起こした大宮司であった。例年十二月十四日は宇佐宮祭神の応神天皇の誕生日であるが、公基の願意により誕生会をはじめた。この法会は大治二年（一一二七）十二月十四日に小童十二名によって十問十答の論議をとげた斎会であった。

つづいて翌三年（一一二八）に公基は夏季御八講をはじめている。これは大がかりなもので八十余度の仏会神事のひとつである。

中野幡能[7]の研究によれば、奈良時代に放生会、踏歌、安居結願、一夏九旬奉拝、万灯会、修正会、行幸会の七儀礼が行われた。さらに平安時代には致斎、吉祥会、修二会、秋八講、長日法華不断経、御国闕会、卅講発願、御秡会、五月会、宮蓮華会、一切経会、御田植会、御誕生会、例講会、御八講、虫振会、有籠会など十七の行事が成立している。その後、興廃をくりかえしたが室町時代には八十余度の神事法会があったという。

七　鎌倉時代の出家者たちと帰依者

鎌倉時代に末弘・辛嶋・大神の三系図は、平安時代につづきさらに多くの出家者たちの輩出をしるす。まず『大神系図』をみよう。

◎神悦　祝、権大宮司の宮経の子で建保～安貞の頃、鎌倉前期から中期にかけての人物である。四男三女の兄弟のうち末子が神悦である。「明卯《（印）》房」とあるのみでほか詳細は不明。

◎宮仁　神叟、先の宮経の孫宮仁。年紀を欠くが文永の頃（一二七〇）と推定される。宮仁の父宮清は祝、少宮司であったが、その嫡男であろう。大神氏系図の通りとすれば、その子は六男四女あり、宮仁を含め二人が僧となっている。宮仁について「御前検校、号二大輔法橋一／母少宮司大神諸平女」としるす。すなわち弥勒寺の上職にあって大輔法橋と呼ばれた。大神は平安初期に（八一〇年代頃）家頼と宮主の両系に分かれるが、父宮清は宮主の家系だが、母は家頼の家系で少宮司諸平の娘として生まれる。同系図で確かめると、『宇佐託宣集』を執筆したことで知られる神吽が末弟であり、名はしるさないが「女／祝少宮司宮清室」とあって確認される。宮仁もまた妻をめとり、生まれた嫡男は「神叟」とあるから僧とみられる。

◎仁憲　鎌倉初頭の人で、「社僧」とある。社僧の表記は少ないが、ほぼ同時期に大神の一族から「社僧神俊」がいる。大神氏から二人の社僧が確かめられる。

◎念之　大宮司宮、明には三人の子があり、兄宮経は安貞二年（一二二八）に祝に任ぜられ権大宮司に、次男宮俊は神主と祝をかね、そして三男が念之。兄の祝就任年からみて一二〇〇年頃、鎌倉初頭に生まれ中期にかけての人物であろう。念之は「十良／入道」とあり、出家者とみられる。

◎神寛　先に述べた彦山権座主知仁の孫の一人で『八幡宇佐宮御神領大鏡』に次の記述がある。宇佐神領のうち、伝法寺領について「於傳法寺者、當宮祝大神宮方之所領也、而以去承徳二年譲与養子僧神寛之間、彼神寛相副調度文書、天永元年壬七月五日、令沽却宇佐宮仮名常見御領畢」とある。宇佐神領のうち伝法寺領は、祝職・大神の所領であるが、大神の養子に入った神寛に承徳二年（一〇九二）に譲与した。そしてその十二年後の天永元年（一一一〇）七月に仮名常見御領に沽却したというものである。仮名とあるから常見も僧であったとみられるが、いかなる人物であり、どのような経緯による沽却であるか不明である。神寛の母は知仁座主の娘であるが、四人とも女子であり、養子が神寛ということになろう。このことによって、十二世紀末の宇佐宮の御前検校は知仁以降の大神氏によって継承されていたことが知れる。養子神寛の子も再び女子であったが、神秋・神宮・神仁と御前検校職が世襲的に継承された。

◎神俊　大宮司宮明には三人の妹があったが、末の妹の子として「社僧神俊」としるすのみ。

◎念之　先の大宮司宮明に四人の男子があったが、三人はいずれも祝などに就任したが末子の念之のみ「十良／念之／入道」とある。

◎神悦　念之の次世代、大宮司宮明の子は六人兄弟であったが、やはり末子のみ僧となった。「明卯(印)房神悦」としるす。神悦の兄擬祝権擬神主宮基の家系は、その子神暁から「萬徳坊神暁―同神祝―同光暹―同光秀―同清祝―同清光」とつづく。いずれも僧とみてよかろう。

『末弘氏系図』に田部氏があり、代々宇佐宮庁分田部盛方惣弁官職を世襲した家である。同系図に建長（一二四九～五五）の頃に弁官をつとめた盛方があり、その兄弟に尼楽阿大姉・西智坊の二人があった。

『大神系図』の一本に、鎌倉末期の頃に次の僧があらわれる。

◎僧法門　瓣官諸重の子で僧法門とのみしるす。

◎神弐　年代不明ながら権祝若宮神主少宮司諸平に五人の子があったが、末子に「加賀法眼と号す、神弐」とある。

◎神吽　次世代の、諸平の末子が神吽である。記述が同系図でもっとも多い。

神吽
正和二年癸巳(丑)、当宮縁起成、今十六軸是也、
供僧山城房、権少僧都法眼

神吽は弥勒寺の僧で『八幡宇佐宮御託宣集』を編纂したことで知られる。「当宮縁起」とは託宣集のことで、

十六軸という全十六巻の巻数も合っている。正和二年（一三一三）八月に二十三年をかけて完成した。

『漆嶋系図』にしるす漆嶋氏の状況をみよう。同系図は鎌倉末から室町時代にかけての古系図で他の三系図が近世の写本であるに比べ史料性が高い。五名がみとめられるが、年紀を一切しるさないため特定は大雑把なものとなる。

◎念願房　平安末期の郷司成実のひ孫で末子。鎌倉時代はじめの僧とみてよかろう。

◎順恵房・光専房　念願房の次世代で、六人の兄弟姉妹のうち二人が僧籍にあったとみられる。

◎僧忍祐　御馬郷司並俊の五世代目に僧忍祐と僧名をしるすのみ。

◎僧順仙　「引田民部／僧順仙」としるすのみである。

まとめ

六世紀中頃、仏教伝来してほどなくの時期に御許山《おもとさん》にはじまり、宇佐の地が宇佐宮は創建された。この鎮座にかかわったのが大神比義である。その後八世紀に入り、つぎつぎと社殿が造立されたが、その神域内に天平十年（七三八）に神宮寺となる弥勒寺を建立し僧法蓮が別当に就任したことが決定的であった。宮寺というあらたな習合神社を創出する。加えて比義の後裔である禰宜尼という独自の女性神職が重要な役割を果たす。さらに祝部として大神宅女・杜女などがつかえた。そして宇佐宮は大神氏・宇佐氏・辛嶋氏の三大社家を中心に祭祀と実務をつかさどり運営された。

その祭祀氏族＝社家たちの仏教とのかかわり、仏教への対処がどうであったか、これを各氏が伝える系図史料を中心に仏教の内部受容の実態をみた。

その結果、北九州の地に宮寺を創出し古代末期から中世、さらには近世にかけて日本宗教史をつらぬく神仏習合化をリードした宇佐宮から、社家内より僧侶が輩出し、神職が仏事とかかわり、仏事の年中行事には僧侶とともに参加した実態がわかった。系図を検討すると、兄弟の末子が僧侶になる事例が認められた。僧侶のなかには天台座主に就任した義海、あるいは石清水八幡宮とのあいだをむすんだ元命の存在が突出する。ほか各社家より僧侶を生んだ量的な裾野は広い。文字通り生きた神仏習合の実態を知ることができた。

（1）中野幡能『宇佐宮』（吉川弘文館、一九八五年）。
（2）第三章第二節「津守氏古系図の研究」参照。
（3）第三章第三節「上賀茂社系図の研究」参照。
（4）恵良宏「〈史料紹介〉宇佐八幡宮祠官漆嶋氏の系図」（『宇部高等専門学校研究報告』第七号、一九六八年）。
（5）嘆には、なげく、たたえる、の二つの意があろう。ここでは奇異なことをなげいたと解したい。『宮寺縁事抄』は「各嘆恠異」と表記し、明らかになげくの意であろう。
（6）一連の動向のなかで次の事例があげられる。承平五（九三五）六・二八　海賊平定のため諸社に奉幣（『日本紀略』）。
（7）中野幡能『八幡信仰史の研究』第五章（吉川弘文館、一九六七年）。

第四章

洛中洛外の神仏習合

第一節　鴨社の神仏習合

はじめに

鴨社は上賀茂神社（以下、上社と称し、両社を総称するときは賀茂社と表記）とともに、洛中洛外の諸社のなかで仏教の影響が最も少ない神社とされている。たとえば愛宕神社・北野天満宮・八坂神社などは天台宗延暦寺の影響下にあった、いわゆる宮寺と呼ばれる極めて仏教色の濃い社であった。稲荷大社は東寺と関係が深く真言宗の影響下にあり、石清水八幡宮は行教律師の創建になり、護国寺をはじめとして男山の山上山下におびただしい堂塔諸社を配した代表的な宮寺体制をとる社であった。これらの諸社については、すでに神道史学を中心として神仏習合問題をふくめ、いくつかのすぐれた研究成果が蓄積され、多面的に細部にわたって究明がなされている。ところがひとり賀茂社については、これだけの大社でありながら以外に研究が少なく、先の諸社とは全く反対に仏教の影響をうけることなく神道色が保持されたと一般には理解される程度で、実のところあまりよくわかっていないというのが実状である。そして鴨社が上社とともに一応、仮りに神道色を保ちえたとするならば、その理由として次のことが指摘されるとおもう。

(1)御所に近く賀茂祭など祭祀を通じて朝廷と直結していた

(2)全国の散在所領によって一社存立の経済的基盤があった

ほかにも理由は考えられようが、主にこの二点によって北野天満宮・八坂神社・石清水八幡宮のように仏教側の支配に服することなく、律令時代以来、一社の独立性と神道色を保ちえたのである。さらには仏教不入の神域とも認識されがちである。しかし、果たしてそうであろうか。

なるほど現在の両本宮を中心とした諸社殿と、それを包みこんだ神厳な糺の森のたたずまいから、わずかの仏教的色彩もみいだすことはできない。しかし、いまの姿をもって直ちに過去もそうであったとするのは誤りである。賀茂社の神仏習合に関する研究はきわめて少なく、目に留ったものとしては久保田収の「賀茂社についての一、二」と題する論考[1]があるにすぎない。もちろん、この方面の先駆をなす論考であるが、主として公刊史料を中心に神仏習合の流れをたどられたもので、今からみると見落された史料もみうけられる。そこで、本稿は従来からあいまいであった神仏習合の問題を、それらの中核にあった神宮寺を中心対象にすえて、その成立・発展のあとをたどり新しい知見を加えてとりまとめてみたいとおもう。

神仏習合の問題は日本宗教史における重要なテーマであって、とりわけ神宮寺の成立は神仏習合の具体的結実として看過できない研究対象である。しかるに神宮寺の存在は、宗教史において、神仏習合をめぐる初期の問題として一応触れられるわりには、その後の経緯と変貌の姿は明らかでない。その一例として鴨社の神宮寺をとりあげ、鴨社の従来知られていない部分を明らかにしたい。そして本稿では、これを通史的に仏教受容から神仏分離までの約一二〇〇年間を史料で点綴しながらたどりたい。

一　賀茂神宮寺成立の背景

仏教公伝を欽明天皇七年（五三八）とする通説にしたがえば、これよりのちほぼ二世紀近くを経て、賀茂社と仏教との関連をうかがう史料がはじめてあらわれてくる。正倉院文書におさめる天平六年（七三五）の「知識優婆塞貢進文」（寧楽遺文）がそれである。関係部分を引用する。

鴨県主黒人年廿三 山背国　愛宕郡賀茂郷岡本里戸主鴨県主呰麻呂戸口

読経　法花経一部　最勝王経一部

涅槃経一部　方広経一部

維摩経一部　弥勒経一部

仁王経一部　梵網経一部

雑経　合十三巻

誦経　方広経上巻　観世音経

多心経　誦陀羅尼

羂索陀羅尼　仏頂陀羅尼

大般若陀羅尼　法華経陀羅尼

虚空蔵経陀羅尼　十一面経陀羅尼

八名経陀羅尼　七佛八菩薩陀羅尼

結界唱礼具　浄行八年

天平六年七月廿七日

まず鴨県主黒人は、岡本里の出身が明記されており、上社に属する人物とみておく。しかし、当地方の文化的環境として鴨社にとっても意味は大きい。

本史料については岸俊男がすでに「山背国愛宕郡考」[2]のなかで、この地方が外来の先進文化に対して、積極的に対応した開明的環境を示すものとしてとりあげている。もちろんこの史料がただちに賀茂社自体に仏教が接近していたことを示すものではないが、賀茂社ないし賀茂県主一族のうちに仏教を受容した人物が存在した、確かなはじめての史料といえよう。

　すなわち鴨県主黒人なる青年は山背国愛宕郡賀茂郷岡本里の出身で、戸主は呰麻呂であった。年齢は二十三歳で浄行八年とあるから十五歳にて仏教に帰依したことが知られる。そしてこの貢進文によれば読経しうるもの八部、雑経十三巻、誦経するもの十二とあって、これからも一般的な帰依をこえた仏教受容であったといわなければならない。山背国より異国の先進文化を接取しようとする青年黒人を都に送り得た背後の環境をさらに考察すれば、間接的ではあるが賀茂社を中心とした愛宕郡に、すでに仏教受容の素地が十分めばえていたことが推察される。

　ついであげられるのは、同じく正倉院文書（寧楽遺文）、天平二十年（七四八）の貢進文である。必要部分のみ抄出しよう。

写書所解　申願出家人事

合廿（八）七人

（略）

茨田連兄万呂　年廿三　労三年　山背国紀伊郡堅井郡戸主布勢君家万呂戸口

（略）

土師連東人　年十八　労一年　山背国愛当（宕）郡大野郷戸主土師連万呂戸口

（略）

鴨県主道長　年十八　労四年　山背国愛当郡

鴨禰疑白髪部防人　年十八　労四年　山背国愛当郡

（略）

天平廿年四月廿五日　阿刀酒人

伊福部男依

志斐麻呂

省略した部分は他国の出身者の記述である。本史料で山背国出身者は四名で、そのうち鴨県主出身をしるすのは二名であるが、そのほか遠国では常陸・上総・下総・信濃国など十五か国におよび、九州は含まれていない。これらのなかで、とりわけ愛宕郡出身の三名が若くいずれも十八歳と最年少であることが注目される。ほか紀伊郡の一名は二十三歳で、上総国の丈部臣會禰万呂を四十九歳と最年長とし、だいたい二十〜三十歳代を中心としている。

なおついで注意されるのは、リストアップされたなかで鴨県主出身の二名にかぎり、出自の記述が欠落していることである。このことは何を意味するのであろうか。この道永・防人を除いて全員の出身国・郡・郷および戸主・戸口をしるしている。原本をたやすく閲覧できないが、『寧楽遺文』によるかぎりこの二名は「愛宕郡」と郡名までである。これは単なる書写上、あるいは事務的ミスによる欠落なのか。もしそうでないとすればこの事実は小さいようであるが、この青年の出自と立場、背景を考える上で看過できない問題をはらんでいる。本史料は写書所の出家希望者の上達文書であるが、鴨出身者のみ出自を簡略に記していることに、なんらかの意図的なものをみるのは深読みだろうか。もちろん名前の上に「鴨県主」「鴨禰疑」としるせば、それだけで神祇とかかわり深い賀茂大神を祖神とする山背国の有力氏族の出身であることは、当時の中央でも周知のことであったろう。それにもかかわらず、郷名・戸主をしるすことに、はばかるものがあったとすれば、この二人が鴨氏であること、しかも地方神社の祭祀にかかわる家系であったという点にあろう。

とくに白髪部防人は「禰疑」（禰宜）の家系にあった。それでは出自についてはばかるものがあったとすれば一体誰に対してであろうか。写書所、あるいは本人、もしくは彼らの郷里の一族さらにいえば賀茂社に対してであろうか。しかし誰であるにせよ、あらわれた文書に出自を省略する。本人、写書所、一族のいずれか不明だが、出家という一段と高い仏教接近に対して、祭祀にかかわる出自との間に抵抗があったとみることができるのではないか。仏教伝来によって日本人の基本的な精神構造はさしてかわらず、神仏は単純に習合したとも相対立したとも考えないが、きらきらしい華麗な文化の衣装をまとった異国の神として、一種の先進文化として受容したのである。このような先取性に富んだ鴨氏の一族が先進文化を学ばせるべく、若々しい青年たちを上京せしめたのであろう。

ところがすすんで、出家という段階にいたって、あらためて、みずからの出自の重大さに気づいたのではあるまいか。それはみずからの祖神である神祇と異国の神との違い、矛盾を自覚したためと思われる。なお井上光貞によれば[3]『下鴨系図』十三代の道永と、貢進文の道長は同一人物の可能性があると述べている。もしそうだとすれは、天平二十年四月二十五日、当時十八歳にして同じく出家を願い出た鴨県主道長が、のちに帰郷して家系を担う人物となったことになる。貢進文を提出後の経過は不明だが、帰郷したことからみて出家→僧侶という一般コースを歩まず、断念もしくは中止されたとみるのが自然であろう。しかしこれらは井上光貞の研究を踏まえた推定であって、氏自身、道永は系図上三世代のズレがあると指摘している点は留意せねばならない。いずれにしろ防人・道永の二人による仏教受容が当時異端でなく、先の史料とともに自然なる先進的文化の接取であったことが再びここでも確かめられるのである。

ついであげるのは、奈良末期における神仏の有り様がうかがえるひとつの史料である。

右以今月十四日欲鴨大神又氏神祭奉、由此二箇日閑受給、以謹解、

四月十三日

正倉院文書の「写経生等請暇并不参解」と題する史料群のなかの一通で、残念ながら年紀を欠くが、前後関係からほぼ宝亀二年（七七一）頃と推定される。これは今日でいうところの休暇願であり、写経生某が氏神祭のために二日間の休暇を願い出たものである。なお問題は賀茂大神についてであって、山城国愛宕郡の賀茂社か、あるいは岸俊男のいわれる如く大和の葛上郡にある葛城の鴨大神かである。これだけではいずれとも決めかねるが二日間という短時日からみて葛城の鴨大神の可能性が強いと思われる。

いずれにしろ、当時の写経生が決して在来の神祇信仰・氏神祭祀を捨てていなかった証拠となろう。ここにおいて正倉院文書にあらわれた黒人・防人・道長と三名の若者によって（最後の某を加えずとも）仏教受容の実際がほぼ知り得るのである。換言すれば、神祇信仰の上に学ばれた仏教であり、仏の受容であり、もちろん後代の「習合」にもおよばない神と仏の共存の姿である。神と仏はこれらの若者たちの内面において共存しているのであって、習合も相剋もない、たとえば出家という場合には出自とのかかわりで、神祇信仰との矛盾が意識されたのであろう。

また山背（山城）地方における仏教文化への積極性について古代寺院とのかかわりを考えねばならないが、愛宕郡内に所在のものとして、八坂寺（法観寺）・北白川廃寺・愛宕寺（珍皇寺）などがあげられる。しかし後述の岡本堂建立以前の九世紀前半の時期に、これらの寺院も賀茂社近辺に存在しなかったことも、また確認されるのである。仏の恒常施設としての仏堂が建立されることは、出家と同様に、従来の神祇基盤の変容を意味し、やはり神地としての区別は明確になされていたとみるべきだろう。以上が奈良時代における賀茂社周辺の神仏関係の情況である。

二　岡本堂をめぐって

さて、賀茂両社の神宮寺の創始を明確にしるす史料はみあたらない。たとえば鴨社神宮寺について、嵯峨天皇の勅願による建立というのもいわゆる寺伝であって（社家側もこれを否定している）、同様に上社関連の聖神寺も嵯峨天皇勅願とするのもともににわかには信じ難い。神宮寺の研究にさいして常に注意されねばならないのは、当初より神宮寺という完成された施設が存在したのではないという点である。中央の官立寺院の場合はさて置き、地方の山岳寺院あるいは村落寺院・民間寺院など、こうした寺院の初期形態は小規模かつ素朴な草堂・草庵・禅院・道場といった先行形態が存在するのが常である。神宮寺の場合も同様であって、こうした初期形態を想定せずしていきなり完成した姿を求むれば、神宮寺の成立はさらに後代と時期は下ることになろう。賀茂社も同様であって、その先行形態が幸い正史の上に記されている。

『続日本後紀』天長十年（八三三・平安前期）十二月一日条に、

道場一処在㆓山城国愛宕郡賀茂社以東一許里㆒。本号㆓岡本堂㆒。是神戸百姓奉㆓為賀茂大神㆒所㆓建立㆒也。天長年中検非違使盡従㆓毀廃㆒。至㆑是。勅曰。仏力神威。相須尚矣。今尋㆓本意㆒。事縁㆓神分㆒。宜彼堂宇特聴㆓改建㆒。

まず「賀茂社」の岡本堂とは上・下いずれの神社に関連するのであろうか。岡本の地にあり、ここでも上社の神戸百姓たちのものとみておこう。本節は鴨社を対象とするが、ほんらい両社はカモ族という同一氏族の氏神であり、この地方の神仏関係の初見としてとりあげる。

上社における仏教的施設の当初形態は、多度神宮寺にまず道場がもうけられたように、岡本堂と呼ばれる道場であった。道場とは仏事・修法を行う堂のことであり、岡本の地にあるため地名を冠して岡本堂と呼ばれたものであろう。そしてこれは神戸の百姓が賀茂大神のために建立したと目的もしるしている。ところがこの『続日本後紀』によれば、天長年中（八二四～八三三）検非違使によって打ちこわされたから、その造立は天長のはじめ頃、もしくは天長以前ということになろう。いずれにしろ前章第三節でみた系図史料の分析で明らかとなった九世紀前半の上社周辺の仏教受容は、さらに約一世紀を経て、ついに具体的な仏堂を成立せしめたのである。なお注意されるのは「賀茂社以東一許里」と上社と岡本堂が一定の距離を置いていたことである。これは後述の禰宜男床の神託によって造立された聖神寺が上社を隔てること一キロ余の距離があったのと同様、こうした仏堂建立をもって単純に習合とみるのはこの時点でもまだ適当でない。しかしこのように、一定距離のもとに造立された岡本堂であるにもかかわらず、忌避すべきものとして検非違使によって毀廃されたのである。そして「仏力神威、相須尚矣、今尋本意　事縁神分　宜彼堂宇特聴改建」とする（淳和天皇の）勅が出される。

すなわち仏教と神祇はあい和し、その本意をたずぬれば賀茂大神のために神戸の百姓たちが建立したものであるから、神明に法味を分けるものとして特に再建を許されたのである。

この記事を検討する前に、この時期の賀茂社をめぐる状況を考えてみたい。まずいうまでもなく延暦十三年（七九四）に平安遷都が行われたことが、古代以来今日にいたる一社の基本的性格を決定づけた画期的事件であった。これによって八世紀末までは山背地方の地域神、あるいは賀茂県主一族の奉ずる地方の氏神にすぎなかった賀茂社が一挙に国家的性格を帯びたことである。その具体的あらわれが、まず延暦十二年（七九三）二月二日、参議治部卿壱志濃王等を遣わし賀茂社に遷都を告げしめたこと（『日本後紀』）があげられる。桓武天皇はあたらしき都の守護神として、翌年の十二月二十一日に桓武天皇みずから行幸の例をひらいたこと、さらにその翌々年（七九六）新銭を伊勢・賀茂・松尾等に奉献し（いずれも『日本紀略』）、ついで平城天皇の大同元年（八〇六）の賀茂祭に官幣使が立てられたこと、そして弘仁元年（八一〇）嵯峨天皇は最愛の皇女有智子内親王を賀茂斎院に任命したことである。これら一連の賀茂社をめぐる動向は斎院の設置にいたって、伊勢の神宮における斎宮とならぶ扱いをもって遇せられたことが知られる。

なお斎院設置は、平城天皇との不和によって未だ平穏ならざる国情によるとは『帝王編年記』の述べるところであるが、いずれにしろ新都建設に賭ける新帝の賀茂社に対する祈請のほどがうかがえる。これら一連の動向は賀茂社の国家神への発展を意味するものであるが、こうした賀茂社重視の姿勢は逆にいえば、たえず中央の監視を受ける立場になったことを示す。岡本堂事件をこうした一連の背景のなかでとらえると、一層その意味が明らかになろう。いうまでもなく平安遷都の原因のひとつは、平城京において奈良仏教が道鏡の出現に象徴されるように、政治権力と深く癒着したため人心を一新するべく旧仏教を排して断行されたものであった。したがって当然、遷都間もない時期に、しかも新都の守護神として注目されつつあった賀茂社に、神域より一定の距離があるとはいえ、その周辺には仏堂を新設することは新政府の意向や忌避に触れるものであったろう。検非違使による岡本堂破壊という事件はそのあらわれと考えられる。しかし建立者が神戸の百姓であり、おそらく政治的にも微弱な立場であったため、結局（淳和天皇の）勅というかたちで岡本堂再建が許されたものと推察される。

ここにおいて先にみた賀茂社周辺における仏教文化の接取が、ついに神戸の百姓たちみずからの手で岡本堂を建立するにいたったのである。久保田収も指摘するように、岡本堂は神宮寺そのものではない。賀茂社にほど近い岡本の里の道場であって、少なくとも賀茂社側に宗教的関連づけは認められない。もちろん広い意味では賀茂社への仏教接近のあらわれであるが、神仏習合といった言説はあてはまらない。しかしこれは、神宮寺成立の有力な母胎である。岡本堂が神宮寺に直接発展したことを示す史料は認められず、一応別個のものと考えねばならぬが、のちの神宮寺を成立せしめる先駆的な地ならし効果をもたらしたことは、容易に推察しうるところである。

仏教受容という観点からみれば、奈良朝におけるカモ氏の青年たちの経典習得といった情況を第一段階とすれば、平安前期の岡本堂建立は第二段階である。こうした内部からの受容に呼応して外部より、すなわち岡本堂再建六年後の承和六年（八三九）五月十一日、賀茂大神に三か日の金剛般若経転読がなされる（『続日本後紀』）。賀茂社における神前読経の初見である。ここにおいて賀茂社は神宮寺を出現せしめる、内外の条件はすべて整ったことになる。なおここで上社の仏教接近に関連するもうひとつの事例について触れておきたい。史料について若干の問題がのこるがまず『賀茂県主系図』のはじめに、

禰宜男床　天長二年乙巳卒去　嵯峨淳和二代
聖神寺建立本願　弘仁十一年庚子造立也依神(御)託宣也

と聖神寺なる寺がしるされている。もとより系図は生きものであり、いくたびかの増補・改訂、さらに整合の手が加えられたものであって、そのまま史実として取り扱うには問題が多い。しかし『続日本後紀』承和四年（八三七）四月二十五日条に、災異のため奈良の諸大寺、延暦寺、神護寺とともに聖神寺に誓願薫修のことがみえている。ついで『三代実録』元慶二年（八七八）四月二十九日条に、「設二一百講座一、説二仁王般若経一、京師始レ自二御在所一、至レ于二聖神寺一卌二、畿内及外国六十八……」と国史にその存在をしるすのである。これらのことからみて弘仁十一年（八二〇）という建立年代および男床の神託が、単なる伝承ないし仮りに造作されたものとしても、聖神寺がおおよそ成立し得た客観性は十分みとめられよう。また『賀茂県主系図』は社家〈神社〉側の手になるものであり、そのなかの仏教記事については潤色の可能性は少なく、ほぼ事実に近いとみて差支えないのではあるまいか。

なお『延喜式』大膳下に「聖神寺季料」および七寺盂蘭盆供養料として、東西寺・佐比寺・八坂寺・野寺・出雲寺・聖神寺がしるされている。また同内蔵寮の諸寺十五のうちにあげられ、さらに同主殿寮諸寺年油料に「聖神寺四季料、季別三斗五升二合」とあり、九条家本によれば「俗名セウサキ」と寺名に傍注を加えている。『山城名勝志』によれば、もとは大門村にあって別名を聖神寺村と称したようであるが、近世に入り寛永六年（一六

二九）に上社境内一の鳥居西側に移され、上社神宮寺の一翼を担ったようであるが、明治初年の神仏分離によって廃絶となった。以上によって、上社をめぐる寺院がその位置を一キロ余と隔ててはいるが、さらにひとつ岡本堂造立とほぼ同時期に神祇と関連する寺院の存在したことが確かめられるのである。

三　神宮寺の成立と発展

さて賀茂社は、カモ県主一族の仏教文化の摂取にみられる先取性と、岡本堂の創建、さらには神前読経の開始をもって、神仏習合の具体的結実として神宮寺を成立せしめる、内外の条件は全てととのえたことになる。それでは賀茂両社の神宮寺創建の時期はいつであったか。残念ながら、両社ともに創建年代を示す確かな史料のみあたらないことは先述の通りである。賀茂両社は本来同一氏族を基本とする一体的関係にあるが、本論では鴨社を中心として神仏習合の跡をたどり若干の考察を加えたい。

まず鴨社神宮寺の初見について、久保田収は前掲の論文において『小右記』寛仁元年（一〇一七）十一月二十五日条の「今日幸賀茂末明修諷誦三ヶ寺（清水・祇園賀茂下神宮寺）」をあげられた。

ところが『小右記』をつぶさに点検すると、これをさかのぼる事例が六か所あり、そのうち初見とされる最も古い記事は寛弘二年（一〇〇五）四月二十日条で、「修諷誦賀茂下御神宮寺、是例也」としるされている。従来の初見とされた寛仁元年を十二年さかのぼるものであり、しかも「是例也」とするすことからみて、それ以前から存在していたことが知りうるのである。

したがって鴨社神宮寺は少なくとも十世紀末の成立が確認されるのである。なお『小右記』は右大臣藤原実資の日記であるが、ちなみに下社神宮寺の記事が二十九か所にわたってしるされており、いずれも祈禱を行ったという事実をしるすだけの簡単な記述ながら、平安中期の藤原氏全盛期において右大臣の公私にわたる仏事の場として用いられた鴨社神宮寺の社会的地位のほどがうかがえる。

『小右記』は九七八年から五十余年間をしるしているが二十九例が確かめられ、時期で分類すると、一月二例、三月二例、四月六例、七月五例、八月三例、九月六例、十月一例、十一月二例、十二月一例となっている。寛弘二年の四月二十日初見記事に「是例也」とあるが、必ずしも毎年しるされておらず、したがって書き落しも多いとおもわれる。そのほか恒例としるすのが長和元年（一〇一二）四月二十四日、同二年四月二十四日、同三年四月十八日の各条、さらには長元元年（一〇二八）四月二十四日条は「今日依例奉幣、不出河原修諷誦、於賀茂下御社神宮寺、執行祭事之間可無事之祈也」としるし、いずれも賀茂祭の平安ならんことを祈念したものであった。そのほか目的の明らかなのは、長和二年（一〇一三）九月二十七日条で、三条天皇の長女当子内親王が伊勢の斎王に任ぜられた御禊《みそぎ》の日にあたり、実資自身が供奉するため、これに先立って盛儀の平安ならんことを祈ったものであった。

また寛仁元年十一月二十五日条は、賀茂行幸に先立って当日未明に三か寺で諷誦を修したものであった。治安二年（一〇二二）七月十四日条は、法成寺金堂供養の行われた日であり、この行幸供奉のため、やはり未明の諷誦三か寺であった。長元四年（一〇三一）四月二十九日条は、中将兼頼の息災を祈ったものであり、惟命が序品を演説し聴聞の人々が随喜し「布施三疋云々」と述べている。また子細は不明ながら、万寿二年（一〇二五）十二月十五日には、にわかに祈り申す事ありとしるし、長元二年（一〇二九）八月一日には、夢告により諷誦を修了したとある。実資自身のきわめてプライベートな動機でもって行われたことが知られる。藤原氏の祖神はいうまでもなく春日社であったが、相次ぐ子女の入内《じゅだい》によって、皇室の守護神であった賀茂社は、藤原氏にとっても公私にわたる守護神に加えられたことは、これらの記事によっても知り得る。とくにその具体的な信仰生活の発露の場が神宮寺であったことは、この時期における鴨社神宮寺の地位を示すばかりでなく、私的な（実資にとって公的なこともせんじつめれば私的なことであった）祈願を行う場でもあり、右大臣の地位にあった藤原実資によって、神仏習合の具体的行動としてもきわめて注目される。

先述の寛弘二年の初見記事によって成立の下限が限定されるが、その上限としては『延喜式』の施行せられた康保四年（九六七）までである。それは『延喜式』巻三・臨時祭の条に「凡鴨御祖社の南辺は、四至の外に在りと雖も、みだりに僧、屠者等は居住することを得ざれ」との規定から類推して、神域内に神宮寺が存在したとは考えられないからである。現境内とくに神宮寺旧跡の考古学的調査(4)が行われていないから断定することはできないが、一応『延喜式』の施行当時に神宮寺をはじめとする仏教的施設はなかったと考えるのが妥当である。

なお後一条天皇の行幸にさいして、賀茂両社にそれぞれ四郷を寄進されたが、『小右記』に引く、寛仁三年（一〇一九）七月九日条には「太政官符」が下され、平安遷都以来、賀茂社の公的地位を高めてきたが、ここであらためて四至を確定し、ことごとくその応輪物をもって永く恒例祭祀・神殿以下神宮寺などの修造料とすべき旨を定めている。これらによって両社の経済的基礎が一段と固められたばかりでなく、祭祀・神殿とともに神宮寺もふくめて明文化していることがきわめて注目される。よって鴨社神宮寺の成立は、『延喜式』施行の康保四年（九六七）から神宮寺の初見である寛弘二年（一〇〇五）の間、ほぼ十世紀後半の頃とされよう。

神宮寺の成立はこうした神域内における仏教の限定的な場の成立であるが、これに対して祭祀の場で仏教儀礼を行うことは、またちがった意味を持ち、神仏習合の公的な拡大とみられよう。その意味で注目されるのは『小右記』寛仁四年（一〇二〇）八月十八日条である。

今日参給賀茂、被供養般若経云々、（略）晩頭宰相従入道殿《道長》来云、於賀茂上下御社、被供養仁王経各十部、下社者於舞殿被供養、上社者橋殿、請僧大僧都慶命、前大僧都心誉、（略）皆有行香

とあって、賀茂両社の神前読経の場を明確にしるすことである。こうした神前読経の場が確認されることは、神

仏習合の度合をはかる上で極めて重要な尺度となりうる。下社の舞殿および上社の橋殿は、両社の最大祭儀たる賀茂祭における中心祭場であって、しかも上卿（勅使）が（宣命）祭文を奏上する場所である。こうした神前読経の記事は場所までしるすことは少なく、一般に神宮寺等の習合施設で行われたと考えられやすい。後述するが、近世鴨社において行われた八講会などは橋殿であったが、この時期に勅使祭文と神前読経の場が一致することは、神祇の場へ仏教がさらに一歩前進したことを意味しよう。しかも十世紀後半と推定される鴨社神宮寺の成立からわずかにして舞殿が使用されたことは、ゆるぎない習合のモニュメントとしての神宮寺成立とあわせ、一方において神前における仏教法儀など儀礼の場で接近をみせたことになり、ともに十一世紀初頭の神仏相関の相を示すものとして、はなはだ興味深い。

さて、かくして創建された鴨社神宮寺は、おそらく当初は本堂（観音堂と思われる）だけの一堂からなるもので『賀茂御祖神社絵図』（旧鴨脚《いちょう》家本・京都国立博物館蔵／以下、鴨社古図）に描くような複数の施設ではなではなかったろう。図1は、旧鴨脚家本で、神宮寺付近である。同図の成立については諸説があり、福山敏男は鎌倉時代の成立で室町時代の写しとし(5)、ほぼこれが定説とされてきたが、難波田徹は鎌倉時代の原図を貞和四年（一三四八）の鴨社遷宮の折りに書写とした(6)。

このように成立時期については一定しないが、平成十三年度の京都市埋蔵文化財研究所の発掘調査によって、あたらしい事実が判明した(7)。それは参道を直交する旧奈良の小川跡を検出したが、現流路とことなりむしろ『鴨社古図』と一致したのである。旧流路は遺物から十二世紀末から十三世紀はじめ、平安後期以前と断定された。これによって、『鴨社古図』の成立がこの時期にさかのぼる可能性が出てきた。すなわち、本図に描かれた神宮寺域、本殿東側の経蔵の状況は平安後期にさかのぼることが明らかとなった。

寺域は平地であって糺の森のほぼ中央である。寺域の北側および西側は土塀をめぐらせ、南側と東側は密集し

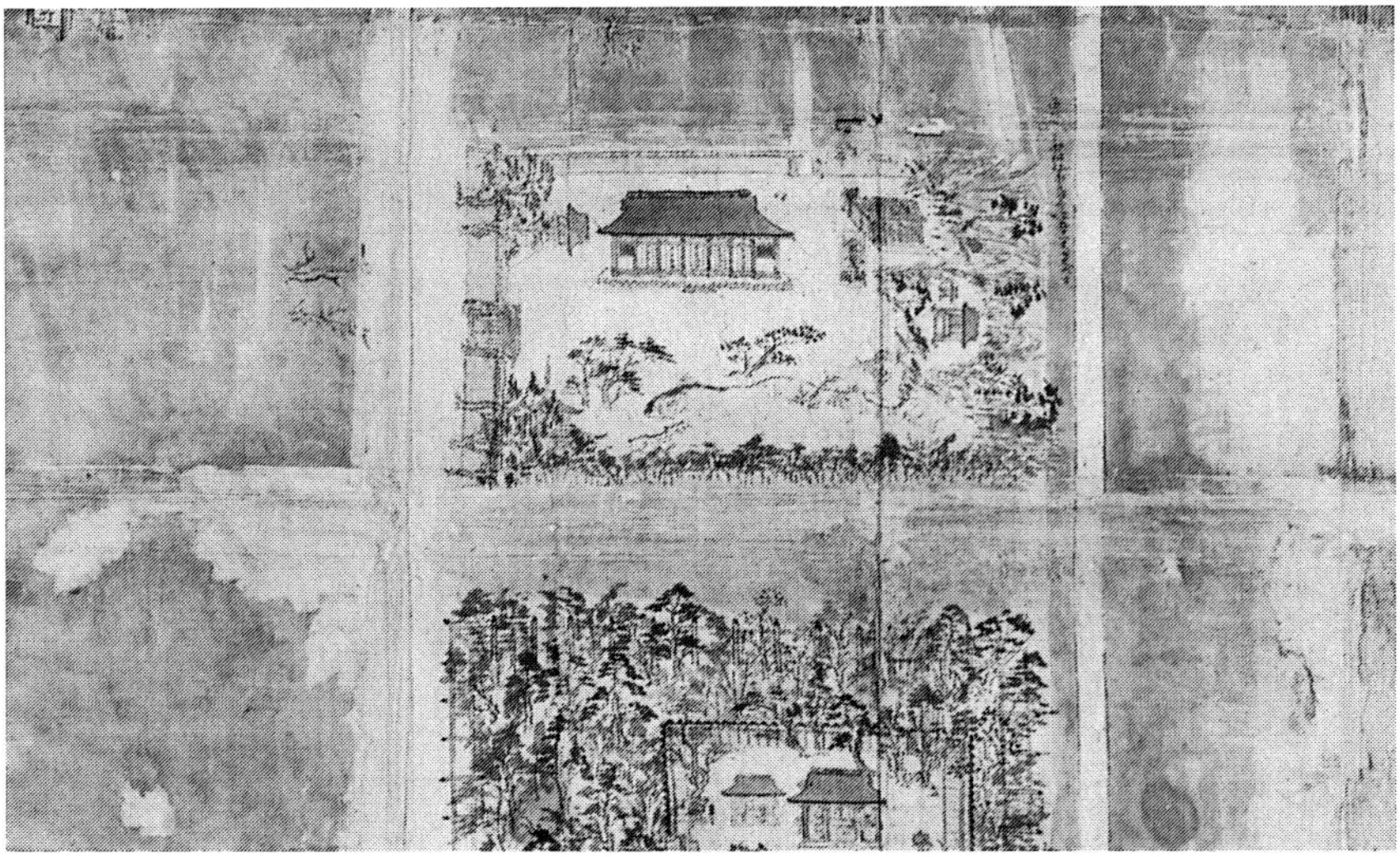

図１　『賀茂御祖神社絵図』にみる神宮寺付近

た木立で仕切っている。まず中央の堂は神宮寺の本堂（観音堂）で正面七間、おそらく入母屋と思われる檜皮葺の屋根をのせたじつに堂々たる大堂である。七間のうち中央間は観音開の板戸とし、両端は壁の上半分に連子窓を組み込んでいる。堂全体を石垣のようなもので構築した基壇の上にのせている。基本的な構造として近いものに唐招提寺および新薬師寺などの本堂があげられるだろう。本堂の東隣りは鐘楼で、袴腰の様式であり、当然、上層部には梵鐘が釣られていたとみられる。寺域の西南の隅には頂《いただき》に相輪を立てた二層の屋根が木立の間から垣間見ることができ多宝塔であろう。本堂の東隣り、東北寄りにあるのが板葺平屋（切妻様式か）の食堂で、正面三間は格子戸で、供僧たちが近侍した施設であろう。東側の二つの社は日吉社と沢田社である。南側の池は水辺に葦の群生を描いているが、糺池とも呼ばれた。文献をまじえてなお考察の余地のあるところだが、以上が『鴨社古図』の描く平安後期頃の神宮寺域の概況である。

そして神宮寺についであらわれるのは経蔵であって、

『長秋記』元永二年（一一一九）十一月二日条に、神殿・外廻郎・中門・外門などを焼失し、残ったものは経蔵ならびに厨殿屋だけであったと述べていることから、その存在が知れる。

『中右記』同日条によれば

賀茂下御社此戊刻拂レ地焼亡了、火出レ従二庫中一、及二宝殿一之由、只今禰宜惟長祝惟助馳参所レ奏也、誠以驚思食、……今日依二相嘗一供二新穀一了、其後各帰家休息之所、御社方有レ火、馳参見レ之、火災広及、巳付二正殿一、奉レ取二出御正体一渡二御経所一了、其後中門廻廊楼、皆以為煨燼也

と生々しい情況をしるし、経所が存在したこと、そして御神体の仮殿にあてられる規模のものであったことが知れる。なお火急の間とはいえ、一旦は経所に安置したが「経所不穏便云々」（『長秋記』）ということで氏神社（比良木杜）に移座された。仏教施設のため御神体奉安には不適切とみなされたためであろう。

なおこの時の経所の位置は、御手洗池（川）南庭（現細殿付近）であったことは『鴨社古図』からも類推できる。なお、『長秋記』元永二年十一月条は、鴨社経蔵の初見であって、十世紀の神宮寺成立から約一世紀を経ての記事である。経蔵の位置については不明だが、のちの鴨社古図によれば、本宮東隣り（みたらし池北庭あたり）である。この位置がきわめて重要でこうした神宮寺本堂そのものは本宮より一定の距離をとるのに対して、経蔵は比較的本殿に近接して建てられる例が多い。近江の多賀社をはじめ三輪社などがあげられるが、大和の三輪社にいたっては、拝殿より奥の禁足地内にもうけられている。本殿のない三輪社にとって、この区域は一般神社の内陣に相当する聖域である。これは経蔵におさめる経典自体が極めて神聖視されたためで、文字通り聖教《しょうぎょう》と呼ばれたその宗教的意味を考えるべきであろう。

一社における経蔵の成立は単なる収納施設としての蔵にとどまらず、聖教をおさめて神庫と同様に、ここでは仏教の忌避観より解かれて、おさめた経典があたかも神宝の一部のごとくみなされているのである。それゆえに

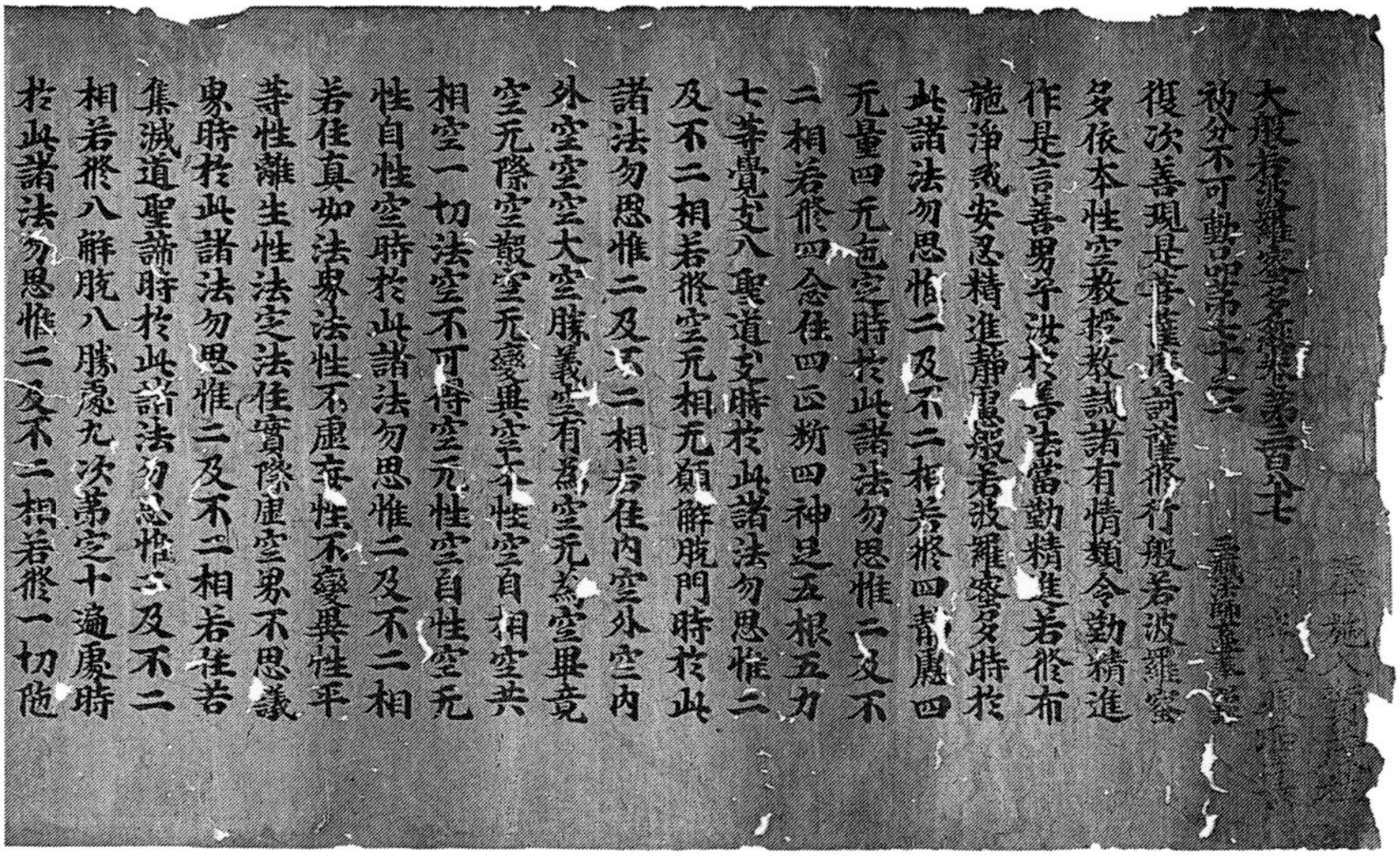

大般若波羅蜜多経巻第三百八十七
初分不可動品第七十之三　　三蔵法師玄奘奉　詔訳
復次善現是菩薩摩訶薩行般若波羅蜜
多依本性空教授教誡諸有情類令勤精進
作是言善男子汝於善法當勤精進若於布
施浄戒安忍精進静慮般若波羅蜜多時於
此諸法勿思惟二及不二相若於四静慮四
元量四元色定時於此諸法勿思惟二及不
二相若於四念住四正断四神足五根五力
七等覚支八聖道支時於此諸法勿思惟二
及不二相若於空元相元願解脱門時於此
諸法勿思惟二及不二相若住内空外空内
外空空空大空勝義空有為空元為空畢竟
空元際空散空元変異空本性空自相空共
相空一切法空不可得空元性空自性空元
性自性空時於此諸法勿思惟二及不二相
若住真如法界法性不虚妄性不変異性平
等性離生性法定法住実際虚空界不思議
界時於此諸法勿思惟二及不二相若住苦
集滅道聖諦時於此諸法勿思惟二及不二
相若於八解脱八勝処九次第定十遍処時
於此諸法勿思惟二及不二相若於一切陀

図２　賀茂社への施入印（右下）のある大般若経

神宮寺本堂より破格の扱いをもって、鴨社では本宮域の東隣りにもうけられたのである。おそらく、宇佐宮・松尾社の例にみられるように、一切経を納めていたと推定される。なおこれと関連して三善為康（一〇四八～一一一五）の『後拾遺往生伝』には、藤原為隆による賀茂社の経蔵建立が述べられている。ここでは賀茂両社のいずれとも判じがたいが、上社も嘉承元年（一一〇九）に西経蔵を焼失しており、この頃、賀茂両社はそろって経蔵をそなえていたことになる。なおここで参考までに紹介するのは筆者蔵の賀茂社旧蔵の大般若経一巻である。図2で掲げた通り「大般若波羅蜜多経巻第三百八十七」で、巻名の下の余白に「奉施入賀茂社／願主法眼聖長」と版刷にて施入印を押している。大般若経は全六〇〇巻からなり、このように巻数が多いためその手間を省くため、施入にさいして刷り込んだものである。鎌倉時代頃のものとされ、全体にわずかながら虫損が入り部分的にくすんでいる。施入銘については一切不明で、まずこの賀茂社についても両社のいずれであるかわからない。中世に下社は鴨社と表記することが多く、また法眼聖長についても、上社供僧中の僧名に「聖」の字を用いる例があり、上社であろうと考えたいが、これももちろん十分な根拠があってのことではない。本巻は偶然に昭和六十二年秋、古書店において筆者が購入したものであるが、その後、長浜城博物館に同じ施入銘を押した大般若経一巻を所蔵することを知った。

今述べた通り賀茂両社にも経蔵があって、寺家側の管理のもと、実におびただしい経典を所蔵していた。しかるに相次ぐ社会的混乱、たとえば中世末期の応仁・文明等の乱で散失したと思われ、ついで明治の神仏分離によって一切の経典を撤去・処分したため、現存する例はきわめて少ないのである。たとえば現在、上社が所蔵する紺紙金字法華経（鎌倉時代前期）は伝承が後柏原天皇の宸筆として、処分をまぬがれた稀なる例である。大般若経はよく社寺間を転々とする場合が多く、おそらく筆者蔵の大般若経も、賀茂社に施入され何らかの事情で社外へ出たか、あるいは分離の混乱時に焼却するのも忍びがたく、ひそかに持ち出されたものであったかもしれない。いずれにしろ、神仏のはざまに流転をかさねたと思われ、言いしれぬ史的な感興を覚える。

また鴨社においては先述の通り『中右記』の元永二年の焼失記事によって、経蔵とともに経所のあったことが知られる。いまひとつその宗教的機能が不明であるが、「経を読誦する所」というほどに解釈すれば、中世末期に存在した御読経所にあたると思われる。

かくして聖教だけをおさめる経蔵に対し、みたらし池南庭には読経を行う場、すなわち仏教的行為と僧侶たちの施設が確立されたのである。なお近世に存在した現社務所付近の経所は本尊普賢菩薩を安置したが、のちに述べるように江戸時代に、みたらし池南庭から移されたもので、当時の内部の情況は一切不明である。あるいは仏体をまつっていなかったため、元永二年の火災にさいして一時の処置ではあったが御正体（御霊代）の御動座《ごどうざ》が可能であったのかもしれない。鴨社の本殿は東西二棟あり、これら二つの御霊代を安置したが、しかし仏教施設にはちがいなく「経所不穏便」（『長秋記』）につき氏神社へさらに御動座がなされたのである。「不穏便」とあるように神仏隔離の意識がはたらいたものであろう。

十二世紀に入ってのあらたな動向は、受領による造塔寄進が行われたことである。保安元年（一一二〇）正月八日、蔵人弁実光が差遣され木作始《こづくりはじめ》がなされ、同年七月五日壇築始、八月三日心柱立がなされ、大治三年（一一二八）七月二十日に約八年の歳月をかけ東御塔は播磨守家保によって完成をみる（『百錬抄』）。

また東塔に対して天承元年（一一三一）十月十日、待賢門院御願による西塔が造立・供養される（『百錬抄』）。これによって鴨社は本社をはさんで東西両塔が並び立ったのであるが、その期間は六年余りと短く、保延四年（一一三八）二月二十三日条で「鴨社神館並神宮寺社頭西塔焼亡」と『百錬抄』はしるし、西塔にとどまらず神館、神宮寺におよび焼失の範囲は相当に広かったことがうかがえる。しかし鴨社への造塔寄進はこれだけにとどまらず、今度は鴨社の内部より機運が盛りあがった。『兵範記』仁平二年（一一五二）七月九日条によれば、先の塔は出雲路あたりの炎上による類焼であったが、その年より早速に社司季継が造営を起こしたが遂げずに逝去、禰宜惟文がこれを受けて行った塔供養であった。かくて造立されたのは多宝塔であって、待賢門院御願になる西塔は三重塔と『鴨社古図』ではみられ、また場所も神宮寺辺に描かれているから、失なわれたものの十分な意味での再造とは言いがたい。『兵範記』（右同条）によれば、

> 多宝塔婆安置三尺釈迦多宝一仏、在天蓋、四面懸羅網図天井柱絵等、四方扉奉図四方天等、仏壇高欄荘厳華美也、備是惟文勤毎時□□、正面壇下立大壇桃枇八供養具、其前立礼盤并掖机等、南北両面敷高麗端畳各三枚、為讃衆十二口座、各立経机六前、置安法華経十二部、此外敷設荘厳等毎事如常、……

としるしている。なお浜島正士によれば、釈迦・多宝二仏を安置した多宝塔の内部には天蓋があったというから、心柱は天井の上に立つ構造だったらしいと建築史の立場から述べている[8]。『兵範記』（右同条）はさらに南に誦経幄、西に三間幄をもうけ集会所となし、東寺長者寛遍のひきいる十二口の僧侶たちによって行われた法儀の模様

をしるし、

吹法螺、打鐃鉢、唱讃進昇威儀師有持幡童、導師乗輿、民部大夫二人執蓋、衛府差蓋、具六弟子、次曼陀羅供始、蔵人五位二人、勤堂童子、有御誦経、図書寮打鐘、懸東面、樹下、供養法了、

と述べている。なおここで注意されるのは、法儀が鴨社神宮寺の供僧たちだけで行われたのではなく、賀茂祭の参役の如く、掃部寮・内蔵寮・民部大夫・衛府・蔵人・図書寮など宮廷側官人による盛儀であったこと、供養法に使われた大壇は院より手配されたものであったこと、そして被物・布施などの経費が禰宜惟文によるものであったことなどである。先述の『鴨社古図』にもとづく考察の通り、河合社裏の北部一帯の神宮寺域内に、社家みずからの発意による仏教施設の造塔が行われたことは、神仏習合の積極的な内部深化のあらわれとみることができよう。

こうした十二世紀における鴨社神宮寺の造営寄進に対応して、いくつかの習合記事が散見されるので列挙する。

①今日上皇令参賀茂社給、金銀幣并塔中二納舎利令奉給　（『殿暦』天永二・四・二八）

②姫君祈始之、春日唯識論、八幡仁王講、賀茂仁王講、勝豪同参入賀茂　……是入内事也　（同右永久元・七・三）

③今日依吉日於賀茂・日吉等、中納言籾塔各一基供養之　（同右永久二・七・二九）

④今日依内府内弁、所々令諷誦、八幡賀茂上下　（同右永久四・正・七）

⑤上皇限十ケ日、御参籠賀茂社、令転読千部経給、又被行御八講　（『百錬抄』治承三・四・二三）

⑥於賀茂社、一日大般若経書写供養、上人之勧進也、自院有御結縁云々　（同右元暦元・三・二六）

①②③については、賀茂両社で行われたものとおもわれ、仏教記事としても興味深い。①は金銀幣をおそらく本殿におさめ、いっぽう塔中に舎利を施入しており、神仏両様の奉賽形式をあわせて行ったものであろうか。②の仁王講開演の行われた場所の明記はないが、すでに先の『小右記』寛仁四年（一〇二〇）八月十八日条に舞殿

が使われたことがしるされているので、同様であろう。③の籾塔一基施入についても①の舎利施入と並んで、この時期の傾向を示すものとして興味深い。こうした諸例はめざましい仏教施設の造立に対応した、多様な習合化の諸相として理解されよう。

さてこのあと、十三〜十四世紀にかけての時期は賀茂両社の習合に関する史料はみあたらず、きわめて少ない。精査すれば、もっと得られるのであろうが、この時期は実は宗教史全般からみれば平安時代の中期から末期にかけての神仏習合の進展をうけて（これを神仏習合の熟成期と呼ぶなら）安定期にあたる。ところが賀茂両社の場合、堂塔など仏教施設でみるかぎり、その動向はほぼ軌を一にするが、教理的な内部深化の点において、明らかな遅れが認められるのである。神仏習合の発展過程のひとつの頂点は本地仏の成立である。本地発生の時期について未だ定説をみないが、全国の主要な神々は、平安時代中期には本地仏の配当をほぼおえている。しかるに鴨社における本地の初見は、管見のおよぶところ鎌倉初期の成立になる『古事談』である。同書は書名からも明らかなように史書ではなく、源顕兼の手になる鎌倉初期の説話集である。ただちに史実そのものではないが、宗教的言説とみるべきだろう。

『古事談』第五に、式部大夫実重が鴨社の本地を「みたてまつらむ」と多年にわたり祈請したが、ある晩、夢のなかで上社へ参詣の途中、百官の供奉する行幸列に出会った。つまり行列は鴨社へむかっていたのであるが、片藪のかげより拝すると鳳輦に金泥経一巻が置かれ、その外題には「一称南無仏、皆已成仏道」と書かれ、夢から醒めた。この一説は同じく鎌倉初期の成立とされる『宇治拾遺物語』にも収められているが、本地を拝せんと祈請し夢中にあらわれたのは、鳳輦内の「一称南無仏、皆已成仏道」としるされた金泥経一巻であった。すこぶる象徴的な一話であるが、これは法華経第一巻方便品の偈句であり、よって本地が釈迦たることを暗示しているのであろう。ついであげるのは嘉暦三年（一三二八）の成立とされる『二十二社并本地』である。これは奥書によれば、吉田家の某が嘉暦三年に神祇伯資清王の求めに応じて提出された回答で、吉田家の説を述べたものである（続群書類従本）。「賀茂。御祖社釈迦」とだけしるし、鴨社の本地仏は釈迦如来であることをはじめて明記している。すなわち一般神社の平安中期より大きく遅れて、鎌倉時代後期になってようやく吉田神道の伝書のなかに、はじめて明確な本地の成立が確かめられた。

これに対して上社の本地も同じく『古事談』第五にしるしている。

範兼卿は賀茂社に参詣のたびごとに心経を書写奉納したため三熱苦をのがれたが、ある通夜のとき、片岡社あたりで祈請し大明神の本地は何かと問えば、夢中に瑞厳の女房があらわれ、さらに等身の正観音にと変御《へんぎょ》された。

以上の通り、鴨社は釈迦、上社は聖観音と両社の本地仏を鎌倉初期の『古事談』がはじめてしるし、賀茂の本地仏の成立が鎌倉期と諸社に遅れたことを知り得る。そしてさらに注意すべきは本地仏の実態についてである。

じつは賀茂両社の場合、本地仏の成立といっても実際は仏像そのものが殿内に安置されたわけではなく、宗教的世界における言説にとどまったことである。多くの諸社は御霊代（神体）そのものを本地仏としたのに対し、賀茂両社は本殿内部への仏教化はほとんどおよばなかった。ここらあたりの事実関係の把握は神仏習合の度合をはかる上できわめて重要であり、有効な尺度となりうるが、この点についてはあとで述べたい。ここでは、賀茂両社の本地は言説（理論上の設定）にとどまり、仏教的な施設・儀礼など本殿はおろか中門内にもおよばなかったことを確認するにとどめる。

十三～四世紀代の史料がきわめて少ないことは前に述べた通りであるが、これは中世末期を象徴する応仁・文明の乱（一四六七～七七）による史料の焼失や紛失のためと思われ、鴨社にも直接に被害がおよぶ状況だった。

この時期にあっても、鴨社神宮寺は存在し独自の活動を展開していたことは、外部史料である『親長卿記別記』や『鹿苑日録』、内部史料である中村直勝博士収集文書のうちの一通である「鴨太神宮政所下文」によって知りうる。

まずとりあげる『親長卿記別記』（史料大成続編32）は、賀茂伝奏であり按察使殿・藤原親長の日記である。同別記には、文明四年（一四七二）の伝奏奉書案三通の文書がおさめられている。これによって空白に近い鴨社神宮寺の内部動向の一端が僅かながら知りうる。

①就当社供僧補任料相論、六口之内一口未補云々、明日修正勤行闕怠基、相以不可然、所詮猶可被経御沙汰之上者、先明日十八日、御祈禱事、致無為之沙汰之様、可令下知給之由、技察殿所仰候也、恐惶謹言、

　正月十六日　親継判

鴨禰宜三位殿

②鴨社御読経所供僧六口之内、一口未補云々、今日修正闕怠之条、不可然、所詮先加其闕、勤行可被致無為之沙汰候、於任料相論者、重被加糺明、依得分之実否、可被経御沙汰候、可令存其旨給之由、按察殿仰所侯也、恐々謹言、

　正月十八日　親継判

鴨御読経所供僧等御中

③当社供僧六口之内、一口未補、今日修正闕怠之条、不可然、所詮任料相論之儀者、追被加糺明、依得分之実否、可被経御沙汰之上者、加印秀律師於六口之内、勤行無闕怠之様、可令下知給之由、按察殿仰所侯也、恐惶謹言、

　正月十八日　親継判

鴨禰宜三位殿

観行権律師御房

三通とも供僧補任料をめぐる争論の一連文書であり、伝奏奉行たる甘露寺親長（按察殿）の意を受けて親継の発給した伝奏奉書である。

①は争論の当事者たる鴨禰宜三位と鴨御読経所供僧中にそれぞれ出されたもので、同文のため宛所を列記したもので本来二通の文書である。これによると供僧の定員は六口で、このとき補任料をめぐり争論となり一口が欠員のままであったが、一月十八日の修正会がせまったため、闕怠《けたい》なきよう求めたものである。②は修正会の当日に発給されたもので、ともかく修正会は欠員を埋めて執行し、任料相論は重ねて糺明を加え、得分の実否により御沙汰を経らるべきとの按察殿、すなわち親長卿の意向を観行権律師に伝えたものである。③は当事者の一方である鴨禰宜三位に対して、同じく任料相論は棚上げし欠員一口が印秀律師をもってあて、勤行の闕怠なきよう下知したものである。その結果については史料を欠くため不明だが、これらによって次の諸点が知り得る。

(1)室町中期頃（文明四年、十五世紀後半）鴨御読経所なるものが存在し、六口の供僧が常置されていた。

(2)これら三史料は供僧の補任料をめぐる相論を示すものであるが、これだけでは供僧職の人事権（補任権）が社家側か寺家側いずれにあったか不明だが、任料につき異議をとなえて伝奏奉行の決裁を仰ぐにいたった経過からみて相拮抗するほど双方が力を保持していたことが知れる。

(3)年頭第一の年中行事として各地の神宮寺で通例の修正会[9]が鴨社でも行われていた。

以上の諸点が知り得るが、つづいて鴨社神宮寺の動向を『鹿苑日録』天文六年（一五三七）十月八日条は次のように記している。「鴨五位来、……鴨社御読経所供僧六口在之。玉泉坊與池坊相論、玉泉坊事九里源兵取中也。自鴨儀以虎子告九源……」。また翌九日条は「自鴨有使者、伝奏之下知共持来、九源持密柑一盆……種々申言在之」としるしている。玉泉坊については江戸時代までその存在が知れるが、池坊については同じ六口の一員であるが、その後の動向は不明である。『親長卿記別記』のしるすところと定員は同じである。ついで翌天文七年

（一五三八）の「鴨太神宮政所下文」は次のように述べている。

鴨太神宮政所下

御祖社御読経所不断経衆職事

定補　権少僧都暹承

右以人、補任彼職之状、如件、者晝夜佛事勤行以下所役、任先例、令勤仕。敢勿違失之儀、

依件、用之。衆中宜令承知、故以補、

天文七年三月廿五日　　散位（花押）禰宜三位（花押）

本史料によって、次のことが知れる。

①室町時代末期に鴨社御読経所が存在し、日夜経典を読誦する「不断経衆職」が常置されていた。

②その補任権は社家側（禰宜）にあり、政所下文をもって任命されていた。

本史料は中村直勝博士収集文書の一点であり、中世末期、鴨社御読経所には不断経衆が常置され、日夜の勤行が行われていた。この下文で明らかなように、任命権（人事権）は社家が掌握していた。おそらく前年の『鹿苑日録』の記述から類推して、供僧の任免をめぐって相論があり、先例にまかせ勤仕し、違失なく衆中に承知せしめ権少僧都暹承を不断経衆職に補任することが政所下文をもって行われたとみられる。

以上は、中世最末期の鴨社神宮寺をめぐるきわめて断片的な動きであるが、これによって鴨社神宮寺の供僧たちの存在と動向が知りうる。ちなみにこの頃、鴨社は上社とともに文亀二年より賀茂祭が中絶し、また式年造替も天正十九年（一五九一）より絶えていた。いずこの社寺もそうであったように、社会的不況のなかで造営費にもこと欠く状況であった。逆にいえば、そうしたなかにあっても社家優位でありながら、神宮寺・読経所を中心

として供僧たちが法灯をかかげた中世最末期の状況を知り得る。

四　近世の神仏習合

中世末期以来、各地の社寺は中央・地方を問わず、政治的な混乱によって経済的な困窮がつづき、造営修理がほとんど不可能な状況となっていた。賀茂両社も同様であって、とくに祭儀面についていえば、両社の創立にかかわる賀茂祭（葵祭）が、祭祀の中心となる上卿（勅使）の参向がなく、事実上、文亀二年（一五〇二）以来中絶していた。下社において賀茂・御蔭両祭が復活したのは元禄七年（一六九四）のことであって、中絶以来じつに二〇〇年近くの年数を要していた。とくに賀茂祭の再興について功績があったのは、下社では禰宜梨木祐之、上社では神主梅辻職久であった。この二人を中心として両社は賀茂祭再興という大目的のため、一致して幕府をはじめ、あらゆる要路を通じて働きかけ、ついに実現をみたのである。造営については、寛永五年（一六二八）の造営が近世における最初のもので、江戸幕府の支援によって、社殿ばかりでなく仏教施設もふくめて造営がなされた。現存する社殿のほとんどは、この寛永度の造替によるものである。なお、このあと江戸時代の造営のおもなものは延宝度・宝永度・享和度・天保度であるが、ちなみに現本殿（国宝）は文久三年（一八六三）の造替にかかる最もあたらしい建物である。これら数次にわたる造替にさいして、神宮寺以下の仏教施設も必要に応じて修理が加えられた。

そこで近世における神仏習合の状況を知るために、境内に存在した各施設の概要についてしるす。まず各仏教施設の名称と、そこに安置された本尊および諸尊・経典などは次の通りである。

【神宮寺】　本尊十一面観音　不動尊立像　愛染明王坐像　庚申本尊青面金剛立像　同脇立二童子　同夜叉四体
同申三匹　法華経折本一部

図３　鴨神宮寺跡（中央は池跡、奥は河合社）

【読経所・護摩堂】　本尊普賢菩薩　十羅刹女十体　護摩堂本尊不動

同脇立二体　愛染明王　五大尊・十二天絵像十二体　大般若本尊

絵像　不動絵像　明神影向所　舎利塔一基　大般若経書本一部

紺紙金泥法華経

【河合小経所】　本尊普賢菩薩　法華経一部

神宮寺は、河合神社の北側、木立のなかの池跡北隣りにあったもので、通称観音堂と呼ばれていた。図3は神宮寺跡の現況で、寺域の北より南に向いて写したものである。木立の奥に河合社の土塀がうつり、左側の窪地は「竜池」と称された池跡であり、中央の石は移動しているとみられるが礎石の一部であろう。そして手前に広がる平地が神宮寺本堂の遺構推定地で、発掘調査をすれば、さらにその位置がはっきりしよう。しかしさいわい、中井家文書[10]のなかに近世神宮寺の指図

「下賀茂・河合社堂舎絵図」があり、その全貌を知りうる。将来、これらの絵図や文献と発掘調査によって遺構の復原作業が可能である。なお、こうした神宮寺の遺構調査例は、宇佐神宮境内の弥勒寺、鹿島神宮寺、日吉神宮寺の発掘例などそう多くはない。

さて鴨社神宮寺本堂（観音堂）のプランを中井家文書の指図によってみると、建物は南面し正面五間に側面三間として、その周囲四方に縁を廻らし、正面中央間には御拝がもうけられている。正面の木階を昇り堂内に入ると、中央に後壁を背に方一間の「須弥壇」がもうけられ、ここに本尊十一面観音立像が安置されていた。この須弥壇の向って右隣りに接したかたちで「仏壇」が、左隅（北西の隅）の一角にも「仏壇」とするす空間がもうけ

られていた。そして本堂のうしろに「雑舎」があって廊下でむすばれていた。部屋の大小はあるが、ほぼ十の部屋からなり、これには床・棚がもうけられ、さらに「水棚廂」「東雪隠」「湯殿雪隠」や別棟の「下部屋」「井戸屋形」「西雪隠」などが付属し、これら全体をさらに「練塀」で三方を囲み、その塀の長さは三十六間（約六十五メートル）であったとしるしている。

ここにあった品物の一部をあげると、坪皿十・平皿十二・食次一・次の椀三・膳八・四ツ椀十二・湯次・鍋各三・水桶二・手桶五となっており、食器などの生活用品が備えられ、こうした品目からみて、たんに祈禱・法会を行うだけではなく、供僧たちが日常的に常勤していた施設であったことがうかがえ、その管理は本寿院住職にまかされていた。

さて神宮寺の本尊は、観音堂と称されたように十一面観音立像であった。この本尊は、明治の神仏分離にさいして失なわれたとみられ、現在のところ撤去・廃棄であったか、その経緯をしるす史料が管見のおよぶところみあたらず、したがって不明とするほかない。『烏邑県主纂書』(11)によれば、伝教大師の作と称するが、もとより伝承にすぎず、むしろ神宮寺は一貫して天台系であったことを物語るものであろう。なお神宮寺本尊として十一面観音の例は多く、大御輪寺・日吉神宮寺・青岸渡寺（那智）・神鳳寺（大鳥）・恩智神宮寺・住吉神宮寺など代表的な神宮寺があげられ、それ自身が神仏習合の重要問題であるが。このように十一面観音は、薬師如来とともに最も神仏習合にかかわり深い仏であった。

堂内における本尊との配置関係など不明であるが、神宮寺内に不動尊立像があった。不動明王は現社務所付近の護摩堂本尊でもあったが、したがって神宮寺と護摩堂の二か所にあったことになる。大日如来の教令輪身として、煩悩具足の徒である衆生には、火焔を負い剣を執って憤怒の相をもってあらわれる不動明王に人々は、やみがたいあつい思いで除災調伏を念じて礼拝したことであろう。本尊が伝教大師作、不動専は智証大師円珍の作と伝えるが、もとよりこれも伝承にすぎない。後述するが、神宮寺にも護摩壇をはじめとして数々の関連法具が置かれ、これらを駆使して、供僧たちは護摩祈禱を修したのである。さらに安置された愛染明王坐像もこれまた顔面が炎のごとく赤らみ、全身がほむらたつ姿で愛欲の炎を焼尽すべく憤怒の相をもって相対し、青面金剛・夜叉四体など異形の仏たちも配置した、きわめて濃密な密教的空間を形成したのである。申三匹とあるのは、いわゆる「見ざる・言わざる・聞かざる」の三猿像と思われ、これは猿のほほえましい三態をもって教えた天台（山王）神道に由来する。後述するが、神宮寺域には日吉社があり（昭和二十三年三月より三井神社に合祀）、当神宮寺も天台系であり、こうした宗教的背景のなかでみるべきものである。つづく折本の法華経も読経所・河合小経所とすべての施設にそなえられ天台宗所依の経典として、当然あってしかるべきものである。

次に読経所は護摩堂（図４）と連結されており、資財帳でもこの二つを区別していないため、ここでは併せてとりあげた。場所は、現社務所あたりに位置し、本堂が南面するのに対し、現在の社務所と同じように参道側に東面して並んでいた。『鴨社古図』によって中世における読経所の位置を確かめると、御手洗社南庭、すなわち現在の細殿あたりにあったことがわかる。ところが近世に入ると、具体的には寛永度の造営にさいして、今の社務所の位置に移転をみたものである。(12) もちろん単なる移転というよりは、聖域である中門内にとどまらず廻廊内から一切の仏堂を排除する、神仏隔離の意識が働いたとみるべきだろう。寛永以後、これによって楼門内より全ての仏堂が撤却されたことになる。その平面プランは、正面五間に側面五間とし、すなわち五間四方が読経所で、その北側に正面四間に側面三間の護摩堂を連結したかたちとなり、まわりには両棟とも縁《えん》をめぐらせている。また読経所の前面より奥行二間のスペースが外陣で、さらにその奥行三間が内陣である。まず外陣の前面中央に御拝を付し、木階を昇るが、外陣の外観部分は全て蔀戸《しとみど》となっている。内部の天井は「格天井小組」となり、外陣は礼拝空間と考えられる。これに対し内部は中央に普賢菩薩をまつるための「須弥壇」をもうけている。この

図４　『賀茂御祖神社絵図』にみる経所（右）と経蔵（右上）

読経所内陣と隣接する護摩堂との間は「遣戸《やりど》」で仕切られている。護摩堂は三室からなり、北西の空間が「仏段」となり、不動明王が安置されていた。この護摩堂は参道に面した東側に階があり、また護摩の廃煙のため蔀戸となっていた。なお読経所の後ろには、神宮寺本堂と同じく廊下で結ばれた「雑舎」があった。十室余りの部屋からなり、東北隅の一間は広い土間とし、その一部は二階造りともなっていた。また「湯殿」「西二口雪隠小用所」を附設し、離れて「下雪隠」「井戸屋形」（これは井戸のみ現存する）があって、これら全体を「穴門」二か所をもうけた「練塀」が、本堂と同じく廻りの長さ三十六間をめぐらして一区を形成していた。

読経所の本尊は普賢菩薩、護摩堂本尊は不動明王で、矜羯羅《こんがら》・制吒迦《せいたか》の二童子を左右にしたがえていた。十羅刹女《じゅうらせつにょ》は法華経護持の神として唐風の天女の姿に表現されることが多い。普賢十羅刹女とも称されるように、法華経を受持読誦する者には普賢菩薩が現前するといわれるが、同菩薩を本尊とする読経所に、法華経関連の尊像として十羅刹女の彫像十体が置かれたものであろう。これらは、とくに天台宗や日蓮宗で信仰された仏である。

なおここで注目されるのは、護摩堂と読経所の二棟が直結されているせいもあるが、バラエテイに富んだ、じつに多彩な宗教的文物を備えている点である。これら二施設の基本的性格もさることながら、近世には神前にもっとも近い場所にあり、いうなれば鴨社における神仏習合の最前線という位置にあったためであろう。先の寛永度の造営にさいし廻廊外に移動した読経所は、仏教側の拠点として、かえってその重要度を加えたものとみられ、修理記録でも神宮寺に先んじて、読経所が第一番に書きあげられている。寺家側は読経所を拠点に不動信仰も加え、最も力を注いで、多面的な宗教活動を展開したのであろう。後掲の一覧表（三一三～四頁）に掲げたようにとくに図像類の多いことが目立ち、五大尊・十二天・大般若本尊・不動の四種、少なくとも十五幅が確かめられる。

五大尊は五壇法の法会に用いられるが、不動・降三世《こうさんぜ》・軍荼利《ぐんだり》夜叉《やしゃ》・大威徳・金剛夜叉の五尊をもって構成される。十二天絵像は護法の天部十二尊を描いたもので一尊一幅ずつ十二幅よりなる。大般若本尊とは大般若経の守護神である十六善神を描いたもの、そして先の彫像とは別に不動明王図像も備えられていた。そのほか舎利塔一基があり、経典としては大般若本尊と一具であったとみられる大般若経、八講会に用いられた法華経のあることは前に述べた通りである。

なおここで注目されるのは、読経所内の「明神影向所」である。「明神」とは鴨大神、「影向所」とは神仏が姿をあらわすところで、何らかの「しつらえ」によって鴨大神を神祇勧請した祭祀の一形態ということになろう。宝永九年の『下賀茂御読経所並神宮寺小経所仏具諸色積帳』（新木直人氏蔵）は次のようにしるす。

一明神影向所御座机　　一脚
　右朱塗り

……

一翠簾　　三拾九枚
　明神影向所一枚　堅八尺横六尺八寸下地偏糸紅八筋偏縁大和錦上巻紅唐打房黄糸三段染分鎰小丸房被金物
　滅金毛彫有掛緒赤マカイ四ツ打装束作法之通
　　此坪一坪弐分八厘

……

一畳　　百三拾五帖

……

　影向所置畳一帖　備後表小紋二重縁表替

これだけでは隔靴掻痒というべく肝心のことは何もわからない。要は、明神影向所の具体的な礼拝対象は何かということであるが、むしろ何ものも置かない形態とみたほうがよかろう。管見のおよんだ史料のなかで具体的な礼拝対象の中心をしるしたものは何ら認められないのである。引用の史料でいえば、「明神影向所」に朱塗りの「御座机一脚」があり、その前面には竪八尺（約二・四メートル）・横六尺八寸（約二・一メートル）の大きな御簾《みす》一面が下げられ、その内部空間には畳一枚が敷かれているばかりであった。他の史料で補えば、「礼畳」と「錫瓶子」が置かれていたという。管見におよんだ史料は、宝永七年（一七一〇）・享和元年（一八〇一）・天保九年（一八三八）と、この間ほぼ一二〇余年におよんでおり、もし画像や彫像であったら、当然一度くらいは修理をしたと思われ、これらの史料にあらわれるはずである。したがって一応、彫像や画像を置かない形式とみなしたい。この類例は上社の聖神寺にも「影向の間」としてあらわれるが、やはり影向の「間」として表記されるように、具体的な礼拝対象を置かない、特殊な神祇勧請の空間とみなされる。

管見のおよぶところこうした例は、次に述べる日吉神宮寺、堺市の大寺（開口神社）、奈良の新薬師寺本堂の「春日影向之間」があげられる。いずれも詳細は不明だが、ご神体のあったことは聞かないのである（第一章第三節参照）。日吉神宮寺の内陣には本尊十一面観音を安置し、同一内陣の東北隅に「影向山王」と呼ばれ御霊代を置かない、神座だけをしつらえた形態で日吉の神をまつっていた。この鴨社の「明神影向所」と日吉神宮寺の「影向山王」は全く軌を一にする形態と思われる。時代は大きく異なるが、日吉神宮寺は伝教大師とゆかりがあり、鴨神宮寺とともに、天台系であることでも一致し、何らかの関連があるかもしれない。ただし、上社の聖神寺は真言系とみなされるので、必ずしも宗派上の一致は理由にならないとも言いうる。寺家側の密接な人事交流、社家側の血縁関係といった双方のつながりなど、神仏ともに、こうした「影向座」による祭祀形態が伝わる可能性は充分にある。いずれにしても、読経所における明神影向所は近世の事例ながら、日吉神宮寺では鎌倉時代後期にさかのぼり、その源流に位置するものであり、この系譜につらなる神祇勧請の一形態といえよう。

河合小経所は、「小」の字を冠するように、中門内の舞殿の東側に土塀に接してあった、きわめて狭い施設であったと思われる。本尊は読経所と同じく普賢菩薩で、規模の大小こそあれ、基本的に全く同一性格であったと思われる。

以上によって四つの習合施設の概要について述べたが、表1にそれらに常置されていた法具など資財帳をかかげ、大要を示すにとどめたい。

このなかでとりあげたいのは、八講会に関する法具である。読経所に常置されていた八講座およびこれを荘厳する天蓋・前机・畳などがそれぞれ二具ずつあり僧侶が二人対座して法会を行った。金剛柄香炉《えごうろ》を台上に八字形

表1　鴨社神宮寺関連資財帳　（アラビア数字は数量を示す）

品　　名	神宮寺	読経所	護摩堂	河合小経所	
行机	○	○		○	
前机	○		○	○	
大壇		○			
護摩壇	○		○		
脇机	○5	○	○2	○	
礼盤	○2	○	○	○	
礼盤畳	○4	○2	○2	○2	
磬台	○	○	○		
経机	○	○		○	
八講座関係		○			天蓋・前机・畳・経筥・如意・柄香炉
常香版		○			
閼迦盥	○	○		○	
壇鏡及台		○			
鏡	○2			○	神宮寺の鏡は本尊・不動に各一面
影向所関係		○			御座机・礼畳　錫瓶子
仏蓋	○	○		○	
金銅華鬘		○8	○6		
金銅幡		○8			
四橛	○12	○12	○12		
標木	○4	○6	○4		
壇糸	○	○	○		
密教法具関係		○			輪宝・羯磨4・五部の鈴杵・宝瓶5
華の造華		○25			
華皿台共	○	○	○	○	全106を分置
〃　台高杯	○16				
飲食器	○	○	○	○	30を分置
火舎蓋共	○	○	○	○	28を分置
鈴五鈷	○2	○2	○2	○2	
金剛盤	○3	○2	○2		
三鈷独鈷		○	○		

塗香・酒水器・漱口器	○	○	○	○	22を分置
菓子器		○			
護摩壇関係			○		大の器7・小の器6　外供の器40・同台12
護摩器	○14				
房花散華器	○2				
大小杓	○3				
十二灯台				○	
打鳴	○		○		
錫杖	○	○	○	○	
華瓶	○	○	○	○	27を分置
常花	○9	○5	○3	○3	
金剛柄香炉	○	○			
香炉	○	○6	○4	○	
香合	○				
華籠	○	○13			

に置き、経立には紺紙金泥法華経開結十巻を立て、華籠十三、磬台、講師机には金剛の経筥、如意などを補えばただちに八講会を開演する舗設となる。八講会については延暦七年（七八八）十一月、最澄が天台大師の忌日に始行したのが初例とされているが、当神宮寺も天台系であることから、いつの時代かはじめられたものであろう。近世の史料であるが、『烏邑県主纂書』や『雍州府志』などには橋殿において十月十日、恒例行事として八講会が行われたことをしるす。したがって、橋殿に近い読経所と廊下で連結された雑舎などに、八講座をはじめとする法具類を収納したのである。

それではこれら下社の習合施設には常時何人くらいの僧侶たちが奉仕していたのであろうか。江戸時代初期のものはみあたらないが、元禄十六年（一七〇六）の『下鴨神領配分目録』（鴨脚家文書乙23）には次の通りしるされているので、関係部分のみ抄出する。これによって供僧の塔頭とその得分が知りうる。

供僧方

一拾四石三斗七升　　松林院

一六石壱斗六升弐合　本寿院
一五石五斗九升九合　満徳院
一五石壱斗弐升九合　渓広院
一四石弐斗弐升五合　乗林坊
一三石八斗貳升七合　最楽坊
一貳石九斗四升　随了席
七口合四拾二石二斗五升貳合

経所中（ママ）座
一拾石七斗八合　山崎土佐専蔵
一八石壱斗弐升三合　山崎伊与文蔵
一四石三斗弐升壱合　山崎讃岐差次
内弐石六斗九升四合　文化ニ譲リ□右
□リ壱石六斗弐升七合山崎土佐亭之内ニ有
合弐拾三石壱斗五升弐合
弐口合六拾五石四斗四合

これによって供僧七口、経所仲座三口が寺家関係者の全てであったことがわかる。また年紀を欠くが『鴨神殿舎屋并名所旧跡』（鴨脚家文書164）に、

山門一人
供僧　寺門三人　六口

当地二人

仲座　三人

とあり、供僧一口の違いはあるものの、江戸時代中期には六～七名の供僧があって、その法流は山門すなわち天台宗の廷暦寺末が一人、寺門すなわち三井寺末が三人、そのほか地元出身が二名であった。これによって鴨社神宮寺の近世の法流は天台系であり、山門・寺門双方が合同で勤仕していたことがわかる。

こうした法脈の人的な交流を物語る史料がある。『天台宗全書』におさめる『日吉山王権現知新記』上に、山王二十一社の神像図を掲載しているが、これは巨勢金岡の祖本を書写したと伝え、その奥書に「寛永元年甲申首夏仏誕生日／洛東鴨神宮寺本寿院法印権大僧都梵豪誌」としるし、さらに転写の経過をたどれる。すなわち、法印権大僧都梵豪は鴨神宮寺本寿院の供僧であったが、天台僧として、宗門の護法神である山王神の神影図をみずから写したというものである。かつて神宮寺の境内に日吉社があったが（現在は三井神社に合祀）、これなども天台との密接な関係を物語るものである。さらに天台宗の行門で著聞する回峯行において、市中大廻りと称して洛中の社寺を巡拝するが、いずれも延暦寺の信仰圏を意味し、その巡路に鴨社境内の諸社がすべて網羅され、毎年春ごろに白装束の行者が巡拝していく。ちなみに上社が入っていないのは、天台系でなかったからである。このように近世の鴨社神宮寺は明らかに天台系寺院であった。

なお元禄期はこのように松林院・本寿院・満徳院・渓広院・乗林坊・最楽坊・随了庵の六僧であったが、すでに述べたように天文六年には御読経所供僧としてやはり六口であった。そのうち二口は玉泉坊と池坊となっており異同があったものと思われる。また幕末の慶応四年（明治元＝一八六六）の社家口上書によれば、十月十日の八講会の折りには常住の二口に加えて両山（延暦寺と三井寺）から四口が参加して計六口をもって執行したとあるので、六口という僧の員数は中世以来一貫した定員であったことがわかる。そしてこれら供僧たちを代表したのは、神宮寺の住職であった本寿院と読経所の住職松林院で、社家との交渉などには寺家を代表して対処した。しかし、すでに述べたように、神仏関係でいえば管理権の一切は社家側に握られており、山門・寺門の両権門をたのみとしながらも、管理権は社家側が優位にたっていた。上社の場合、寺家側の数が多く、また社家のうちより出家者が輩出して、それだけ寺家として権勢をもっていた点が大きく違う。

次にこうした鴨社内における神仏関係を示す史料をあげよう。元禄五年（一六九二）十二月の『祝館年中祝儀之次第並下行之事』（鴨脚家文書54）は次のようにしるす。なお本史料は鴨脚家のもので、同家は禰宜方・祝方のうち祝の家柄で、そのため祝館と称した。

一月十六日条に、

一経所ノ中座伊予ヨリ恒例錫壱対肴昆布串柿ヲ為祝儀為持越也

七月晦日条、

一経所中座伊予ヨリ為八朔之祝儀錫壱対肴二柿茄弐筥ヲ為持越也

十二月二十三日条、

同日経所ノ供僧松林院ヨリ如例年祝家之為祈禱大般若経ノ巻数ヲ中座伊予持参也

また、下行米之事として、

一米七升五合

経所中座土佐渡

右ハ十月十日夜、供僧八講執行之供物為下行、両宮ヨリ七升五合宛相渡ナリ

（略）

一高五斗弐升　　　経所供僧松林院

……

右ハ祝家之為祈禱料遺置也、年中祝方え付届け之俵ハ前ニ見タリ

経所仲座伊予について先に述べた通りおそらく文蔵と思われるが、一月十六日は小正月の翌日であって、仏事にたずさわる仲座職は、正月の期間中は遠慮をしてこの日をもって錫に入った神酒・昆布・串柿などを持参して年始の挨拶のために祝館をたずねたのである。同じ例として、かつて宮中真言院で行われた御七日御修法が、まず神事を旨とする宮中では正月七日間は仏事を遠慮し、八日から開始されたのと同一精神に基づくものであろう。また七月晦日には同人が八朔の祝いとして酒とともに柿・なすをもって参じ、十二月二十三日には経所供僧の松林院より仲座伊予を使いとして恒例により祝家（鴨脚家）へ、大般若経の祈願巻数を届けている。これらはいずれも寺家側の社家に対する儀礼であって、供僧および仲座たちの位置を示すものである。とくに年末近くに大般若経の祈禱巻数（祈禱日録）が、社家へ届けられていることは、神仏関係を示すものとして興味深い。そして十月十日の八講会には下行米として両官から七升五合ずつが祈禱料として仲座土佐を通じ松林院へ届けられている。

次に賀茂祭をめぐる神仏関係について述べよう。宮内庁書陵部に天保二年（一八三一）の『北嶺行者賀茂祭参拝口上覚』なるきわめて長い巻子本がある。

これによると、北嶺行者すなわち比叡山無動寺谷《むどうじだに》の回峯行者が、比叡山の山上山下内廻りをおえ、始行九百日目より行う洛中の「大廻」にさいして鴨社は巡拝路にあたっている。そして鴨社が葵祭の最中で、「僧尼来入禁止」の制札があっても、行者は社前まで参入できるのが慣しであった。安永六年（一七七七）のときも同様で、ただ臨時御祭礼のときに制札のない場合は遥拝と決められていた。

ところがこのたび（天保二・一八三一）、宝珠院偏典が九百日日の大廻にさいして、四月一日より葵祭の期間中ながら先例にしたがって社前まで参入し参拝していたが、十日になって突然社人より僧尼禁止の制札を無視し

た旨とがめられる。そこで先規に準じている由を述べ、十二日再びとがめられたが無視し、行者は社前まで進み巡拝した。このあと鴨社は日野西家を通じ、山門側は座主宮を通じて交渉をくり返していくのであるが、なにぶん厖大な史料であるため結末を確認できず、ここでは史料の所在を示すにとどめる。ただ山門側からみれば、鴨社にはみずからの宗末に属する神宮寺があり、広義の天台圏とみられており、したがって鴨社巡拝も神仏習合による回峯行の一環にすぎず、いっぽう鴨社側は、中世以来の習合思想に基づく神域内であれ、隔離意識がはたらき、排除の方針に出たのであろう。そこに両者の認識のズレがあり対立が生じるわけであるが、それぞれのことなる意識が露わになった事例として興味深い。なお慶応四年（明治元年）の、神仏分離時の口上書（鴨脚家文書）に四月の賀茂祭、十一月の臨時祭にさいしては御堂の蔀戸《しとみど》をおろし〆切り、供僧たちの境内の往来を差し止めたことをしるす。賀茂・臨時祭などの勅祭における社家側の神仏の隔離意識のあらわれみることができる。

なお『御祖神社御事歴以下明細調記』（下鴨神社蔵）には、次のような元禄七年（一六九四）の賀茂祭再興時の制札の文案をおさめている。

禁制賀茂御祖皇太神宮
右従今月一日御祭之間僧尼重軽服不浄之輩不可入来一条以北之状如件
年号月日

社内に神宮寺・読経所があり、したがって僧侶のいることは当然だが、先述の通り僧侶の往来を禁じ、蔀戸を降して、その期間は忌み慎《つつし》んだのであろう。明確に僧尼の排除をしるす点が注目される。なお、文中の「一条以北之状如件」の入字は翌年から削り「不可来入矣」として禁止区域の明示をさけ、賀茂村の入口に札を建てたのは、元禄七年再興時に賀茂祭の勅使列の通過地から僧尼などを排除したが、実状にそぐわず改めたものであろう。

この僧尼排除の制札は元禄七年以来明治四年（一八七一）まで、四月の賀茂祭、十一月の臨時祭と二度たてら

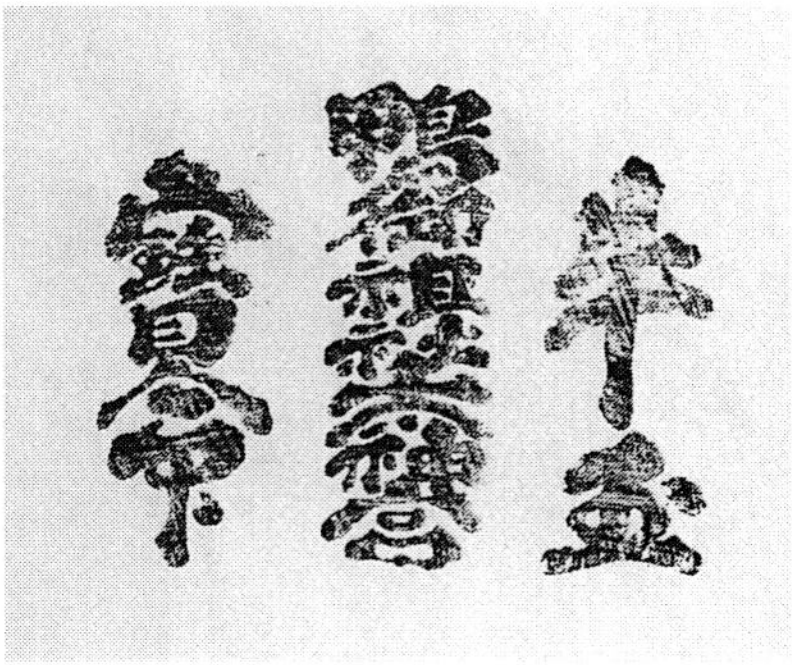

図５　鴨御祖社太神宮牛王宝印（拓影）

図６　歓喜寺牛玉宝印（拓影）

れた。

次にここで今日まで残された習合関係の数少ない史料を二点紹介しよう。現在、当神社には牛王宝印の版木二面を所蔵する。写真にかかげたものはその拓影で、「鴨御祖社太神宮／牛玉／宝印」（図5）、もう一面は「歓喜寺／牛玉／宝印」（図6）と刻む。両面とも桜材で、裏面には同じように次の通りの墨書銘をしるしている。

為諸願成就

施主

木村仁左衛門

和田市之丞

和田十次郎

残念ながら年紀を欠くため正確な時期や人物などを明らかにすることはできない。牛王宝印の諸例については中村直勝（『起請のこころ』）や相田二郎[13]・萩野三七彦など古文書学の分野においてとりあげられてきたが、そのいずれにもこの二つの牛王宝印は言及されず、したがってこれは新史料である。

当神社の明治の神仏分離の詳しい状況は不明ながら、全くといって良いほど仏教的なものは残らず、徹底したものであったことは今日の状況からみて類推できる。時折り境内より出土する古瓦や神宮寺関係と思われる礎石にそのわずかな面影をしのぶのみである。こうした意味で二面の牛玉宝印版木は近世末期のものながら、きわめて貴重である。常は叉蔵《さぞう》（御垣内の校倉）に納められているが、板であったため運良く処分をまぬがれたか、あるいは誰かによって秘匿されたものかもしれない。なお歓喜寺について、明和七年（一七七〇）成立の『烏邑県主纂書』は、「祐直卿記ニ見ユ、四間五間」「今正月十八日歓喜寺ノ牛玉ヲ経所ヨリ出ス、又東松ヶ崎ノ道ヨリ東三丁、井ヨリ南へ一丁余ニ歓喜寺屋敷トテ松ノ大木アリ、今田地トナルヨシ、歓喜寺本尊ハ薬師ニテ今経所ニアルヨシナリ」としるしている。明和のときに歓喜寺本尊が経所にあったとすれば、寺名を残すのみで実体はなかったとみられるが、しかしよほど根強い信仰があったとみられ、本尊薬師をおさめる経所で牛王宝印が発行された。牛王札は洛中では東寺の御影堂や清水寺をはじめ今日なお地方の農村における民間信仰としてつづいているが、鴨社の経所で発行されたこれらの牛王札は庶民層を中心に受け入れられたものと思われる。

さてここで、近世末、鴨社神宮寺の僧たちの動向を間接的に物語る史料についてふれたい。

当神宮寺が天台系であったことは、すでに述べたところであるが、天台の五箇室門跡のひとつ、妙法院に関連史料がある。『妙法院日次記』慶応二年二月十一日条に、「下鴨神宮寺慶照院豪貫より過日来願書一通」として、そのまま全文が収録されているので、ここに引用する。

奉願口上覚

一　静真院性実戒三十七 俗四十八

右者野院法類ニて国許由原山寺中住職罷在候処、十三ヶ年已前より入山仕、山門政所預り無事相勤來来候処、此度国元八幡宮へ拝礼仕、旦又寺政後住之者へ附属之儀も御座候間、下向仕度候ニ付逅邂旧里へ罷下り候儀ニ付恐多御願ニは御座候得共、色衣豪御許容候ハヽ、面目之次第ニ御座候、尤本人儀ハ恐懼罷在候得共勧発仕候儀ニ御座候、猶又不遠帰京之上下鴨松林院へ移転仕候心組ニ御座候間、旁以甚恐入候得共、此度色衣　御

聞済被成下候ハヽ本人は不及申難有仕合奉存候、何卒出格之以　御憐愍速ニ御沙汰之程奉希候以上

下鴨神宮寺
慶照院豪貫印

慶応二年寅二月
今小路治部卿殿
菅谷宰相殿
山田筑後守殿
松井出羽守殿

この願書は慶応二年（一八六六）二月、下鴨神宮寺慶照院豪貫より、妙法院の坊官今小路治部卿、諸大夫であった菅谷宰相以下に宛て出された願書で、その内容は静真院性実に対する色衣の許可願である。性実は豊後国由原山・八幡宮出身の住職で、もとは高野山末であったが、十三年前に比叡山延暦寺に上山し政所預りとなり、今度国元への帰郷にさいして格別のとりはからいによって色衣着用をしたいというものであった。なぜ性実のことについて下鴨神宮寺の僧豪貫がこれを取り次いだかといえは、豪貫の法類であり、一旦の帰郷の後は下鴨松林院へ移る予定のためという。この件は妙法院宮より御聞届となり、早速に請書が提出された。その全文も収録されているが、そのなかで「当節柄、海陸改方厳重之趣ニ付」再度上京するまでの間、重玄院の称号と印鑑一通をいただきたい旨しるしている。このときの御礼として菓子料金弐百疋を献上している。そして同年十月七日条に、無事に帰京はしたが、性実の附弟東光坊が若年のため、また帰郷の必要もあるかもしれぬので、色衣ならびに重玄院の称号は沙汰あればいつでも返上するのでしばらくの期間延長を豪実・性実連署の上願い出ている。これも聞届けられ、礼金として色衣分五〇〇疋、称号分三〇〇疋、菓子代五十疋が献上されている。江戸期の妙法院は

梶井・青蓮院とともに、とりわけ有力な門跡として傘下寺院のさまざまな執奏・取次等の礼金を収入源のひとつとしていた。ここでは下鴨神宮寺の僧豪貫が自分の法類性実の願いにより色衣の許可、院号の貸与、諸国通過の証明等を取り次いだのである。これはたまたま『妙法院日次記』にしるされたために知り得たことであるが、これに類する事例は多かったとおもわれる。しかしこうしたことは、やがて一年後にくる慶応四年の神仏分離令や官位の返上、宮門跡の廃止により停止せられることとなる。下鴨神宮寺は天台系寺院としてあり、こうした妙法院門跡などの要路にパイプを持ち、聖俗にわたる活動を展開していたのである。これはささやかな事例だが、じつは下鴨神宮寺の解体前夜の一コマでもあった。

下鴨神社には江戸期以来の日次記が平成の現在まで継続して書き継がれ保存されているが、未調査のため詳細は知りえない。当然、神宮寺に関する事項も触れられていると思われるが、管見のおよぶところ、神宮寺終蔫の状況とその経緯については全く不明というほかない。今後の調査研究の俟たれるところだが、たとえば観音堂とその本尊はどうなったのか、処分の状況が全くわからず、仄聞するところ本堂は川西市へ移転されたとも伝えるので、筆者も調査を試みたがこれも今のところ突きとめられていない。明治二十七年編『御祖神社御事歴以下明細調記』には、摂社日吉社の項に「右宝永五年三月八日神宮寺共に炎上、後相殿トナル」とあって、すでに宝永五年（一七〇八）火災にあっている。軽度の被災で修理を加えて幕末におよんだのか、あらたに再建されたものであろうか。いずれにしろ不明というほかないのである。次にその後知り得た神仏分離後の断片的史料をもって、神宮寺廃止の跡を確かめよう。

五　神宮寺の終焉

明治新政府は明治元年（一八六八）正月一日に樹立されるや、次々と新しい政策を打出したが、宗教に関する重要な施策のひとつが同年三月十三日の布告にはじまる神仏分離令であった。これは周知のごとく神武創業のはじめに立ち還り、祭政一致の方針のもと、基本的にはこれと矛盾をきたす神仏習合の弊を改めようとするものであった。これはまた近代宗教史上における大変革であったが、こうした改革のもたらす各社寺における苛酷な状況は『明治維新神仏分離史料』によってつぶさにうかがうことができる。ただ賀茂両社については未収録である。ほぼ一〇〇〇年にわたる神仏習合体制のもとで、かかる伝統と慣例の上に安住していた人々にとって、一朝にして迎えたそれはまさに革命にひとしい苛酷な変革であった。鴨社における神仏分離の実態は各地で生々しい離散の実話を旧寺家関係者から聞くことができる。

新政府はまず明治元年三月十三日、太政官布告を出し、「此度　王政復古神武創業ノ初ニ被為基、諸事御一新、祭政一致之御制度ニ御回復被遊候ニ付テ、先ハ第一、神祇官御再興御造立ノ上、追追諸祭奠モ可被為興儀、被仰出候、依テ此旨五畿七道諸国ニ布告シ……」とあって、神武創業のはじめに立ち還り、神祇官再興を打出して、その基本を明示した。そしてその四日後、宗教政策の具体化として、三月十七日に神祇事務局より諸社へ次のように達せられる。

今般王政復古、旧弊御一洗被為在候ニ付、諸国大小ノ神社ニ於テ、僧形ニテ別当或ハ社僧杯ト相唱ヘ候輩ハ、復飾被　仰出候、若シ復飾ノ儀無余儀差支有之分ハ、可申出候、仍テ此段可相心得候事、但別当社僧ノ輩復飾ノ上ハ、是迄ノ僧位僧官返上勿論ニ候、官位ノ儀ハ追テ御沙汰可被為在候間、当今ノ処、衣服ハ浄衣ニテ勤仕可致候事、右ノ通相心得、致復飾候面面ハ、当局ヘ届出可申者也、

これによって、神社内の僧体による奉仕は認めず復飾するよう命じたのである。つづけてその十一日後の三月二十八日には、次のような神祇事務局の達が発せられた。

一、中古以来、某権現或ハ牛頭天王之類、其外仏語ヲ以神号ニ相称候神社不少候、何レモ其神社之由緒委細ニ

書付、早早可申出候事、
但勅祭之神社　御宸翰　勅額等有之候向ハ、是又可伺出、其上ニテ、御沙汰可有之候、其余之社ハ、裁判、鎮台、領主、支配頭等へ可申出候事、
一、仏像ヲ以神体ト致候神社ハ、以来相改可申候事、
附、本地杯ト唱へ、仏像ヲ社前ニ掛、或ハ鰐口、梵鐘、仏具等之類差置候分ハ、早々取除キ可申事、
右之通被　仰出候事、

鴨社においては権現と称したり仏像をもって神体とすることは全くなかったが、神宮寺などにおける仏像や梵鐘・仏具については概当するところであり、早々の排除が命じられた。鴨社には四月十日、弁事伝達所より賀茂伝奏・中院大納言通冨卿へ伝達された。そして翌十一日には同卿を通じて、次の太政官布告が鴨社へもたらされた（前掲『御祖神社御事歴以下明細調記』）。

諸国大小之神社中、仏像ヲ以テ神体ト致シ、又ハ本地杯ト唱へ、仏像ヲ社前ニ掛、或ハ鰐口、梵鐘、仏具等差置候分ハ、早早取除相改可申旨、過日被仰出候、然ル処、旧来、社人僧侶不相善、氷炭之如ク候ニ付、今日ニ至り、社人共俄ニ威権ヲ得、陽ニ御趣意ト称シ、実ハ私憤ヲ霽シ候様之所業出来候テハ、御政道ノ妨ヲ生シ候而已ナラス、紛擾ヲ引起可申ハ必然ニ候、左様相成候テハ、実ニハ不相済儀ニ付、厚ク令顧慮、緩急宜ヲ考へ、穏ニ可取扱ハ勿論、僧侶共ニ至リ候テモ、生業ノ道ヲ可失、益国家之御用相立候様、精々可心掛候、且神社中ニ有之候仏像仏具等取除候分タリトモ、一々取計向伺出、御差図可受候、若以来心得違致シ、粗暴ノ振舞等有之ハ、屹度曲事可被仰出候事、
但勅祭之神社、御宸翰、勅額等有之向ハ、伺出候上、御沙汰可有之、其余ノ社ハ、裁判所、鎮台、領主、地頭等へ、委細可申出事、

この布告は、実はゆきすぎた神仏分離、すなわち排仏毀釈をいましめたものであって、その背景には近江の日吉社における排仏毀釈事件があった。日吉社の神主・樹下茂国は分離令が出るや否や、ただちに延暦寺に本殿の鍵の引渡しを要求し、再度の申し入れが容れられなかったため、神威隊なる壮士三十〜四十名に地元民を加えて山王七社をはじめ各殿内に押し入り、仏体をはじめ経典・仏具など仏教的なものは全て焼却ないし撤去してしまった事件である。これらの破壊行為は新政府自身、全く予期せぬもので、明らかなゆきすぎであったため、粗暴のふるまいのなきよういましめるため布告された。とくに先述の通り鴨社の寺家は天台系であったから、この事件は他人事ではなかったはずである。この通達には「追而賀茂下上社江茂可被達候也」と追て書きをつけている。鴨社側では日付を欠くが四月某日、次のような一社連署の上、中院大納言および葉室左少弁殿に提出している（鴨脚家文書5・京都府立総合資料館蔵）。

奉願上候口上

一当社神前間近ク御座候読経所・小経所・神宮寺等之三ヶ寺者

嵯峨天皇之御建立ニ而

勅願所御座候趣、前々より申博ニ御座候、右者仏法盛行ノ御時節、造立ニ相成候儀ニ付、年来社家等歎ヶ敷

尓毛処、今般

王政御一新ニ付、中古以来神仏混乱仕候社不少ニ付、右等有之候社者伺出候上　御沙汰被為在候趣被仰出候、於当社神仏混乱仕候儀無御座候得共、元来御社間近ク堂舎之御座候者不似合ニ候得者、社家等兼々憂歎仕候ニ付、右三ケ寺共廃絶ニ相成候様只管奉歎願候、猶又読経所之儀者山門寺門等之輪番所ト相唱候得共、読経所・神宮寺両寺之住僧、一社之補任ヲ以住職許容致、平日勤行仕候得共、毎年十月十日八講会之節者両山より四口之供僧下山致シ、都合六口之供僧於社内橋殿八講会執行仕候、是等之儀者甚以不似合不相当之儀奉願

候得者、是又廃絶ニ相成候様奉願上候
一於境内寺庵并辻々石地蔵敷ヶ所御座候、何れも破仏廃絶仕候奉願候、抑当社之儀者
御代々
御崇敬厚他ニ異御社柄ニ御座候、殊ニ仏法之儀者神慮被為忌嫌候儀、四月十一月御祭月、右堂舎蔀ヲ下四方
閉蔵、供僧等社内往来差止候社法御座候得者、何卒格別之御恩召ヲ以右願之通速ニ被為聞食分候様一社一同
伏テ奉歎願候以上

慶応四年四月

鴨一社惣代

田中隠岐守　北大路甲斐守

祝

鴨脚二位

禰宣

泉亭二位

中院大納言殿

御雑掌

葉室左少弁殿

御雑掌

本史料は社家側の立場をあからさまに述べたものであって、またこれによっていくつかの事柄も知ることができる。

①読経所・小経所・神宮寺の三か寺は嵯峨天皇の御建立と伝え、勅願所と称していた。

②読経所は山門（延暦寺）と寺門（三井寺）の輪番所と称しているが、読経所・神宮寺の僧は一社に補任権があり、これによって鴨社の習合寺院の住職として日常の勤行を奉仕する、というのが一社の立場であった。

③毎年十月十日の八講会には橋殿において二口に両山からの四口を加え、計六口で行っていた。

④境内には寺庵や石地蔵など数か所あった。

⑤四月（御蔭・賀茂祭）と十一月（臨時祭）の御祭月にはこれら堂舎の蔀戸をおろし、建物を閉ざし、なおかつ供僧たちもこの間社内の往来を差し止める慣しであった。

以上の件につき、鴨社は歴代天皇の御崇敬あつく、ことに仏法を忌嫌い、鴨社では神仏混乱した状況はないものの、社近くにこれら堂舎のあるは不似合であり、社家たちはかねがね憂い嘆くところであり三か寺の廃絶を一社あげて歎願するというものであった。これによって神祇局より召され、願書に付紙をもって次の通り申し渡された。

　猶執計之上其次第可申出旨御口達

付箋社頭ニ有之堂舎取除可申候、供僧之儀難渋不相成候様、取斗可致事

八講会被廃候間其筋江此旨可申達事

境内寺庵并石地蔵等之儀者御布告之御趣意ヲ以相当之取斗可致候、尤粗暴無之様可致候事

すなわち、社頭にある堂舎の取除きや供僧の儀は難渋せぬようすみやかにすること、八講会の廃止については「其筋（延暦寺と三井寺のことであろう）」へ申し達すべきこと、境内の寺庵と石地蔵については布告の通り行い、そのさい粗暴のないようにといましめている。

前掲『御祖神社御事歴以下明細調記』によれば、また次のような事実も伝えている。

一、仝月十日於会議所供僧住職本寿院 松林院　両僧経所預役者江
今般神仏混淆御廃止之御趣意所置振伺之通被仰波ニ付、三ケ寺堂舎取除之事、八講会被廃止候趣申渡、山門渓広院寺門千乗院万徳院常林院等江供僧被廃之趣通達、尤三ケ寺本尊仏具仏器僧衣八講会之諸器物等不残供僧中へ可相渡間両山江引取可申堂舎建物者一切一社江可請取旨且両僧難渋不致様トノ御達ニ付金三拾両宛可遣旨申渡依之廃会供僧之達并仏具仏器請取等之請書供僧中連署調印之儀承諾ス
一、後日経所預役両人ハ旧駈人同姓之者ニ付駈人末席復帰、更ニ当時中絶之御蔭社小預役ニ補任ス松林院ハ山門ニ帰院シ本寿院ハ還俗願ニ付警衛士休所留主居役トス
右所置済之趣同年五月朔日神祇事務局江致御届也

これによると四月十日、ただちに会議所において本寿院・松林院・経所預役者に対して、次の通り申し渡された。

①三か寺の堂舎を取除くこと
②八講会は廃止すること
③山門の僧は渓広院へ、寺門の僧は千乗院・万徳院・常林院へ通達し、三か寺の本尊以下の仏具類は残らず供僧中へ渡すべく両山へ引取らせる
④堂舎など建物一切は神社側が受けとる
⑤両僧が難渋しないようにとのお達しにより金三十両宛を与える

以上の申し渡しにより、仏具等の受取の請書を供僧中は連署調印し承諾した。そして後日談として、経所預役の二人は旧駈人と同姓によって、駈人の末席に復帰し、さらには当時中絶していた御蔭社小預役に補任し、松林院は本山たる延暦寺に帰り、また本寿院は還俗して願いにより警衛士休所留主居役となったのである。こうし

た鴨社における一連の対応処置はきわめて早く、すべての分離処置を完了して、五月一日には神祇事務局へ届けている。

もちろん、ここにいたるまでさまざまな経過があったとみられ、たとえば前掲『明細調記』には、四月十八日に出された京都府触書を収録している。これを次に掲げよう。

王政復古

神武創業之始ニ被基諸事御一新祭政一致之御制度ニ御回復被遊候付而者先第一神祇官御再興御造立之上、追々諸祭典ヲ可被興儀被仰出候依而此旨五畿七道諸国布告シ往古ニ立帰、諸家執奏配下之儀者被止、普ク天下之諸神社神主禰宜祝部神部至迄、向後右神祇官附属被仰渡候間、官位ヲ始諸事萬端同官江願立候様可相心得候事、

但猶追々諸社御取調并諸祭奠之義モ被仰出候得共、差向急務之義有之候得者、可訴出候事、

右之通被仰出候間、伏見市在之外洛中洛外町々山城国中寺社トモ不洩様、早々可相触者也

先に述べた五月一日の神祇事務局への届出は、明治元年の『諸願並窺書簿』では五月二日となっており、次の通りしるしている。

五月二日神祇事務局代江惣代秀文長顕　持参判事平田延太郎請取之其留如左

御届申上候口状

当社神前間近ク御座候読経所、神宮寺、小経所、境内并寺庵石仏等、伺之通取除候様、被仰渡別紙之通所置仕候依而、此段御届申上候以上

慶応四年後四月

御祖宮祝
鴨脚　二位　秀静
禰宜
泉亭　二位　俊益

神祇事務御局

覚

一読経所神宮寺小経所三ケ寺本尊并仏具類別紙之通供僧中江差遣山門江引取申候事
一十月十日八講会廃止之儀山門寺門供僧六口江申渡候処御請仕則請書取置申候事
一右仏具類会法衣等ハ供僧六口江分配申付候事
一三ケ寺本堂之儀者取除申候、雑舎之儀者是迄公用社用等ニ用ひ来候儀ニ付其儘残置申候事
但経所雑舎之儀□楽人休息所神宮寺雑舎之儀ハ警衛士休息所より以来称号仕候奉
一御社領之内高四拾石余供僧中致進退来候処、任社法以来御修理料ニ仕候事
一従御　内儀神宮寺江御祈禱御撫物御渡ニ相成御座候処、今般返献仕候事
一神宮寺住職本寿院義者致還俗度旨達而歎願ニ付為助成金子弐拾両生涯壱人扶持遣之警衛士休息所留主居役申付候事
但藤本勘之丞改名仕候事
一読経所住職松林院義者、山門渓広院方江致退去候為助成金子三拾両遣申候事
一帝釈堂本尊仏具類等供僧中江遣之堂作取除申候事

但当時供僧無住職ニ御座候
一境内有之候寺庵之本尊仏具并石地蔵等百姓共之由緒有之寺院其外他所江遣申候、尤堂造之儀者破却仕、百姓家ニ相用申候事
右之通所置仕候以上
辰後四月　鴨社

これらはすでに触れたところであるが、きわめて簡略に分離後の処置をしるしている。このなかで三か寺本堂は取除いたものの、付属し廻廊で結ばれていた雑舎はそのまま残し、経所雑舎は楽人休息所に、神宮寺雑舎については警衛士休息所として用いた。鴨脚家文書24の『神殿舎屋間数及沿革取調帳』(明治二十四年)にもこのことはしるされ確認されるところである。

かくして鴨社は明治維新という政治変革のなかで、神仏分離令によって仏教色の一掃を実現した。八世紀中頃に鴨社周辺に仏教を異国の文化として受容して以来、習合を漸次すすめ平安後期より鎌倉時代をピークとして、約一千年にわたる関係を結んだ。つかず離れず、あるときは深く、あるときは拒んでさまざまな神仏相関の相を呈した。しかしその実際は、すでに述べたように、鴨社の習合の特色を一言にしていえば限定的な神仏習合であって、具体的にいえば中門内(それは勅使すら参入しない慣しであった)には仏教的なるものはおよばなかった。僅かながら仏舎利・経典奉献の事実が確かめられる。この場合の仏舎利は本来のシャカの遺骨でなく、東寺に数多く襲蔵される舎利のように硬石であって、仏教的なるものにはちがいないが、珍貴なる宝物として施入された観が強く、そのことによって仏教的な影響力を他におよぼすものではなかった。したがって仏教的施設、儀礼、僧侶など、この中門内におよんだ事実は史料の上では認められないと一応結論づけられるのである。洛中の例でいえば、北野・若王子などをはじめとする諸社がそうであったように、少なくとも、本地仏を殿内に安置す

るような状況にはいたらなかった。あくまで限定的習合であって、殿内にわずかに舎利・経典が施入されたものの、そのことがもたらす宗教的影響、ましてや、これによる習合的言説は寺家側にみとめられない。一般論として中門内には仏教化がおよばず、またおよぼさないという態度が一貫して守られたことは、鴨社の神仏習合史を考える上で特筆されるべきことであろう。

［付記］　本稿をまとめるに当り、京都府立総合資料館より史料の閲覧ならびに掲載についてご許可を得た。あつく御礼申しあげます。

（1）『神道史研究』第二十四巻第五・六合併号（特輯：賀茂神社）（一九七六年）。
（2）竹内理三博士古稀記念会編『続律令国家と貴族社会』（吉川弘文館、一九七八年）。
（3）井上光貞「カモ県主の研究」（『日本古代国家の研究』、岩波書店、一九六五年）。
（4）平成三年、糺の森整備計画のための発掘調査の折り、表土を払っただけで近世神宮寺の遺構の一部を検出したが、下層までトレンチを入れなかったので平安時代の遺構は未確認である。
（5）『神社古図集』（電通、一九四二年）。
（6）難波田徹「賀茂御祖神社絵図について」（糺の森顕彰会編『鴨社の絵図』所収、一九八九年）。
（7）『京都市埋蔵文化財研究所発掘調査概報二〇〇一―一二史跡賀茂御祖神社境内』（二〇〇三年）。
（8）『国立歴史民俗博物館研究報告第4集』（一九八四年）。
（9）『中村直勝博士蒐集古文書』（一九六〇年）。
（10）京都府立総合資料館蔵。
（11）下鴨神社本。本書は鴨社内外の地誌的事項について網羅し、国史官帳をはじめとして引用する書目は七十八書におよぶ。なお本稿で扱う仏教関係の出典はほぼ『祐直卿記』であるが、筆者の披見した鴨脚家文書（京都府立総合資料館蔵）の一本にはまず書誌的に問題があり、内容もにわかに信じがたい記事がある。一部に事実をふくむにしても、すこぶる問題の書といわざるをえない。したがって『祐直卿記』はもちろん、『烏邑縣纂書』については他の引用史料にみるべきものはあるが積極的に活用しなかった。

(12) 鴨脚家文書24『神殿舎屋間数及沿革取調帳』(京都府立総合資料館蔵)。

(13) 相田二郎『日本の古文書』(岩波書店、一九五四年)。

第二節　祇園社の成立と観慶寺

はじめに

祇園社の創建をめぐる問題については、すでにいくつかの先学の研究がある。しかし史料が限られており、あらたな史料の発見がほとんど期待されないため、創建の年代および創建者については、ほとんど再論の余地はない。たとえば福山敏男は『二十二社註式』を第一史料としてとりあげ、異説にも検討をくわえた上で、貞観年中（八五九～七七）に僧円如によって建立されたとする。(1)これと同様のものは神道史学の立場から西田長男・久保田収(3)・西山徳(4)あるいは村山修一(5)などがあげられる。これに対し柴田実は、『二十二社註式』や『社家条々記録』にふれず、信頼できる確かな史料と認めなかったためか、むしろ柴田が採用したのは『日本紀略』で、貞観より半世紀ほど下った延長四年（九二六）に修行僧某が祇園天神堂を建立した記事をもって祇園社創建とした。(6)しかしこれは明らかかな間違いであって、これより六年前の延喜二十年（九二〇）に祇園社へ幣帛・走馬をたてまつった記事が『貞信公記抄』にみえる。したがって比較的確かな『二十二社註式』がしるす貞観年中の円如による祇園社創建説がほぼ動かないのである。

ところが分離前まで本殿西隣りに並立し一体的関係にあった観慶寺の問題はほとんど言及されていない。そこでこれら先学の研究成果をふまえて、これまで触れられるわりには等閑にふせられた感のある祇園社の観慶寺をとりあげたいとおもう。維新前の祇園社は、いわゆる典型的な宮寺体制をとってきたが、二元的な神仏習合にとどまらず、陰陽道などもまじえた複合的様相を呈してきた。観慶寺は、祇園社の複雑な宮寺体制のなかで、重要な宗教的機能を果たしてきたとおもわれ、祇園社内における位置・実態について述べたいと思う。

一　祇園社の当初形態

祇園社には創建前史がある。厳密にいえば、八坂の地に御鎮座する前の遷移伝承がある。これをただちに史実とみることはできないが、さりとて否定もできない。『二十二社註式』は「牛頭天皇、初垂㆓跡於播磨明石浦㆒。移㆓広峯㆒。其後移㆓北白河（川）東光寺㆒。其後人皇五十七代陽成院元慶年中移㆓感神院㆒」としるす。これを示せば次のようになる。

（明石浦）→（広峯）→（北白川・東光寺）→（現社地・感神院）

これをそのまま読めば、牛頭《ごず》天王がはじめてあらわれたのは播磨国の明石浦であり、牛頭天王の故地朝鮮から、日本においてはじめてたどり着いた場所を暗示しているのだろう。浦、もしくは水際に神がはじめて出現する例として、日吉社西本宮の祭神大己貴神《おおなむちのかみ》が大和の三輪より唐崎の沖、あるいは唐崎の松に影向《ようごう》した伝承と似ている。

明石浦に上陸した牛頭天王はすぐ広峯に入る。これはおそらく、さらに北白川東光寺に移った伝承を含めて、牛頭天王をまつる集団、渡来系の陰陽系シャーマンたちとの関連をうかがわせるものであろう。こうした伝承は史実そのものでなく、牛頭天王をいただく渡来系集団の存在を想定することができる。ただ、今のところ、広峯（社）が祇園社の前身であったことを証する確かな史料はなく、広峯との関連は後代の社領化によって生まれた伝承とすべきだろう。明石浦・広峯、そして東光寺に入ったとする御鎮座以前の遷移伝承は、伊勢・石清水・賀茂・日吉など古来の神祇が巡幸の後に鎮座したとするパターンと同一であり、一部に事実に基づく伝承も含まれるかもしれないが、その全てを史実とみなすことはできない。したがって祇園社鎮座の前史は、むしろ御鎮座にかかわった集団、もしくはその後の発展・確立に関与した人物たちの宗教的性格を示し、その投影とみられよう。こうした陰陽系集団をうかがわせるのは、牛頭天王が祭神として第一にまつられているからである。

祇園社の当初形態について述べよう。吉田家の伝書である『二十二社註式』は「昔常住寺十禅師円如大法師。依二託宣一。第十五代清和天皇貞観十八年奉レ移二山城国愛宕郡八坂郷樹下一。其後藤原昭宣公。感二威験一。壊二蓮台宇一建二立精舎一今社壇是也」としるす。すなわち常住寺の僧円如が託宣により、貞観十八年（八七六）に山城国愛宕郡八坂郷の樹下に祇園社を建立したとする。神託を受けるシャーマン僧による鎮座は、同じく平安京の新しき神であった石清水八幡宮の創建者である僧行教を想起させる。また樹下にまつったことはヒモロギ、あるいは神木祭祀を示唆するようにも読みとれるが、生い繁る八坂の森の大樹の下に小祠《しょうし》を建てた程度のことであったかもしれない。これを補なう具体的記述は『社家条々記録』にある。本記録は祇園社執行晴顕の自筆本で、八坂神社に伝存し鎌倉時代後期の基本的な社伝史料として重視される。

まず「当社草創根元者、貞観十八年、南都円如上人始建立之、是最初本願主也」とし「別記の述べるところとして、「貞観十八年南都円如先建立堂宇、奉安置薬師千手等像、則今年夏六月十四日、天神東山之麓祇園森ニ令垂迹御坐」とする。

すなわち祇園社の創始は貞観十八年で、『二十二社註式』とも一致し、別記でおぎなえば夏六月十四日であり、創建者は南都の僧円如であった。注目されるのは円如がまず堂宇を建立し薬師如来・千手観音を安置、これを祇園社の基本形態とする点である。またつづけて「天神」が祇園の森に垂迹したという伝は、薬師をまつった堂とどう関連するのか。これは、のちの本地が薬師で垂迹が天神であるという本地関係を示すとすれば、創建当初から一体関係とするには飛躍があるようにも思える。また、ここにしるす「別記」も二つの異なる伝承を併記したともみられる。それでは薬師・千手をまつる堂宇のみが祇園の当初形態であろうか。

　祇園社創建の貞観十八年の翌年、すなわち元慶元年（八七七）、疾疫が天下に広まったため占ったところ祇園社の祟《たた》りであるとされ、勅使をつかわし官幣を奉献したところ、たちまち疾疫は除却されたという。この出来事は祇園社の疫神としての祟りをともなう霊験を示し、著しい天神の威霊を示し、いっぽう疾疫除却は薬師の霊験でもある。したがって薬師を安置した堂宇と天神をまつる社壇は、当初から一体的関係にあったとみることができよう。詳しいことは不明だが一堂のうちに薬師と天神を併祀した可能性もあるが、むしろここでは、当初より神と仏を別個に、二つの堂社が並んでいたと考えておこう。

　とくに平安京の新しき仏神として登場した祇園社は、神仏習合の熟成期にあたる平安時代中期の鎮座である。

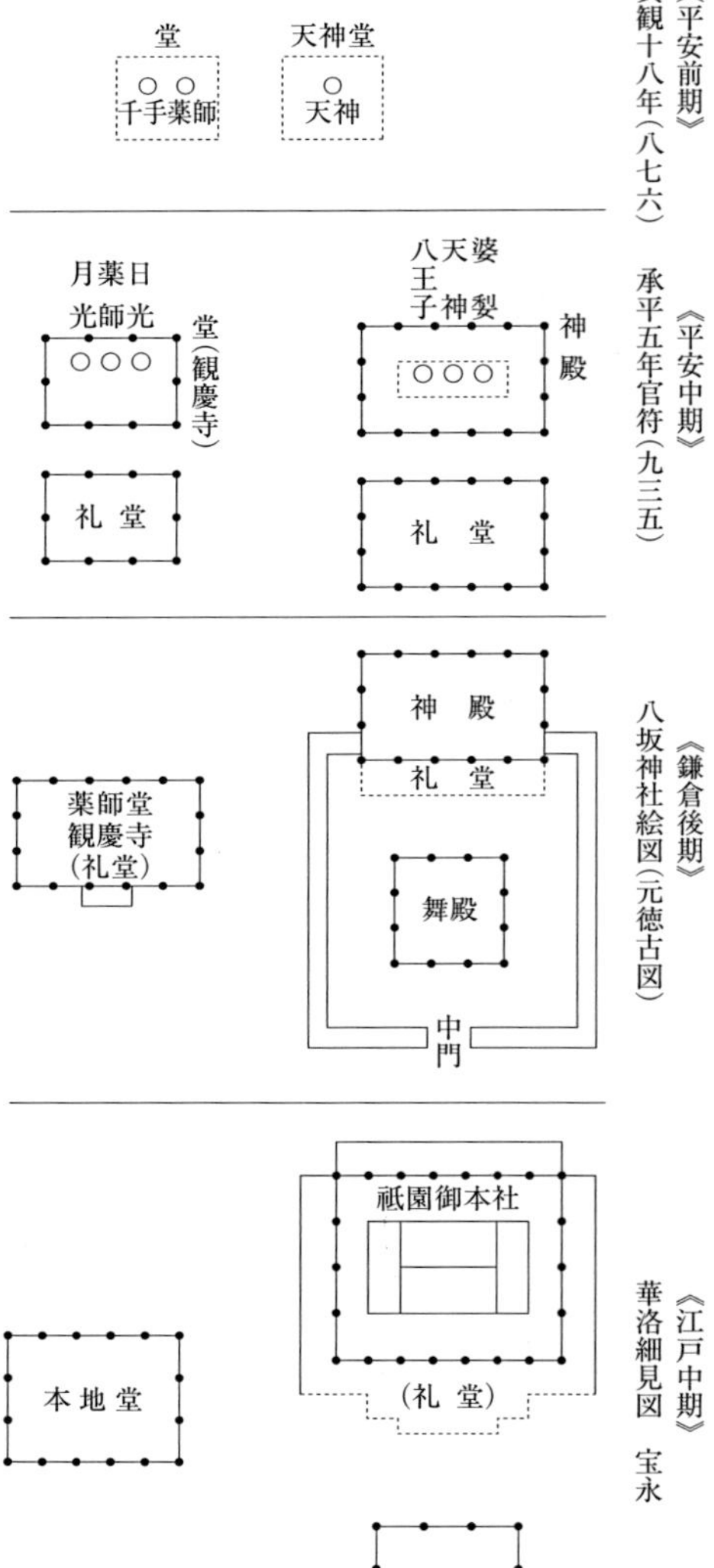

図７　八坂神社の発展推移図

祇園社の観慶寺を神宮寺とみるべきか否かは重要な問題であるが、祇園社の祭神「天神」の本地は薬師如来であり、本地堂の性格がきわめて強いことが指摘される。事実、後代のことながら宝永の『華洛細見図』には「本地堂」としるされている。神社に付属する神宮寺の本尊は一般に考えられるように必ずしも本地仏ではない。しかし祇園社の場合、当初より、あるいは鎮座まもなく薬師と天神は一体的関係において奉斎されたことは注目すべきところである。貞観十八年に円如がはじめて祇園社をまつったのは厳密にいえば一堂のみであった可能性もあるが、一応天神（牛頭天王）が薬師とともに八坂の地に併祀された。すなわち祇園社の当初形態は、薬師・千手を安置する堂と、天神をまつる天神堂の二つが並び建っていたとみたい（図７）。

祇園社の場合、ほかの神社と違い、創建当初より僧侶の手による神仏併祀の形態であったことが特徴であろう。

二　「神殿」と「堂」の並存

『二十二社註式』に収める承平五年（九三五）の太政官符は、祇園社および観慶寺の姿、規模を具体的にしるす最初の史料である。祇園社発展の第二段階の様子であり、このあと著しい展開をみせる。すでに触れたように、まず鎮座の翌年の元慶元年（八七七）に天下に疾疫や疱瘡がひろまった折り、勅使を発遣し奉幣したところ、たちまち霊験をあらわし勅願社としての処遇を受ける。ここにときの摂政藤原基経は彼の邸宅をこわして提供し、数字の精舎となし社壇としたという。おなじ例を大神《おおみわ》神宮寺にもみることができる。

十二世紀に編纂された『今昔物語』（巻二十第四十一）に大神高市麿の伝として「大和の国城上の郡に三輪といふ郷はその中納言の栖なり。その家をば寺となして三輪寺といふ。その流れをもちて、その社の司として今にありとなむ」としるす。すなわち大神寺も私宅を寺としたと言い、これは『今昔物語』がしるす寺院創建譚である。さらにまた清水寺（伝宝亀九・七七八年、延鎮開山）は当初草庵であったが、坂上田村麻呂が身ごもった妻のため鹿狩をして音羽の瀧で延鎮と出会う。そこで生類殺生の非道と観音の慈悲をさとされ、妻とともに帰依する。『清水寺縁起』は「願わくば我宅をもって仏殿を造り、女身無量の罪を懺悔云々」としるす。同縁起の異本では「桓武天皇十七年戊寅七月二日。鎮守府将軍坂上田村麿、旧居を破渡し堂舎と為す」とある。いずれも私宅・旧宅を仏殿にあてたことは何ら問題となっていない。こうした寺院はともかく、聖なる神社の創建に俗なる私宅の用材を転用することはありえないが、これは当初より宮寺として仏殿と認識されていた証左といえよう。いずれにしろ旧邸宅を神仏の精舎とし、宮寺である祇園社とした。関白にまでめざましい栄進を遂げた藤原基経の政治力を物語るものであろう。壇越として寄進を行い祇園社が平安京の新しき神社としてかたちをととのえ、整備された事実を示している。かくして出されたのが承平五年（九三五）の大政官符である。『二十二社註式』に引用された官符によって、はじめて祇園社の基本的な姿を具体的に知ることができる。

官符の部分のみを引用しよう。

応下以二観慶寺一為中定額寺上事　字祇園寺

在二山城国愛宕郡八坂郷一地一町

檜皮葺三間堂一宇　在二庇四面一　檜皮葺三間礼堂一宇　在二庇四面一

安置薬師像一躰　脇士菩薩像二躰　観音像一躰　二王毘頭盧一躰　大般若経一部六百巻

神殿五間檜皮葺一宇

天神　婆利女　八王子

五間檜皮葺礼堂一宇

右得二山城国解一称

この官符によっていくつかの重要な点が知りうるので列挙する。

(1)祇園社は正面五間（側面はおそらく三間）の「神殿」と、正面三間（側面は二間か）の「堂」が並び立っていた。

(2)「神殿」は祇園社の本殿にあたり、隣りの「堂」より一まわり大きかった。檜皮葺で内部には「天神」「婆梨女」「八王子」がまつられていた。『社家条々記録』では、「天王」「婆利女」「八大王子」となっている。そしてこの「神殿」には、その前に礼拝施設として五間の「礼堂」が付属していた。「礼堂」の規模は五間四方か、五間×三間のいずれかと思われる。

(3)並び立つ「堂」も檜皮葺で、規模は正面が三間だが側面はわからない。建築史的には二間が通例という。したがって一応、三間×二間の内部空間としておこう。庇《ひさし》が四方に付いていた。この「堂」がいわゆる観慶寺で、その前に「礼堂」が付属していた。やはり檜皮葺、正面三間で側面は二間もしくは三間であった。「堂」の礼拝対象は、まず本尊が薬師如来で脇持が菩薩像二体。このほかに観音像・仁王・毘頭盧《びんずる》がまつられていた。常備の経典として大般若経六〇〇巻を納めていた。祇園社の効験として除病疾疫に著しいものがあったが、「堂」すなわち観慶寺の本尊は薬師如来であり、その信仰的中心に位置していたとみられる。また習合寺院・習合神社の必備ないし常備の経典ともいえる大般若経六〇〇巻が納められ、祈願の折りにはこれを繰りのべて祈禱をしたのであろう。

(4)祇園社は貞観年中に鎮座してほぼ百年後、その基本的な形態として、〈神殿と礼堂〉・〈堂と礼堂〉が二セットとして並び建つ、神仏併祀の双堂形式であったことを知りうる。これが祇園社の発展した第二段階の姿であった。

こうした双堂形式の類例を求めると、宇佐八幡宮・石清水八幡宮・大御輪寺など習合色の色濃い神社にみられる。しかしこれが、いつまで継続したかはっきりしないが、『百錬抄』延久二年（一〇七〇）十月条に「感神院大廻廊舞殿鐘楼、皆悉焼亡」とあって、すでに大廻廊と舞殿が加わり変貌をみせている。礼堂に替わって舞殿という名称になったようにもみえ、舞殿は承平五年の前掲官符にしるす礼堂とその位置からも同一とみられなくもない。しかし礼堂と舞殿は根本的に違う。これはこのあと触れる『八坂神社絵図』（元徳古図）から明らかなように、礼堂は本堂前面にとりこまれ、その前に別途、舞殿がもうけられ、明確に区別されているからである。したがって延久二年（一〇七〇）の焼亡時には礼堂をとりこみ、別にあらたに舞殿が成立し、大廻廊をめぐらす配置へ変貌を遂げたのである。

承平五年の前掲官符にみる、神殿と堂がともに前方に礼堂を配した対称的な双堂形式は一三〇年ほどで、すでに変化したとみられる。それはおそらく仏教法儀を行うにさいして四方吹き抜けの礼堂では、雨風を受けやすく、また礼堂の四方に引戸や板壁がはめこまれていたとしても、神体および本尊から距離があって、供饌《きょうせん》、香華《こうげ》を親しく供え、仏教法儀を行いにくい点があったためとみられる。神仏の間近かで献供し祭儀と法儀を日常的に勤仕しやすいのは、内陣空間と礼拝空間が接していることであったから、より儀礼実修の必要から神殿と礼堂、堂と礼堂の一体化が図られたとみたい。

現実には神殿および堂の前方に庇を架け、前面に一間の空間をもうけて礼堂としたのである。いわば神殿および堂に、それぞれ礼堂をとりこんだのである。礼拝空間としては明らかに独立した礼堂より狭くなったとみられるが、神仏を間近かに拝することによって、より直接的に、深い宗教的境地で法儀が実修できるようになったとみられる。

三　祇園社（観慶寺）の天台化

なお承平から延久年間（一〇六九〜七四）のいわゆる祇園社の第二段階で注目されるのは、祇園社の天台化である。創建当初、祇園社は南都系の習合神社（宮寺）であった。創建者円如の出身は『二十二社註式』にしるされず、元亨三年（一三二三）成立の『社家条々記録』が「南都円如上人」と明記するのがもっとも古い。また江戸時代の『東大寺雑集録』が円如を興福寺の僧とし、祇園の天神堂は春日水屋社を移したという説を立てているが、これには論拠が示されず、にわかに信じがたい。同書は江戸時代の編纂物であり、信ずるにたる史料は何ら示されていない。これは円如が南都出身であり、水屋社が南都における牛頭天王として霊威がきこえていたことから生まれた伝承にすぎない。むしろ平安京の新しき神として発展した祇園社の創建者である僧が、近世に入るまで東大寺や興福寺に、その名の痕跡をとどめないのは、正式の得度《とくど》僧ではなくむしろ私度《しど》僧であった可能性が高い。いずれにしろ円如は南都出身の僧であり、新興政治家であった藤原基経の支援を受けて、社壇の整備を行った。天徳二年（九五八）、今度は祇園社に度者を下され宣旨を受けたことを『社家条々記録』はしるす。もちろん内容は不明だが、祇園社に度者《どしゃ》が下され、国家的祈禱を行う社（宮寺）として、その地位を高めたことを示すものだろう。

　こうして名実ともに平安京の有力神として地位を高め、洛外ながら御所に近い祇園社は次第に権門寺院にとって捨てがたい存在となった。とりわけ都の鎮護を標傍する延暦寺にとって奪取すべき対象であった。東山の麓に南都の息のかかったものがあることは認めがたかった。延暦寺は徐々に祇園社に対して影響力を強め、円如以来、南都系であったが、これをくつがえす事態を惹き起こす。細かな経緯は不明だが、天徳三年（九五九）三月十三日に感神院と清水寺が闘乱したため検非違使をつかわし、これを制止したことが『日本紀略』にみえる。検非違使の介入をもって制止した闘乱の背景はわからないが、双方にとって譲りえぬものであったことはまちがいない。そして『社家条々記録』は「天延二年（九七四）甲戌三月十七日、祇園社内本堂、被成山門別院、宣云、以寛（ママ）慶寺可延暦寺別院云々、以此宣近来自山門令管領当社、以外参差沙汰也」としるす。すなわち天徳三年の祇園社と清水寺の闘乱の原因が、ほぼ祇園社の帰属問題であったことがうかがえる。

天徳の闘乱後、十五年を経た天延二年三月、ついに祇園社内の本堂、すなわち観慶寺を山門の別院とし、祇園社は延暦寺が管領するところとなる。ここで祇園社の天台化と関連して観慶寺本尊の薬師如来について、注目すべき論考に接した。神社においては祭神が、寺院においては本尊が存立の根本であり宗教的源泉であることはいうまでもない。

伊東史朗は彫刻史の立場から観慶寺本尊にはじめて学術的にアプローチされた。伊東は次のように述べる。[7]

(1)大蓮寺蔵の薬師如来立像は、明治の神仏分離によって移された祇園社観慶寺の旧本尊である。

(2)考証の結果、延久二年（一〇七〇）十月十四日焼失後に再造された二次像で、翌延久三年の造立と推定される。

(3)祇園社の本地仏として一流仏師の手になり、定朝の弟子覚助の作と推定される。

(4)本像には「根本中堂霊像一躰之御衣木」という伝承があり、肉身が金色、着衣の表は朱、裏は白緑の彩色、薬壺を持つことなど、比叡山の織田信長による焼打以前の根本中堂の本尊と共通し、手本としたらしい。

このなかで祇園社の天台化に関して注目されるのは、(4)の観慶寺と根本中堂の両本尊の関連である。氏は彫刻史の立場から詳細な考証を加えられ、それによると延久の祇園社の再造当時は、延暦寺でも最澄造立の（最澄自刻という伝承のある）当初像が残っていた。この当初像も信長の焼打で失なわれたが、『叡岳要記』や『山家最略記』などの文献によって根本中堂像を手本としたと述べる。つまり延久の本尊焼亡にさいして、再造の手本としたのは旧来の（南都系の）本尊像ではなく、根本中堂像であったと指摘する。まさに本尊の天台化である。さらに伊東によって翻刻された寛永九年（一六三二）の『観慶寺勧進帳』のなかにみえる「当寺本尊者根本中堂霊像一躰之御衣木也」との記述に着目し、観慶寺薬師像は近世にいたるまで根本中堂像に関係あるものと伝えられた証拠である、とする。もちろん厳密にいえば、最澄自刻と伝える（すなわち八世紀後半の）根本中堂像と延久の（十一世紀後半の）新造した像が「一躰之御衣木」であろうはずがなく、観慶寺本尊は根本中堂像を手本として再造したその宗教的表現とみるべきであろう。伊東が指摘するように、根本中堂像を模刻したのが観慶寺像であり、しかも本尊として祇園社および観慶寺の天台化をしめす何よりの証左といえよう。すなわち観慶寺本尊の天台化である。

こうした天台化によってもたらされたものに新たな仏事・法儀の創出がある。

祇園社の代表的行事である祇園御霊会の創始について天禄元年（九七〇・二十二社註式）、あるいは天延二年（九七四・社家条々記録）説がある。御霊会はさかんに頻発する疫病の原因とされた怨霊をなごめ、読経・歌舞・演劇などを盛大に行うもので、祇園御霊会もやがて走馬・勅楽・東遊・奉幣を受ける官祭となる。この祇園御霊会の創始年代が、おおよそ興福寺・清水寺と争い天台化した時期と重なるのは大変興味深い。すでに貞観五年（八六三）以来行われていた神泉苑の御霊会の影響のもとに、相次ぐ疫病を背景として疾疫防除に霊威のあった祇園社に御霊会が成立した。もちろん御霊会が天台の力によって成立した根拠はまったくないが、薬師信仰を通路として祇園社に接近し影響力を増していったことは想像にかたくない。先に述べた根本中堂本尊と観慶寺本尊が「一躰之御衣木」であるとの伝承は、それを物語るものであろう。おりしも牛頭信仰・薬師信仰を中核として御霊会が成立したが、この時期をとらえて延暦寺は南都勢力を排して天台化に成功したといえよう。

具体的事例を『社家条々記録』からひろってみよう。

長和五年（一〇一六）二月十七日には祇園社領の四至内《ししない》を寄付されたが、これは法花（華）三昧料所としてあてられたものである。祇園社内（神殿か観慶寺かはっきりしないが）において法華経を読誦する法儀が恒例化したのである。法華経は天台宗の所依の経典であるから、これを読誦する法華三昧行が恒例化し仏事料所がまずあてられたのであろう。

もちろん仏事だけが生まれたのでなく、永治四年（一一四四）には宮中の儀を移したとされる局行神事、七月七日の御節供《せつく》、天延年中（九七三～六）には五巻神事なるものがはじめられている。局行神事は叡慮にはじまるとされるが、祇園社に移されるや洛中の白河男女《しらかわなんによ》、八乙女《やおとめ》たちが祇園社を本所として随喜したと言い、節供については洛中の白河辻職が餅菓子を献上したように、洛中の商人・庶民たちの参加が特徴といえよう。いっぽう朝廷との結びつきも強まり延久四年（一〇七二）三月二十六日に後三条天皇が行幸、宸筆の大般若経を供養された。このあと長日神供料所《ちょうじつしんくりょうしょ》として四箇保が定められるなど仏神事を支える経済的な充実が著しい。

天台系の法儀で特筆すべきは、久安四年（一一四八）二月八日の御八講の創始であろう。これはいわゆる法華八講（会）のことで、天台の学僧が法華経八巻を八座に分けて、一巻ごと講じるものである。日ごろの学業研鑽の成果を神仏の前に披瀝するもので、さきの法華三昧行と同じく天台所依の経典である法華経を講讃する法会である。その代表的なものに万寿二年（一〇二五）に創始された日吉社の山王礼拝講、あるいは琵琶湖畔の東南寺で法華経の説法をする「戸津説法《とづせっぽう》」などがある。この二つの法儀は現存し、毎年行われている。また比叡山々上では五年に一度、大講堂で行われる法華大会もある。このように法華経に関する仏事・法会は平安時代以来、山門では現在にいたるまできわめてさかんである。

御八講の日程であるが、二月八日から十二日までの五日間となっている。これは法華経八巻に開結二巻をあわせて十巻とし、一日に朝座・夕座の二座を講じて五日間で十座をつとめるためである。これには講衆として「山門碩徳十人」が勤仕する山門直轄の大法会であった。朝廷側より上卿・弁官・庁官・主典代が五日間を通じて参勤したが、「近年大略関白結願入部云々」とあって、『社家条々記録』が編纂された元亨三年（一三二三）の頃には、初日と結願日のみの参勤となっていたようだ。法会を世話する堂童子、また祇園執行も法服平袈裟を着して内陣西側に礼盤・半畳を敷き五日間を通じ参勤している。なお御八講を例年維持するための料所として、備後国吉備津宮が寄付されている。

御八講と同じ久安四年に始行されたものに一切経会がある。これは必ずしも天台の法儀とはいえないが、八十一口《く》の僧が参勤する大がかりなもので、舞楽なども奉納された。

このほか天台系のものとして承安二年（一一七二）に始行された安居会《あごえ》がある。山門では夏安居《げあんご》と称して中世以来行われてきたが、陰暦四月十六日から七月十五日までの九十日間、いわゆる一夏九旬を期間とした。『社家条々記録』では承安二年七月十五日に始行とあって最終日のみをしるしている。舞楽の奉納と供花が特徴で、夏安居に供花する例は北野社・日吉社にもみられる。北野・日吉両社も天台系であり、山門の影響下で祇園社にも安居会がはじめられたとみられる。

このように、祇園社の天台化の証左として平安時代における儀礼として御八講と安居会の二つがあげられる。これをさらに時代を下げれば、社家八講・仏名会・百座仁王講などいくつもの法会の事例をあげられるが省略する。ただここで基本的な問題として検討されねばならないのは、こうした仏事・法会がいずれの場所で行われたかである。要は祇園社神殿（現八坂神社本殿）かそれとも観慶寺か、である。このことは本稿の主題とする祇園社における観慶寺の位置と意義に関連する問題でもある。ややもすれば安易に神事は神殿で、仏事は観慶寺とする単純な二元論は通用せず検討すべきであろう。

まず御八講について法儀中において場所を示す部分を列挙しよう。上卿と弁官の座がしつらえられたのは「御所間」で、室町時代の指図では神殿礼堂の西側に確かめられる。堂童子座の「ヒカクシ(日隠)」、執行の「内陣西切床」も同じく確かめられるが、この二か所はおそらく観慶寺にも構造上存在したと考えられるので根拠とはならない。決め手は「御所間」であって、観慶寺に行幸および御幸にさいして参籠された事例は聞かず、したがってまず御八講は祇園社神殿で行われたとみて支障あるまい。御八講を祇園にもたらし、その手本であった日吉社の山王礼拝講でも、ほかに本地堂（念仏堂）や彼岸所があるにもかかわらず本殿前の拝殿で修している。したがって御八講は観慶寺ではなく神殿前で行ったと断じてよかろう。

一切経会について、「東廊」「西廊」「舞殿」にしつらえたことがしるされているが、この三施設とも観慶寺にはなく神殿の付属施設として『八坂神社絵図』（元徳古図）で確認することができる。一切経会も神殿の礼堂を中心に行われたのである。

安居会は決め手を欠くが、「師子棚」および「師子」は神殿に確認でき、観慶寺にあったとは考えにくい。

いずれも比較検討すべき観慶寺の指図がないため弱いのであるが、平安時代にはじまった御八講・一切経会・安居会など主要な法儀はすべて祇園社神殿（現本殿）で行われたとみてさしつかえなかろう。

四　観慶寺の性格と位置

それでは祇園社において観慶寺はいかなる存在であったのだろうか。従来、観慶寺そのものをとりあげたものをみないのは、明治維新における神仏分離によって全ての堂塔が廃絶撤去されたこと、同時にその関連史料も処分されたことによる。残されたものはその断片にすぎず、実態の解明はきわめて困難といわざるを得ない。その意味で先に紹介した観慶寺本尊をめぐる伊東論文は観慶寺の解明をうながす画期的論考といえる。ここで観慶寺の性格と位置を明らかにするため、観慶寺およびその周辺を『元徳古図』によって確かめておこう。

いわゆる『元徳古図』は元徳二年（一三三〇）閏六月の神殿汚穢による造替にさいして制作された絵図で、その景観描写によって、中世祇園社の状況を知りうる（図８）。

さて絵図の中央に四方を廻廊でめぐらした入母屋造りの「神殿」を描くが、すでに承平五年の官符にしるす礼堂は独立せず、神殿前面にとりこんでいる。前掲図７の「発展推移図」でいえば、第三段階に位置する。神殿域

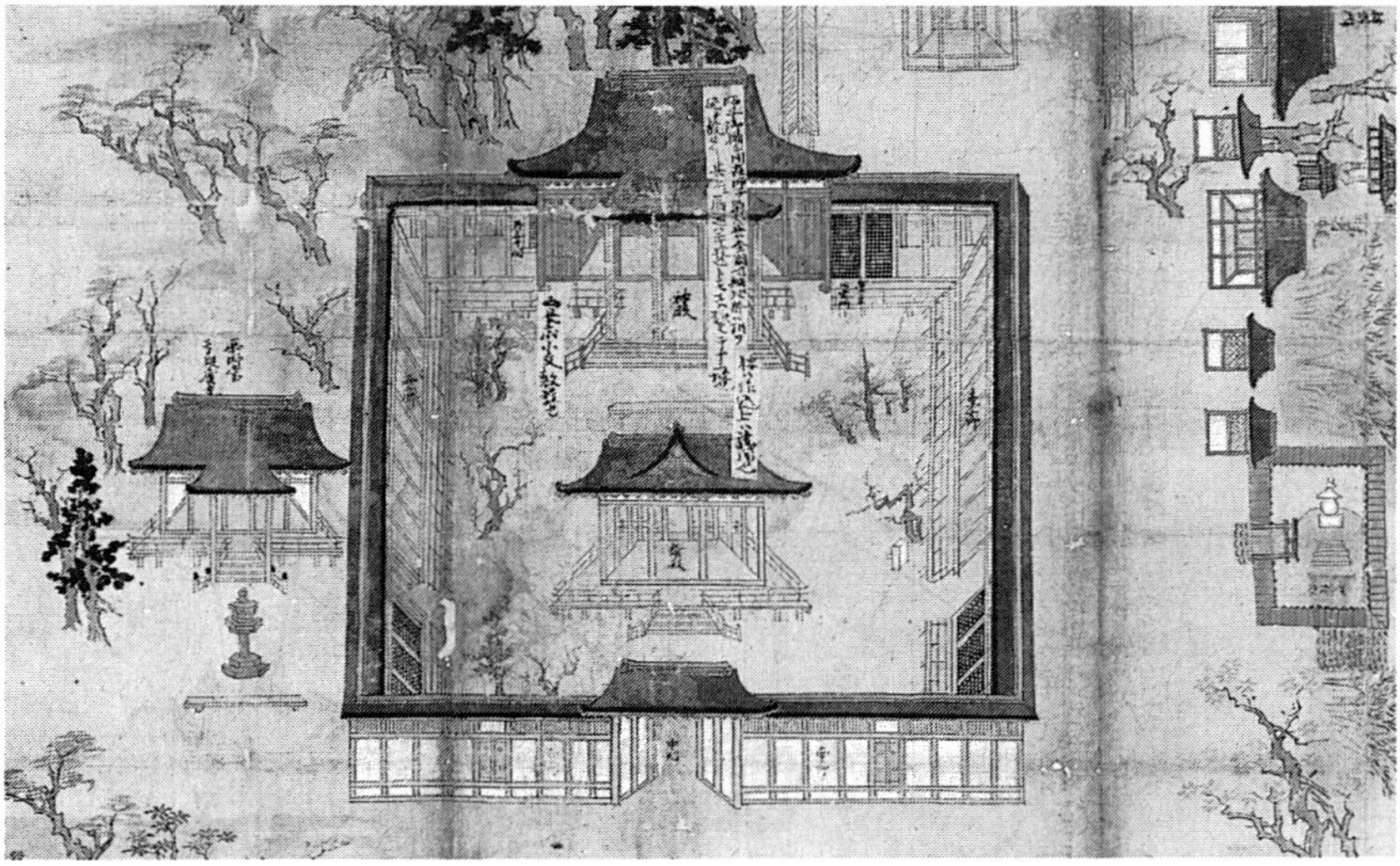

図８　『八坂神社絵図』(元徳古図)にみる「神殿」と「薬師堂」

を囲む廻廊の南口は「中門」をもうけるが、その下に大きな「南大門」を配する。「西大門」と同規模とみられるが、「南大門」には左右に仁王像が立ち朱色で宮寺としての威容を示していた。神殿の西隣りに「薬師堂／号勧慶寺」があり、その前に石燈籠と礼拝台がもうけられている。さらに西側から西南にかけて、火焔宝珠をいただいた方形の檜皮葺の常行堂がある。堂内には当然に阿弥陀如来を安置しているとみられ、天台系であることをしめす。北西には高く相輪を立てた「多宝塔」、白く漆喰で固めた袴腰の「鐘楼」がある。東側には朱の瑞垣《みずがき》と鳥居に囲まれた塚の上に五輪塔をのせた「如法経塔」があり、経塚である。さらにその西に「閼伽井《あかい》」がある。仏教法儀、あるいは神供用に用いたものであろう。

つまり祇園社は神殿を中心に薬師堂、常行堂、鐘楼、仁王像の南大門、如法経塔、閼伽井を配した天台系の宮寺であった。さらに何よりも神殿には牛頭天王・波《ば》利女《りめ》など陰陽系祭神をまつり、単なる神仏でなく陰陽道の異形の神々であったことは注意される。そしてその本地仏が観慶寺本尊の薬師如来だったのである。

観慶寺の本尊および諸尊は神仏分離で祇園社を出てから転々とし、現在は京都市左京区西寺町の大蓮寺に客仏として一括まつられている。本尊薬師如来立像は像高一九二・四センチ、等身よりひとまわり大きい周半丈六の大型像である。伊東の調査によれば、現状は全体に黒ずんでいるが、よくみると肉身部にわずかながら金箔、着衣に朱・白線が残存し、すでに述べたように根本中堂像の仕上げ配色と共通する。根本中堂像の模刻であり、天台別院となった祇園社の本地仏にふさわしい像容である。造立時期は延久二年（一〇七〇）の大火後の翌延久三年と推定される二次像である。したがって本尊は南都系の僧円如が安置した当初像を天台化のなかであらたに造立したものである。いずれにしろ薬師如来は観慶寺の本尊であり、貞観十八年に創建された祇園社の当初形態の中核に位置づけられる本地仏であった。

千手観音は別記にのみ「南都円如先建立堂宇、奉安置薬師千手等像」とするし、薬師と並ぶ当初形態に位置づけられる。承平の太政官符に「観音像一躰」とあるのも千手観音かもしれないが、いずれにしろ今は現存しない。

いっぽうこの観音像は、大蓮寺に現存する十一面観音像が平安時代中期のものであり、承平の官符の記載年代とほぼ同じであり、むしろこれに該当するかもしれない。

『二十二社註式』に収める承平の官符が史料性につき問題とされるのは、観慶寺の堂と神殿の表記が不統一で一部錯簡の可能性があること、そして「二王」の問題である。二王は仁王であり、素直に読めば観慶寺の堂内の一角に仁王像が安置されていたことになる。当時は本堂とともに礼堂も存在したが本堂内に安置した例は開かず、従来から承平の官符を疑う理由のひとつともなっている。堂外のものを列挙したと考えれば何も問題はないが、検討すべきことである。(8)

観慶寺の建築については、前掲図7「発展推移図」で示した通りである。祇園社の基本的形態として、神殿

（現本殿）と観慶寺が並び建つ一社一寺が一セットであった。とくに平安時代中期頃（承平五年官符）には、神殿と観慶寺がそれぞれ礼堂を持つ双堂形式となった。(9)ただ通観して言いうることは、神殿が時代ごとに大きく拡充されていくのに対して、観慶寺はかわらないものの相対的に宗教的機能が退嬰化していく。円如が創建した貞観の頃、別記によれば当初の神殿（天神堂）よりも堂宇（観慶寺）が先行して存在したような記述もあり、少なくとも両社寺は並び建つ状況であった。ところが承平五年に、観慶寺が定額寺に列した時点で両方とも双堂形式をとるが、その規模は観慶寺が三間に対して神殿は五間とすでに格差がつく。鎌倉時代後期の『八坂神社絵図』（元徳古図）では両方とも礼堂をとりこみ、神殿と本殿は同一ながら観慶寺は一堂のみ、神殿の前に別途舞殿がもうけられ、さらにこれをとりかこむように東西廊がめぐらされ、その違いには格段の差がある。これでみるかぎり祇園社内の神殿に付属する一堂にすぎない感すらする。時代は飛んで江戸時代中期の『華洛細見図』等をみると、神殿のみさらに一まわり大きくなっている。これは神殿における神事・仏事法会が多くなり、天皇や上皇の参籠所ももうけられたためとみられる。相対的にみて観慶寺は平安時代中期、承平五年の定額寺列格にさきだち規模と宗教的地位が逆転したと考えられる。(10)すでに述べたように祇園社の主要な仏事は神殿で行われ、観慶寺でなされた形跡はない。儀礼のうえからも観慶寺の退嬰化が指摘される。そして推移図では省略したが、明治時代の初頭、ついに神仏分離によって観慶寺は解体撤去されて、祇園社から完全にその姿を消すのである。

いうまでもなく観慶寺本尊薬師如来は祇園社の本地仏である。それは宝永の『華洛細見図』が「本地堂」と明記する通りである。たとえば元徳の『八坂神社絵図』をみると、本殿に付属するあたかも一般神社の神宮寺のようにみられなくもない。しかし繰り返しいえば、神宮寺と本地堂は違う。それは神宮寺が必ずしも本地仏をまつらないからだ。(11)神宮寺は神仏習合の過程のなかで、託宣などを契機として神自身が煩悩の身として神身離脱をせんがため社の近くに建てられた仏堂である。いわば神自身を救済するための寺である。これに対し本地堂は、本地垂迹説に基づき神の本体（本当の姿）、すなわち本地仏をまつる施設である。仮りに顕われ（垂迹し）た神をまつる神社、本姿（本体）をまつる本地堂。この一社一寺の関係は宗教的には神社と神宮寺の関係以上に密接なものがある。観慶寺はまさに祇園社の創建当初より一貫して本地をまつる本地堂であった。疾疫防除の神・牛頭《ごず》天王の本地薬師如来をまつる寺として祇園社でゆるぎない位置を占めていた。祇園社創建の翌々年の元慶元年（八七七）、天下に疾疫庖瘡がはやり秘かに占ったところ、辰巳の神の祟《たた》りと出た。はじめに伊勢神宮へ、ついで稲荷と勅使を発遣したがしずまらない。かさねて占ったところ祇園社と知れ、勅使を発遣、官幣をたてまつったところ、たちまちしずまったという。『社家条々記録』は「疾疫たちまち除却」とその霊験を伝えている。敬うことを怠たれば祟りをなすほどの威験の強い祇園の神・牛頭天王であった。他面、本地は「くすし」とも呼ばれ病気平癒に効験ある救済仏である。

観慶寺旧本尊薬師如来立像について、大蓮寺前住職・故芳井教戒師は昔から秘仏とされ拝めず非礼をなせば祟る恐い仏としていくつかの伝承を拝聴した。この薬師如来の前に坐し、等身をはるかに越えスックと立つ姿は厳《おごそ》かな存在感に満ちている。おだやかな表情、まろやかなゆったりした両肩から流れるように下げられた左手には薬壺を執り、右手は屈して施無畏印で悩める衆生を救済する御手である。祇園社の習合時代は秘仏として堅く奉拝をゆるさなかった。しかしながら神仏分離によって拝見が可能となった、この巨きな薬師如来に籠めた、定朝の流れをくむ覚助と据定される仏師のすぐれた彫技は、観慶寺、すなわち祇園社本地堂の本尊として貞観年間、円如がまつった強い救済仏としての霊性を表現してあますところがない。

［付記］　本稿をまとめるにあたり八坂神社・大蓮寺・京都国立博物館より資料提供をいただいた。あつく御礼申しあげます。

(1) 福山敏男「八坂神社本殿の形式」(『建築史』第四巻第一号、一九四二年、のち『日本建築史の研究』所収、桑名文星堂、一九四三年)。
(2) 西田長男「祇園牛頭天王縁起の成立」(『神社の歴史的研究』、塙書房、一九六六年)。
(3) 久保田収『八坂神社の研究』(神道史学会、一九七四年)。
(4) 西山徳「八坂神社の成立」(『神道史研究』十―六、一九六二年、のち『上代神道史の研究』所収、国書刊行会、一九八三年)。
(5) 村山修一『本地垂述』(吉川弘文館、一九七四年)。
(6) 柴田実「祇園御霊会――その成立と意義――」(『中世庶民信仰の研究』、角川書店、一九六六年)。
(7) 伊東史朗「祇園社旧本地観慶寺薬師如来立像について」(『国華』一一三二号、一九九〇年)。
(8) 但し時代は下るが、明応七年(一四九八)の「仏師かくけい申状案」で大仏師かくけいに武園社仁王に造立を命じている。また嘉吉三年(一四四三)三月の「社僧言上状案」に「仁王堂燃上」としるされている(いずれも『八坂神社文書上』所収)。
(9) 黒田龍二『神社建築における神仏習合とその形態に関する研究』所収「八坂神社の夏堂及び神子通夜所」。
(10) 黒田龍二も同じ指摘を行っている。注(6)参照。
(11) 『神道宗教』第一四六号(一九九二年)「シンポジウム　神仏習合と神仏隔離をめぐって」資料「本地仏と神宮寺本尊」参照。

第三節　天龍寺の鎮守社霊庇廟について

はじめに

天龍寺は足利尊氏が後醍醐天皇の菩提を弔うため夢窓国師（疎石）を開山として創建した寺である。同寺はその当初から鎮守社・霊庇《れいひ》廟が祀られていた。禅宗系の寺院でいえば、東福寺の成就宮、南禅寺の綾戸廟、建仁寺の楽神廟、相国寺の護国廟、妙心寺の斎宮社などがある。これらは禅宗もまた神祇をまつり、神仏習合を認める仏教教団であったことを示すものである。

霊庇廟という禅宗特有のやや特異な廟名（神社名）は、近世の地誌『山州名跡誌』『山城名勝志』に簡単ながらしるされ、それなりに知られた存在といえよう。とくに「天龍寺十境」のひとつにあげられている。(1) しかしながら天龍寺伽藍の付属施設として近接するため創建当初から繰り返し被災することが多く、近くは元治元年（一八六四）蛤御門の変にさいし兵火に罹り焼失している。しかし夢窓国師にかかわる史蹟として認識され、そのつど再建されて今も天龍寺境内に現存する。だが夢窓疎石の夢託による創建として言及されてはいるものの、これまでほとんど言及されてこなかった。平成十六年の発掘によって旧鎮座地の所在が確認され、その一角が明らかとなったので、あらためて霊庇廟について検討を加えたい。そして、これを通じ中世寺院における鎮守社成立の発端から発展にいたる経過を明らかにしたい。

一　発掘調査による所見

平成十六年（二〇〇四）十一月に京都市埋蔵文化財研究所の発掘調査によって検出された旧天龍寺境内の遺構について、明らかとなった諸点は次の通りである。(2)

①天龍寺の創建は絵図史料の示す霊庇廟の位置と、検出した鳥居遺構の場所が一致し、室町時代前期の同廟遺構の一部であることが明らかとなった。その場所は天龍寺境内にまつられている現霊庇廟から、東南約三〇〇メートルの地点である。

②鳥居の右柱（向かって左）と、これに連結する南北方向の柵列の穴六か所を検出した。柵の間隔が一・五メー

図９　霊庇廟の遺構

図10　現在の霊庇廟

トルであり、この間約九メートルあり、鳥居間を仮りに五メートルとすると、五メートル＋九メートル＋九メートルで鳥居と柵列のラインは少なくとも約二十三メートルになる。ここから推定される神域の全体規模は五〇〇平方メートル以上あり、境内の一角にある小祠（大社でいえば末社）クラスではなく、宗祖創建にかかわる神社（摂社）であることを示している。(3)

③鳥居の向きから、霊庇廟は天龍寺伽藍と並び、東面していたらしい。一般に社寺ともに南面するのが通常である。しかし鳥居および霊庇廟は東面していた。それは亀山を背景とした立地上からの東面とみられ、ちょうど大井川をはさんだ対岸の松尾社も松尾山を背にするため東面するのと同様、地形上の理由からであろう。

④鳥居址を東西軸で参入するとほぼ正面が基壇状となっていて、霊庇廟があったと推定されるが、本殿基壇であるか拝殿基壇であるか未確認である（この点は後述する）。さらに鳥居と廟の間の参道とおもわれる辺りから、微量ながら白砂が認められ、参道にふさわしい。鳥居柱穴につづく柵列のうち三本目の西側三メートル辺りの土坑に刀子《とうす》が埋納されていた。地鎮遺構も検出している。

以上の諸点から、これらの遺構は天龍寺創建と同時期のものであり、霊庇廟址が確認された意義は大きい。

二　霊庇廟創建とその周辺

天龍寺の一帯は後嵯峨上皇の御所・亀山殿のあったところで、後醍醐天皇が幼少期を過ごしたところであった。今回の発掘地点の古期の層から、鎌倉時代後期の亀山殿内の桟敷殿址を検出している。(4)

暦応二年（一三三九）八月十六日、後醍醐天皇が吉野の地にて無念のうちに崩御された。『太平記』は、

其神霊御憤深シテ、国土ニ災ヲ下シ、禍ヲ成サレ候ト存候（略）哀然ベク伽藍一所御建立候テ、彼御菩提ヲ弔ヒ候ハヾ、天下ナドカ静ラデ候ベキ（略）仙客ヲ帝都ニ遷進ラレシカバ、怨霊皆静テ、却テ鎮護ノ神ト成

セ給候

としるす。明らかに怨霊思想に基づく天龍寺創建の動機を述べている。それからわずか二か月の間に光厳上皇の院宣により後醍醐天皇追福のため暦応資聖禅寺造立の儀が起こる。これは尊氏・直義の罪業の念による冥福を祈るためのものであった。[5] 翌三年（一三四〇）四月二十一日には早速に仏殿などの木作始が行われ、造立の槌音が亀山殿の一帯に響きわたった。『暦応資聖禅寺造営記』には、このときの儀式の詳しい様子がしるされている。このとき木作始が行われ着手されたのは・まず仏殿・僧堂・庫裏・法堂・山門であった。それでは当初の天龍寺の形態はどのようなものであったろうか。基本的には禅宗の伽藍配置であったことはもちろんだが、天龍寺は繰り返し火災にあっており、そのため仏殿の礎石・古図など存在するものの復原は困難という。太田博太郎によれば、宋風を模したもので総門・三門・仏殿・法堂が伽藍の中軸線上にあり、浴室・東司・庫院は左右対称に建ち、方丈は法堂の後ろにあり、三門前には蓮池をもうけたという基本プランを提示し、また堂塔の詳しい考証がなされている。[6] ほぼ六年の歳月をかけて康永四年（一三四五）四月、ようやく天龍寺は完成した。

　霊庇廟が創建されたのは天龍寺完成の前年、康永三年（一三四四）正月であった。『夢窓国師塔銘』によれば、疎石は「(康永)三年正月初二日夜。夢　八幡大菩薩来衛法亀山。乃建祠于寺左」と簡略にその動機をしるす。『夢窓国師碑銘』にも「(康永)三年。建八幡菩薩霊廟於寺側」としるす。すなわち、康永三年（一三四四）正月二日の夜、夢つまり初夢に八幡大菩薩があらわれ、建設中の法亀山[7]（天龍寺）を守ると託宣した。そこで寺の(向かって）左に「祠《はこら》」を建てたというのである。『夢窓国師塔銘』は文和三年（一三五四）に建立された塔の碑文で、創建十年後の銘文である。

　疎石の弟子春屋妙葩が編纂した『天龍開山夢窓正覚心宗普済国師年譜』は、疎石のみた夢の内容と廟名の由来をしるす。康永三年の事跡として、

春正月剏建霊庇廟。始師夢見新廟壮麗在亀山旧旧趾。傍有一人非常者作礼而云。謝和尚與吾起此新廟也。覚而謂神求。故乃経始新廟。且以仏光祖翁来化本国亦頼茲神霊乃庇故。以霊庇為号焉

つまり疎石が夢でみたものは、亀山殿の旧跡にあらわれた壮麗な新しい廟であった。また傍らに一人の尋常ならざる者（後醍醐天皇であろう）が立ち、礼をしていう。和尚がわがためにこの新廟を起こしたことを感謝する。夢から覚めて、それが神の求めとおもった。これは仏光禅師が来朝して我が国を教化したことも「神霊の庇」を頼むもので、これにちなんで霊庇をもって号としたとしるす。

仏光禅師とは、鎌倉の円覚寺の開祖・無学祖元の諡号である。弘安二年（一二七九）、執権北条時宗の招請による南宋からの渡来僧であった。『元亨釈書』によれば、来朝の前に鴿（鳩＝八幡神の神使）が膝上に飛来するなど奇瑞があった。そして来朝すると八幡神がまつられており参詣したと言い、これら神異譚が、八幡神の神縁、すなわち霊庇を示しているという。

なお新廟創建は神の求めとあり、八幡神自身の求めによるもので、したがって尋常ならざる者は後醍醐天皇であり、その託宣と読みとれよう。後醍醐天皇はみずからの近くに八幡神をまつることをこいねがった。そして「神霊の庇」とあるように、神霊は霊庇廟祭神としての八幡大菩薩であり、先にあげた二つの銘文によって八幡大菩薩が天龍寺を守るためにまつられたことも明らかである。やはり尋常ならざる者とは後醍醐天皇とみるべきだろう。無念のうちに崩御した同天皇を鎮魂慰霊するための天龍寺、そしてその傍らで同天皇の祖神であり、信仰してやまなかった八幡神をまつる霊庇廟、社寺一体の慰霊鎮魂の装置として創建されたのである。霊庇廟の名称は八幡大菩薩の神霊の加護をこうむる意であった。

霊庇廟を具体的にしるす貞和三年（一三四七）の夢窓国師自筆の『山城国臨川寺領大井郷界畔絵図』を検討しよう。本図は土地境界図の性格上、施設・建物を描かないため利用価値は半減するものの、逆に神域の位置を把

握するには正確といえよう。この手法は後述する『応永鈞命絵図』にも継承されている。まず大井川を背に松林を主体とする樹林の繁茂する亀山があって、その東麓に天龍寺の主要伽藍を配した。空白で建物は一切不明だが入口の総門が規模を暗示している。東西軸で入口の総門・山門・仏殿・法堂を配置し、その延長線上に樹々を背景に亀頂塔が立つ。そして山麓の南隣りに後醍醐天皇をまつる多宝院があり、北隣り一帯には法華堂・雲居庵・金剛院などの塔頭がならんでいた。以上を中心伽藍としておそらく塀で周囲を囲繞していた。その南隣りが霊庇廟の神域で入口に明神鳥居が立ち、南側の大井川の際《きわ》まで柵列が伸び、本図では九本が、北側には五本の柵列を描く。発掘によって、まさに鳥居の柱址および付属の柵列が検出され、その柱穴から柱の径が九〇センチメートル前後、これに付属する柵列の間隔が既述の通り六本までが確認され、ここから推定される神域の規模は摂社クラスであり、そしてこれを本図と対照するとき、位置関係から双方が一致し、本図が霊庇廟創建から三年後の制作にかかるもので、発掘域はその当初の遺構の一部とみて差し支えない。

　なお本図では大井川に架かる渡月橋は中島より上流にあり、南岸の櫟谷《いちたに》社の前に位置しており、現渡月橋は下流に移動していることがわかる。天龍寺の寺域は総門があり、これより伽藍の中心域に参入、脇の南門を出ると霊庇廟があり、その前を南行すると大井川を渡月橋で渡り櫟谷社・法輪寺・松尾社にいたる。

　この霊庇廟の鳥居前の門前で注目されるのは、南門を出てすぐ右脇にある「神主家」の存在である。今回の発掘にさいしその推定地域から一段高い邸宅跡が検出されているが、これは霊庇廟の神主宅とみていいのだろうか。今のところ他に例証をみないので何ともいえない。あるいは、その正面にある大井川の渡月橋を渡れば指呼の距離にある櫟谷社の神主家、あるいは臨川寺前の大井川神社の神主家であろうか。しかし櫟谷社は松尾社の所属にかかり、ましてや大井川をはさんで天龍寺と境界論争があり可能性は薄い。しかし松尾社は『古事記』にもしるされた古社であり、天龍寺あるいは臨川寺よりはるか以前に存在しており(8)、その意味から可能性はなくもないが飛地のかたちで櫟谷社あるいは松尾社の神主家がこの時代に存在したとは考えにくい。霊庇廟の門前という位置からもみても新設霊庇廟の神主家とみた方が素直だろう。しかし繰り返しになるが神主家の例証は絵図以外に今のところみあたらない。

そこで霊庇廟の神主家とすれば、祭祀をつとめる専任神職が存在したことになる。しかし後述するが応安四年（一三七一）の正遷宮に平野社の卜部家が奉仕しており、霊庇廟専任の神職の痕跡がなく、いずれにしても何とも言いようがない。

なおこの年、光厳上皇が天龍寺に御幸されたが『園太暦』貞和三年二月三〇日条によれば、真新しい山門に下御、仏殿での焼香、法塔から客殿と巡拝し、疎石は東堂塔頭に伺候《しこう》し迎えた。さらには山門上にも昇られ観音殿を参拝され、この間、大井川東岸にもうけられた「店」に御幸されるが、霊庇廟のことはでてこない。大井川の対岸に嵐山がみえるところから霊庇廟からほど近い場所に「店」がもうけられたと推定されるが参拝の記述はない。史料の残存が少なく軽々にはいえないものの、この後の史料にも全くみえない。このことは、霊庇廟は存在するものの、行幸・御幸・将軍の社参など公的参拝を受けるほどの位置にはなかったといえよう。疎石による創建の宗教的意義にかかわる礼拝施設でありながら、対外的にはあらわれない、寺内の補完的位置にとどまるものであったといえよう。

ついで絵図史料としてあげられるのは『応永鈞命絵図』であるが、本図も天龍寺とその一帯を含むが寺域の門構えのみを描き、建物は省略する手法をとっているため形態などは不明である。康永三年に霊庇廟は鎮座し、『応永鈞命絵図』はその五十三年後の絵図であり、当初の姿とは言い難い（図11）。鳥居と瑞垣《みずがき》はほぼ同様に描くが、鳥居前の神主宅はみあたらない。事実、翌四年（一三四五）四月に天龍寺は開山するが、十三年後の延文三年（一三五八）正月に、天龍寺は全焼する。しかしさいわい雲居塔、後醍醐天皇をまつった多宝院、亀頂塔、そ

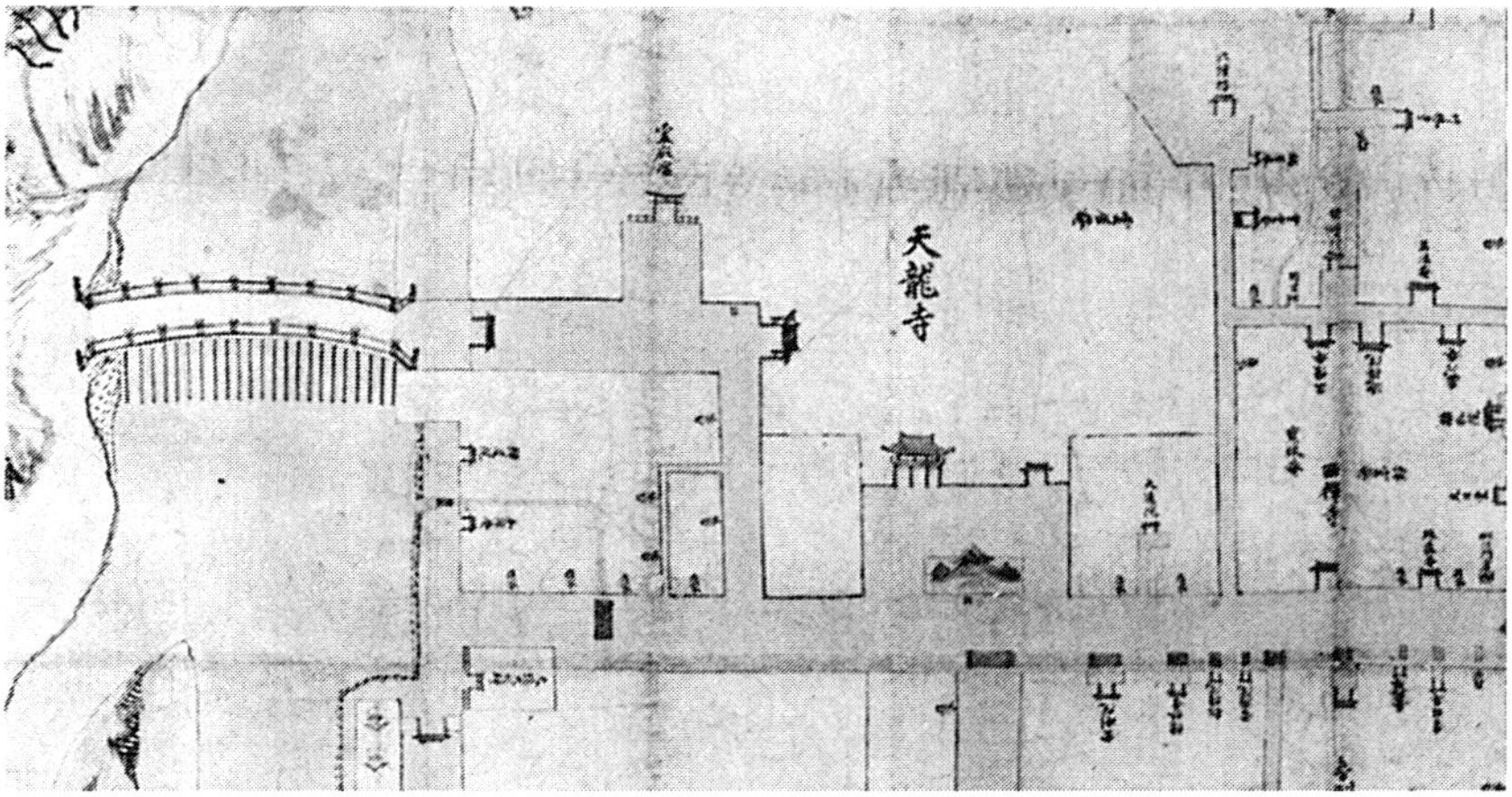

図11　『応永鈞命絵図』にみる霊庇廟

して霊庇廟だけはまぬがれた。

そして次に記録であらわれるのは応安四年（一三七一）八月の霊庇廟の正遷宮記事である。正遷宮は、仮殿から元の本殿に御神体を返す遷座祭である。したがって、これに先立ち仮遷宮が行われたはずである。こうした遷宮は火災等による被災、耐用年数による造替などであるが、その理由は不明である。『吉田家日次記』は次のようにしるす。

応安四年八月四日甲申、伝聞、天龍寺鎮守霊庇廟八幡今日正遷宮也、兼遠宿禰奉行、神宝五種、御剣、御鉾、御弓、御矢之料足十一貫文、自武家下行御装束神供以下之総用二千匹、此外御簾自寺家直下行三百匹彼二千匹自寺家同致其沙汰、兼遠束帯詔戸役、行持衣冠勤御體役、是兼行繁著布衣候所役、午刻向西郡宿坊自家□□自彼所出立、吉時亥子時云々、神供三前納長櫃持参云々、神馬一匹云々、

吉田卜部には吉田社系と平野社系の二流があった。[9]この『吉田家日次記』は吉田社卜部の日記であって、平野社卜部に関する情報であったため「伝聞」としるすのである。まず正遷宮とあるので、一般論として仮遷宮（外遷宮）が数か月前にあったはずだが不明である。このとき奉仕した平野卜部氏は兼遠宿禰

を筆頭に、行持・兼行（行繁か）の三名であった。この正遷宮で注目されるのは神宝類をともなった遷御であって「神宝五種、御剣、御鉾、御弓、御矢」としるす。神宝五種としたもので、ここでいう神宝五種の内容は不明だが御剣以下を含まないものとおもわれる。神宝五種としては通常考えられるのは、すでに武具があげられているから御幣・鏡・笏・檜扇・神服などである。これら神宝のみならず、装束、神供料足は武家すなわち将軍家が下行した。武家の棟梁として足利の氏神・八幡神であること、さらに尊氏の霊庇廟に対する思い入れからみて当然であろう。寺家側は社殿内に掛けて荘厳する御簾《みす》などを下行した。将軍家・天龍寺の双方が二〇〇〇疋ずつ負担をした。ここで注意されるのは、これら神宝類は遷宮祭を荘厳する単なる行列用の威儀具ではなく、神体とともに新社殿まで行列し、そのまま殿内に神宝として納めたとみるべきだろう。神宝類は少なくとも九品目以上と考えられ、その品目数と内容からみて、これを奉安する内陣空間は「祠」ではなく、「神供三前」とあるように、おそらく八幡三神を分って奉斎するものとみて中規模の三間社（おそらく流造り）であろう。今日の神社でいえば最低、摂社クラスの規模とみられる。

そして経過は不明ながら、遷座祭の祭儀奉仕の依頼をうけた平野社のトップである兼遠は束帯に身を包み祝詞（詔戸）を奏上、衣冠姿の行持をして御神体（御体）を捧持せしめ行繁は布衣を著けて奉仕をした。盛儀のほどがしのばれる。

三　後醍醐天皇・夢窓国師・足利尊氏と霊庇廟

霊庇廟創建の発端は夢窓疎石の夢託による。いったい疎石は、臨川寺・西方寺・天龍寺などの禅林を開山したが、その神祇観はいかなるものか検討したい。仏門に入ってまず学んだのは真言密教であった。また天台にも学んだが、師事した天台僧の臨終場面に立会ったが、見苦しい有り様を目撃した。往生の姿に失望した疎石は、そこで密教道場を結界して行に入ったところ達磨の頂相を得る。そして決然として禅宗へ改宗する。いずれにしろ真言宗をひらいた空海は丹生・高野の両明神を、いっぽう天台宗をひらいた最澄も日吉山王社をまつっていた。はじめに疎石の結縁した教団の二人の宗祖たちは、日本の神を護法神・鎮守神としてまつった。疎石にとって神祇への崇敬は宗教的素地として備わっていたといえる。さらに当時の禅寺の大半が神祇を奉祀していたことも禅宗の一般的状況として認められ、霊庇廟創建が異例でないことを物語っている。

しかし、その神はなぜ八幡神であったのか、次に問題となる。疎石の初夢にあらわれた神は八幡大菩薩であった理由は何か。まず武家の総領として尊氏が崇敬したのは八幡神であり、彼が元弘三年（一三三三）四月挙兵したのは篠村の八幡宮であった。いっぽう後醍醐天皇は神仏を単に拝むというにとどまらず、みずから祈禱する異形の天皇でもあったことは知られている。法服を身にまとい天冠をいただき手に密教法具を握る天皇の頭上には皇祖天照大神とともに八幡大菩薩の神名がしるされている。八幡神を深く信仰したのはいうまでもない。政治的に相対立し、追われる後醍醐天皇と追う尊氏と、敵対する立場に立つ両者に共通するのは、ほかならぬ八幡大菩薩だった。その意味で師家として、両者を何よりも深く理解する疎石が、苦悩のなかで後醍醐天皇の御霊を鎮めるための天龍寺建設の最中に、夢枕で八幡神があらわれたことは当然ともいえよう。関係史料に八幡神であることの説明はみあたらないが、うなずけるところである。何よりも六か年におよぶ建設の最中に立ちあらわれたことの宗教的意義は注目される。

疎石自身、生死を分かった両者の間に立って、苦しみのなかで天龍寺を創建し、その境域に後醍醐天皇をまつる多宝院を、そして守護神として八幡を併せまつることによって安心立命の境地に立ったのは、尊氏はもちろん、ほかならぬ疎石自身であった。鎮魂慰霊のために創建された天龍寺にとって霊庇廟は欠くべからざるものであり、八幡神を廟として相添えることによって宗教的機能を果たしたのである。かくて康永三年に創建された霊庇廟は、天竜寺と興亡をともにし今日におよんでいる[10]。

表2　天龍寺（霊庇廟）関係年表

建治元年（一二七五）	夢窓疎石誕生
正中二年（一三二五）	八月、疎石、後醍醐天皇の勅により南禅寺入寺、この年、正中の変
嘉暦元年（一三二六）	八月、疎石、伊勢神宮に参詣
元弘三年（一三三三）	五月、鎌倉幕府滅亡
建武元年（一三三四）	建武中興成る、尊氏、征夷大将軍となる
三年（一三三六）	正月、中興の業やぶれる
暦応二年（一三三九）	四月、疎石、西芳寺を中興開山
	八月、吉野において朝敵討伐・京都奪回を遺言し、後醍醐天皇崩御
	十月、勅により後醍醐天皇追福のため天龍資聖寺造立の儀起こる
三年（一三四〇）	四月、仏殿・僧堂・庫裏・法堂・山門木作始
四年（一三四一）	四月、備後国三谷を造営料所として寄進
	七月、地曳行う
	十二月、元に天龍寺船を派遣
康永元年（一三四二）	三月、天龍寺礎始
	七月、天龍寺木引
	八月、天龍寺立柱
	十二月、天龍寺上棟
三年（一三四四）	正月、霊庇廟創建
	十月、疎石、『夢中問答集』刊行
四年（一三四五）	四月、天龍寺法堂を開き、尊氏・直義が臨席のなか夢窓が上堂説法
	八月、後醍醐天皇七回忌並開堂法会、尊氏・直義参詣
	同月、光厳上皇、臨幸

貞和三年（一三四七）	松尾社との境界争論で国師自筆の『山城国臨川寺領大井郷界畔絵図』作成
延文三年（一三五八）	正月、天龍寺全焼、雲居塔・多宝院・亀頂塔・霊庇廟のみ免れる 足利尊氏死去
応安四年（一三七一）	八月、霊庇廟正遷宮
貞治六年（一三七三）	天龍寺火災
康暦二年（一三八〇）	天龍寺火災
応永三三年（一四二六）	『応永鈞命図』作成
文安四年（一四四七）	天龍寺火災
応仁二年（一四六八）	天龍寺火災

（1）疎石は亀山十境を定め、霊庇廟ほか普明閣・絶唱渓・曹源池・拈華嶺・渡月橋・三級巌・万松洞・龍門亭・亀頂塔を定めた。
（2）京都市埋蔵文化財研究所発掘調査概報『史跡・名勝　嵐山』（二〇〇五年）。
（3）摂社は本社祭神と特別の由緒ある社で、それ以外を末社という。それは社殿規模で明らかで本社に次ぐものが摂社、一見して明らかな小社が末社である。
（4）川上貢『日本中世住宅の研究』（墨水書房、一九六七年）。
（5）後醍醐天皇崩御の報を受けるや「諸人周章、柳営武衛両将軍哀傷恐怖甚深也／仍七々御忌慇懃也／且為報恩謝徳、且為怨霊納受也」（『天龍寺造営記録』）とするす。
（6）太田博太郎『日本建築史論集Ⅲ　社寺建築の研究』所収「五山の建築」（岩波書店、一九八六年）。
（7）当初、「法亀山」と称したが、暦応三年七月二十二日の光厳院の院宣により「霊亀山天龍資聖禅寺」と改めている。
（8）たとえば夢窓自筆とされる『山城国臨川寺領大井郷界畔絵図』に、天龍寺の門前を北行する「出釈迦大路」（朱雀大路、現在の府道宇多野嵐山樫原線）に面して西禅寺の前に「松尾神領、号車大路」が存在する。
（9）『卜部家系譜』（神道大系論説編八・卜部神道上／西田長男校注）は平野系卜部を次のようにしるす（傍注はカッコ内

にまとめる）。

――兼国（平野社預／隠岐国務／従五位上／神祇大副）……（この間十代省略・全て平野社預）……兼前（野社預／正四位上／内蔵権頭／神祇権大副／頓滅）――兼遠（平野社預／正四位上／治部卿／神祇大副）――兼内（平野社預／四位／神祇）――兼右（平野社預／宮内少輔／神祇権大副／兼内弟）――

（10）天龍寺文書によって、近世も奉祀されてきたことが確かめられた。精査したわけではないが目についたものを列挙しておく。

・貞享四年（一六八七）　修造にさいし丹と竹釘が用いられ、よって屋根は檜皮葺、社殿は朱の彩色が施されていた
・正徳四年（一七一四）　霊庇廟石燈籠を造立
・享保二年（一七二七）　霊庇廟屋根を葺く
・延享五年（一七四八）　門外の華表（鳥居）造立
・寛延三年（一七五〇）　遷宮
・天明九年（一七八九）　鎮守八幡社として表門、鳥居、拝殿、本社をしるす。本社は三間社流造、板葺き（『天龍寺臨川寺惣建物箱絵図目録』）。
・寛政三年（一七九一）　鎮守として、やはり本社は三間社流造、板葺き
・文政九年（一八二六）　八幡社の社守宅建立

終章

仏教伝来がもたらした日本の宗教文化、とりわけ神祇信仰への影響にはかりしれないものがあった。一つは、日本の自然風土に根ざした磐座《いわくら》、神籬《ひもろぎ》といった宗教形態のカミ信仰が、仏教がもつ仏像・寺院・法会・経典・音楽など一大文化システムに圧倒され、改変を余儀なくされたということである。いずれも従来の神祇信仰にはなく、仏教から大きな刺激を受けて八世紀には神像・神殿などを生み、さらに雅楽などを導入、受容した。いわゆる「自然神道」から「社殿神道」へとあらたな祭祀形態を創出した。二つには、ここからさらに仏教側からの接触が試みられ、神祇空間への仏教参入がなされ神宮寺が成立した。いっぽう寺院内の自己空間に神祇をまつる鎮守社が成立した。ここにおいて神仏は調和するにとどまらず、習合の具体的モニュメントを創出したのである。そして教理的言説が整えられ、神は仏の仮の姿で、神の本体は仏であるとする理説を生み本地垂迹説が成立し、神仏習合は名実ともに完成した。こうしたなかで、さらに神社でも寺院でもない宮寺というあらたな宗教形態を創出した。九世紀頃のことであるが、日本の宗教はここに中・近世の方向を規定する神仏習合の基本形態を形成したといえよう。このあと反本地垂迹説や神祇不拝といった反作用も働くが、八~九世紀に形成された神仏関係の基本は、ほぼ十九世紀末まで一〇〇〇年あまり継続した。本書はさらに以下の諸点について明らかにした。

王権は六世紀中頃、欽明天皇のとき仏教が伝来するが、当初の許容と拒否の試行錯誤のあと、仏を「他国の神」と認識することで融和策をとる。その後ほぼ二世紀の間、仏教は全国的な普及をみせるものの、表面的には神祇との交渉、関連事象は影をひそめる。

こうしたなか八世紀末に神社行幸が開始されるが、天皇は一見不可解な、神祇に接近しながら一定の距離をおき、たとえば天皇自身、神域の入口に踏みとどまり代理奉幣を行う儀礼を確立する。これは天皇が天照大神の祭祀が専権事項であったためで、退位して上皇となるや否や、任務から解放され神域内に参入し仏事さえみずから実修された。いっぽう天皇が寺院行幸する場合、ためらいもなく寺院内に参入し、行在所《あんざいしょ》（宿所）にさえなった。

また神社では神域内もしくは周縁の仏教施設である神宮寺が、堂内に神影図や神像など神祇奉斎し、二重祭祀ともいうべき形態をみせる。いっぽう寺院内の神祇である鎮守社が創建され、東大寺八幡宮につづき各寺院に広まる。また寺院の法会における神名帳奉唱も儀礼による神祇勧請の一形態である。こうした神祇空間・仏教空間の双方に展開する仏教側の多彩な神祇奉斎・神祇勧請の実態に、神仏習合の底力をみることができる。

経典についてみよう。神祇の場で積極的な僧侶による神前読経が行われたが、そのさいもっとも用いられたのが大般若経であった。八世紀中頃の道行願経には国家朝廷とともに神社が大般若経の威光による救済をしるす。さらにその一世紀後、僧満願が鹿島神宮寺の創建にあたって同経を書写、必備の経典と位置づけられる。全六〇〇巻にわたる大般若経であるが、どれほど十全に理解されていたか疑問だが、大部にわたるため転読もなされ朗々と繰り出すその読誦がもたらす呪力・神威を増強すると期待され神前で用いられた。諸経のなかで圧倒的に神祇法楽経として大般若経が用いられた。しかし、いったい神祇の場のどこで読経がなされたのか、これまであまり厳密にとらえられてこられなかった。神殿上か、拝殿か、社頭か、神宮寺か、神仏の習合と隔離の度合いを推し量るうえで看過できない問題である。伊勢では五十鈴《いすず》川を渡ることなく僧尼拝所か、氏寺であったし、賀茂の下社では舞殿、上社では橋殿で、ともに勅使（上卿）宣命座であった。日吉社も舞殿、春日社では内院ぎりぎりの御廊か中門であった。また全国の一宮、惣社でも大般若経が有力神社と同様に読誦され経蔵すらそなえていた。しかも国司の就任儀礼に神事だけでなく仏事も行われ神仏双修であった。こうした古代末期から近世までの大般若経のうち、中世末までの神前読経にもちいられた経典奥書と記事を編年体で巻末に掲げ、その流れと実態をみた（三七五頁以下）。

こうしたさまざまな仏教側の働きかけに対して、神祇側はどのように対処したのか必ずしも分明ではない。祭祀を実修する神主の実態、その神仏関係は不明であった。

その意味で本書にとりあげた神職系図はきわめて興味深い習合記事をしるす。伊勢の内宮・外宮の二系統、住吉大社の津守家、賀茂社の県主《あがたぬし》家、若狭彦神社の牟久《むく》家の各社家系図には、他に求めがたい神祇側の仏教受容の実態をうかがうことができた。なお系図は史料性について問題があり、無定見な利用は危険だが、習合部分の事実性と他史料との検討によって充分に史実性が高いと認められた。そのうえで各系図を点検したところ、一社の祭祀を統括する神主と一族内の出家や僧尼の道にすすんだ事例が多かった。その時期は平安時代の中期から後期（十一〜十二世紀）をピークとし、各社家一族をあげて予想外の拡がりをみせていた。この時期はまた本地垂迹説と本地仏の成立時期と一致していた。こうした社家間の仏教受容の傾向は江戸国学が勃興する十八世紀までつづき、以後激減する。

神仏習合の波及は全国におよんだが、こうした横の拡がりに対して、縦の把握を通史的にみることも必要である。時代の変遷による展開を、神仏の隔離意識が強いとみられる鴨社（下社）を例にたどってみた。八世紀前半、鴨氏の子弟から写経生として平城京にのぼるものがいて、十世紀末には神宮寺を神域内に創建、さらに堂塔を備え、多くの仏たちを安置した。こうした傾向は若干の盛衰はあったものの、神仏分離まで継続したが、総じて結論づけるとすれば中門内に仏教がおよばない限定的習合であった。

ついで祇園社は陰陽系の牛頭《ごず》天王をまつる宮寺で、僧によって創建されたが、神殿と観慶寺が並立するのが当初形態で、やはり堂塔を備え神仏分離までつづいた。観慶寺は神宮寺ではなく本地仏（薬師如来）をまつる本地堂であった。僧による都の宮寺として発展してきた。

霊庇廟は夢窓疎石によって不遇のなかに崩御した後醍醐天皇を慰霊のため創建された天龍寺の鎮守社である。近年、当初遺構の一部が発掘されたが、室町時代の鎮守社の創建過程をしめす例として報告した。

本書は神仏習合をめぐる先学の研究のうえに、神道史の立場から残された問題をとりあげた。神祇祭祀の場、および周縁部、仏教空間における神仏習合の実態について考察したが、なお不明の部分が多い。さらに、史料の発掘につとめ研究を継続したい。

史料編

神仏習合年表・大般若経年表

一　神仏習合年表

欽明　七	五三八	仏教公伝
天武一二	六八三	この頃、虚空蔵寺・法鏡寺建立（発掘調査）
霊亀　元	七一五	気比神宮寺（藤氏家伝・下）
養老年中	七一七～二四	若狭比古神願寺（類聚国史）
天平　九	七三七	宇佐・弥勒寺建立（弥勒寺建立縁起・発掘調査）
二〇	七四四	東大寺八幡宮鎮座（東大寺要録）
天平勝宝		鹿島神宮寺、満願が創建（類聚三代格）
天平宝字二	七五八	道行の知識経書写
七	七六三	多度神宮寺、満願が創建（多度神宮寺伽藍縁起並資財帳）
天平神護二	七六六	伊勢大神宮寺創建、丈六仏造立（続日本紀）
神護景雲元	七六七	逢鹿瀬寺を大神宮寺とす（太神宮諸雑事記・奈良後期の瓦出土）
宝亀　三	七七二	月読命の祟りで神宮寺を度会郡より飯高郡度瀬山房に移す（続日本紀）
十一	七八〇	伊勢大神宮寺、祟りにより神郡外へ移転せしむ
延暦　七	七八八	一乗止観院（延暦寺）、最澄が創建
二〇	八〇一	「神像」の初見（多度神宮寺伽藍縁起並資財帳）
二三	八〇四	月読神「神像」・忌詞を記載（皇太神宮儀式帳）
弘仁　七	八一六	金剛峯寺、空海が創建
	九世紀	東寺鎮守八幡宮の三神像造立
	〃	若王子社本地仏・木造薬師如来坐像造立
承和一四以前	八四七以前	熱田神宮寺建立

	九世紀後	松尾神宮寺の三神像造立
貞観　二	八六〇	石清水八幡宮、行教により創建
七	八六五	奥嶋神社神宮寺成立(三代実録)
一八	八七六	祇園社成立
寛平年間	八八九〜九八	薬師寺・鎮守八幡宮の三神像造立
延長　五	九二七	鴨社周辺より僧・屠者を排除(延喜式巻三・臨時祭)
天慶　九	九四六	北野社成立
天暦　二	九四八	仏舎利を五五社に施入(日本紀略)
	一〇世紀	大将軍八神社・神像群造立
延久頃	九六九〜七四	大蓮寺(祇園観慶寺本地仏)、木造薬師如来立像造立
	一〇世紀末	小津神社女神像造立
長保　二	一〇〇〇	神宮祭主永頼、臨終出家
寛仁　四	一〇二〇	賀茂両社で仁王経供養、下社は舞殿、上社は橋殿(小右記)
延久　四	一〇七二	外宮禰宜康雄薙髪
平安　中		住吉神主忠満、出家(津守氏古系図)
元永　二	一一一九	下社火災、仮遷座の経所は不穏便につき氏神社へ移座(長秋記)
長承　三	一一三四	熊野の本地、初見(長秋記)
久安　二	一一四六	宇治・白山神社本地仏・十一面観音立像造立
六	一一五〇	若狭彦禰宜景正、出家(若狭国鎮守一二宮代々系図)
仁平　四	一一五四	賀茂神主保久、重病により出家(賀茂県主系図)
平治　元	一一五九	朝熊山経塚に度会某、法華経埋納
永暦　元	一一六〇	新熊野社、後白河法皇により創建(百錬抄)
承安　三	一一七三	朝熊山経塚に荒木田神主時盛・度会宗常、如法経を埋納
五	一一七五	春日四社の本地を注進(春日社古社記)
治承　四	一一八〇	鶴岡八幡宮創建

二　大般若経年表

凡例：奈良時代から安土桃山時代までの神祇関係の大般若経の記事・奥書を掲げた。引用書の略号は以下の通りである。
田中塊堂『日本古写経現存目録』→『古写経目録』　田中塊堂『日本写経綜鑑』→『写経綜鑑』
桜井甚一『石川県銘文集成』→『石川集成』　『猿投社半行社々家目録』→『猿投目録』

【奈良時代】

天平十七年(七四六)九月　『東大寺要録』
「令阿部朝臣虫麿奉幣帛於八幡神社。令京師及諸国写大般若経各一百部」
天平勝宝九年(七五七)　沙弥道行、伊勢大神のため優婆塞円智に大般若経を書写せしむ(三重・常楽寺)
巻五〇「　奉為　神風仙大神
　　願主　沙弥道行
　書写　山君薩比等」
巻九一
「天平勝宝九年六月卅日沙彌道行慕先哲之貞節、遵大聖之遺風、捨忌俗塵、賤於蟬蛻、不愛身命、軽於鴻毛、独出里隣、遠入山岳、収穢累之逸予、巻淫放之散心、儼然閑居帰依三宝是時也。山頭雲起、谷中雷鳴、四方相驚、激撃砊磕、手足無知所措、生命五難、可存余念、何過当遭天罰、則願曰、区々下愚、失魂畏死、況乎国家之愛生乎、仰願為神社安穏、電雷無駭、朝廷無事、人民寧之、敬欲奉写大般若経六百巻、如此誓畢、雷電輟響、道行忽蒙威力、纔得本心、以為連河能仁、設波若之宝筏、双樹正覚、開菩提之禅林、誰不渡愛河者、乗彼宝船、歩迷路者、休此芳林者也、道行無智有欲、無徳有貧貪、非頼善友之勢、何成広大之功、是以普誘知々識々人等、共和善哉、敬奉写也、注其名字着後題外、不朽之因、長伝将来、伏願、諸大神社、被波若之威光、早登大聖之品、次願、天朝聖主比寿南山、天長地久、次願二親眷属、万福日新、千慶月來、百年之後辞世之夕、遊神率天、昇彌勒之香台、棲想極楽、践観音之花座、一切含霊、亦猶如是、傍及千界、共登波若、
　天平宝字二年歳次戊戌十一月

奉為伊勢大神
願主　沙彌道行
書写　優婆塞円智」
天平勝宝年中（七四九～五七）　僧満願、鹿島神宮寺創建し大般若経を書写（茨城・鹿島神宮）

【平安時代】

延暦二十年（八〇一）『多度神宮寺伽藍縁起並資材帳』に大般若経の常備をしるす（三重・多度大社）
大同四年（八〇九）正月『日本後記』　名神のため大般若経を書写し奉読供養
「令天下諸国、為名神写大般若経一部、奉読供養、安置国分寺。若无国分寺者、於定額寺」
弘仁五年（八一四）『叡山大師伝』
最澄、渡唐のさいに祈願した宇佐・香春に神恩報謝のため大般若経二部と法華経を書写。あるいは大宰府・竈門山寺ともいう。
承和元年（八三四）四月二十六日『続日本後記』
「疫癘頻発。疾苦稍多。仍令京城諸寺。為天神地祇。転読大般若経一部。金剛般若経十万巻。以攘灾気也」
承和元年（八三四）七月二日『続日本後記』
「初為祈雨。転読大般若経。期日已満。晴而無応。由是。転経更延二日。以効精誠」
承和三年（八三六）七月十六日『続日本後記』
「諸国疫癘間発。夭死者衆。夫鎖灾青招福祐者。唯般若冥助。名神厳力而已。宜令五機内七道諸国司転読般若走幣名神」
仁寿三年（八五三）五月十三日『文徳実録』
「亦詔大宰府。於観音弥勒両寺並四王院香椎廟管内国分寺読大般若経」
斉衡元年（八五四）四月『文徳実録』
伝燈大法師位智戒など七僧を、七道諸国の名神に遣わし般若経を転読して民の福を祈る。
斉衡三年（八五六）五月『類聚国史』
災疫をはらわんがため僧二五〇口を大極殿・冷然院・賀茂・松尾に請じ大般若経を三日間に限り分読。

貞観元年(八五九)二月十五日　『三代実録』
「詔越前国司写大般若経一部安置気比神宮寺」
貞観二年(八六〇)　『朝野群載』
行教、前年に宇佐宮で神託を受け（この間、大乗経を念誦）石清水八幡宮を創建、この年十一月、宇佐宮に参向し大般若経を奉読、さらに翌三年（八六一）僧一〇一人が参向し大般若経などを奉読。
貞観九年(八六七)四月三日　『三代実録』
「令豊後国鎮謝火男火売両神兼転読大般若経。縁三池震動之　恠也」
貞観十三年(八七一)六月十三日　『三代実録』
「勅東海・東山・北陸・山陰・山陽・南海道諸国。班幣境内名山大沢諸神。並転読大般若金剛般若等経。祈甘雨也」
貞観十五年(八七三)五月　『三代実録』
祈雨のため六十僧、紫宸殿で大般若経転読、さらに賀茂・松尾・乙訓等諸社に奉幣。
寛弘二年(一〇〇四)　『本朝文粋』　国司大江匡衡が熱田神宮で大般若経を書写供養
「大江朝臣匡衡頓稽首礼足。白仏法僧言。当国守代代奉為鎮主熱田宮。奉書大般若経一部六百巻。巳為恒例之事。其中若有神明不享之吏。不能供養此経。亦不能遂任秩。当国之事。莫先於大般若会。匡衡幸出顏巷之雪窓。謬莅尾州之風俗。若不奉侍読於我后。何必質朴之愚者。得為州刺史。若不殖善根於湖此地」
寛弘三年(一〇〇六)十二月三日　『御堂関白記』
山階寺へ惟憲を使とし、春日社で僧六十口が大般若経を読ましむ。
永承元年(一〇四六)　（誉田八幡宮経・平林悦次蔵）
一七八巻「永承元年八月廿日一校了／又以両本一校了／又重以八幡宮本経一校畢」
寛治元年(一〇八七)　（住田智見蔵）
巻一九八「寛治元年丁卯／大和三輪大明神別当追補使安曇国重」
巻一九二「寛治元年丁卯　僧頼舜」
天永三年(一一一二)　大蔵寺大般若経(満願寺蔵)

巻四〇〇「二校了／永久三年歳次乙未六月廿日戊午書写了／願主永順　筆主　隆快／従此巻上百巻以書写功徳者白山妙理権現並別山大行事小白山々内諸神／眷属併為法楽荘厳書写供養如右」

永久三年（一一一五）　白山権現ほか諸神眷属に法楽、荘厳のため書写（大阪・満願寺）　『石川集成』

巻四〇〇「永久三年歳次乙未六月廿日戊午書写了／願主　永順　筆主隆快／従此巻上百巻、以書写功徳者、白山妙理権現並別山大行事、小白山之内諸神眷属、併為法楽荘厳書写供養如右」

巻四一〇「永久三年歳次乙未七月十二日巳卯書写了／此袟以書写功徳者当国鎮守／大鳥大明神為法楽荘厳威光／倍増書写供養如右」

巻四六〇「永久三年乙未十月一日書写了／此帙者河内国高安郡正一位玉宮大明神／為法楽荘厳書写供養／願主僧永順、筆主随眼僧隆快」

元永三年（一一二〇）　三輪社の大般若経を書写、施入（奈良・大神神社蔵）

巻三九二「元永庚子四月十日庚辰」「大和国三輪社」（印）　『平安遺文金石文篇』

保安二年（一一二一）　熊野神社　如法経筒銘文

「熊野山如法経名文／大般若一部六百巻／白養箱十二合／箱別　五十巻／保安二年歳次辛丑十月　日／願主沙門良勝／檀越散位秦親任」

※通常の如法経は法華経だが、大部の大般若経を五十巻ずつ十二箱に納め埋納

保安四年（一一二三）（広島県豊栄町・本宮八幡神社）　『広島県史　古代中世資料編Ⅳ』

巻九「保安四年十一月六日書了、源氏為息災延命／但為十禅師午前威光倍増也」

※本経は永久・弘長・保安・弘安の年号を有する寄合経。保安四年「源氏為息災延命」とするものは巻一と九だけである。

当時の政治的状況のなかで源氏の息災を祈念したものであるが、いずこの十禅師社か不明。

大治二年（一一二七）四月二十七日　『中右記』

「於祇園大般若経供養云々」

久安二年（一一四六）（静岡県相良町・般若寺蔵）

巻二〇七「久安二年　願主惣社宮司散位村主資能（後略）」

久安四年（一一四八）　宇佐神宮寺（大分県・橋本良資蔵）　『古写経目録』

巻不明　「久安四年十月十日於宝満寺居書写了／宇佐神宮寺弥勒寺常住」

久寿二年（一一五五）　川合宮一筆経（奈良市・随心院蔵）

保元二年（一一五七）　笛吹大明神威光増益のため大般若経を書写（奈良・柿本区）

保元三年（一一五八）　（松本文三郎蔵）　『古写経目録』

巻五三四　「保元三年戊寅四月五日加修補供養畢／伊賀国阿山郡植木宮経」

長寛元年（一一六三）　白山宮に大般若経を安置　『白山記』

「堂五宇室三宇、五堂皆安置三所権現御躰欤、金容並光玉顔列星而已其中阿彌陀堂安置大般若経一部数仏具有之新堂安置五部大乗経十部法花経安置純金三寸三所御躰於此堂夏衆等夏中勤不可勝計六月不断法花経並八講等有之……自七月十七日同至于廿三日夜半七ヶ日夜程不断花香燈不断法花観音経大般若経一部奉転読……

……宝社二宇、一宇ハ小白山大山御躰御坐一宇ハ太男知禅師権現御躰金銅多御坐閼伽器十二膳鈴独胡五胡十部法花経大般若経一部紺泥ノ金光明経一部両界曼タラ各一鋪……」

嘉応元年（一一六九）　（奈良県吉野・大蔵寺蔵）　『平安遺文』

巻六三　「嘉応元年四月廿二日於熊野御精進屋□□房書写了」

承安五年（一一七五）　伊勢稲生西宮御宝前安置のため大般若経書写（堀江清足蔵）　『古写経目録』

巻二一一・二三八・二七七　「承安五年乙未四月日大勧進蓮円善恵坊一部内一帙結縁之類／伊勢国稲生西宮ノ仏経也」

巻一七〇　「承安五年正月十一日酉時祈執筆僧慶西慈西坊大勧進僧蓮円善恵坊一巻結縁即成類比丘尼法妙為現世安穏後世善処越智」

承安五年（一一七五）　（尾道市・栗原八幡宮蔵）　『広島県史古代中世資料編Ⅳ』

巻四〇二　「承安五年乙未六月廿四日癸酉開題了

三嶋大明神御料　願主藤原盛時　」

安元二年（一一七六）　僧研意、一筆大般若経を書写（菟足神社蔵）　『古写経目録』

治承二年（一一七八）　（小野広市蔵）　『写経綜鑑』

巻六〇〇「治承二年戊戌十二月乙午十七日丙午／奉施入大般若経一部六百巻　丹生高野御宝前兼以六口僧侶致一部転読精成、
金剛仏子源空」

文治二年（一一八六）（伊勢神宮寺蔵）　『古写経目録』

巻六〇〇「　右奉為
天照太神、法楽荘厳、威光倍増、敬払瑞垣、所奉供養也
文治二年四月廿六日
法橋上人位慶宗　権律師法橋上人位成宝
前権律師法橋上人位実憲　法眼和尚位定勝
権少僧都法眼和尚位弁暁
別当権大僧都法眼和尚雅宝
（略）　」

文治三年（一一八七）（丹波日吉神社蔵）　『古写経目録』

巻八「□□□司源朝臣助孝
聊依□□此所知行　飛鳥宮大般若経奉令修理願為現世当生之悉地成就
文治三年七月二十三日　（略）　」

文治三年（一一八七）四月二日、後白河上皇の病気平癒のため百部大般若経転読を鶴岡や諸社に命ず　『吾妻鏡』

この日「被始行百部大般若経転読、鶴岡・勝長寿院・筥根山・走湯山並相模国中寺々供僧等、盡数勤行、是　太上法皇御不予、玉體不安、
仍御使上下向已及数度、然而御平癒之由、未聞之間、及此儀云々」

文治四年（一一八八）　『吾妻鏡』

三月六日、梶原景時、宿願により大般若経を鶴岡に奉納
同十五日、「於鶴岡宮道場遂行大法会。景時宿願大般若経供養也。一品為御結縁御出。供奉人々刷威儀」

【鎌倉時代】

建久四年（一一九三）　粟田御房にて山王神のため僧玄永大般若経を書写（東田居蔵）　『古写経目録』
巻一四五「以法勝寺常行堂之御経所奉書写也、願主当寺権都維那大法師玄永六十二／偏為筯両所三聖王子眷属一部六百巻于
自所奉書写也（花押）」
建久五年（一一九四）　西宮社へ大般若経書写　『古写経目録』
巻二一七「自建久五年甲寅五月九日、至同十一日西宮参詣三箇日之間、於西宮参詣之船中スイタノシモノ事書写了云々」
建久九年（一一九八）　生嶋明神経（松本某蔵）　『古写経目録』
巻一四〇「建久九年戊午十二月十六日筆願主僧澄海
　摂津国河辺郡南条橘法薗坊生嶋村大明神経也」
建仁二年（一二〇二）　（兵庫県（淡路島）東条町・禅瀧寺蔵）
巻二二二「建仁二年九月廿六日、於広田御庄神宮寺之故此経一帙書写之了、但雷賢光随風孝長之筆跡不習弘　法義資之不弁下
□垂露之點不知（以下略）」
建永元年（一二〇六）　（石川県輪島市・八幡宮蔵）　『古写経目録』
巻八八「寛喜三年辛卯卯月二日広田御庄於経所御堂一交了」
巻三二一「建永元年以七月廿五日書写畢高座山沙門珍」
承元三年（一二〇九）　（正倉院蔵）
巻一四〇「承元三年己五月九日、八幡宮於宝前書写之、執事清海末流和明信四生、年六十九」
建暦元年（一二一一）　武州高麗神社出身の慶弁、六か年で一筆三礼の大般若経を書写（埼玉・高麗神社蔵）
建暦二年（一二一二）　能州上町野庄八幡宮へ若山御庄の大谷兼基、大般若経施入（石川・八幡寺蔵）　『石川集成』
同年　高座山（高座宮）で一校の大般若経を同じく大谷住平兼基施入（同蔵）　『石川集成』
巻六一「建暦二年二月　日　高座宮一交了／願主若山御庄大谷住平兼基」
建暦三年（一二一三）　宗像大宮司氏實菩提のため栄祐法師書写（福岡・宗像神社蔵）　『福岡県史』

貞応二年（一二二三）　沙門源豪、法貴寺天満宮の一筆大般若経を書写（五島慶太蔵）　『古写経目録』

巻四〇一「願以書写力生々行般若　漸々開恵眼

三有同利益貞応二年癸未五月六日以写書之　興福寺北戒壇本了

大和国長谷川法貴寺天満天神一筆御経也

為無上菩提書之　筆師　沙門源豪以写本一校了　」

元仁二年（一二二五）　奈良藤井庄春日社御経（東田居蔵）　『古写経目録』

巻三七「元仁二年三月十八日以春日御社真本交点了

正平廿三年六月日為現世安穏後生善処加修復畢源盛」

巻一八「元仁二年四月廿八日於南都春日般若院以御社之直本交点了　了俊」

嘉禄二年（一二二六）　東大寺鎮守八幡宮に比丘尼成阿弥陀仏の夢告によって発願、東大寺僧の助筆乞い結願（奈良・東大寺蔵）

巻一「比丘尼成阿弥陀仏此御経勧進之根源

殊以厳重随喜無限仍励老眼敬奉書写始之処也

嘉禄二年丙戌四月廿五日己酉於東大寺塔本房

第一巻書写了　春秋八十七　」

嘉禄三年（一二二七）　宗像社僧色定法師、一筆一切経（大般若経）を施入（福岡・興聖寺蔵）

安貞二年（一二二八）　東大寺八幡経　『古写経目録』

巻一〇〇

「南閻浮提大日本大和国東大寺鎮守八幡宮奉納大般若経一部之内自初百之二帙至十帙又三百内七帙百軸

右殊抽精誠備香花并持十善戒礼時懺法无退転所奉書写既百巻也、先捧書写恵業大伽藍安穏興隆仏法広作仏事利益人天兼八幡

大菩薩増法楽副威光而已上天長地久四海大平矣仏子願者大梵天王高閣釈提桓回頗梨壁閻炎魔大王鏡面五道大神秤量太山符君

簡前倶生神筆端必納受百艸書写艸書写功永離二十五有生処欲生安養兜率随縁浄土乃至一紙半銭随喜結縁之輩皆受生一国開悟

一所生生為知識世世為好伴父母師長乃至法界順違無遮平等敬白願以書写普及一切我等一切皆共成仏

南無生生世世値遇頂戴大般妙果

安貞二年戊子二月十二日　三論末葉執筆　盛真　生年四十八」
安貞二年（一二二八）（川口市・錫杖寺蔵）
巻五五〇「（奈良・東大寺）八幡宮大般若一部、比丘尼／成阿弥陀仏勧進之内、一帙令書写之志者、偏為滅罪生善証大／菩提法界衆生平等利益也／安貞二年戊子三月五日　沙門覚縁」　『古写経目録』
寛喜元年（一二二九）　厨子銘文「始行　春日御社若宮長日転読大般若経事」（長文・略）（根津美術館蔵）
寛喜二年（一二三〇）（滋賀県朽木・長寿寺蔵）　『ミュージアム』五三〇号
巻八四「近江国神埼東郡建部御庄中三川部社大般若経也／寛喜二年三月四日修理之了」
貞永二年（一二三三）　興福寺永恩、古写経を集め一具経として氏神玉祖神社に奉納（天理図書館蔵）
天福二年（一二三四）（和歌山滝村旧蔵）　『古写経目録』
巻二一一「天福二年甲午三月廿七日於稲荷下社住坊奉書写了実俊
（版刊記）文暦二年乙未四日廿二日乙酉於八幡大菩薩御宝前奉供養安置訖願主阿闍梨真観」
仁治三年（一二四二）　尼浄阿、春日若宮に一筆大般若経を書写、転読供料とともに奉納（唐招提寺・根津美術館蔵）
巻六〇〇「仁治三年八月十三日於春日若宮御前
書写了　尼浄阿
一校了
（以下別筆）回向貴賤輩　一部転読後必可被廻向
八条女院　春花門院　季行卿
権少僧都覚乗　権律師玄季　法印定乗（略）」
仁治三年（一二四二）　久能寺経　『古写経目録』
巻二〇〇「仁治三年大歳壬寅三月七日書了　執筆　建穂寺住人明賢
奉施入尼寺御堂大般若経一部
右書意趣者為惣社別当金剛仏子憲信
息災安穏福寿増長也

大願主並再国分寺別当金剛仏子憲信　一交了」

寛元元年（一二四三）　春日若宮で供僧六口、大般若経（浄阿尼一筆経）を長日転読す（厨子内銘文）

寛元元年（一二四三）七月　駿河国惣社別当憲信が大般若経を有度八幡宮へ寄進　『駿河国新風土記』

（巻数不詳）「譲謨大菩薩　若宮　若宮王女武内　高良　諸神眷属

奉為飾宗廟之威光、為考妣之菩提、為弟子之往生極楽、書写之、

正三位権中納言藤原朝臣頼資啓白

嘉禄三年六月廿二日於大原来迎院草庵、願蓮房書写畢、執筆金剛仏師経承

（略）

見かへしニ

此御経者、八幡宮本山之御経也、而憲信申内殿奉行検校法印御房、奉渡駿河国テ有渡八幡仁施入之、以奈吾屋

本経一校了、

寛元々年大才癸卯七月日、当社別当憲信」

寛元二年（一二四四）正月十一日　鎌倉幕府、天変祈攘のため鶴岡若宮において大般若経を転読す　『吾妻鏡』

「同御祈、於鶴岡若宮、大般若経転読、伊豆、筥根、以上本地供（略）、三嶋、本地供（略）」

永仁二年（一二九四）　唐僧の圓空が一人で書写し浅間社へ奉納　『守屋孝蔵氏蒐集古経図録』

巻一二〇「永仁二年甲午八月十七日申時書畢永充信州浅間社／供養読誦一筆一部之内上報四恩三有下及六道／死生同證菩提

普及法界衆生平等利益故也／大勧進唐僧円空敬書」

建長五年（一二五三）　金峯山熊野の法楽荘厳のため大般若経書写す（奈良・観音寺蔵）

正嘉元年（一二五七）（兵庫県五色町・鳥飼八幡宮蔵）

巻二三七「石清水八幡宮勝本以覚王房一筆之写経一校已了以／但此校写功徳者三国伝燈大師等并父母親類乃至六道／衆生

皆悉般若理解皆成仏益得平等利益思者也／一筆之写大願主阿闍梨重慶　于時正嘉元□□」

正嘉二年（一二五八）（海住山寺蔵）　『古写経目録』

巻三八〇「正嘉二年戊午九月廿六日辰時写了仏子隆尊

奉安置山田大宮金峰山御宝前　願主物部成俊
般若第一教　此経法縁者雖有重業障必定得解脱」

正元二年（一二六〇）（愛知県春日井市・見性庵蔵）　『古写経目録』
巻三「正元二年正月廿一日令書写了、執筆権祢宜度会神主辰章、一校了」

文永五年（一二六八）（岐阜県・那比神社蔵）
巻一四四「文永五年歳次戊辰五月十九日申剋許於桃宮如法道場一筆書写畢」

文永九年（一二七二）（手向山八幡宮蔵　春日版）
巻一八〇「文永九年壬申八月十七日巳時、於東大寺八幡宮重奉読之畢夜前亥時許転読□／睡眠過法垢也前権僧正宗□□□」

建治元年（一二七五）　蒙古来襲の国難に八幡神へ祈るため沙門法覚、一筆経を書写（一誠堂蔵）　『古写経目録』

建治元年（一二七五）（滋賀県・金剛輪寺蔵）　『平安遺文』
巻一二八「（永久四年三月十一日奉書了、散位源敦経）
江州愛智東郡蚊野我孫庄軽野二社大明神御集物也、
建治元年乙亥十月奉御修理了、寛盛」

弘安二年（一二七九）　春日版大般若経を祇園社へ施入（兵庫・観福寺蔵）　『大和文化研究』七八

弘安二年（一二七九）（宇治市・白川地蔵院蔵）
巻一七三「弘安二年己卯三月廿五日為　聖朝安穏佛法久住於平岡宝前供養既畢永安置社壇
鎮可奉貢法楽牟　願主西大寺沙門叡尊
施主尼念阿」

※地蔵院蔵は平安時代の書写、鎌倉時代の春日版九四巻から成る。さらに八九巻には弘安二年（一二七九）三月二十五日西大寺叡尊が平岡神社で蒙古襲来のため聖朝安穏を祈願し奉納し、「平岡宮」の印を押す。

弘安十年（一二八七）　大神神社（水木直箭蔵）　『古写経目録』
巻四〇「弘安十年丁亥五月八日夜盗人山城国盗取了

同十一月十六日紀返奉付本社了　（略）」

弘安十年（一二八七）（滋賀県日野町西明寺蔵）

巻八〇「弘安十年丁亥三月十九日於引堂奉書写之、僧十地、伊勢国水沢之夜後大明神御経也」

※本経は僧十地が発願書写し四日市の水沢惣社の夜後大明神に施入したもの。

『滋賀県大般若経報告書』

正応五年（一二九二）（出雲市・高野寺蔵）

巻六〇〇「自正応元年巳丑歳十二月四日始之至于

正応五年壬辰歳十二月三日五箇年之間一筆書写　大般若経一部六百巻奉安置出雲国須佐郷東山

御宮十三所大明神之聖前安慰毎年転読廻向　神力各身平安永災寿命延長万事利益上下眷属亦如意者設経大施主御

代官沙弥政願

沙弥助阿

執筆一乗宋人浄蓮」

永仁二年（一二九四）（長野県・浅間社蔵）

巻一二〇「永仁二年甲午八月十七日申時書畢永充信州浅間社供養読誦一筆一部之内上報四恩三有下及六道

死生同証菩提普及法界衆生平等利益故也／大勧進唐僧円空敬書」

『古写経目録』

正安元年（一二九九）（長野県・戸隠神社蔵）

巻二六四「戸隠山宝光院大般若修理之間欠文被書入之勧進僧善豪

中院住義養房良憲小市郷薗城寺幸松殿令書写之生年十六歳

正安元年己亥七月十五日」

応長元年（一三一一）　僧寂一、猿投宮に大般若経施入（愛知・遍照院蔵）

巻六〇〇「勧奉施入、参河国高橋庄　猿投宮御宝前

右施入之志者、為大明神□久住也、伏願見聞之緇素、結縁之道俗、皆得琵舌嘗真法味、

于時延慶四年辛亥正月一日　弟子寂一上」

応長元年（一三一一）　鶴岡八幡宮大般若経転読料所に北条貞時、駿河国池田郷の田畑寄進

『駿河国新風土記』巻十三

「寄進
　駿河国池田郷内田畠屋敷注文在別紙事
　右、為鶴岡八幡宮毎季大般若経転読料所、寄進状如件、
　延慶三（四）年正月十九日
　　　沙弥（北条貞時・花押）」

正和五年（一三一六）　一実坊、遠江国府中の北野天神宮に施入（長野県・光前寺蔵）

巻一「遠江国府中／北野天神宮内／奉施入／一実坊／正和丙辰卯月八日」

正和五年（一三一六）　奈良県満願寺（大蔵寺）

巻四三九「和泉国南郡山直仲村大蔵寺御経也
　金峯熊野白山西宮今宮御宝前殊以右転読天満天神牛頭天王大将軍法楽荘厳祈願成就
　　正和五年丙辰七月三日大法師」

『写経綜鑑』

正和五年（一三一六）（滋賀県朽木・長寿寺蔵）

巻五九四「正和五年丙辰七月晦日於三宮御社替本書写畢
　　　宋　妙覚悪筆」

『ミュージアム』五三〇号

※三宮は滋賀県八日市市神田町の河桁御河辺神社の旧名で、書写の場となった。

嘉暦二年（一三二七）（舞鶴市・河辺八幡神社蔵）

奥書残簡「嘉暦第二丁卯二月廿日／近江国河上（安）庄／奉若宮社迎御経也」

奥書残簡「近江国河上庄於若宮社／奉案置御経也／嘉暦二年丁卯二月廿日」

嘉暦二年（一三二七）　埼玉県児玉町

巻五七五「嘉暦二年乙卯七月廿一日、於飛州益田郡萩原新諏方御拝殿書写畢、助筆金資信慶
　右書写之志、偏上報四恩、下至于下界群類、結皆成仏之因、秩父母六親丹治実光・実員・行智・光泰・観恵・観
性・尊忍・蓮忍・観智・朝宗・朝員・長谷部・法阿昇兜率天上、引導沙弥実恵、成就二世宿願、次子々孫々繁昌
安穏、寿命長穏大意也、仍懇思所願敬白如件、

『児玉町史　中世資料編』

大檀那沙弥実恵敬白奥自筆」

※書写の場が飛騨益田郡萩原の新諏訪社の拝殿で、丹治（安保）一族の子孫繁栄と安泰を祈る。

元弘三年（一三三三）　広島県楽音寺文書「小早川頼平寄進状」

「奉寄進楽音寺四季大般若経免田事

合壱町弐段者　横枕前中坪

右為　聖朝安穏、天下太平、民屋豊稔、万民快楽、頼平心中所願、皆令満足、所寄進如件

元弘三年五月廿二日　民部丞平頼平（花押）」

元弘三年（一三三三）（浦和市・氷川女体神社蔵）

巻一一九「（梵字）女躰大明神　金剛仏子性尊

元弘三年　酉六月八日申剋書写之了

右志者奉為当社繁昌也

奉為金輪聖王天長地久御願円満也

右志者為当所地主平人々殿中安穏、子孫繁昌

所従眷属牛馬犬畜生益万倍、心中所願成就

円満、一切衆生皆成仏道、雖両眼苦暗書写之処也

（梵字）　（花押・性尊）

（梵字）（略）」

【室町時代】

暦応三年（一三四〇）　和泉国泉郡横山上宮の大般若経を書写、補写す　『古写経目録』

巻三百八十三「暦応三年三月廿五日

和泉国泉郡横山上宮大般若経補写」

（参考）金剛般若経（興福寺蔵）ながら康永二年（一三四三）の経典書写の場、そして奉納先をしるす。

「此御経者康永二年四月十一日奉為法楽大明神於社頭宿所終書写之功……
当社正遷宮之時以此経奉納於第三御殿……」
貞和五年（一三四九）　猿投社で、一月十一日・七月一日四季大般若経、四・十月一日季大般若経読誦（愛知・猿投社蔵）
観応元年（一三五〇）「足利尊氏御判御教書」
「凶徒退治祈禱事、転読
大般若経一部、殊可被致
精誠之状、如件、
観応元年七月廿八日（花押）」
正平八年（一三五三）　春日大明神、白山妙理権現法楽のため読誦（京都府木津町蔵）　『古写経目録』
巻一五二「右読誦志者当社春日大明神　白山妙理権現法楽之並当時院内諸人連仏品円満長不出入間而不生死論本法性云々
正平八年六月十二日」
正平十年（一三五五）（山梨県早川町・朝晨庵蔵）　『山梨県史　資料編六』
巻四五「仏日増輝　神明運運　利衆生賜
大誓願周成（花押）
時正平十年正月十八日　」
※同じ願意（巻九・一四・一五・一八・一九・四二・四三・四五・四六・六一）
巻一四七「於天神御宝前書写候了
文和三年八月十四日
天神別当　同願主也
執筆権律師了賢（花押）
勧進聖人権律師有弁　」
延文四年（一三五九）　久我家の氏神、久我大明神の唐本大般若経（天理図書館蔵）
※披見に久我家の氏長者の承認が必要とされた（一種の宝物扱い）

貞治四年（一三六五）　宮内庁書陵部蔵　松平楽翁公収集大般若経　『書陵部紀要』第三号

巻二九「□□□多賀大社
貞治第四乙巳九月重陽日願主左近将監中原久直
執筆桑門正琢　」

正平二十年（一三六五）（東広島市・大宮神社蔵）　『広島県史　古代中世資料編Ⅳ』

巻十「願以書写力　普及結縁者　同生安養界　決定成菩提
奉施入　安芸国　志芳庄　八幡宮
正平廿年乙巳十月　日
大願主天野左衛門大夫藤原遠藤」

※伝存する三〇巻のうち同一文言の奥書二五巻あり

応安元年（一三六八）（栃木県飯貝・熊野神社蔵）　『真岡市史第二巻　古代中世史料編』

巻二五一「小栗大神宮常住也／応安元年戊申八月八日　（後略）」

応安元年（一三六八）（山梨県塩山市・野尻倹之助蔵）　『山梨県史　資料編六』

巻五十七「因縁常故無自性　無自性故畢竟空　畢竟空故無所得　是名般若波羅蜜
応安元季戊申八月一日書写畢
書写願主沙弥道妙　執筆明中
竹森玉大明神（黒印）　」

巻五九「般若第一教　此経結縁者　雖有重葉障　必当得解脱
応安元年八月十二日書写訖、即書写檀那道妙
執筆明中
竹森玉大明神（黒印）　」

巻五八「惣持猶妙薬　能療衆惑病　亦如天月露　服者常安楽」の願意あり

応安二年（一三六九）

巻二三二「右伏願、道心堅固永不退失、依玉山大明神、加被諸願成就、遇善知識一言之下頓、亡生死悟証・無上正等菩提、
続仏慧命以報諸仏莫太之恩矣　応安己酉四（五）月二日　釈比丘衡悦白」

正平二十三年（一三六八）　宗像宮にて八月十五日放生会の日、大般若経書写供養仏事「宗像宮年中行事」（福岡・宗像宮蔵）

正平二十五年（一三七〇）（諸家蔵）　『古写経目録』

巻二二〇「河内国舟比西条山上郷布忍之宮御経也／正平廿五年二月十二日書写了」

応安三年（一三七〇）　遠江国瑠璃光寺で書写、その功勲で崇総社大明神の聖徳を増す（愛知県・徳運寺蔵）

巻四三八「右、以書写功勲、増崇総社大明神聖徳焉、
時応安庚戌蕤賓念六日、書于遠□瑠璃光禅寺客軒下、
釈長愿拝書、　」

応安四年（一三七一）　比丘光信の勧進し、大般若経を尾州井戸田郷惣社若宮に寄進　『古写経目録』

応安五年（一三七二）　能登国町野庄白山宮書写の大般若経を四坪薬師寺へ施入（石川・珠洲）　『石川集成』

巻九三「応安五年壬子八月十六日町野庄於白山宮御堂書写畢」

応安六年（一三七三）（兵庫県・青原寺蔵）　『古写経目録』

巻一三〇「于時応安六年癸丑十月八日以高瀬寺七社之御宝前御経書写了
天神宮御経也　沙門光賢　」

応安六年（一三七三）（石川県輪島市・八幡寺蔵）

巻一六四「応安六年癸丑正月五日　於柳田村白山宮之了
安養寺
金剛仏子性覚　」

※巻四一一も同年で「右志者為後生菩提随仰染老筆畢不可有後見嘲者也」

永和二年（一三七六）（静岡県川根町・三光寺蔵）

巻一二「遠州家山八幡宮公用
永和第二丙辰閏七月三日　比丘中証書之」

巻六八「遠江国山香庄家山郷八幡宮常住也
右書写之意趣者、為天長地久、御願円満、殊国内太平、郷内安穏、福寿増長、衆病悉除也
雖為悪筆、以為悪筆、以為末代公用、如形書写畢、
時于永和弐八月中旬十三、謹宜賢書
」
巻二二一「願以書写力、決定生極楽、共一切衆生、入薩般若海」
康永元年(一三七九)近江国崇永版大般若経を大崎権現の社頭大般若経として奉納(埼玉・大前神社蔵)
『古写経目録』
康暦二年(一三八〇) 神野宮経(奈良)
巻六〇〇「大和国山辺郡東山内神野山大明神御経也
読誦順覚
康暦弐年二月九日午剋書了
」
永徳元年(一三八一) (群馬県上野村・泉龍寺蔵)
『群馬県史 資料編六』
巻一四六「永徳元年辛酉南呂下旬念一日 上州上山庄森土大明神御宝前祐盛坊之」
※巻五〇に天和二年「森戸大明神殿内納之」とあり、巻七〇に「森戸大明神宝社納之者也」とある
永徳二年(一三八二) (山形県櫛引町・山添八幡神社蔵)
『山形県史 資料篇十五上』
巻三六八「羽州大泉庄山制郷八幡宮常住
永徳二年壬戌七月十四日 」
永徳三年(一三八三) (川口市・新光寺蔵)
巻四七〇「奉為当社八幡威光倍増、且為求法成就
学以常啼東請昔、凌多日肝苦書写畢
永徳第三芙宛十月十一日 右筆覚尊職位」
至徳二年(一三八五) (山形県鶴岡市・田川八幡神社蔵)
『山形県史 資料篇十五上』
巻四〇〇「至徳乙丑三月八日 願主源内太郎」
至徳三年(一三八六) 河内国玉祖神社補経
『写経綜鑑』

巻一「河州玉祖大明神御経也薗光寺竹坊　王子経蔵之御本交合了
右志者為七世四恩有縁無縁平等利益殊現世安穏後生善処書写了
至徳三年丙寅六月一日立筆　大施主秦長久　勧進比丘長秀　施主御福女」

至徳三年（一三八六）（埼玉県・最勝寺蔵）『武蔵史料銘記集』

「至徳三年卯月日、武州比企郡釜形郷八幡宮常住、於平沢寺　円仙房書」

康応二年（一三九〇）西宮戎神宮寺経（兵庫県・東光寺蔵）『古写経目録』

巻四〇七「康応第二庚午三月極日　慈成書
志之趣者為天下安穏国土太平次翼一結之檀那某甲明貞禅尼
現世安穏後生善処身心安楽諸病患除故也唯願災障不侵吉祥如意
西宮戎御前御経也」

巻一五一「於摂津国武庫郷内西宮戎神宮寺書写畢
大檀那神子之中皆々施主等
応永参拾四年丁未歳十二月六日　執筆明善僧
泉州泉郡木堂住人生年五十七歳也
定阿弥陀仏神宮寺坊主」（一四二八）

巻一五五「於摂津国武庫郷内西宮戎御宝殿之御経也（略）応永三十五」

明徳三年（一三九二）（真岡市・大前神社蔵）『真岡市史』

巻六八「奉寄置／下野州大内庄大崎権現之社頭大般若経／明徳三年壬申十一月六日／願主隼人佐宣村」

応永二年（一三九五）応永版大般若経を柑子女御大明神へ施入（広島・楽音寺蔵）

応永三年（一三九六）長恩一筆大般若経『古写経目録』

巻八八「願以此般若書写功徳力　回旋諸群生　済度尽未来　于時応永三年丙子八月廿二日
始斯奉為神明法楽興法利　生一部一筆書之　功徳余薫　周遍法界　窮未来際　利益有情
当巻同次暦六月廿二日未時下分於春霊山船方屋書終　執筆　長恩　廿七」

応永三年（一三九六）　金鑽宮談所にて一日頓写した。　『児玉町史　中世資料編』
巻四八三「応永三年丙子十月十八日、於武州児玉郡金鑽宮談所／一乗坊、一日頓大般若経内一帙十巻書写之、庶幾／依般若書写功徳、酬大普結縁力用、現世誇七／難即滅七福即生之樂、当来証三身究竟三徳／円満之果牟、乃至有縁無縁誹謗讃嘆無差抜済牟
始求法大沙門奥州平泉円隆寺住侶心詮書之（以下略）」
応永三年（一三九六）　一日頓写経で関東四か国の寺社・談所で書写し日光山新宮に奉納（栃木・輪王寺蔵）
応永五年（一三九八）　賀悦庄一宮鎌倉大明神経
巻一七〇「丹後州与佐郡賀悦庄第一位　　資助自房
鎌倉大明神寄進申　当所住人沙門明祐謹写了
右志者、為天下太平・当所安穏・人民豊楽故也
応永五年戊戌五月朔日　」
応永九年（一四〇二）　中禅監寺建立六百軸として施入（栃木・中禅寺蔵）　『古写経目録』
応永十年（一四〇三）　（滋賀県・三大神社蔵）　『大日本史料』
（箱書）「奉施入日吉十禅師御宝前
大般若経一部六百巻
応永十年癸申正月廿八日　願主　一色修理大夫入道
沙弥道範　」
応永十一年（一四〇四）　重蔵宮大般若経書写（石川・重蔵神社）　『石川集成』
応永十四年（一四〇七）　（奈良県・興福寺蔵）　『大日本史料』
（唐櫃銘）「奉施入　春日大明神御宝前／大般若経一部六百巻／応永十二二丁亥十一月　日　沙弥道範」
応永十四年（一四〇七）　（生駒市・長久寺蔵）　『門真市史第二』
巻七〇「応永十四年丁亥十一月　日、摺字功終／河州茨田郡普賢寺庄内古林宮御経也」
応永十七年（一四一〇）　（広島県久井町・稲生神社蔵）　『広島県史　古代中世資料編Ⅳ』

巻一二三〇「南无帰命頂礼八幡大菩薩御経
伊予国大浜之
右意趣者、為忝神慮御経間、不顧悪筆老日書写畢、
俗名広海入道
干時応永十七年十一月日　沙弥自広敬白
大願主兵衛三郎宗義並女大施主
応永十七年庚寅十一月念二日　供養化縁比丘清篤誌」
※執筆者に別宮之西光坊、別宮僧、ほか新光寺僧書、仏城寺僧、円蔵寺僧書、桑禅寺僧、円光寺僧如形、竹林寺僧などがみえる

応永十七年(一四一〇)（長野県・軽井沢）　『信濃史料』
巻一「信州佐久郡大井庄長倉郷内追分大明神之御宝、
大般若経一部六百巻所
右、若有損失者、厥施主即時可有建立物也
無其儀而者、必當明神御罰、可盡七代也、本願権大僧都雄誓敬白
応永十七年庚申(寅)二月吉日」

応永十八年(一四一一)　白山金劔宮版大般若経を印行(石川・金劔宮)　『石川集成』

応永十八年(一四一一)　沙弥祐詮、猿投山護摩堂に毎月十六日の大般若転読料を寄進(愛知・猿投神社蔵猿投文書)

応永十八年(一四一一)　上州抜鉾大明神のため書写(某氏蔵)　『古写経目録』

応永十九年(一四一二)　洛陽北野道場にて、秀海大般若経書写(岡本天仁蔵ほか)　『古写経目録』

応永二十四年(一四一七)　『恵那市史』
巻不明「応永廿四年十二月　奉納入十二所権現宝前、濃州恵那郡遠山庄苗木郷室村、室住正景」

応永二十八年(一四二一)（栃木県・輪王寺蔵）
巻不明「為藤原經信成仏得道也

奉施入於白山宮干時別当　金剛位隆慶
上総国畔蒜庄小櫃参河守入道藤原聖親宿回
多幸而希代得尤尋奉籠而所仰現当願望也
応永二十八年辛丑十一月四日　」

応永三十一年（一四二四）　遠州一宮庄内天満宮御経（住吉知見蔵）　『古写経目録』
巻一四六「遠州一宮庄内天満宮御経也／于旹時応永三十一年五月八日　志文拝書畢」

応永三十二年（一四二五）　津島牛頭天王宮大般若経（愛知・真清田神社旧蔵／亡失）

応永年間（一三九四～一四二七）　肥前国河棚村長浜五所明神に沙弥道林、高麗版大般若経を寄進（長崎・安国寺蔵）

正長二年（一四二九）　武蔵国総社六所宮へ大般若経を施入（東京・深大寺蔵）　『私案抄』

永享六年（一四三四）　大般若経櫃銘（岐阜県東村祖師野・八幡神社蔵）
「永享六年甲寅　経箱／八幡宮／箱勧進　沙門友政」

文安元年（一四四四）（静岡県森町・蔵泉寺蔵）
「時至徳第四八月廿二日畢
右、為天長地久、御願円満、殊信心大法主并大檀那等息災延命、増長福寿、郷内安穏、故牛頭天王御宝前、一七箇日夜
参籠仕、此経奉転読所如件
文安元年九月廿一日始、祐乗正久房両人」

文安二年（一四四五）　『古写経目録』
巻五「大和国山辺郡下深河庄社頭御経也／文安二乙丑歳三月十七日人々奉加／勧進釈迦比丘永圭　謹誌」

文安三年（一四四六）　春日版大般若経を貫山権現に御神宝として沙門頼喜施入　『石川集成』

文安五年（一四四八）（真岡市・熊野神社蔵）　『真岡市史　第三巻』
巻三二〇「下野州大内之庄箕輪寺社頭大般若経／願主律師尊栄／于時文安五年戊辰卯月下旬　執筆慶賢阿」
※巻一〇〇奥書は長文なれど重要（略）

享徳元年（一四五二）（広島県安芸津町・浄福寺蔵）　『広島県史　古代中世資料編』

巻二四〇「周防国伊保庄賀茂大明神之御宝前
奉施入大般若経一部、為無病安穏　息災延命　致精誠　諸願成就　悉地円満云々
享徳元年壬申九月廿三日　大願主　権律師朝忠
孫兵衛　」
※同経巻三五〇「信心之大檀那己巳歳息災延命　現当二世之大願悉地成就　無病安穏故也」
享徳二年(一四五三)(宮津市・天長寺蔵)　『宮津市史　資料編第一巻』
巻二〇〇「一部六百巻事、奥書云、延暦年中書写御経也、既及七百歳破損見苦敷事無限、雖然於当社者異神、於庄内宝珠者哉、仍修補事思立、両年悉皆成就畢、弥重々々、耀威光一天、施利益万人給、幸甚々々、丹後国与謝郡伊禰庄山王社御経、
享徳二年癸酉五月日　沙門翌算」
享徳三年(一四五四)　大般若経修補供養記文札名　『美濃国史料　郡上編』
「奉修補大般若経／右奉修補大勧進沙門菴室三位僧当社其時別当金剛仏師堯賢阿闍梨並本宮別当賢円並上坊教蔵□快福寿菴次良賢次良□次上野次永福次道照並弥勒寺次伊勢坊次三河国住人慈鏡僧上座已上十三人
享徳三年甲戌九月十日自同十月十三日敬白
修覆訖竝天衆供養転読終矣」
文正元年(一四六六)　大般若真読　綾部市睦寄町坂尾呂神社　社殿板札　『綾部史談』一一三号
「応永十年十月六日　心経千部
文正元年九月八日　大般若真読
文亀三亥六月八日　金剛般若
天文廿九月八日　大般若転読
永禄十年九月八日　金剛般若百部
天正元年九月八日　大般若真読
同　三年九月十二日　普門品千巻　」

※綾部市睦寄町坂尾呂神社が寛政十一年（一七九九）の社殿改築のとき旧社殿墨書の写し

応仁二年（一四六八）（鎌倉市・辻ノ薬師文書）

巻一五「為主君御願成就、貞兼上野氏等二世求願円満、子孫繁昌、又結縁類、一仏浄土往生、及法界衆生、平等利益、端十
六行自筆、其奥他筆、令書写功畢、於日吉大明神御宝前、奉供養也
応仁二年正月十五日　刑部椽中臣」

延徳四年（一四九二）（山梨県中道町・日枝神社蔵）　『山梨県史　資料編六』

巻五「遠江国棚草郷春日大明神御宝前
右書写意趣者　天下泰平　国土安穏　諸人快楽　殊者願主某　現世安穏　後生善処　無病安楽　子孫繁昌　郷内無為
冨貴自在　願望成就　一一円満　伏願者　余生寿命長遠　来世必当得作仏　故法界衆生頓登般若之蓮上者也
延徳四壬子歳卯月十三日
願主紅林次良左衛門丞長久」

明応七年（一四九八）（埼玉県行田市・長久寺蔵）　『児玉町史　中世資料編』

巻一一〇「於武陽児玉郡塩谷郷阿那志縣　児玉大明神宮書之、円福寺住持祐重、同本願徳梁、檀那桜沢雅（楽）助入道性善夫
婦、同大塚次郎左衛門尉貞能、各々檀那在之
于時明応第七戊午天七月廿五（日）始之」

明応八年（一四九九）（愛知県・津賀田神社蔵）　『古写経目録』

巻六「尾州愛知群井戸田郷若宮七社明神大般若経六百巻之内此年間二巻不足結縁衆之勧進於妙善庵書写終也
旹明応第八紀菊小吉日書之
堂司比丘　是学　謹言」

巻一六一「大日本国尾張国熱田宮東井戸田郷若宮公用／于時永徳四年（略）」

巻五七一「尾州愛知郡熱田宮東井戸田郷於若宮神宮寺新御堂書写畢／応安元年（略）」

明応八年（一四九九）（埼玉県日高町・高麗神社蔵）

巻三二三「天下第一之悪筆斟酌千万、書写御□候得共、高麗惣社之大般若書次候間、如本大概斗書写仕候、後世人ニ恥入申

候得共、一者為逆修、一者三国伝灯諸大師等惣神(分)殊者現世安穏後生善処為也、筆者武州高麗郡平沢村大滝滝蔵房久住者仁、実名祐全書写畢、自思召候人々者、六字名号一反、可被廻向候者、可為仏果菩提者也、
明応八季大才己未二月時正十日書写畢」

文亀元年(一五〇一)（山梨県・櫛形町伝嗣院蔵）　『山梨県史　資料編六』
巻六「明応十年辛酉卯月十一日　筆者加賀美山法善寺住侶権律師快運／八幡宮大般若経　本願神主今沢重貞」
巻一〇「甲州胡麻郡小笠原
神山伝心院常住公用
八幡宮大般若経／
文亀元年辛酉四月五日　鬼宿曜宿相応之以吉日
奉書写始　同二年壬戊十月十日　結願
大檀那本願神主重貞謹敬白　」
※「本願神主今沢重貞」巻一・五・六・一一・二〇・二三・二五・二六・三〇・三一…

永正八年(一五一一)（西岸寺蔵）　『写経綜鑑』
巻五六一「奉寄進　石清水八幡宮宝前
永正八年辛未十一月廿八日月光院法印果尊」

永正十二年(一五一五)（奈良・大神神社蔵）
巻一〇〇「永正十二年乙亥六月五日於和州三輪山大智院内大神宮法楽所書写了」

永正十八年(一五二一)（広島県千代田町・寺原八幡神社蔵）　『広島県史　古代中世資料編Ⅳ』
巻五三九「於本社読誦之(梵字)／永正十八辛巳年二月五日」

天文十六年(一五四七)（岐阜県・杉原熊野神社蔵）　『美濃国史料　郡上篇』
「濃州郡上郡南方杉原村熊野
神前置之　神主平三郎大夫
天文拾六年丁未卯月吉日　盛弘」

天文二十四年（一五五五）（興福寺蔵）　『古写経目録』

巻六〇〇「天文廿四年乙卯四月廿七日於春日社般若屋書写成就訖料紙大乗院尋円大僧正御房宗蓮弥五郎其外結縁之面々等（略）」

永禄六年（一五六三）（埼玉県浦和市・氷川女体神社蔵）　『新編埼玉県史　資料編九』

巻五三〇「三室女躰御経　旦那神主／大般若波羅蜜多経巻第五百三十　三郎右衛門／本願仙波玉林坊良芸／永禄六年正月三日書是」

※同経　巻一六三包紙「永禄四年辛酉　武州大乱為静謐／中院／真読」

巻二五一「万民不安故真読畢　仏地院」

巻不詳「関東大破持氏以来今度始也　即為国土安穏／真読　中院」

※これら奥書の背景は永禄三年（一五六〇）十月に長尾景虎が関東管領上杉憲政を奉じて関東進出により争乱となり、現川越市の中院住持脩芸が国土安穏を祈り大般若経を転読したものである。　『騎西町史　中世史料編』

天正八年（一五八〇）『当社浅間宮御祭之御道具』神宝・祭礼具のなかに「大般若　壱部」と書きあげ（清水市・浅間神社蔵）

『清水市史資料　中世』

■図表一覧■

［第１章］

［第２章］

［第３章］

後記

日本宗教史の基調をなす神仏習合史の研究を志したのは、奉職した日吉社の史料調査に専念していた頃で、すでに三十年の年月がすぎた。この間、『日吉大社と山王権現』（一九九二年）を出版したが、習合の実態調査は継続してきた。そのいっぽうで次第に関心は神道のさまざま分野に拡散していった。私としては、いかなるテーマであれ、根底には絶えず神道を究明するという視座を据えているつもりであった。その後、相次いで習合のすぐれた論考があらわれ、一種静かなブームの感すらあった。ともあれいたずらに、この大きなテーマを放置することはできず、あらためて神仏習合の問題を検討し、取りまとめたのが本書である。

本書の論文の初出は次の通りである。

序　章　新稿

第一章　神仏習合と儀礼空間

第一節　神仏習合の基本形態　新稿

第二節　社寺行幸と天皇の儀礼空間

『王権と神祇』所収、思文閣出版、二〇〇二年（国際日本文化研究センター平成十二年度共同研究）

第三節　神宮寺の神祇奉斎

『神道宗教』第一三一号、一九八八年（庭野平和財団昭和六二年度助成研究）

第四節　仏教空間における神祇
『神道史研究』第五十五巻第二号、二〇〇七年（大幅な増補を行った）
第二章　神前読経と経典
第一節　大般若経の伝播と神仏習合　新稿
第二節　中世における神前読経の場　『儀礼文化』第三十五号、二〇〇四年
第三節　一宮・惣社における仏事と大般若経　『神道宗教』第一九九・二〇〇号、二〇〇五年
第三章　神職系図の研究
第一節　伊勢神宮の神主系図　『神道文化』第五号、一九九三年
第二節　「津守氏古系図」の研究
『國學院雑誌』第一〇一〇号、一九九一年（庭野平和財団平成二年度助成研究）
第三節　上賀茂神社系図の研究　岡田精司編『祭祀と国家の歴史学』所収、塙書房、二〇〇一年
第四節　若狭彦神社社務系図の研究
『神社継承の制度史』神社史料研究会叢書五、思文閣出版、二〇〇九年
第五節　宇佐八幡宮の神主系図　新稿
第四章　洛中洛外の神仏習合
第一節　鴨社の神仏習合　『鴨社の絵図』所収、（財）糺の森顕彰会、一九八九年
第二節　祇園社の成立と観慶寺　『儀礼文化』第二十五号、一九九八年
第三節　天龍寺の鎮守社霊庇廟について
京都市埋蔵文化財研究所発掘調査概報『史跡・名勝　嵐山』所収、二〇〇五年

終章　新稿

本書は平成二〇年に國學院大學へ提出した学位論文を基に、補訂をくわえ上梓したものである。主査にあたられた岡田莊司先生と千々和到・三橋健両先生にあつく御礼申しあげます。これまで長年にわたりご指導いただいた、故景山春樹先生、平成二十二年三月に物故した岳父村山修一、岡田精司、橋本政宣、橋本初子の各先生にあつく御礼申しあげます。また妻ちぐさの理解もあって神勤のかたわら研究を継続することができた。御芳名をはぶかせていただいた沢山の方々に感謝いたします。

今回、出版を快諾いただいた思文閣出版、とりわけ長年ご支援いただいた長田岳士氏、ご担当の原宏一氏にかさねて御礼申しあげます。

嵯峨井　建

平成二十四年師走

◎著者略歴◎

嵯峨井　建（さがい・たつる）

1948年　石川県生
國學院大學神道学専攻科修了
神道学博士(國學院大學)
賀茂御祖神社禰宜・京都大学非常勤講師・京都國學院講師
主要著書に『日吉大社と山王権現』（人文書院，1992年），
『満州の神社興亡史』（芙蓉書房出版，1998年）など

神仏習合《しんぶつしゅうごう》の歴史《れきし》と儀礼空間《ぎれいくうかん》

2013(平成25)年１月20日発行

著　者　嵯峨井建

発行者　田中　大

発行所　株式会社　思文閣出版

〒605-0089 京都市東山区元町355

電話 075-751-1781(代表)

印　刷
製　本　亜細亜印刷株式会社

ISBN978-4-7842-1671-0　C3021

索　　引

【人　名】

た

ち

つ

て

と

な・ね・の

は・ひ・ふ・へ・ほ

ま・み・む・め・も

や・ゆ・よ

【社寺・地名】

【事　項】

神仏習合《しんぶつしゅうごう》の歴史《れきし》と儀礼空間《ぎれいくうかん》（オンデマンド版）

Digital Publishing

2015年11月20日　発行

著　者　嵯峨井　建
発行者　田中　大
発行所　株式会社 思文閣出版
〒605-0089　京都市東山区元町355
TEL　075-751-1781　FAX　075-752-0723
URL　http//www.shibunkaku.co.jp/

装　幀　上野かおる（鷺草デザイン事務所）
印刷・製本　株式会社 デジタルパブリッシングサービス
URL　http://www.d-pub.co.jp/

AJ497

ISBN978-4-7842-7000-2　C3021　Printed in Japan